Schriften zum deutschen und internationalen Persönlichkeits- und Immaterialgüterrecht

Band 53

Herausgegeben von Professor Dr. Haimo Schack, Kiel,
Ehemaliger Direktor des Instituts für Europäisches und Internationales Privat- und Verfahrensrecht

V&R unipress

Melanie Horn

Parodien im Immaterialgüterrecht

V&R unipress

MIX
Papier aus verantwortungsvollen Quellen
FSC® C083411

Bibliografische Information der Deutschen Nationalbibliothek
Die Deutsche Nationalbibliothek verzeichnet diese Publikation in der Deutschen Nationalbibliografie; detaillierte bibliografische Daten sind im Internet über https://dnb.de abrufbar.

Gedruckt mit freundlicher Unterstützung der Studienstiftung ius vivum.

Druck und Bindung: CPI books GmbH, Birkstraße 10, D-25917 Leck
Printed in the EU.

Vandenhoeck & Ruprecht Verlage | www.vandenhoeck-ruprecht-verlage.com

ISSN 2198-6398
ISBN 978-3-8471-1374-4

meinem Sohn Janosch

Inhalt

Vorwort

Die vorliegende Arbeit lag der Juristischen und Wirtschaftswissenschaftlichen Fakultät der Martin-Luther-Universität Halle-Wittenberg im Sommersemester 2020 als Dissertation vor. Durch das Gesetz zur Anpassung des Urheberrechts an die Erfordernisse des digitalen Binnenmarktes vom 31. Mai 2021 (BGBl. I 1204) ist § 24 UrhG aufgehoben und mit § 51a UrhG erstmals eine ausdrückliche Schrankenregelung für Parodien eingeführt worden. Diese Änderungen konnten in der Arbeit noch nicht berücksichtigt werden. Es wird jedoch in den Fußnoten auf sie hingewiesen.

Mein besonderer Dank gilt meinem Doktorvater, Prof. Dr. Malte Stieper, der mich von der Themenfindung bis zur Einreichung und Verteidigung der Arbeit durch wertvolle Anregungen und konstruktive Hinweise unterstützt hat. Herrn Prof. Dr. Matthias Eck danke ich insbesondere für die zügige Erstellung des Zweitgutachtens.

Für die finanzielle Förderung danke ich neben der Graduiertenförderung des Landes Sachsen-Anhalt für die Gewährung des Promotionsstipendiums auch der Stiftung ius vivum für den großzügigen Druckkostenzuschuss.

Herzlich bedanken möchte ich mich bei meinen Freunden, die stets für mich da waren und mir mit einem offenen Ohr zur Seite standen. Euch verdanke ich es, dass ich mich mit Freude an das Studium und die Zeit der Promotion zurückerinnern werde.

Zu guter Letzt gebührt besonderer Dank meinen Eltern und meinem Mann, die mich stets motivierten, besonderen Rückhalt gaben und mich auf meinem Weg zu jeder Zeit unterstützen.

Halle (Saale), Juli 2021

Kapitel 1: Einführung

Neues entsteht selten aus dem Nichts. Deshalb ist es im Rahmen der heutigen kulturellen Entwicklung gang und gäbe, mehr und mehr auf fremdes geistiges Schaffen zurückzugreifen. Die gesamte Kultur- und Geistesgeschichte[1] beruht auf dieser Vorgehensweise, sodass Inspiration, Entlehnung, Auseinandersetzung und Dialog als Teil der kulturellen Praxis anzusehen sind.[2] Viele Kunstformen sind sogar darauf angelegt, auf etwas bereits Bestehendes zurückzugreifen. So verhält es sich beispielsweise im Hinblick auf Appropriation Art, Mashups, Memes, Remixes oder Samplings. Dabei handelt es sich um Arbeitstechniken, die es ermöglichen, das geschützte Gut oder Teile dessen zu einer neuen Gestaltung zu verbinden. Da Vieles im digitalen Zeitalter schnell und einfach verfügbar ist, können damit auch künstlerisch kaum Begabte durch die Funktion »copy and paste« am kulturellen Leben teilhaben.[3] Die digitale Entwicklung macht es jedoch auch möglich, unkompliziert und kostengünstig auf ein fremdes, geschütztes Gut zurückzugreifen, um an dessen Erfolg anzuknüpfen und Profit aus der Entlehnung zu schlagen. Doch nicht immer werden lediglich die wirtschaftlichen Vorteile mit der Anknüpfung an fremdes Schaffen bezweckt. Der Bezug auf etwas Vorbestehendes kann daneben ein Mittel sein, um sich an öffentlichen Diskussionen zu beteiligen und seinen Standpunkt einer breiten Masse zugänglich zu machen. Zwischen der Anknüpfung an den Erfolg von etwas bereits Bestehenden und der Teilnahme am öffentlichen Meinungskampf bewegt sich auch die Parodie.

1 In diesem Sinne *Loewenheim,* in: FS Fezer, S. 797.

2 *Klass,* ZUM 2016, 801 (802).

3 So in Bezug auf Mashups, Samplings und Remixes *Peifer,* in: FS Wandtke, S. 101.

A. Das Wesen der Parodie

Hinter dem Parodiebegriff steht eine lange Geschichte.[4] Seinen Ursprung findet das Fremdwort »Parodie« im gleichbedeutenden französischen Begriff *parodie*, das aus dem Griechischen *par-odía* hergeleitet wird. Es bedeutet soviel wie »Nebengesang, Beilied«. Es kann aber auch als »Gegengesang« verstanden werden.[5] Es handelt sich dabei um einen kulturwissenschaftlichen Begriff, dessen Bedeutung nicht eindeutig festgestellt werden kann.[6] Das ist insbesondere darauf zurückzuführen, dass es eine Vielzahl verschiedener Formen und Arten gibt, die sich vor allem im parodierten Gegenstand, im Hinblick auf den Grad der Abhängigkeit von der Vorlage, in der Motivation, den angewandten Techniken oder der erzielten Wirkung unterscheiden.[7] Da der Begriff auch gesetzlich nicht definiert ist, soll zunächst dargestellt werden, welche wesentlichen Merkmale eine Parodie im Sinne der Arbeit erfüllen muss. Im Allgemeinen versteht man darunter eine künstlerische, humorvolle oder kritische Nachahmung oder Umbildung eines vorbestehenden Schutzgegenstands.[8]

I. Offene Bezugnahme auf eine Vorlage

Im Gegensatz zum Plagiat, welches das fremde Schaffen als eigenes ausgibt,[9] ist es für die Parodie kennzeichnend, auf eine bestehende Vorlage offen bezugzunehmen. Die formale Gestalt der Vorlage wird dabei beibehalten. Zumindest werden wesentliche Bestandteile unverändert übernommen. Entscheidende Bedeutung erlangt daher die Vorlage, da sie Bezugspunkt der bezweckten Auseinandersetzung ist. Damit dieser Bezugspunkt für das Publikum erkennbar ist, muss die Vorlage allgemein bekannt sein.[10] Sie bildet letztlich das Gerüst, in welches der Parodist neue Inhalte einsetzt.[11]

4 Siehe ausführlich zur Geschichte des Parodiebegriffs *Freund*, Die literarische Parodie, S. 1ff.; *Hess*, Urheberrechtsprobleme der Parodie, S. 63ff.; *Jacques*, The Parody Exeption in Copyright Law, S. 2ff.; *Vierhufe*, Parodie und Sprachkritik, S. 13ff.

5 Vgl. hierzu *Rotermund*, Die Parodie in der modernen Lyrik, S. 10. Siehe auch *Jacques*, The Parody Exeption in Copyright Law, S. 2.

6 So auch *Lauber-Rönsberg*, ZUM 2015, 658; *Rütz*, WRP 2004, 323 (324); *Slopek*, WRP 2009, 20.

7 *Hefti*, Die Parodie im Urheberrecht, S. 62.

8 Vgl. Duden, Deutsches Universalwörterbuch, 27. Auflage, unter dem Stichwort »Parodie«. Ähnlich auch *Becker*, GRUR 2015, 336; *Lauber-Rönsberg*, ZUM 2015, 658. Zum Begriff der Parodie siehe ausführlich *Wünsch*, Die Parodie, S. 11ff.

9 Zum Unterschied von Parodie und Plagiat siehe *Loewenheim*, in: FS Fezer, S. 789f.

10 *Kefferpütz/Wrage*, GRUR-Prax 2015, 451; *Lötscher*, Die Markenparodie, S. 15; *Vinck*, GRUR 1973, 251.

11 *Mauch*, Die rechtliche Beurteilung von Parodien in der EU, S. 1. Ähnlich *Vinck*, GRUR 1973, 251.

II. Wirkung der Parodie

Die Vorlage muss stets erkennbar bleiben, um einen Bezugspunkt zu ihr herstellen zu können. Ziel der Parodie ist es, sich mit dem entlehnten Schutzgegenstand oder anderen Sachverhalten auseinanderzusetzen.[12] Der Parodist ist daher stets bestrebt, eine eigene Aussage zu vermitteln. Die Nachahmung kann dabei auf übertreibende, verzerrende oder verspottende Weise dargestellt werden, um die mit der Parodie bezweckte künstlerische, humorvolle oder kritische Wirkung zu erzielen.[13] Häufig wird die Parodie dabei ein humorvolles Element enthalten, da es ein geeignetes Mittel ist, Aufmerksamkeit zu erwecken.[14] Jedenfalls lebt die Parodie davon, eine gegenüber dem Original konträre Aussage zu erzielen, indem zwar die äußere Gestaltung beibehalten wird, aber dem Inhalt ein neuer Aussagegehalt zukommt. Die parodistische Wirkung kann auf unterschiedliche Weise hergestellt werden.[15] Zum einen wird sie durch die verfremdende oder verzerrende Darstellung des Originals erzielt. Zum anderen kann die Wirkung aber auch durch eine unveränderte Übernahme erreicht werden, wenn das Original in einen anderen Zusammenhang gesetzt wird. Insgesamt kann die Parodie gegenüber dem Original gleichzeitig Kritik und Sympathie oder Missbilligung und Respekt aufbringen, weshalb sie sich der Vorlage gegenüber sowohl parasitär als auch kreativ verhält.[16]

III. Erkennbarkeit

Schließlich müssen sowohl die Vorlage als auch der mit der Parodie bezweckte Kontrast erkennbar sein.[17] Ansonsten läuft der Parodist Gefahr, dass die mit der Parodie verbundene Aussage nicht verstanden wird. Deshalb kommt es entscheidend darauf an, dass die Vorlage in einem ausreichenden Umfang nachgeahmt und die übertriebene oder verzerrende Nachahmung deutlich hervorgehoben wird.[18] Daneben muss erkannt werden, dass es sich um eine Parodie

12 Nicht abschließend geklärt ist die Frage, ob sich die Parodie ausschließlich auf die Vorlage selbst beziehen muss oder ob sie als bloßes »Sprungbrett« für darüber hinausgehende Aussagen verwendet werden darf. Vgl. hierzu *Lötscher*, Die Markenparodie, S. 15f.; *Mauch*, Die rechtliche Beurteilung von Parodien in der EU, S. 17f. m.w.N.

13 *Lötscher*, Die Markenparodie, S. 16; *Schurgacz*, Die Sloganparodie, S. 32.

14 In diesem Sinne auch *Kefferpütz/Wrage*, GRUR-Prax 2015, 451.

15 Vgl. *Lötscher*, Die Markenparodie, S. 25.

16 So *Lötscher*, Die Markenparodie, S. 24; *Rütz*, WRP 2004, 323 (324); *Schneider*, Markenparodie, S. 21 in Bezug auf die Markenparodie.

17 In diesem Sinne auch *Vlah*, Parodie, Pastiche und Karikatur, S. 46.

18 *Hess*, Urheberrechtsprobleme der Parodie, S. 116f.; *Vlah*, Parodie, Pastiche und Karikatur, S. 46.

handelt. Sie darf demnach nicht mit dem originalen Schutzgegenstand verwechselt werden.[19] Der Parodist muss daher sicherstellen, dass er sich ausreichend von der Vorlage distanziert und einen erkennbaren Kontrast ihr gegenüber herstellt.[20]

IV. Abgrenzung zu anderen Kunstformen

Abzugrenzen ist die Parodie insbesondere[21] von der Satire und der Karikatur. Während die Satire bestimmte Personen, Umstände oder Gedanken unter kritischer Zielsetzung mit Mitteln des Wortes ins Lächerliche ziehen will,[22] versucht die Karikatur als Unterfall der Satire das Ziel mittels Zeichnungen zu erreichen.[23] Zwar haben die Gattungen gemeinsam, dass sie jeweils eine kritische Zielrichtung innehaben.[24] Da die Parodie jedoch nicht ausschließlich Kritik zum Gegenstand hat, sondern auch künstlerische und humorvolle Aussagen erfasst, ist der Parodiebegriff weiter gefasst als der der Satire.[25] Im Gegensatz zur Parodie zielt die Satire nämlich ausschließlich auf die moralische Verbesserung ab.[26] Während die Satire als spotthafte Kritik[27] betitelt werden kann, wird die Parodie als harmlosere Variante der Verspottung qualifiziert.[28] Der wesentliche Unterschied besteht jedoch im Bezugsobjekt der Auseinandersetzung.[29] Während sich die Satire und die Karikatur kritisch mit Personen oder Sachverhalten auseinandersetzen,

19 *Hess*, Urheberrechtsprobleme der Parodie, S. 117; *Vlah*, Parodie, Pastiche und Karikatur, S. 46.

20 *Hess*, Urheberrechtsprobleme der Parodie, S. 117; *Vlah*, Parodie, Pastiche und Karikatur, S. 46.

21 Siehe zur Abgrenzung weiterer Kunstformen wie die Travestie, das Pastiche oder die Persiflage *Freund*, Die literarische Parodie, S. 21 ff. Siehe auch *Jacques*, The Parody Exeption in Copyright Law, S. 7 ff.

22 *Arz*, UFITA 2013/II, 353 (354); *Becker*, GRUR 2015, 336; *Thiesen*, WRP 2016, 162. Siehe ausführlich zum Satirebegriff *Gärtner*, Was die Satire darf, S. 19 ff.

23 *Arz*, UFITA 2013/II, 353 (354); *Becker*, GRUR 2015, 336; *ders.*, GRUR 2004, 104; *Gärtner*, Was die Satire darf, S. 20 f.; *Hess*, Urheberrechtsprobleme der Parodie, S. 101; *Jacques*, The Parody Exeption in Copyright Law, S. 9; *Schneider*, Markenparodie, S. 20.

24 *Jacques*, The Parody Exeption in Copyright Law, S. 7 f.

25 Ähnlich *Mahr*, WRP 2006, 1083 f.

26 *Freund*, Die literarische Parodie, S. 20; *Grünberger*, Schutz geschäftlicher Kennzeichen, S. 39; *Rotermund*, Die Parodie in der modernen deutschen Lyrik, S. 25.

27 Zur satirischen Aggression siehe *Gärtner*, Was die Satire darf, S. 22 ff. Ähnlich auch *Jacques*, The Parody Exeption in Copyright Law, S. 8, die davon ausgeht, dass die Satire häufig benutzt wird, um den negativen Standpunkt des Satirikers aufzuzeigen.

28 *Lötscher*, Die Markenparodie, S. 21; *Mauch*, Die rechtliche Beurteilung von Parodien in der EU, S. 16.

29 Vgl. *Arz*, UFITA 2013/II, 353 (354); *Becker*, GRUR 2015, 336; *ders.*, in: FS Loewenheim, S. 4; *Hess*, Urheberrechtsprobleme der Parodie, S. 101; *Lauber-Rönsberg*, ZUM 2015, 658; *Lötscher*, Die Markenparodie, S. 20. Siehe hierzu auch *Wünsch*, Die Parodie, S. 30.

knüpft die Parodie an inhaltliche oder formale Elemente bereits bestehender Werkschöpfungen, Stile oder Kunstgattungen an.[30]

V. Die Parodie im Sinne dieser Arbeit

Vor allem Immaterialgüterrechte werden häufig als Vorlage einer Parodie genutzt, wie die folgenden Beispiele verdeutlichen.

1. Beispiel für die Parodie im Urheberrecht

Die Rechtsprechung hatte sich im Rahmen des Urheberrechts mit einer Reihe von Fallgestaltungen[31] auseinanderzusetzen, welche die Parodie eines urheberrechtlichen Schutzgegenstandes zum Inhalt hatten.

Beispielsweise ist in diesem Zusammenhang das »auf fett getrimmt«-Urteil des BGH zu nennen.[32] Ein Internetportal hat in dem zu beurteilenden Fall zu einem Fotowettbewerb aufgerufen. Die Teilnehmer wurden aufgefordert, mit Hilfe eines Bildbearbeitungsprogramms Fotos von Prominenten derart zu bearbeiten, dass sie möglichst fettleibig erscheinen. Die beklagte deutsche Zeitung berichtete auf ihrer Internetseite über den vom Internetportal veranstalteten Fotowettbewerb in einem Artikel »Promis im Netz auf fett getrimmt«. Dabei wurde auch ein Foto der auf fett getrimmten deutschen Schauspielerin Bettina Zimmermann abgebildet. In diesem Fall wurde das Lichtbildwerk des Klägers offen und erkennbar als Vorlage verwendet. Unter Abwandlung dessen – indem der abgebildete Promi als fettleibig dargestellt wird – wird die zum Ausgangswerk konträre Aussage getroffen. Das gängige und klischeehafte Schönheitsideal junger Frauen und die häufig als selbstverliebt empfundene Selbstdarstellung von Prominenten in der Öffentlichkeit werden konterkariert.[33] Die Gestaltung weist daher alle relevanten Merkmale einer Parodie auf.

30 *Becker*, GRUR 2015, 336.

31 Vgl. etwa BGH, GRUR 2016, 1157ff. – auf fett getrimmt; BGH, ZUM 2003, 777ff. – Gies-Adler; BGH, ZUM-RD 2000, 325ff. – Mattscheibe; BGH, GRUR 1994, 206ff. – Alcolix; BGH, GRUR 1971, 588ff. – Disney-Parodie.

32 BGH, GRUR 2016, 1157ff. – auf fett getrimmt.

33 BGH, GRUR 2016, 1157 Rn. 31 – auf fett getrimmt.

2. Beispiel für die Parodie im Markenrecht

Auch im Markenrecht spielen Parodien eine große Rolle. Marken drücken als nonverbale Kommunikationsmittel Emotionen und Bilder aus.[34] Kaum anschaulicher können Meinungen zu bestimmten Themen verdeutlicht werden, als auf eine bekannte Marke in parodistischer Weise zurückzugreifen.[35] Angesichts ihrer wachsenden Bedeutung werden sie immer häufiger als Vorlage für Parodien verwendet.[36] Auch im vom BGH zu beurteilenden Fall »Springender Pudel« griff der Parodist auf eine bekannte Marke zurück.[37] Dabei wies die parodistische Darstellung dieselben Merkmale auf wie die Wort-/Bildmarke »PUMA«. Das Wortelement »PUMA« wurde jedoch durch das Wort »PUDEL«, die bildliche Darstellung eines von rechts über den Schriftzug springenden Pumas wurde durch einen springenden Pudel ersetzt. Aufgrund der erkennbar humorvollen Umwandlung der Originalmarke kommt der Gestaltung insgesamt ein anderer Aussagegehalt zu, sodass sie ebenfalls die Merkmale der Parodie erfüllt und als solche zu qualifizieren ist.

3. Beispiel für die Parodie im Designrecht

Ähnlich wie bei einer Marke können auch im Designrecht bestimmte Güte- und Wertvorstellungen mit dem Design verbunden sein. Es kann daher ebenfalls einen Anknüpfungspunkt einer mit diesen Vorstellungen verbundenen Parodie darstellen. Zwar mussten sich die nationalen Gerichte noch nicht mit derartigen Fallgestaltungen auseinandersetzen. Jedoch weist der vom OLG Hamburg im Hinblick auf das Markenrecht entschiedene Fall »IPOD/eiPott«[38] durchaus auch designrechtliche Relevanz auf. Die dreidimensionale Gestaltung des IPODs, die durch eine rechteckige Gestaltung gekennzeichnet ist, einen Display und eine runde Bedienungsfläche aufweist, wurde in einen Eierbecher umgewandelt. Die runde Bedienungsfläche wurde dabei so ausgeformt, dass ein Ei darin platziert werden kann, sodass die Umgestaltung als Eierbecher dient. Diese erkennbar humorvolle Umgestaltung führt zu einer – im Vergleich zu den mit dem IPOD verbundenen Vorstellungen – konträren Aussage, sodass sie ebenfalls als Parodie des Designs einzustufen ist.

34 *Lötscher,* Die Markenparodie, S. 1 m.w.N.
35 *Born,* GRUR 2006, 192 (194).
36 *Mahr,* WRP 2006, 1083.
37 BGH, GRUR 2015, 1114ff. – Springender Pudel.
38 OLG Hamburg, GRUR-RR 2010, 382ff. – IPOD/eiPott.

4. Zusammenfassung

Der Rückgriff auf Immaterialgüterrechte ist daher ein beliebtes Mittel, um sich mit dem Schutzgegenstand, mit den hinter den Immaterialgüterrechten stehenden Inhabern oder anderweitigen, mit dem Schutzgegenstand oder Schutzrechtsinhabern verbundenen Themen auseinanderzusetzen. Dabei kann eine Parodie entweder durch die Auseinandersetzung mit dem Schutzgegenstand selbst stattfinden. Daneben besteht aber auch die Möglichkeit, unter Verwendung des Schutzgegenstandes zu parodieren, indem sich mit hinter dem Schutzgegenstand stehenden Umständen oder mit diesem verbundenen Assoziationen auseinandergesetzt wird. Im Rahmen dieser Arbeit sollen Parodien, die auf die Immaterialgüterrechte Bezug nehmen, näher betrachtet werden. Zwar kann auch die Parodie eines Immaterialgüterrechts Elemente anderer Kunstgattungen – wie Satire oder Karikatur – enthalten. Allerdings ist aufgrund der Bezugnahme auf vorbestehende Schutzgegenstände allein die Parodie immaterialgüterrechtlich relevant, weshalb ausschließlich diese Gegenstand der Arbeit sein soll. Als Vorlage sind deshalb bezüglich des Urheberrechts urheberrechtlich geschützte Werke oder verwandte Schutzrechte, in Bezug auf das Markenrecht geschützte Marken und hinsichtlich des Designrechts geschützte Designs zu verstehen.

B. Der Interessenkonflikt zwischen Parodisten und Parodierten

Die Parodie lebt folglich davon, auf ein bereits bestehendes, geschütztes Gut zurückzugreifen und sich mit diesem oder mit ihm zusammenhängenden Themen auseinanderzusetzen. Gerade hieraus ergibt sich das für Parodien kennzeichnende Problem: Der Parodist und der Inhaber des Immaterialgüterrechts, der Parodierte, verfolgen von Grund auf verschiedene Interessen.

I. Interessen des Parodierten

Auf Seiten des Parodierten streiten zunächst die ihm durch das jeweilige Immaterialgüterrecht gewährleisteten Ausschließlichkeitsrechte.[39] Ihm steht das Recht zu, den Schutzgegenstand zu benutzen und jeden Dritten von der Benutzung auszuschließen, sofern er nicht eingewilligt hat. Sowohl das Urheber-

39 Vgl. hierzu für das Urheberrecht §§ 11–27 UrhG (insbes. § 15 Abs. 1, 2 UrhG), für das Markenrecht § 14 Abs. 1 MarkenG und für das Designrecht § 38 Abs. 1 DesignG.

recht[40] als auch das Marken-[41] und Designrecht[42] dienen dazu, einen Ausgleich für die mit dem jeweiligen Immaterialgüterrecht verbundene Arbeit zu schaffen. Vor allem soll es der Inhaber des Rechts nicht hinnehmen müssen, dass »seine« Leistung ausgenutzt wird. Vielmehr soll er die Früchte seiner Arbeit tragen. Mit Hilfe einer Parodie wird aber oft versucht, die Bekanntheit der Vorlage auszubeuten.[43] Damit kann die Parodie ihrerseits eine »bemerkenswerte Quelle von Einkünften«[44] sein, obwohl sich der Parodist das Schaffen eines Anderen zunutze macht. Vor allem sollen die bereits getätigten Investitionen und der Werbeaufwand durch die Anlehnung an das Original nicht ausgenutzt werden.[45] Es ist zu beachten, dass Parodien Imageveränderungen mit sich bringen können, die den wirtschaftlichen Wert des Schutzguts schwächen.[46] Doch nicht nur der wirtschaftliche Wert kann hierdurch beeinträchtigt werden. Darüber hinaus ist zu berücksichtigen, dass sich der Parodist mit dem Schutzgut auseinandersetzt, indem er eine dem Schutzgegenstand gegenüber konträre Aussage trifft. Regelmäßig stimmt die vermittelte Aussage jedoch nicht mit dem Image des parodierten Schutzguts überein, das der Parodierte diesem verliehen hat. Der gute Ruf des Inhabers des parodierten Gegenstands, den er im Zweifel mühevoll aufgebaut hat, wird daher beeinträchtigt. Aus den aufgezeigten Belangen folgt zum einen das Interesse des Immaterialgüterrechtsinhabers, die Nutzung seines Werkes von der Einwilligung oder der Lizensierung abhängig zu machen, um an den Früchten seiner Arbeit, die übernommen wird, angemessen beteiligt zu werden.[47] Zum anderen ist er daran interessiert, darüber entscheiden zu können, ob er die mit der Parodie bezweckte Aussage billigt.

---

40 BTDrs. IV/270, S. 27; *Chakraborty,* Freie Benutzung, S. 83; *Loewenheim,* in: Schricker/Loewenheim, UrhG[5], Einleitung Rn. 14.

41 *Fezer,* MarkenG, Einl. C. Rn. 16; *Kur,* in: BeckOK, MarkenR, Einl. Rn. 156; *Peukert,* Die Gemeinfreiheit, S. 98.

42 *Eichmann/Jestaedt,* in: Eichmann/Jestaedt/Fink/Meiser, DesignG/GGV, Systematik des Designrechts A. Rn. 17.

43 *Loewenheim,* in: Schricker/Loewenheim, UrhG[5], § 24 Rn. 29; *Mauch,* Die rechtliche Beurteilung von Parodien in der EU, S. 3; *Slopek,* WRP 2009, 20 (21). Ähnlich auch *Enke/Enke,* Markenartikel 2017, 66 (67); *Ferda/Miera/Rat/Rohlender,* BRJ 2017, 28.

44 *Mauch,* Die rechtliche Beurteilung von Parodien in der EU, S. 28.

45 BGH, GRUR 2015, 1114 (1119) – Springender Pudel. Ähnlich auch *Lötscher,* Die Markenparodie, S. 3.

46 So auch *Koch,* Markenverunglimpfung, S. 17.

47 *Slopek,* WRP 2009, 20 (21); *Stuhlert,* Die Behandlung der Parodie im Urheberrecht, S. 1.

II. Interessen des Parodisten und der Allgemeinheit

Demgegenüber besteht das Bedürfnis, auf geschützte Elemente fremden Schaffens zurückzugreifen. Zur Erzielung der parodistischen Wirkung liegt es vor allem im Interesse des Parodisten, das Charakteristische des geschützten Gegenstands uneingeschränkt übernehmen zu können.[48] Je nachdem, welche Art der Parodie vorliegt, werden verschiedene Zwecke verfolgt.

Im Falle einer komischen[49] oder künstlerischen Auseinandersetzung mit dem vorbestehenden Schutzgut wird es seiner ursprünglichen Aussage beraubt und in einen den Sinngehalt entstellenden neuen Kontext gebracht. Der Parodist verspricht sich dadurch, mit wenig Aufwand ein spaßiges und unterhaltendes Produkt zu schaffen. Die Parodie ist damit ein einfaches Mittel, um Gewinn zu erzielen und sich einen Namen zu machen.[50] Eine komische und künstlerische Auseinandersetzung mit einem bereits bestehenden Werk entspricht zudem den Belangen der Konsumenten, die grundsätzlich ein Interesse an einem reichhaltigen Kulturleben haben.[51] Dies wird durch die Anknüpfung an ein vorbestehendes Schutzgut ermöglicht.

Daneben kann sich der Parodist auch kritisch[52] mit dem vorbestehenden Gegenstand oder anderen Sachverhalten auseinandersetzen. Hierdurch kann nicht nur der Parodist seinen Gedanken Ausdruck verleihen. Er leistet auch einen wesentlichen Beitrag für die kulturelle Entwicklung der Allgemeinheit und erfüllt eine gesellschaftliche Funktion.[53] Die kritische Parodie dient damit vor allem der demokratischen Willensbildung, die für einen freiheitlich-demokratischen Rechtsstaat unerlässlich ist.[54]

Problematisch ist allerdings, dass der Parodist, indem er das Original nachahmt, Gefahr läuft, die Ausschließlichkeitsrechte und aufgezeigten Interessen des Rechtsinhabers zu verletzen. Zwar besteht die Möglichkeit, den Rechtsinhaber um Erlaubnis zu bitten. Er wird aufgrund der Veränderung oder kritischen Auseinandersetzung mit seinem Schutzgegenstand aber regelmäßig kein Inter-

48 *Hefti,* Die Parodie im Urheberrecht, S. 95ff.; *Platho,* GRUR 1992, 360 (361); *Slopek,* WRP 2009, 20.

49 Diese Form der Parodie kann als *triviale* Parodie bezeichnet werden. Vgl. *Freund,* Die literarische Parodie, S. 15f.

50 Hierzu *Hefti,* Die Parodie im Urheberrecht, S. 114.

51 *Rehbinder/Peukert,* Urheberrecht, Rn. 68; *Schack,* Urheber- und Urhebervertragsrecht, Rn. 17.

52 Diese Form der Parodie kann als *seriöse* Parodie bezeichnet werden. Vgl. *Freund,* Die literarische Parodie, S. 14f.

53 Siehe hierzu *Hefti,* Die Parodie im Urheberrecht, S. 114f.

54 So auch *Hefti,* Die Parodie im Urheberrecht, S. 114; *Mauch,* Die rechtliche Beurteilung von Parodien in der EU, S. 25; *Slopek,* WRP 2009, 20 (21).

esse daran haben, die Erlaubnis zu erteilen.[55] Deshalb wird der Parodist bestrebt sein, seine Parodie auch ohne Zustimmung des Rechtsinhabers in den Verkehr bringen zu können. Daneben hat er wie der Parodierte ein Interesse und ein Recht, Gewinne aus der Parodie zu erzielen und damit seinen Lebensunterhalt zu bestreiten[56] sowie seine Investitionen zu amortisieren.

III. Schlussfolgerung

Damit ist festzuhalten, dass der Parodierte und der Parodist grundsätzlich gegenläufige Interessen verfolgen. Der Parodierte verfolgt das Ziel, die Benutzung seines Werkes für eine Parodie von seiner Einwilligung abhängig zu machen. Der Parodist ist demgegenüber auf die uneingeschränkte Bezugnahme auf den vorbestehenden Schutzgegenstand angewiesen.

C. Ziel der Arbeit und Gang der Untersuchung

Betrachtet man den Interessenkonflikt aus verfassungsrechtlicher Perspektive, so stellt dieser eine Grundrechtskollision dar. Werden durch die Parodie die vermögensrechtlichen Interessen des Parodierten verletzt, so ist die Eigentumsfreiheit des Immaterialgüterrechtsinhabers hinsichtlich des Schutzes des geistigen Eigentums heranzuziehen. Darüber hinaus sind persönlichkeitsrechtliche Belange durch die Parodie tangiert, wenn beispielsweise eine Rufschädigung vorliegt. Auf Seiten des Parodisten streiten die Kommunikationsgrundrechte. Hier stehen vor allem die Meinungs- und Kunstfreiheit im Mittelpunkt. Jede Parodie eines immaterialgüterrechtlichen Schutzgegenstands berührt damit zwei gegenläufige Grundrechtspositionen. Ziel dieser Arbeit ist es, die sich gegenüberstehenden Grundrechte in Einklang zu bringen. Zwar haben sich bereits einige Arbeiten mit der Behandlung der Parodie im Urheber-[57] und Markenrecht[58] auseinandergesetzt. Diese Arbeiten beschäftigten sich jedoch überwiegend mit der Frage, inwieweit eine Parodie im jeweils für sich betrachteten

55 So auch *Ohlenhusen/Ling*, UFITA 2003/III, 695 (696); *Platho*, GRUR 1992, 360 (362); *Vlah*, Parodie, Pastiche und Karikatur, S. 193.

56 *Mauch*, Die rechtliche Beurteilung von Parodien in der EU, S. 29; *Slopek*, WRP 2009, 20 (21).

57 Siehe etwa *Becker*, Parodie und Kommerz; *Hefti*, Die Parodie im Urheberrecht; *Hess*, Urheberrechtsprobleme der Parodie; *Mauch*, Die rechtliche Beurteilung von Parodien in der EU; *Stuhlert*, Die Behandlung der Parodie im Urheberrecht; *Vlah*, Parodie, Pastiche und Karikatur.

58 *Becker*, Parodie und Kommerz; *Lötscher*, Die Markenparodie; *Schneider*, Markenparodie; *Schurgacz*, Die Sloganparodie.

Rechtsgebiet berücksichtigt werden kann. Vorliegend sollen jedoch sämtliche Parodien der relevanten Immaterialgüterrechte – neben dem Urheber- und Markenrecht auch das Designrecht – unter Berücksichtigung der aktuellen Rechtslage auf ihre Zulässigkeit hin überprüft werden. Insbesondere gilt es, einen einheitlichen Bewertungsmaßstab im Hinblick auf die Zulässigkeit der Parodie im Urheber-, Marken- und Designrecht zu finden und zu untersuchen, inwieweit die erforderliche Interessenabwägung im jeweiligen Immaterialgüterrecht berücksichtigt werden kann. Ausgangspunkt der Betrachtung ist daher die grundrechtliche Wertordnung. Neben der Frage, inwieweit der Inhaber eines Urheber-, Marken- oder Designrechts gegenüber der parodistischen Verwendung des geschützten Gegenstands ein Verbotsrecht geltend machen kann, soll auch geprüft werden, ob der Parodierte gegen die Schutzerlangung der Parodie ihrerseits vorgehen kann. Auf etwaige Parallelen zwischen den einzelnen Immaterialgüterrechten soll dabei hingewiesen werden. Da es im Zusammenhang mit der Parodie im Designrecht noch keine näheren Ausführungen gibt, ist vor allem zu berücksichtigen, inwieweit die zum Urheber- und Markenrecht getroffenen Wertungen auf das Designrecht übertragen werden können.

Zunächst soll daher Bezug auf die für die Interessenabwägung relevante grundrechtliche Wertordnung genommen werden (Kapitel 2). Im Rahmen dessen sollen das maßgebliche Grundrechtsregime, die betroffenen Grundrechtspositionen und die Kriterien im Hinblick auf die Bestimmung der Zulässigkeit einer Parodie herausgearbeitet werden. Darauf basierend muss in einem nächsten Schritt unter Berücksichtigung der aktuellen Rechtslage untersucht werden, inwiefern es im jeweiligen Immaterialgüterrecht gesetzliche Anknüpfungspunkte für die erforderliche Interessenabwägung gibt. Dabei ist zwischen den gesetzlichen Anknüpfungspunkten im Hinblick auf die Verwendung des Schutzgegenstands zum Zwecke der Parodie (Kapitel 3) und den gesetzlichen Anknüpfungspunkten im Hinblick auf die Schutzerlangung der Parodie (Kapitel 4) zu unterscheiden. In Bezug auf die Schutzfähigkeit und damit zusammenhängend auf die Frage, ob der Parodierte gegen die Schutzerlangung der Parodie vorgehen kann, muss insbesondere untersucht werden, ob die für die Interessenabwägung relevanten Kriterien modifiziert werden müssen. Abschließend werden die gewonnen Erkenntnisse in einem Gesamtergebnis (Kapitel 5) zusammengefasst.

Kapitel 2: Grundrechtliche Wertordnung

Grundsätzlich ist das einfache Recht vorrangig gegenüber den grundrechtlichen Wertungen zu beachten. Zwar ist es nicht Aufgabe der Immaterialgüterrechte, allgemeine Grenzen der Parodie in Bezug auf das vorbestehende parodierte Werk festzusetzen oder die Parodiefreiheit zu gewährleisten.[59] Allerdings dienen die Immaterialgüterrechte dazu, einen gerechten Ausgleich zwischen den widerstreitenden Interessen zu schaffen. Insbesondere wird durch die Immaterialgüterrechte geregelt, unter welchen Voraussetzungen Dritte ein geschütztes Gut ohne Einwilligung des Rechtsinhabers und ohne finanzielle Entschädigung aufgreifen dürfen. Im Hinblick auf die Parodie ist zu beachten, dass die Interessen des Parodierten und die des Parodisten in Ausgleich gebracht werden müssen. Der Parodierte darf in seinen Rechten und Interessen nicht unangemessen beeinträchtigt werden. Dem Parodisten muss demgegenüber aber ein gewisses Maß an Parodiefreiheit bestehen bleiben. Fraglich ist dabei insbesondere, wie der dargestellte Interessenkonflikt zwischen dem Parodisten und dem Parodierten zu lösen ist. Zu beachten ist dabei, dass das nationale Immaterialgüterrecht weitgehend durch europarechtliche Vorgaben determiniert ist.[60] Zudem hat der europäische Gesetzgeber in Bezug auf das Marken- und De-

59 So auch *Haedicke*, GRUR Int. 2015, 664 (665), der seine Aussage jedoch lediglich auf das Urheberrecht beschränkt. Sie ist aber auch auf das Marken- und Designrecht übertragbar.

60 Siehe zum Urheberrecht: Richtlinie 2001/29/EG des Europäischen Parlaments und des Rates vom 22. Mai 2001 zur Harmonisierung bestimmter Aspekte des Urheberrechts und der verwandten Schutzrechte in der Informationsgesellschaft (im Folgenden Info-RL); Richtlinie (EU) 2019/790 des Europäischen Parlaments und des Rates vom 17. April 2019 über das Urheberrecht und die verwandten Schutzrechte im digitalen Binnenmarkt und zur Änderung der Richtlinien 96/6/EG und 2001/29/EG (im Folgenden DSM-RL). Zum Markenrecht: Richtlinie (EU) 2015/2436 des Europäischen Parlaments und des Rates vom 16. Dezember 2015 zur Angleichung der Rechtsvorschriften der Mitgliedstaaten über die Marken (im Folgenden Marken-RL). Zum Designrecht: Richtlinie 98/71/EG des Europäischen Parlaments und des Rates vom 13. Oktober 1998 über den rechtlichen Schutz von Mustern und Modellen (im Folgenden GMR).

signrecht Verordnungen[61] erlassen, die einen unionsweiten Schutz des jeweiligen Schutzgegenstands ermöglichen. Problematisch ist daher, ob der Interessenkonflikt unter Beachtung der nationalen oder europäischen Grundrechte zu lösen ist und inwieweit sie in das Privatrecht »ausstrahlen«. Letztendlich geht es um grundrechtliche Konfliktlagen im Mehrebenensystem.

A. Maßgebliches Grundrechtsregime

Fraglich ist zunächst, ob nationale oder europäische Grundrechte heranzuziehen sind, um den dargestellten Interessenkonflikt aufzulösen. Wie eingangs erwähnt, sind sowohl das nationale Urheberrecht als auch das nationale Marken- und Designrecht auf Richtlinien zurückzuführen. Zusätzlich gewährt das europäische Marken- und Designrecht durch die UMV und die GGV gesamteuropäischen Schutz. Deshalb ist zu untersuchen, ob den nationalen oder europäischen Grundrechten Anwendungsvorrang zukommt.

Anknüpfungspunkt für die Beantwortung dieser Frage ist Art. 51 Abs. 1 S. 1 GRC, der den Anwendungsbereich der Charta der Grundrechte der Europäischen Union regelt. Art. 51 GRC verfolgt das Ziel, die europäische von der nationalen Grundrechtsordnung abzugrenzen.[62] Danach gilt sie – und damit zusammenhängend auch die in ihr geregelten europäischen Grundrechte – für die Organe, Einrichtungen und sonstigen Stellen der Union unter Wahrung des Subsidiaritätsprinzips und für die Mitgliedstaaten ausschließlich bei der Durchführung des Rechts der Union.

I. Bindung der Stellen der Union an die Unionsgrundrechte

Zunächst sind an die Unionsgrundrechte gemäß Art. 51 Abs. 1 S. 1 Alt. 1 GRC die Organe, Einrichtungen und sonstigen Stellen der Union gebunden. Während Organe im Sinne dieser Norm alle in Art. 13 Abs. 1 UA 2 EUV aufgeführten Stellen[63] sind, sind unter Einrichtungen und sonstigen Stellen alle Einheiten zu verstehen, die durch die Verträge oder sekundäre Rechtsakte errichtet wurden.

---

61 Markenrecht: Verordnung (EU) 2017/1001 des Europäischen Parlaments und des Rates vom 14. Juni 2017 über die Unionsmarke (im Folgenden UMV). Designrecht: Verordnung (EG) Nr. 6/2002 des Rates vom 12. Dezember 2001 über das Gemeinschaftsgeschmacksmuster (im Folgenden GGV).

62 *Hatje*, in: Schwarze, EU-Kommentar, Art. 51 GRC Rn. 2, 13.

63 Hierzu zählen das Europäische Parlament, der Europäische Rat, der Rat, die Europäische Kommission, der Gerichtshof der Europäischen Union, die Europäische Zentralbank und der Rechnungshof.

Hierzu zählen vor allem Ämter und Agenturen.[64] Im Rahmen ihres Tätigkeitsbereichs besteht eine umfassende Grundrechtsbindung, sodass kein grundrechtsfreier Raum vorliegt.[65] Beim EUIPO, dem sowohl im Rahmen der UMV als auch hinsichtlich der GGV Bedeutung zukommt, handelt es sich um eine Agentur,[66] die im Zuge der Verordnung (EG) Nr. 40/94 über die Gemeinschaftsmarke geschaffen wurde.[67] Es beruht damit auf einem Sekundärrechtsakt. Das EUIPO ist daher gemäß Art. 51 Abs. 1 S. 1 Alt. 1 GRC in seinem Handeln stets an die Unionsgrundrechte gebunden. Wendet es Normen der UMV oder der GGV an, sind im Hinblick auf die erforderliche Interessenabwägung stets die europäischen Grundrechte heranzuziehen.

II. Bindung der Mitgliedstaaten an die Unionsgrundrechte

Die Mitgliedstaaten sind demgegenüber nicht immer an die Unionsgrundrechte gebunden, sondern nur dann, wenn sie ausschließlich Unionsrecht durchführen. Wann mitgliedstaatliches Handeln als Durchführung des Unionsrechts anzusehen ist, bedarf jedoch einer genaueren Betrachtung.

Der EuGH folgt einem weiten Verständnis des Begriffs der Durchführung des Unionsrechts. Eine Durchführung i. S. d. Art. 51 Abs. 1 S. 1 Alt. 2 GRC liegt danach »in allen unionsrechtlich geregelten Fallgestaltungen« vor.[68] Jedenfalls sei ein hinreichend bestimmter Zusammenhang erforderlich, der über das bloße Benachbartsein der fraglichen Sachbereiche oder bloß mittelbare Auswirkungen aufeinander hinausgehe.[69] Das Wort »Durchführung« wird demnach als Oberbegriff von Umsetzen und Vollziehen verwendet.[70] Im Hinblick auf das mit-

64 Charta-Erläuterungen, ABl 2007 C 303/32; *Ehlers*, in: Ehlers, Europäische Grundrechte und Grundfreiheiten, § 14 Rn. 59; *Jarass*, in: Jarass, Charta der Grundrechte der EU, Art. 51 Rn. 13; *Pache*, in: Pechstein/Nowak/Häde, EUV, GRC, AEUV, Band I, Art. 51 GRC Rn. 13; *Schmidt*, Die Grundsätze im Sinne der EU-Grundrechtecharta, S. 101; *Schwerdtfeger*, in: Meyer/Hölscheidt, Charta der Grundrechte der Europäischen Union, Art. 51 Rn. 29.

65 *Ehlers*, in: Ehlers, Europäische Grundrechte und Grundfreiheiten, § 14 Rn. 59; *Hatje*, in: Schwarze, EU-Kommentar, Art. 51 GRC Rn. 11; *Herdegen*, in: HStR X, § 211 Rn. 27; *Jarass*, in: Jarass, Charta der Grundrechte der EU, Art. 51 Rn. 14; *Pache*, in: Pechstein/Nowak/Häde, EUV, GRC, AEUV, Band I, Art. 51 GRC Rn. 15. Siehe auch *Ohler*, NVwZ 2013, 1433, der davon spricht, dass die »Stellen der Union umfassend bei allen rechtlich mit Außenwirkung versehenen Maßnahmen [an die Unionsgrundrechte] gebunden sind«.

66 *Orator*, Möglichkeit und Grenzen der Einrichtung von Unionsagenturen, S. 156.

67 Vgl. Art. 2 Verordnung (EG) 90/94, ErwG 12 Verordnung (EG) 90/94.

68 EuGH, Urt. v. 30. 4. 2014 – Rs. C-390/12, Rn. 33f. – Pfleger; EuGH, Urt. v. 26. 2. 2013 – Rs. C-617/10, Rn. 19 – Åkerberg Fransson.

69 EuGH, Urt. v. 10. 7. 2014 – Rs. C-198/13, Rn. 34 – Hernández; EuGH, Urt. v. 6. 3. 2014 – Rs. C-206/13, Rn. 24 – Siragusa.

70 *Kingreen*, in: Calliess/Ruffert, EUV/AEUV, Art. 51 GRC Rn. 8.

gliedstaatliche Handeln ist darunter insbesondere das Umsetzen von Richtlinien und der Vollzug von Verordnungen zu verstehen.[71] Das gelte auch dann, wenn den Mitgliedstaaten Umsetzungsspielräume belassen werden.[72] In Bezug auf Richtlinien unterscheidet der EuGH nicht, wie detailliert deren Vorgaben sind. Vielmehr geht er davon aus, dass die Mitgliedstaaten stets an die Unionsgrundrechte gebunden seien, sofern die Richtlinie in nationales Recht umgesetzt wird – unabhängig vom Umfang der eingeräumten Spielräume.[73] Lediglich wenn eine rechtliche Situation nicht vom Unionsrecht erfasst wird, gelangen die nationalen Grundrechte zur Anwendung.[74]

Das BVerfG legt dem Begriff der »Durchführung« jedoch ein engeres Verständnis zugrunde. Zwar akzeptiert es, dass innerstaatliches Recht, das Unionsrecht durchführt, nicht an den Grundsätzen der nationalen Grundrechte gemessen werden könne, solange auf europäischer Ebene ein vergleichbarer Grundrechtsschutz gewährleistet werde.[75] Die Mitgliedstaaten führen jedoch nach Auffassung des BVerfG nur dann Unionsrecht durch, sofern sie auf Grundlage von zwingenden unionsrechtlichen Vorschriften handeln. Wird den

---

71 *Frenz,* Handbuch Europarecht, Band 4, Rn. 243f.; *Jarass,* in: Jarass, Charta der Grundrechte der EU, Art. 51 Rn. 21ff.; *Kingreen,* Jura 2014, 295 (301); *Stern,* in: FS Klein, S. 683; *Schwerdtfeger,* in: Meyer/Hölscheidt, Charta der Grundrechte der Europäischen Union, Art. 51 Rn. 48; *Terhechte,* in: von der Groeben/Schwarze/Hatje, Europäisches Unionsrecht, Art. 51 GRC Rn. 10.

72 Zur Durchführung von Unionsrecht bezüglich des Bestehens eines Ermessensspielraums im Rahmen von Verordnungen siehe EuGH, Urt. v. 21.12.2011 – verb. Rs. C-411/10 und C-493/10, Rn. 64ff. – N.S.; EuGH, Urt. v. 24.3.1994 – Rs. C-2/92, Slg. 1994, I-955 Rn. 14 – Bostock; EuGH, Urt. v. 13.7.1989 – Rs. C-88/05, Slg. 1989 Rn. 22 – Wachauf. Bezüglich der bei einer Richtlinienumsetzung von Natur aus bestehenden Umsetzungsspielräume bejaht der EuGH ebenfalls eine Anwendung der Unionsgrundrechte. Siehe hierzu unter Verweis auf die Wachauf-Entscheidung EuGH, Urt. v. 27.6.2006 – Rs. C-540/03, Slg. 2006, I-5769 Rn. 104 – Familienzusammenführung; EuGH, Beschl. v. 19.2.2009 – Rs. C-557/07, Slg. 2009, I-1227 Rn. 27f. – LSG/Tele2.

73 Vgl. EuGH, Urt. v. 29.7.2019 – Rs. C-516/17, Rn. 20 – Spiegel Online GmbH; EuGH, Urt. v. 6.12.2012 – verb. Rs. C-356/11 und C-357/11, Rn. 74ff. – Maahanmuuttovirasto; EuGH, Urt. v. 24.4.2012, Rs. C-571/10, Rn. 77ff. – Kamberaj; EuGH, Urt. v. 4.3.2010 – Rs. C-578/08 – Slg. 2010, I-1839 Rn. 44ff. – Chakroun. In diesem Sinne auch *Bleckmann,* Nationale Grundrechte, S. 30f.; *Ehlers,* in: Ehlers, Europäische Grundrechte und Grundfreiheiten, § 14 Rn. 67, 74; *Herdegen,* in: HStR X, § 211 Rn. 36; *Heuer,* Art. 51 Abs. 1 Satz 1 GRC, S. 204ff.; *Jarass,* in: Jarass, GRC, Art. 51 Rn. 20a; *ders.,* NVwZ 2012, 457 (459); *Kühling,* in: Bogdandy/Bast, Europäisches Verfassungsrecht, S. 682f.; *Ladenburger/Vondung,* in: Stern/Sachs, GRCh, Art. 51 Rn. 45; *Lindner,* EuZW 2007, 71 (73); *Stern,* in: FS Klein, S. 683; *Streinz,* Europarecht, Rn. 771; *Wallrab,* Die Verpflichteten der Gemeinschaftsgrundrechte, S. 84ff.

74 EuGH, Urt. v. 6.10.2015 – Rs. C-650/13, Rn. 27 – Delvigne; EuGH, Urt. v. 10.7.2014 – Rs. C-198/13, Rn. 35 – Hernández; EuGH, Urt. v. 27.3.2014 – Rs. C-265/13, Rn. 30 – Torralbo Marcos; EuGH, Urt. v. 26.2.2013 – Rs. C-617/10, Rn. 22 – Åkerberg Fransson.

75 Siehe etwa BVerfG, NVwZ 2007, 937 (938).

Mitgliedstaaten aber ein Umsetzungsspielraum belassen, so sollen allein die nationalen Grundrechte zu berücksichtigen sein.[76]

Hieraus ergibt sich, dass die Unionsgrundrechte jedenfalls dann anzuwenden sind, wenn Verordnungen durch die Mitgliedstaaten vollzogen werden. Im Hinblick auf die Bewertung der Parodie im Marken- und Designrecht spielen die UMV und die GGV eine entscheidende Rolle, sofern der Inhaber der Marke oder des Designs Schutz in der gesamten Union anstrebt. Da nationale Gerichte als Unionsmarken- oder Gemeinschaftsgeschmacksmustergerichte die jeweils einschlägigen Verordnungen unmittelbar[77] anwenden, führen sie Unionsrecht durch. Sie sind daher in Bezug auf die Auslegung und Anwendung der entsprechenden Normen der Verordnung – wie das EUIPO – an die Unionsgrundrechte gebunden.[78]

Auch wenn zwingende Vorgaben einer Richtlinie in nationales Recht umgesetzt werden, sind die Unionsgrundrechte heranzuziehen. Probleme bereitet die Durchführung von Unionsrecht nur dann, wenn den Mitgliedstaaten Spielräume hinsichtlich der Umsetzung der Vorgaben einer Richtlinie in nationales Recht belassen werden. Aus diesem Grund ist es erforderlich, die jeweiligen Richtlinien dahingehend zu untersuchen, ob deren Vorgaben Umsetzungsspielräume belassen oder zwingend sind. Deshalb ist zu prüfen, inwieweit die Mitgliedstaaten in Bezug auf das Urheber-, Marken- und Designrecht durch das Sekundärrecht gebunden sind. Sofern den Mitgliedstaaten Umsetzungsspielräume belassen werden, ist in einem nächsten Schritt der Streit zu entscheiden, ob es sich hinsichtlich der Umsetzung der Vorgaben um die Durchführung von Unionsrecht i. S. d. Art. 51 Abs. 1 S. 1 Alt. 2 GRC handelt.

1. Urheberrecht

Im Rahmen des Urheberrechts spielen dabei die Info-RL und die DSM-RL eine entscheidende Rolle.

76 BVerfG, GRUR 2016, 690 Rn. 114ff.; BVerfG, NJW 2013, 1499 Rn. 88ff.; BVerfG, NJW 2010, 833 Rn. 181; BVerfG, NVwZ 2008, 543 Rn. 135; BVerfG, NVwZ 2007, 942; BVerfG, NVwZ 2007, 937 (938). Dem zustimmend *Britz*, EuGRZ 2015, 275 (278); *Papier*, DVBl 2009, 473 (480); *Rengeling/Szczekalla*, Grundrechte in der Europäischen Union, Rn. 312f.; *Scholz*, DVBl 2014, 197 (199); *Weber*, NJW 2000, 537 (542); *Ziegenhorn*, NVwZ 2010, 803 (806ff.).

77 Vgl. Art. 288 Abs. 2 AEUV.

78 *Jarass*, in: Jarass, GRC, Art. 51 Rn. 23; *Frenz*, Handbuch Europarecht, Band 4, Rn. 243.

a) Harmonisierungsgrad

Die Info-RL weist insgesamt einen unterschiedlichen Harmonisierungsgrad auf. Während die Verwertungsrechte[79] vollharmonisiert und damit zwingend umzusetzen sind, ist bei den Schranken eine differenzierte Betrachtung notwendig. Ausschließlich die in Art. 5 Abs. 1 Info-RL geregelte Schranke ist für die Mitgliedstaaten verbindlich. Die übrigen in Art. 5 Abs. 2, 3 Info-RL aufgezählten Schrankenbestimmungen sind lediglich fakultativer Natur.[80] Der EuGH erlaubt den Mitgliedstaaten einen weiten Ermessensspielraum hinsichtlich der Festlegung sachnaher Kriterien zur Ausfüllung der in Art. 5 Abs. 2, 3 Info-RL aufgezählten Ausnahmen und Beschränkungen, sofern sie eine entsprechende Regelung im nationalen Recht vorsehen.[81] Unter die fakultativen Schrankentatbestände fällt auch die Parodieschranke gemäß Art. 5 Abs. 3 lit. k Info-RL. Aus dem fakultativen Charakter wird geschlossen, dass ein Umsetzungsspielraum der Mitgliedstaaten bestehe, da der nationale Gesetzgeber die Norm ersatzlos streichen könne, ohne in Konflikt mit Unionsrecht zu geraten.[82] Zudem könnte man annehmen, dass der europäische Gesetzgeber es den Mitgliedstaaten überlassen hat, den Begriff »Parodie« sachgerecht auszufüllen, da in der Richtlinie nicht geregelt ist, was darunter zu verstehen ist. Dem ist dahingehend zuzustimmen, dass der nationale Gesetzgeber zumindest einen Spielraum bezüglich des »Ob« der Umsetzung hat.[83] Allerdings muss berücksichtigt werden, dass Begriffe einer unionsrechtlichen Vorschrift, die nicht ausdrücklich auf das Recht der Mitgliedstaaten verweist, bezüglich der Ermittlung ihres Sinnes oder ihrer Bedeutung in der gesamten Union autonom und einheitlich ausgelegt werden müssen.[84] Im Hinblick auf die Parodieschranke nach Art. 5 Abs. 3 lit. k Info-RL gilt demnach, dass der Begriff »Parodie« ein autonomer Begriff des Unionsrechts ist, der in der gesamten Union einheitlich ausgelegt werden muss. Dem steht auch nicht entgegen, dass es sich lediglich um eine fakultative Vorschrift handelt, da ein Spielraum der Mitgliedstaaten bezüglich der Auslegung eines solchen auto-

79 Vgl. Art. 2, 3, 4 Info-RL: Durch die Formulierung »die Mitgliedstaaten sehen vor« wird deutlich, dass die Vorgaben der Richtlinie in diesem Sinne umgesetzt werden müssen. Es handelt sich demnach um zwingende Vorgaben der Richtlinie.

80 Vgl. Wortlaut: »Die Mitgliedstaaten […] können vorsehen«.

81 Vgl. EuGH, Urt. v. 1.12.2011 – Rs. C-145/10, Rn. 103 – Painer/Standard. Siehe auch *Obergfell/Stieper*, in: 50 Jahre UrhG, S. 229.

82 Vgl. *Raue*, GRUR Int 2012, 402 (406).

83 Auch *Dreyer*, in: Dreyer/Kotthoff/Meckel/Hentsch, UrhG[4], § 51 Rn. 11 geht davon aus, dass den Mitgliedstaaten nur ein Umsetzungsspielraum dahingehend verbleibt, zu entscheiden, ob die Schranke in das nationale Recht eingeführt werden soll.

84 EuGH, Urt. v. 3.9.2014 – Rs. C-201/13, Rn. 14 – Deckmyn/Vandersteen; EuGH, Urt. v. 21.10.2010 – Rs. C-467/08, Slg. 2010, I-10055 Rn. 32 – Padawan; EuGH, Urt. v. 19.9.2000 – Rs. C-287/98 Rn. 43 – Linster.

nomen Begriffs dem Harmonisierungsziel der Info-RL zuwider laufen würde.[85] Deshalb sind die Mitgliedstaaten an die konkretisierten Vorgaben der Info-RL in Bezug auf die Parodieschranke gebunden. Ein Umsetzungsermessen ist daher abzulehnen.[86] Sofern die Schranke in das nationale Recht umgesetzt wird, muss sich der nationale Gesetzgeber im Rahmen der Umsetzung zwingend an die konkretisierten Vorgaben zur Behandlung der Parodie halten.

So verhält es sich auch hinsichtlich Art. 17 Abs. 7 DSM-RL, der sich auf die öffentliche Zugänglichmachung und die öffentliche Wiedergabe über Plattformen bezieht. Nach Art. 17 Abs. 7 UA 2 lit. b DSM-RL haben die Mitgliedstaaten sicherzustellen, dass sich alle Nutzer, die nutzergenerierte Inhalte auf Diensten für das Teilen von Online-Inhalten hochladen oder auf Diensten für das Teilen von Online-Inhalten zugänglich machen, in jedem Mitgliedstaat auf die Ausnahme oder Beschränkung bezüglich der Nutzung zum Zwecke von Karikatur, Parodie und Pastiche stützen können. Diese Regelung ist verpflichtend einzuführen, damit die Nutzer in der gesamten Union einheitlichen Schutz erhalten.[87] Daher haben die Mitgliedstaaten nicht einmal einen Spielraum bezüglich des »Ob« der Umsetzung. In diesem Zusammenhang ist aufgrund der strikten Vorgaben des EuGH in Bezug auf die Behandlung der Parodie im Urheberrecht davon auszugehen, dass kein Umsetzungsermessen besteht. Es handelt sich um eine zwingende Vorgabe, die sich allerdings ausschließlich auf das Teilen von Online-Inhalten auf Plattformen bezieht.

b) *Bedeutung für die Anwendbarkeit der Grundrechte*

Welche Grundrechte hinsichtlich Parodieschranke im Urheberrecht zur Anwendung gelangen müssen, lässt sich nicht eindeutig feststellen. Zum einen sind ausschließlich die Unionsgrundrechte heranzuziehen, soweit sich die Parodie im Anwendungsbereich der DSM-RL bewegt, da in diesem Zusammenhang die Parodieschranke verpflichtend ausgestaltet ist. Etwas anderes gilt in Bezug auf Art. 5 Abs. 3 lit. k Info-RL, da dieser den Mitgliedstaaten zumindest bezüglich des »Ob« der Umsetzung einen Spielraum belässt. Während nach Ansicht des EuGH die Unionsgrundrechte zum Tragen kommen, sind nach dem engen Verständnis des BVerfG allein die nationalen Grundrechte heranzuziehen, da es sich nicht um eine zwingende Vorschrift handelt.

85 ErwG 32 S. 4 Info-RL; EuGH, Urt. v. 3.9.2014 – Rs. C-201/13, Rn. 16 – Deckmyn/Vandersteen; EuGH, Urt. v. 10.4.2014 – Rs. C-435/12, Rn. 49 – ACI Adam; EuGH, Urt. v. 21.10.2010 – Rs. C-467/08, Slg. 2010, I-10055 Rn. 36 – Padawan; BGH, GRUR 2017, 1027 Rn. 24 – Reformistischer Aufbruch; BGH, NJW 2017, 3450 Rn. 36 – Afghanistan Papiere; BGH, GRUR 2017, 895 Rn. 44 – Metall auf Metall III.

86 In diesem Sinne auch *Ungern-Sternberg*, GRUR 2015, 205 (212).

87 Vgl. ErwG 70 S. 4 DSM-RL.

Für die Ansicht, dass europäische Grundrechte dann nicht anwendbar sind, wenn den Mitgliedstaaten ein Umsetzungsspielraum belassen wird, könnte zunächst der Wortlaut des Art. 51 Abs. 1 S. 1 GRC sprechen. Danach sind die Mitgliedstaaten *ausschließlich* bei der Durchführung von Unionsrecht an die Unionsgrundrechte gebunden. Setzt der Mitgliedstaat jedoch eine Richtlinie um, die ihm Spielräume belässt, so werde der Mitgliedstaat eigenverantwortlich tätig.[88] Trotz der inhaltlichen Verbindung des Umsetzungsaktes mit der Richtlinie werde der den Mitgliedstaaten überlassene Spielraum gerade vom Unionsrecht freigehalten.[89] Greift der Mitgliedstaat daher jenseits der Vorgaben einer Richtlinie in Grundrechte ein, sei allein er nach Art. 1 Abs. 3 GG an die Grundrechte gebunden. Unionsrecht würde in diesem Fall nicht mehr durchgeführt werden.[90] Schließlich habe der Unionsgesetzgeber bewusst auf die unionsrechtliche Determinierung verzichtet, indem er den Mitgliedstaaten Umsetzungsspielräume belassen hat. Deshalb sollen allein die nationalen Grundrechte zum Tragen kommen.[91] Das liege vor allem daran, dass der Unionsgesetzgeber aufgrund des gewährten Umsetzungsspielraums auch andere Umsetzungsmaßnahmen zulasse, sodass die Anwendung nationaler Grundrechte der Effektivität des Unionsrechts nicht entgegenstehe.[92] Ohnehin habe der europäische Gesetzgeber in diesen Fällen auf eine einheitliche Regelung verzichtet, sodass es den Mitgliedstaaten offen stehen solle, eigenständige Regelungen nach Maßgabe der nationalen Grundrechte zu treffen.[93]

Zuzustimmen ist der engen Auslegung des Durchführungsbegriffs dahingehend, dass ein autonomes Handeln des Mitgliedstaats vorliegt, da der umsetzende Mitgliedstaat entscheidet, ob und inwieweit er vom Umsetzungsspielraum Gebrauch macht. Allerdings darf nicht außer Acht gelassen werden, dass bereits der Richtliniengeber hinsichtlich der Setzung des Richtlinienziels an die europäischen Grundrechte gebunden ist, weshalb dies auch für die Mitgliedstaaten bei der Umsetzung der Richtlinie gelten muss. Der Richtliniengeber darf den Mitgliedstaaten daher kein Richtlinienziel vorgeben, das gegen die Unionsgrundrechte verstößt. Die Pflicht zur Wahrung der Unionsgrundrechte ist demnach dem Richtlinienziel immanent, weshalb sowohl die Umsetzungsverpflichtung als auch die den Mitgliedstaaten eingeräumten Umsetzungsspielräume durch sie be-

88 Vgl. *Gietzelt/Grabrucker,* MarkenR 2015, 333 (338), die davon ausgehen, dass der nationale Gesetzgeber ausschließlich aufgrund eigener Kompetenz tätig werde.

89 *Kirchhof,* NJW 2011, 3681 (3684).

90 *Kingreen,* in: Calliess/Ruffert, EUV/AEUV, Art. 51 GRC Rn. 14. Siehe auch *Gietzelt/Grabrucker,* MarkenR 2015, 333 (338).

91 *Ziegenhorn,* NVwZ 2010, 803 (808).

92 *Britz,* EuGRZ 2015, 275 (278). Ähnlich *Matz-Lück,* in: Matz-Lück/Hong, Grundrechte und Grundfreiheiten im Mehrebenensystem, S. 193.

93 *Gietzelt/Grabrucker,* MarkenR 2015, 333 (338); *Nusser,* Die Bindung der Mitgliedstaaten an die Unionsgrundrechte, S. 68ff.; *Ziegenhorn,* NVwZ 2010, 803 (808).

grenzt werden.[94] Darüber hinaus darf nicht in Vergessenheit geraten, dass die nationale Regelung, sofern vom Umsetzungsspielraum Gebrauch gemacht wurde, weiterhin im Anwendungsbereich der Richtlinie liegt.[95] Dass den Mitgliedstaaten Umsetzungsspielräume eingeräumt werden, dient vor allem der praktischen Wirksamkeit der Richtlinie. Hierdurch wird eine systemgerechte Anpassung des nationalen Rechts an die Vorgaben der Richtlinie ermöglicht.[96] Das nationale Handeln wird also gerade durch die Richtlinie veranlasst.[97] Weiterhin sind die Mitgliedstaaten trotz des Umsetzungsspielraums nicht derart frei in der Umsetzung einer Richtlinie, dass der nationale Umsetzungsakt als vom Unionsrecht losgelöst anzusehen wäre.[98] Besteht der Umsetzungsspielraum darin, dass die Richtlinie den Mitgliedstaaten Wahlrechte im Hinblick auf Ausnahmetatbestände eröffnet, so ist dieser aber gerade durch die Richtlinie vorgegeben. Beschreibt die Richtlinie den Regelungsrahmen, in dem sich die Mitgliedstaaten bei der Umsetzung des Richtlinieninhalts halten dürfen, so ist der Spielraum nicht ausschließlich national, sondern unionsrechtlich determiniert, sodass dieser auch unionsrechtlich ausgestaltet werden muss.[99] So verhält es sich schließlich bezüglich der Parodieschranke gemäß Art. 5 Abs. 3 lit. k Info-RL. Zwar lässt der Richtliniengeber die Wahl, ob die Ausnahme eingeführt wird. Wird die Schranke in nationales Recht umgesetzt, sind die Mitgliedstaaten aber an die Vorgaben gebunden. Die Mitgliedstaaten haben zwar einen Gestaltungsspielraum. Dieser bewegt sich allerdings in einem »europäischen Korsett«, das so »eng geschnürt« ist, dass die Richtlinie nur eine mögliche Auslegungsvariante gewährt.[100]

Insofern lässt sich festhalten, dass – trotz des vorliegenden Umsetzungsspielraums bezüglich der Parodieschranke nach Art. 5 Abs. 3 lit. k Info-RL – eine

94 Siehe hierzu *Bleckmann*, Nationale Grundrechte, S. 30f.; *Maier*, Grundrechtsschutz bei der Durchführung von Richtlinien, S. 72; *Pirker*, Grundrechtsschutz im Unionsrecht zwischen Subsidiarität und Integration, S. 374; *Wallrab*, Die Verpflichteten der Gemeinschaftsgrundrechte, S. 87. Siehe auch *Mehde*, EuGRZ 2008, 269 (273).

95 *Kühling*, in: Bogdandy/Bast, Europäisches Verfassungsrecht, S. 682; *Lindner*, EuZW 2007, 71 (72); *Ohler*, NVwZ 2013, 1433 (1437); *Streinz/Michl*, EuZW 2011, 384 (386); *Wallrab*, Die Verpflichteten der Gemeinschaftsgrundrechte, S. 85f.

96 *Bleckmann*, Nationale Grundrechte, S. 31; *Danwitz*, JZ 2007, 697 (698f.); *Pirker*, Grundrechtsschutz im Unionsrecht zwischen Subsidiarität und Integration, S. 374.

97 *Bleckmann*, Nationale Grundrechte, S. 30; *Pirker*, Grundrechtsschutz im Unionsrecht zwischen Subsidiarität und Integration, S. 374; *Sauer*, in: Matz-Lück/Hong, Grundrechte und Grundfreiheiten im Mehrebenensystem, S. 26f.

98 *Bleckmann*, Nationale Grundrechte, S. 31; *Pirker*, Grundrechtsschutz im Unionsrecht zwischen Subsidiarität und Integration, S. 374.

99 Siehe *Maier*, Grundrechtsschutz bei der Durchführung von Richtlinien, S. 72. Zur unionsrechtskonformen Auslegung der Umsetzungsspielräume siehe auch *Ehlers*, in: Ehlers, Europäische Grundrechte und Grundfreiheiten, § 14 Rn. 74; *Tamblé*, Der Anwendungsbereich der EU-Grundrechtecharta (GRC) gem. Art. 51 I 1 GRC, S. 17.

100 In diesem Sinne *Maier*, Grundrechtsschutz bei der Durchführung von Richtlinien, S. 73.

Durchführung von Unionsrecht i.S.d. Art. 51 Abs. 1 S. 1 Alt. 2 GRC vorliegt. Daher sind die Mitgliedstaaten an die Unionsgrundrechte gebunden.

2. Markenrecht

Das nationale Markenrecht ist auf die Marken-RL zurückzuführen.

a) Harmonisierungsgrad

Dabei ist zu berücksichtigen, dass die Marken-RL das Markenrecht europaweit einheitlich ausgestalten soll. Der Markenschutz in den Mitgliedstaaten existiert neben dem auf der Unionsebene bestehenden Rechtsschutz für die Marke der Europäischen Union. Die Koexistenz und Ausgewogenheit der Markenrechtssysteme auf nationaler und Unionsebene ist fester Bestandteil der Strategie, die die Union im Bereich des gewerblichen Rechtsschutzes verfolgt.[101] Insbesondere soll die Richtlinie eine bessere Abstimmung mit der UMV gewährleisten, was die Diskrepanzen innerhalb des Markensystems in ganz Europa verringern soll.[102] Im Interesse eines gut funktionierenden Binnenmarktes ist es darüber hinaus erforderlich, über die beschränkte Rechtsangleichung der Vorgängerrichtlinie[103] hinaus zu gehen und andere Aspekte des materiellen Markenrechts zu erfassen, das für Marken gilt, die nach der UMV geschützt sind.[104] Die Richtlinie verfolgt daher zum einen den Zweck, die nationalen Markengesetze zu harmonisieren und zum anderen diese mit der UMV zu vereinheitlichen, sodass einheitliche materiell-rechtliche Bedingungen geschaffen werden können. Es muss gewährleistet werden, dass eingetragene Marken im Recht aller Mitgliedstaaten einen einheitlichen Schutz genießen.[105] Dies gilt insbesondere für die Entstehung des Markenschutzes[106] und die Rechte,[107] die sich aus der Marke ergeben. Da diese Punkte im Rahmen der Arbeit näher zu untersuchen sind, können die einschlägigen Regelungen als zwingende Vorgaben gewertet werden, sodass den Mitgliedstaaten kein Spielraum bei der Umsetzung belassen wird.

---

101 ErwG 3 Marken-RL.

102 Vgl. ErwG 5 Marken-RL.

103 Richtlinie 2008/95/EG des Europäischen Parlaments und des Rates vom 22. Oktober 2008 zur Angleichung der Rechtsvorschriften der Mitgliedstaaten über die Marken.

104 ErwG 8 Marken-RL.

105 ErwG 10 S. 1 Marken-RL.

106 So sind insbesondere die bezüglich der Markenparodie einschlägigen Nichtigkeitsgründe als zwingende Vorschriften ausgestaltet. Vgl. Art. 4 Abs. 1, II Art. 5 Abs. 1, 3 lit. a Marken-RL.

107 Auch die Regelungen bezüglich der Rechte aus der Marke nach Art. 10 Abs. 2 Marken-RL und die damit zusammenhängende Beschränkung der Wirkung der Marke gemäß Art. 14 Marken-RL belässt den Mitgliedstaaten keinen Umsetzungsspielraum.

b) Bedeutung für die Anwendbarkeit der Grundrechte

Aufgrund der zwingenden Vorgaben der Marken-RL handelt es sich ebenfalls um eine Durchführung von Unionsrecht i. S. d. Art. 51 Abs. 1 S. 1 Alt. 2 GRC, sodass die Mitgliedstaaten an die Unionsgrundrechte gebunden sind.

3. Designrecht

Das nationale Designrecht ist schließlich durch die GMR geprägt.

a) Harmonisierungsgrad

Die obligatorischen Vorgaben der Richtlinie betreffen dabei alle wichtigen Aspekte des Designschutzes.[108] Die Richtlinie sieht vor, den Schutz von Mustern vollständig anzugleichen.[109] Vor allem können Unterschiede in dem von den Rechtsordnungen der Mitgliedstaaten gebotenen rechtlichen Schutz zu einer Verzerrung des Wettbewerbs im Binnenmarkt führen.[110] Eine vollständige Angleichung ist dabei nicht erforderlich. Die Angleichung muss sich aber auf die Rechtsvorschriften beziehen, die sich am unmittelbarsten auf das Funktionieren des Binnenmarktes auswirken.[111] Hierzu zählen nicht die Bestimmungen über Sanktionen, Rechtsbehelfe und Vollzugsbestimmungen.[112] Für die Verwirklichung der Ziele des Binnenmarktes ist es jedoch erforderlich, identische Bedingungen für die Erlangung eines eingetragenen Rechts an einem Muster in allen Mitgliedstaaten zu schaffen.[113] Zudem ist es für die Erleichterung des freien Warenverkehrs wesentlich, dem Rechtsinhaber eingetragener Muster in allen Mitgliedstaaten grundsätzlich einen gleichwertigen Schutz zu gewähren.[114] Auch im Designrecht sollen demnach – wie im Markenrecht – die einheitliche Bewertung der Entstehung des Designschutzes und einheitliche Rechte aus dem Design gewährleistet werden. Die im Rahmen der Arbeit näher zu betrachtenden Aspekte sind daher als zwingend anzusehen, da andernfalls die Identität der Schutzvoraussetzungen nicht gewährleistet und ein gleichwertiger Schutz nicht herbeigeführt werden kann.

---

108 *Eichmann/Jestaedt*, in: Eichmann/Jestaedt/Fink/Meiser, DesignG/GGV, Systematik des Designrechts A. Rn. 9.
109 Vgl. ErwG 5 S. 1 GMR.
110 ErwG 2 GMR.
111 ErwG 5 S. 1, 2 GMR.
112 ErwG 5 S. 3 GMR.
113 ErwG 9 S. 1 GMR.
114 ErwG 10 GMR.

b) *Bedeutung für die Anwendbarkeit der Grundrechte*

Da auch die GMR keinen Umsetzungsspielraum hinsichtlich der Schutzentstehung und der Rechte aus dem Design belässt, handelt es sich wie im Urheber- und Markenrecht um eine Durchführung von Unionsrecht i. S. d. Art. 51 Abs. 1 S. 1 Alt. 2 GRC. Die Mitgliedstaaten sind daher an die Unionsgrundrechte gebunden.

III. Ausschließliche Anwendbarkeit der Unionsgrundrechte?

Damit zusammenhängend ist jedoch nicht die Frage beantwortet, ob ausschließlich die Unionsgrundrechte anzuwenden sind oder daneben auch die nationalen Grundrechte herangezogen werden können. Dabei ist wiederum dazwischen zu unterscheiden, ob das Unionsrecht zwingende Vorgaben macht oder den Mitgliedstaaten einen Umsetzungsspielraum belässt.

Sofern das Unionsrecht zwingend ist, kommen allein die Unionsgrundrechte zur Anwendung. Für die nationalen Grundrechte bleibt daher in dieser Konstellation kein Raum.[115] Im Bereich des nationalen und europäischen Marken- und Designrechts sowie des Urheberrechts, sofern die DSM-RL einschlägig ist, sind daher ausschließlich die europäischen Grundrechte anwendbar.

Eine andere Beurteilung ergibt sich jedoch dann, wenn den Mitgliedstaaten Spielräume in Bezug auf die Umsetzung von Unionsrecht belassen werden, wie es hinsichtlich des Art. 5 Abs. 3 lit. k Info-RL der Fall ist. Dann sind die nationalen Grundrechte neben den Unionsgrundrechten anwendbar, sofern sie nicht hinter dem Schutzstandard der Unionsgrundrechte zurück bleiben.[116] Das wird auch durch Art. 53 GRC bekräftigt. Die Regelung ist dahingehend zu verstehen, dass die Existenz der Charta nicht als Argument gegen einen weiterreichenden Schutz durch nationale Grundrechte angeführt werden darf,[117] da die europäischen

---

115 *Bäcker,* EuR 2015, 389 (400); *Ehlers,* in: Ehlers, Europäische Grundrechte und Grundfreiheiten, § 14 Rn. 73; *Jarass,* in: Jarass, Charta der Grundrechte der EU, Art. 53 Rn. 27; *Kingreen,* JZ 2013, 801 (807); *Masing,* JZ 2015, 477 (480); *Weiß,* EuZW 2013, 287 (290); *Ziegenhorn,* NVwZ 2010, 803 (806).

116 EuGH, Urt. v. 29.7.2019 – Rs. C-476/17, Rn. 80 – Pelham u. a.; EuGH, Urt. v. 29.7.2019 – Rs. C-516/17, Rn. 21 – Spiegel Online GmbH; EuGH, Urt. v. 29.7.19 – Rs. C-469/17, Rn. 32 – Funke Medien NRW GmbH; EuGH, Urt. v. 26.2.2013 – Rs. C-399/11, Rn. 60 – Melloni; EuGH, Urt. v. 26.2.2013 – Rs. C-617/10, Rn. 29 – Åkerberg Fransson. Siehe auch *Bleckmann,* Nationale Grundrechte, S. 293; *Jarass,* in: Jarass, Charta der Grundrechte der EU, Art. 53 Rn. 29; *Maier,* Grundrechtsschutz bei der Durchführung von Richtlinien, S. 330ff.; *Streinz/Michl,* in: Streinz, EUV/AEUV, Art. 53 GRC Rn. 6.

117 *Borowsky,* in: Mayer, Charta der Grundrechte der Europäischen Union, Art. 53 Rn. 7, 12; *Maier,* Grundrechtsschutz bei der Durchführung von Richtlinien, S. 336; *Stern,* in: FS Klein, S. 683f. Ähnlich auch *Fassbender,* NVwZ 2010, 1049 (1052); *Jarass,* EuR 2013, 29 (38).

Grundrechte nur einen Mindestschutz darstellen.[118] Der Grundsatz stößt jedoch dann an seine Grenzen, wenn sich Grundrechte verschiedener Grundrechtsträger gegenüberstehen. In dieser Konstellation liegt kein weiterreichender Schutz durch die nationalen Grundrechte vor, da das »Mehr« an Schutz für den einen Grundrechtsträger immer zu einem »Weniger« des Schutzes des ihm gegenüberstehenden Grundrechtsträgers führt.[119] Da das Günstigkeitsprinzip in diesen Fällen nicht greift, kommt den Unionsgrundrechten ein Anwendungsvorrang zu.[120] So verhält es sich bei den urheberrechtlichen Schrankenbestimmungen[121] und damit einhergehend auch im Hinblick auf die Parodieschranke nach Art. 5 Abs. 3 lit. k Info-RL. Deshalb sind auch im Rahmen der Behandlung der Parodie im Urheberrecht allein die europäischen Grundrechte heranzuziehen trotz des Umsetzungsspielraums seitens der Mitgliedstaaten.

IV. Einfluss der europäischen Grundrechte auf das Privatrecht

Da die europäischen Grundrechte herangezogen werden müssen, stellt sich die Frage, inwieweit sie auf das einfache Recht Einfluss nehmen können. Die Unionsgrundrechte stellen ein Element der objektiven Wertordnung dar.[122] Insbesondere handelt es sich bei der Grundrechtecharta nach Art. 6 Abs. 1 EUV um Primärrecht. Aufgrund des Vorrangs des Primärrechts ist das Sekundärrecht primärrechtskonform auszulegen.[123] Lässt eine Vorschrift des Sekundärrechts mehr als eine Auslegung zu, ist dem Auslegungsergebnis der Vorzug zu geben,

118 *Bäcker,* EuR 2015, 389 (399); *Borowsky,* in: Mayer, Charta der Grundrechte der Europäischen Union, Art. 53 Rn. 14; *Ehlers,* in: Ehlers, Europäische Grundrechte und Grundfreiheiten, § 14 Rn. 74; *Jarass,* in: Jarass, Charta der Grundrechte der EU, Art. 53 Rn. 29. Siehe hierzu auch *Matz-Lück,* in: Matz-Lück/Hong, Grundrechte und Grundfreiheiten im Mehrebenensystem, S. 194f.

119 *Bleckmann,* Nationale Grundrechte, S. 295f.; *Brummund,* Kohärenter Grundrechtsschutz im Raum der Freiheit, der Sicherheit und des Rechts, S. 113f.; *Heuer,* Art. 51 Abs. 1 Satz 1 GRC, S. 64; *Jarass,* in: Jarass, Charta der Grundrechte der EU, Art. 53 Rn. 31; *Kingreen,* JZ 2013, 801 (808); *Maier,* Grundrechtsschutz bei der Durchführung von Richtlinien, S. 342; *Matz-Lück,* in: Matz-Lück/Hong, Grundrechte und Grundfreiheiten im Mehrebenensystem, S. 197; *Streinz/Michl,* in: Streinz, EUV/AEUV, Art. 53 GRC Rn. 7; *Raue,* GRUR Int 2012, 402 (406).

120 *Brummund,* Kohärenter Grundrechtsschutz im Raum der Freiheit, der Sicherheit und des Rechts, S. 127f.; *Heuer,* Art. 51 Abs. 1 Satz 1 GRC, S. 65; *Jarass,* in: Jarass, Charta der Grundrechte der EU, Art. 53 Rn. 32; *ders.,* EuR 2013, 29 (39); *Kingreen,* JZ 2013, 801 (808); *Krämer,* in: Stern/Sachs, GRCh, Art. 53 Rn. 13; *Raue,* GRUR Int 2012, 402 (406f.).

121 Vgl. *Obergfell/Stieper,* in: FS 50 Jahre UrhG, S. 235.

122 *Heuer,* Art. 51 Abs. 1 Satz 1 GRC, S, 121ff.; *Ehlers,* in: Ehlers, Europäische Grundrechte und Grundfreiheiten, § 14 Rn. 49; *Ritter,* NJW 2010, 1110 (1112f.).

123 *Ruffert,* in: Calliess/Ruffert, EUV/AEUV, Art. 288 AEUV Rn. 8 f. m.w.N.

das mit dem Primärrecht im Einklang steht.[124] Deshalb ist das Unionssekundärrecht - wie Verordnungen und Richtlinien, vgl. Art. 288 AEUV - unionsgrundrechtskonform im Lichte der Grundrechtecharta auszulegen[125] - vor allem in Bezug auf Generalklauseln und unbestimmte Rechtsbegriffe.[126] Auch das nationale Recht ist, soweit der Anwendungsbereich der Grundrechtecharta nach Art. 51 Abs. 1 S. 1 GRC eröffnet ist, zumindest mittelbar[127] unionsgrundrechtskonform auszulegen.[128] Beruht es auf einem Sekundärrechtsakt, haben die Mitgliedstaaten darauf zu achten, dass sie sich nicht auf eine Auslegung der in Frage stehenden Vorschrift stützen, die mit den Unionsgrundrechten kollidiert.[129] Im Anwendungsbereich des Unionsrechts strahlen die Unionsgrundrechte demnach

124 EuGH, Urt. v. 26.6. 2007 - Rs. C-305/05, Slg. 2007, I-5305 Rn. 28 - Ordre des barreaux francophones et germanophone; EuGH, Urt. v. 29.6.1995 - Rs. C-135/93, Slg. 1995, I-1651 Rn. 37 - Spanien/Kommission; EuGH, Urt. v. 13.12.1983 - Rs. 218/82, Slg. 1983, 4063 Rn. 15 - Kommission/Rat. Siehe auch *Leible/Domröse*, in: Riesenhuber, Europäische Methodenlehre, § 9 Rn. 7.

125 EuGH, Urt. v. 15.2.2016 - Rs. C-601/15 PPU, Rn. 48 - J.N.; EuGH, Urt. v. 3.7.2014 - verb. Rs. C-129/13 und C-130/13, Rn. 69 - Kamino; EuGH, Urt. v. 13.5.2013 - Rs. C-131/12, Rn. 68 - Google Spain; EuGH, Urt. v. 5.10.2010 - Rs. C-400/10 PPU, Slg. 2010, I-8965 Rn. 49ff. - McB; *Franzius*, ZaöRV 75 (2015), 383 (389); *Herdegen*, in: HStR X, § 211 Rn. 28; *Herresthal*, ZEuP 2014, 238 (259); *Jarass*, EuR 2013, 29 (33); *ders.*, in: Jarass, Charta der Grundrechte der EU, Einl. Rn. 53; *Pache*, in: Pechstein/Nowak/Häde, EUV, GRC, AEUV, Band I, Art. 6 EUV Rn. 29.

126 *Hatje*, in: Schwarze, EU-Kommentar, Art. 51 GRC Rn. 22; *Pache*, in: Pechstein/Nowak/Häde, EUV, GRC, AEUV, Band I, Art. 51 GRC Rn. 38; *Schillig*, Konkretisierungskompetenz und Konkretisierungsmethoden, S. 317ff. Siehe auch *Roder*, Die Methodik des EuGH im Urheberrecht, S. 151.

127 *Heuer*, Art. 51 Abs. 1 Satz 1 GRC, S. 57; *Herresthal*, ZEuP 2014, 238 (259); *Jarass*, in: Jarass, Charta der Grundrechte der EU, Einl. Rn. 58; *Leible/Domröse*, in: Riesenhuber, Europäische Methodenlehre, § 8 Rn. 41. Andernfalls wären die Unionsgrundrechte unmittelbar auf Privatrechtsverhältnisse anwendbar. Eine unmittelbare Drittwirkung der Unionsgrundrechte ist im Europarecht allerdings nicht vorgesehen, was aus dem Wortlaut des Art. 51 Abs. 1 S. 1 GRC hervorgeht. Danach kommen nur die Union und die Mitgliedstaaten als Grundrechtsverpflichtete in Betracht. Siehe hierzu *Folz*, in: Vedder/Heintschel von Heinegg, Europäisches Unionsrecht, Art. 51 GRC Rn. 15f.; *Jarass*, in: Jarass, Charta der Grundrechte der EU, Art. 51 Rn. 37; *Pache*, in: Pechstein/Nowak/Häde, EUV, GRC, AEUV, Band I, Art. 51 GRC Rn. 38; *Perner*, Grundfreiheiten, Grundrechte-Charta und Privatrecht, S. 157; *Schwerdtfeger*, in: Meyer/Hölscheidt, Charta der Grundrechte, Art. 51 Rn. 59. A. A. *Pirker*, Grundrechtsschutz im Unionsrecht, S. 246f.

128 EuGH, Urt. v. 16.7.2015 - Rs. C-580/13, Rn. 34 - Coty Germany; EuGH, Urt. v. 22.11.2012 - Rs. C-277/11, Rn. 93 - M.M./Irland; EuGH, Urt. v. 21.12.2011 - verb. Rs. C-411/10 und C-493/10, Slg. 2011, I-13905 Rn. 77 - N.S.; EuGH, Urt. v. 6.11.2003 - Rs. C-101/01, Slg. 2003, I-12971 Rn. 87 - Lindqvist; *Ehlers*, in: Ehlers, Europäische Grundrechte und Grundfreiheiten, § 14 Rn. 49; *Jarass*, EuR 2013, 29 (36); *ders.*, in: Jarass, Charta der Grundrechte der EU, Art. 51 Rn. 34.

129 EuGH, Urt. v. 16.7.2015 - Rs. C-580/13, Rn. 34 - Coty Germany; EuGH, Urt. v. 6.12.2012 - verb. Rs. C-356/11 und C-357/11, Rn. 78 - O.U.A.; EuGH, Urt. v. 21.12.2011 - verb. Rs. C-411/10 und C-493/10, Slg. 2011, I-13905 Rn. 77 - N.S.; EuGH, Urt. v. 23.12.2009 - Rs. C-403/09 PPU, Slg. 2009, I-12193, Rn. 34 - Detiček; *Jarass*, in: Jarass, Charta der Grundrechte der EU, Einl. Rn. 53; *Leible/Domröse*, in: Riesenhuber, Europäische Methodenlehre, § 8 Rn. 41.

auf das Privatrecht aus.[130] Die grundrechtskonforme Auslegung darf allerdings nicht zu einer Auslegung *contra legem* führen.[131]

V. Zusammenfassung

Damit bleibt festzuhalten, dass die Vorschriften der UMV und GGV stets im Lichte der Unionsgrundrechte ausgelegt und angewendet werden müssen. Auch der nationale Gesetzgeber führt mit Blick auf die Umsetzung der Vorgaben der Info-RL und DSM-RL, der Marken-RL und der GMR Unionsrecht i. S. d. Art. 51 Abs. 1 S. 1 GRC durch. Deshalb sind bezüglich der erforderlichen Abwägung der Interessen des Parodierten und des Parodisten allein die Unionsgrundrechte heranzuziehen. Zwar sind im Zusammenhang mit Art. 5 Abs. 3 lit. k Info-RL grundsätzlich die nationalen Grundrechte neben den Unionsgrundrechten anwendbar. Da sich im Rahmen der Interessenabwägung jedoch die Interessen zweier Privatpersonen gegenüberstehen und daher die Meistbegünstigungsklausel des Art. 53 GRC ins Leere läuft, kommen ausschließlich die Unionsgrundrechte zum Tragen. Die Unionsgrundrechte wirken dabei mittelbar – durch Auslegung von Generalklauseln und unbestimmten Rechtsbegriffen – auf die einschlägigen nationalen und europäischen Vorschriften ein.

B. Betroffene Grundrechtspositionen

Wie eingangs dargestellt,[132] stehen die Interessen des Parodierten und die des Parodisten in einem Konflikt zueinander, der sich auf der Ebene der Grundrechte in einem Spannungsverhältnis zwischen der Meinungs- und Kunstfreiheit des Parodisten und der Eigentumsfreiheit und dem (Unternehmens-) Persönlichkeitsrecht des Parodierten äußert.

Dabei gilt es zu beachten, dass die Unionsgrundrechte nach Art. 52 Abs. 3 S. 1 GRC, sofern sie den durch die EMRK gewährten Rechten entsprechen, die gleiche Bedeutung und Tragweite haben, wie sie ihnen durch die Konvention verliehen werden. Darüber hinaus werden gemäß Art. 52 Abs. 4 GRC die Unionsgrundrechte im Einklang mit den Verfassungsüberlieferungen der Mitgliedstaaten ausgelegt. Insbesondere die Reichweite des Schutzes der Unionsgrundrechte

130 *Kober,* Der Grundrechtsschutz in der Europäischen Union, S. 182.
131 EuGH, Urt. v. 19.4.2016 – Rs. C-441/14, Rn. 32 – DI; *Jarass,* in: Jarass, Charta der Grundrechte der EU, Einl. Rn. 57.
132 Siehe unter Kapitel 1 B.

wird durch die EMRK beeinflusst.[133] Hierzu zählen neben der EMRK auch deren Zusatzprotokolle und die Rechtsprechung des EGMR und des EuGH.[134] Der Verweis auf die Verfassungsüberlieferungen der Mitgliedstaaten verdeutlicht, dass die Unionsgrundrechte so auszulegen sind, »dass sie ein hohes Schutzniveau bieten, das dem Unionsrecht angemessen ist und mit den gemeinsamen Verfassungsüberlieferungen im Einklang steht«.[135] Ziel des Art. 52 Abs. 4 GRC ist es daher, die Besonderheiten des Grundrechtsschutzes der Mitgliedstaaten in die Auslegung der Unionsgrundrechte einfließen zu lassen und damit Widersprüche zwischen den Rechtsordnungen zu vermeiden.[136] Jedoch ist der Einfluss der Verfassungsüberlieferungen geringer als die Berücksichtigung der Rechte aus der EMRK, da Art. 52 Abs. 4 GRC vorsichtiger formuliert ist als Art. 52 Abs. 3 S. 1 GRC.[137] Sofern eine Auslegung der Unionsgrundrechte über die Rechte aus der EMRK möglich ist, tritt die Auslegung anhand der Verfassungsüberlieferungen der Mitgliedstaaten dahinter zurück.[138]

I. Grundrechte des Parodierten

Zentrales Grundrecht seitens des parodierten Schutzrechtsinhabers ist die Eigentumsfreiheit gemäß Art. 17 GRC, da der Schutzgegenstand stets als Vorlage für die Parodie dient. Im Zusammenhang mit der hinter der Parodie stehenden Aussage sollte auch das Recht auf Achtung des guten Rufes gemäß Art. 7 GRC berücksichtigt werden.

133 *Jarass,* in: Jarass, Charta der Grundrechte der EU, Art. 52 Rn. 56; *Schwerdtfeger,* in: Meyer/Hölscheidt, Charta der Grundrechte der Europäischen Union, Art. 52 Rn. 52. Siehe ausführlich hierzu *Schmidt,* Grund- und Menschenrechte in Europa, S. 118ff.

134 Erläuterungen zur Charta der Grundrechte, ABl. C 303/17, S. 33. Siehe hierzu auch *Bernsdorff/Borowsky,* Die Charta der Grundrechte der europäischen Union, S. 300; *Naumann,* EuR 2008, 424 (425ff.).

135 Erläuterungen zur Charta der Grundrechte, ABl. C 303/17, S. 34.

136 *Pache,* Pechstein/Nowak/Häde, EUV/GRC/AEUV, Band I, Art. 52 GRC Rn. 48.

137 *Jarass,* in: Jarass, Charta der Grundrechte der EU, Art. 52 Rn. 66; *Wolffgang,* in: Lenz/Borchardt, EU-Verträge, Art. 52 GRC Rn. 23.

138 *Ladenburger,* in: Stern/Sachs, GRCh, Art. 52 Rn. 87; *Wolffgang,* in: Lenz/Borchardt, EU-Verträge, Art. 52 GRC Rn. 23.

1. Eigentumsfreiheit, Art. 17 GRC

Das Eigentumsrecht umfasst, wie Art. 17 Abs. 2 GRC aufgrund der wachsenden Bedeutung deutlich macht, auch geistige Eigentumsrechte, wozu insbesondere die – für die Arbeit relevanten – Urheber-, Marken- und Designrechte gehören.[139] Die von Art. 17 Abs. 1 GRC vorgesehenen Garantien gelten dabei auch für das geistige Eigentum.[140] Eigentumsfreiheit ist als normgeprägtes Grundrecht ausgestaltet.[141] Der Schutzgegenstand muss daher normativ erst durch den Gesetzgeber geschaffen werden.[142] Geschützt werden dabei nur bestehende, vorhandene Positionen.[143] Vom Schutz umfasst ist nach Art. 17 Abs. 1 S. 1 GRC das Recht jeder Person, ihr rechtmäßig erworbenes Eigentum zu besitzen, zu nutzen, darüber zu verfügen und es zu vererben. Die dem Parodierten durch das jeweilige Immaterialgüterrecht zugesprochenen Ausschließlichkeitsrechte fallen daher unter die Eigentumsgarantie gemäß Art. 17 GRC. Mithin hat der Parodierte grundsätzlich das Recht, darüber zu entscheiden, ob und in welchem Umfang sein Schutzgegenstand benutzt wird.

2. Recht auf Achtung des guten Rufes, Art. 7 GRC

Neben dem Eigentumsschutz des jeweiligen Immaterialgüterrechts ist jedoch zu beachten, dass auch die Persönlichkeitsrechte des Parodierten beeinträchtigt werden können. Sowohl Art. 7 GRC als auch Art. 8 EMRK schützen das Privatleben. Dabei entspricht der Schutzbereich des Art. 7 GRC grundsätzlich dem des Art. 8 EMRK, wie sich aus Art. 52 Abs. 3 S. 1 GRC ergibt.[144] Hierbei ist zu

139 Siehe Erläuterungen zur Charta der Grundrechte, ABl. C 303/17, S. 23. So auch *Jarass*, in: Jarass, Charta der Grundrechte der EU, Art. 17 Rn. 10; *Kühling*, in: Pechstein/Nowak/Häde, EUV, GRC, AEUV, Band I, Art. 17 GRC Rn. 16; *Streinz*, in: Streinz, EUV/AEUV, Art. 17 GRC Rn. 24f. Auch nach Art. 1 des 1. Zusatzprotokolls der EMRK ist das geistige Eigentum als Eigentumsrecht geschützt. Siehe hierzu EGMR, Urt. v. 10.1.2013 – 36769/08 Rn. 40 – Ashby Donald u.a./Frankreich; EGMR, Urt. v. 11.1.2007 – 73049/01 Rn. 72 – Anheuser-Busch Inc./Portugal. Eingehend dazu *Sebastian*, GRUR Int 2013, 524ff.

140 Erläuterungen zur Charta der Grundrechte, ABl. C 303/17, S. 23; *Streinz*, in: Streinz, EUV/AEUV, Art. 17 GRC Rn. 26.

141 *Bernsdorff*, in: Meyer/Hölscheidt. Charta der Grundrechte der Europäischen Union, Art. 17 GRC Rn. 13; *Calliess*, in: Calliess/Ruffert, EUV/AEUV, Art. 17 GRC Rn. 4; *Jarass*, in: Jarass, Charta der Grundrechte der EU, Art. 17 Rn. 6; *Wollenschläger*, in: von der Groeben/Schwarze/Hatje, Europäischen Unionsrecht, Art. 17 GRC Rn. 9.

142 *Bernsdorff*, in: Meyer/Hölscheidt, Charta der Grundrechte der Europäischen Union, Art. 17 GRC Rn. 13; *Calliess*, in: Calliess/Ruffert, EUV/AEUV, Art. 17 GRC Rn. 4; *Wollenschläger*, in: von der Groeben/Schwarze/Hatje, Europäischen Unionsrecht, Art. 17 GRC Rn. 9.

143 *Calliess*, in: FS Jarass, S. 9; *Jarass*, in: Jarass, Charta der Grundrechte der EU, Art. 17 Rn. 6.

144 Siehe Erläuterungen zur Charta der Grundrechte, ABl. C 303/17, S. 20. So auch *Postberg*, Das Zusammenwirken von EMRK, Grundgesetz und EU-Grundrechtscharta, S. 13; *Rengeling/Szczekalla*, Grundrechte in der Europäischen Union, Rn. 655f.

berücksichtigen, dass der Begriff des Privatlebens weit gefasst ist, sodass dieser nicht erschöpfend definiert werden kann.[145] Hierunter fällt vor allem auch der gute Ruf, der einen wesentlichen Teil des Privatlebens darstellt.[146] Das Recht des Parodierten ist insbesondere dann heranzuziehen, wenn mit der Parodie ein herabsetzender oder verunglimpfender Inhalt verbunden ist. Solche Parodien sind nämlich geeignet, das öffentliche Ansehen des Inhabers des parodierten Schutzguts zu beeinträchtigen.

II. Grundrechte des Parodisten

Auf Seiten des Parodisten streiten die Kommunikationsgrundrechte – insbesondere die Meinungs- und Kunstfreiheit. Den Kommunikationsgrundrechten kommt dabei eine tragende Bedeutung zu. Ihnen wird eine individuelle und gesellschaftliche Funktion zugewiesen.[147] Zum einen dient die Freiheit als Mittel zur Persönlichkeitsentfaltung,[148] da sie das Bedürfnis nach Mitteilung und Auseinandersetzung schützt.[149] Zum anderen sind die Kommunikationsgrundrechte eine wesentliche Grundlage in einer demokratischen Gesellschaft und damit eine Grundvoraussetzung für deren Fortschritt.[150] Die Meinungsfreiheit und der Austausch von Informationen ermöglichen einen offenen Diskurs, der für die Beweglichkeit und Anpassungsfähigkeit der Gesellschaft unerlässlich ist

145 EGMR, Urt. v. 7.2.2012 – 39954/08 Rn. 83 – Axel Springer AG/Deutschland; *Mayer-Ladewig/Nettesheim,* in: Mayer-Ladewig/Nettesheim/von Raumer, EMRK, Art. 8 Rn. 7; *Wolff,* in: Pechstein/Nowak/Häde, EUV/GRC/AEUV, Band I, Art. 7 Rn. 14.

146 EGMR, Urt. v. 7.2.2012 – 39954/08 Rn. 83 – Axel Springer AG/Deutschland; EGMR, Urt. v. 15.11.2007 – 12556/03 Rn. 35 – Pfeifer/Österreich; *Frenz,* Handbuch Europarecht, Band 4, Rn. 1198; *Weber,* in: Stern/Sachs, GRCh, Art. 7 Rn. 15. Siehe hierzu eingehend *Schiedermair,* Der Schutz des Privaten als internationales Grundrecht, S. 296ff.

147 In diesem Sinne auch *Frowein/Peukert,* EMRK, Art. 10 Rn. 1; *Kühling,* in: Heselhaus/Nowak, Handbuch der Europäischen Grundrechte, § 23 Rn. 5ff.

148 EGMR, Urt. v. 16.6.2015 – 64569/09 Rn. 131 – Delfi AS/ Estland; EGMR, Urt. v. 27.5.2003 – 43425/98 Rn. 32 – Skalka/Polen; EGMR, Urt. v. 6.5.2003 – 48898/99 Rn. 39 – Perna/Italien; EGMR, Urt. v. 7.12.1976 – 5493/72 Rn. 49 – Handyside/Vereinigtes Königreich; EuGH, Urt. v. 6.3.2001 – Rs. C-274/99 P, Slg. 2001, I-1611 Rn. 39 – Conolly/Kommission. Siehe auch BVerfG, NJW 1998, 2889; BVerfG, NJW 1985, 2395 (2396).

149 So *Marauhn,* in: Ehlers, Europäische Grundrechte und Grundfreiheiten, § 4 Rn. 1.

150 EGMR, Urt. v. 15.4.2014 – 40877/07 Rn. 48 – Yazici/Türkei; EGMR, Urt. v. 6.5.2003 – 48898/99 Rn. 39 – Perna/Italien; EGMR, Urt. v. 7.12.1976 – 5493/72 Rn. 49 – Handyside/Vereinigtes Königreich; EuGH, Urt. v. 6.3.2001 – Rs. C-274/99 P, Slg. 2001, I-1611 Rn. 39 – Conolly/Kommission. Ähnlich EuGH, Urt. v. 12.12.2006 – Rs. C-380/03, Slg. 2006, I-11573 Rn. 154 – Deutschland/Parlament; EuGH, Urt. v. 12.6.2003 – Rs. C-112/00, Slg. 2003, I-5659 Rn. 79 – Schmidberger. Siehe auch BVerfG, NJW 1985, 2395 (2396).

und politische Kontrolle sowie die für rationale Entscheidungen notwendige Informiertheit gewährleistet.[151]

1. Kunstfreiheit, Art. 13 GRC

Während die Kunstfreiheit im Rahmen der EMRK nicht gesondert geregelt ist, sondern als Ausdruck der Meinungsfreiheit gemäß Art. 10 EMRK geschützt wird,[152] hat sie in Art. 13 GRC einen ausdrücklichen Niederschlag gefunden. Das Unionsrecht kennt, soweit ersichtlich, keine Definition des Kunstbegriffs.[153] Betrachtet man jedoch die Rechtsprechung des EGMR, so geht hieraus hervor, dass ein weites Kunstverständnis zugrunde zu legen ist, das von Neutralität und Offenheit geprägt ist.[154] Auf den Inhalt der Kunst kann es dabei nicht ankommen.[155] Erfasst werden sowohl der Werk- als auch der Wirkbereich.[156] Gemäß Art. 52 Abs. 3 S. 1 GRC ist dem Art. 13 GRC ein solches weites Kunstverständnis zugrunde zu legen.[157] Insgesamt ist von einem sehr weiten und offenen Kunstbegriff auszugehen, der dem des BVerfG sehr nahe kommt.[158] Dieser Kunstbegriff

151 BVerfG, NJW 1985, 2395 (2396) m. w. N. So auch *Kühling*, in: Heselhaus/Nowak, Handbuch der Europäischen Grundrechte, § 23 Rn. 8; *ders.*, Kommunikationsfreiheit, S. 91. Ähnlich auch *Daibler*, in: Meyer-Ladewig/Nettesheim/von Raumer, EMRK, Art. 10 Rn. 1ff.; *Marauhn*, in: Ehlers, Europäische Grundrechte und Grundfreiheiten, § 4 Rn. 1.

152 EGMR, Urt. v. 7.6.2011 – 2777/10 – Ehrmann u. a./Frankreich; EGMR, Urt. v. 25.1.2007 – 68354/01 Rn. 26 – Vereinigung bildender Künstler/Österreich; EGMR, NJW 1989, 379 Rn. 27 – Müller u. a./Schweiz; *Daiber*, in: Meyer-Ladewig/Nettesheim/von Raumer, EMRK, Art. 10 Rn. 20; *Hoppe*, Die Kunstfreiheit als EU-Grundrecht, S. 35ff.; *Marauhn*, in: Ehlers, Europäische Grundrechte und Grundfreiheiten, § 4 Rn. 15.

153 So auch *Ruffert*, in: Calliess/Ruffert, EUV/AEUV, Art. 13 GRC Rn. 3; *Thiele*, in: Pechstein/Nowak/Häde, EUV/GRC/AEUV, Band I, Art. 13 GRC Rn. 11.

154 *Hoppe*, Die Kunstfreiheit als EU-Grundrecht, S. 42ff. So auch *Pünder*, in: Ehlers, Europäische Grundrechte und Grundfreiheiten, § 18 Rn. 6.

155 Siehe hierzu insbesondere EGMR, NJW 1989, 379 Rn. 31 – Müller u. a./Schweiz, wobei der EGMR nicht einmal die Frage aufwarf, ob es sich bei diesen obszönen und pornografischen Malereinen überhaupt noch um Kunst handele. Siehe auch EGMR, Urt. v. 20.9.1994 – 13470/87 Rn. 49 – Otto-Preminger-Institut/Österreich, wonach es nicht nur auf positive Ideen oder Informationen ankomme, sondern auch solche von Art. 10 EMRK umfasst seien, die den Staat oder deren Bevölkerung verletzen, schockieren oder beunruhigen.

156 *Frenz*, Handbuch Europarecht, Band 4, Rn. 2328; *Grabenwarter/Pabel*, EMRK, § 23 Rn. 11; *Haratsch*, in: Heselhaus/Nowak, Handbuch der Europäischen Grundrechte, § 25 Rn. 8ff.; *Hoppe*, Die Kunstfreiheit als EU-Grundrecht, S. 48; *Jarass*, in: Jarass, Charta der Grundrechte der EU, Art. 13 Rn. 5; *Kempen*, in: Stern/Sachs, GRCh, Art. 13 Rn. 12.

157 So auch *Pünder*, in: Ehlers, Europäische Grundrechte und Grundfreiheiten, § 18 Rn. 6. Siehe hierzu umfassend *Hoppe*, Die Kunstfreiheit als EU-Grundrecht, S. 89ff.

158 *Kempen*, in: Stern/Sachs, GRCh, Art. 13 Rn. 14. Siehe auch *Grabenwarter/Pabel*, EMRK, § 23 Rn. 11; *Haratsch*, in: Heselhaus/Nowak, Handbuch der Europäischen Grundrechte, § 25 Rn. 11.

kann daher als Anhaltspunkt herangezogen werden.[159] In Anlehnung an das nationale Verfassungsrecht fallen unter den Kunstbegriff des Art. 13 GRC

> »freie schöpferische Gestaltungen, in denen Eindrücke, Erfahrungen oder Erlebnisse des Künstlers durch das Medium einer bestimmten Formensprache zur unmittelbaren Anschauung gebracht werden«.[160]

Die Parodie ist als Kunstform allgemein anerkannt.[161] Zwar enthalten parodistische Aussagen stets eine Meinung. Sie können jedoch auch auf ästhetische Weise vermittelt werden.[162] Die Kunstfreiheit soll es schließlich ermöglichen, »am öffentlichen Austausch von kulturellen, politischen und sozialen Informationen und Ideen aller Art teilzuhaben«.[163] Sofern der Parodist daher seine hinter der Parodie stehende Aussage mittels einer kreativen und schöpferischen Leistung in die Öffentlichkeit trägt, fällt eine Parodie unter die Kunstfreiheit nach Art. 13 GRC. Ob sie die an den Kunstbegriff zu stellenden Voraussetzungen erfüllt, hängt von den eingesetzten Stil- und Gestaltungsmitteln ab.[164] Je entfernter der neue Kontext zum Original ist und je stärker die Parodie Veränderungen gegenüber dem Original aufweist, desto eher ist davon auszugehen, dass sie unter den Kunstbegriff zu fassen ist.[165] Das ist vor allem bei Parodien der Fall, die ihre Aussage durch Bild oder Wort und Bild vermitteln.[166] In Textform wiedergegebene Parodien sind eher der Meinungsfreiheit zuzuordnen.[167]

---

159 *Jarass*, in: Jarass, Charta der Grundrechte der EU, Art. 13 Rn. 5; *Pünder*, in: Ehlers, Europäische Grundrechte und Grundfreiheiten, § 18 Rn. 6; *Ruffert*, in: Calliess/Ruffert, EUV/AEUV, Art. 13 GRC Rn. 3; *Thiele*, in: Pechstein/Nowak/Häde, EUV/GRC/AEUV, Band I, Art. 13 GRC Rn. 11. Kritisch hierzu *Hoppe*, Die Kunstfreiheit als EU-Grundrecht, S. 86ff.

160 Zum nationalen Kunstbegriff grundlegend BVerfG, NJW 1971, 1645 – Mephisto. Siehe auch BVerfG, NJW 2008, 39 (40); BVerfG, NJW 1991, 1471; BVerfG, NJW 1985, 261 (262). Vgl. auch EuGH, Urt. v. 29.7.2019 – C-476/16, Rn. 35 – Pelham u. a., wobei der EuGH darauf abstellt, dass eine künstlerische Ausdrucksform im Rahmen der Kunstfreiheit nach Art. 13 GRC vorliegen muss.

161 Siehe hierzu *Becker*, GRUR 2004, 104f. m. w. N.; *ders.*, in: FS Loewenheim, S. 4f.

162 So in Bezug auf die Satire *Brauneck*, ZUM 2004, 887 (893f.). Ähnlich im Hinblick auf die Parodie *Schneider*, Markenparodie, S. 166.

163 EuGH, Urt. v. 29.7.2019 – C-476/16, Rn. 34 – Pelham u. a.

164 *Büttner*, in: FS Ullmann, S. 164 in Bezug auf Art. 5 Abs. 3 GG. So auch *Schneider*, Markenparodie, S. 166.

165 *Lötscher*, Die Markenparodie, S. 126; *Schneider*, Markenparodie, S. 166f. bezüglich der Markenparodie. Dies gilt jedoch auch für die Parodie im Urheber- und Designrecht.

166 Zu Bild- bzw. Wort-/Bildmarken siehe *Gietzelt/Grabrucker*, MarkenR 2015, 333 (338); *Lötscher*, Die Markenparodie, S. 126; *Schneider*, Markenparodie, S. 167. Im nationalen Recht die Kunstfreiheit bejahend: BGH, GRUR 2005, 583 (584) – Lila Postkarte. Auch im Hinblick auf die urheberrechtlichen Entscheidungen wurde auf die Kunstfreiheit abgestellt, sofern es um die bildliche Darstellung ging: BGH, GRUR 1994, 206 (209) – Alcolix; BGH, GRUR 1994, 191 (194) – Asterix-Persiflagen.

167 So wendeten deutsche Gerichte bei lediglich textlich fixierten Parodien nicht die Kunst-, sondern die Meinungsfreiheit an. Siehe hierzu BGH, GRUR 1984, 684 (685); OLG Hamburg,

2. Meinungsfreiheit, Art. 11 GRC

Daneben kann die Parodie der Meinungsfreiheit gemäß Art. 11 Abs. 1 GRC unterfallen, der auf Art. 10 EMRK[168] zurückzuführen ist. Unter den Begriff »Meinung« sind dabei sowohl Werturteile als auch Tatsachenbehauptungen zu fassen.[169] Auch unwahre Tatsachenbehauptungen sind zunächst vom Schutzbereich umfasst, da sie noch einen kommunikativen Inhalt aufweisen.[170] Schutz genießt jede Meinungsäußerung unabhängig von ihrem Inhalt. So betont der EGMR, dass auch verletzende, schockierende oder beunruhigende Inhalte in den Schutzbereich fallen.[171] Auch provozierende und übertreibende[172], beleidigende[173] und pornografische[174] Äußerungen können hierunter gefasst werden. Darüber hinaus beschränkt sich der Schutz nicht lediglich auf den politischen Bereich. Auch kommerzielle Äußerungen sind unter Art. 11 Abs. 1 GRC zu subsumieren.[175] Von der Meinungsfreiheit sind schließlich sämtliche Ausdrucksmittel erfasst, die geeignet sind, eine Meinung zu vermitteln.[176]

NJWE-WettbR 2000, 83 (84f.) – fit for fun; OLG Hamburg, NJW-RR 1999, 1060 (1061) – Bild dir keine Meinung. Siehe auch *Gietzelt/Grabrucker*, MarkenR 2015, 333 (338); *Schneider*, Markenparodie, S. 167f.

168 EuGH, Urt. v. 29.7.2019 – Rs. C-516/17, Rn. 57 –Spiegel Online GmbH; EuGH, Urt. v. 29.7. 2019 – Rs. C-469/17, Rn. 73 – Funke Medien NRW GmbH; EuGH, Urt. v. 14.2.2019 – Rs. C-345/17, Rn. 65 – Buivids.

169 EGMR, Urt. v. 2.10.2012 – 57942/12 Rn. 27 – Rujak/Kroatien. So auch *Daibler*, in: Meyer-Ladewig/Nettesheim/von Raumer, EMRK, Art. 10 Rn. 8, 13; *Marauhn*, in: Ehlers, Europäische Grundrechte und Grundfreiheiten, § 4 Rn. 6; *Pünder*, in: Ehlers, Europäische Grundrechte und Grundfreiheiten, § 17 Rn. 11; *von Coelln*, in: Stern/Sachs, GRCh, Art. 11 Rn. 11.

170 *Kühling*, in: Heselhaus/Nowak, Handbuch der Europäischen Grundrechte, § 23 Rn. 17; *Pünder*, in: Ehlers, Europäische Grundrechte und Grundfreiheiten, § 17 Rn. 11; *von Coelln*, in: Stern/Sachs, GRCh, Art. 11 Rn. 13.

171 Grundlegend EGMR, Urt. v. 7.12.1976 – 5493/72 Rn. 49 – Handyside/Vereinigtes Königreich. Siehe auch EGMR, Urt. v. 10.5.2011 – 1685/10 Rn. 18 – Karttunen/Finnland; EGMR, Urt. v. 19.9.2006 – 42435/02 Rn. 21 – White/Schweden. So auch EuGH, Urt. v. 6.3.2001 – Rs. C-274/99 P, Slg. 2001, I-1611 Rn. 39 – Conolly/Kommission; *Frowein*, in: Frowein/Peukert, Art. 10 Rn. 1.

172 Vgl. EGMR, Urt. v. 26.4.1995 – 15974/90 Rn. 38 – Prager und Oberschlick/Österreich.

173 Vgl. EGMR, NJW 1999, 1321 Rn. 29ff. – Oberschlick II/Österreich.

174 Vgl. EGMR, NJW 1989, 379 Rn. 27 – Müller u.a./Schweiz. In diesem Sinne auch *Frenz*, Handbuch Europarecht, Band 4, Rn. 1807; *Jarass*, in: Jarass, Charta der Grundrechte der EU, Art. 11 Rn. 11; *Kühling*, in: Heselhaus/Nowak, Handbuch der Europäischen Grundrechte, § 23 Rn. 15.

175 EGMR, Urt. v. 16.7.2013 – 1562/10 Rn. 59 – Remuszko/Polen; EGMR, Urt. v. 24.2.1994 – 15450/89 Rn. 35 – Casado Coca/Spanien; EGMR, Urt. v. 20.11.1989 – 10572/83 Rn. 26 – markt intern Verlag GmbH u. Klaus Beermann/Deutschland. So auch EuGH, Urt. v. 17.12.2015 – Rs. C-157/14, Rn. 64f. – Neptune. Siehe hierzu auch *Grote/Wenzel*, in: Dörr/Grote/Marauhn, EMRK/GG, Band I, Kap. 18 Rn. 33; *Kühling*, in: Heselhaus/Nowak, Handbuch der Europäischen Grundrechte, § 23 Rn. 25ff.

Eine Parodie stellt ein beliebtes Mittel dar, um die Ansichten des Parodisten kundzutun. Sie dient vor allem der wertenden Stellungnahme, sodass sie als Werturteil anzusehen ist.[177] Insbesondere die bildliche Darstellung kann eine Botschaft des Parodisten auf einprägsame Weise der Öffentlichkeit kommunizieren.[178] Mittels einer Parodie kann eine Meinung anschaulich und wirkungsvoll demonstriert werden. Die Parodie ist daher ein geeignetes Mittel zur Meinungsäußerung.[179] Ausgehend von dem weiten Schutzumfang der Meinungsfreiheit fällt nahezu jede Art der Parodie unter Art. 11 GRC. Nicht nur rein kritische Parodien sind vom Schutzbereich gedeckt, sondern auch provokante, übertreibende, schockierende und obszöne Parodien. Es sind nicht lediglich ideell motivierte Parodien von Art. 11 GRC erfasst, sondern auch Parodien zu kommerziellen Zwecken, sofern sie einen meinungsbildenden Charakter aufweisen.

III. Grundrechtsträger

Schließlich bleibt zu klären, zu wessen Gunsten die Unionsgrundrechte zur Anwendung gelangen. Die Frage stellt sich vor allem vor dem Hintergrund, dass Inhaber der Schutzgegenstände nicht ausschließlich natürliche Personen sind, sondern auch Unternehmen sein können. Zudem kann eine Parodie auch von einem Unternehmen hergestellt werden. Fraglich ist daher, ob sich neben den natürlichen Personen[180] auch juristische Personen auf die einschlägigen Grundrechte berufen können. Hierbei ist anerkannt, dass Unternehmen als juristische Personen vom Grundrechtsschutz nicht ausgeschlossen sind.[181] Jedoch ist nicht jedes Unionsgrundrecht auf juristische Personen anwendbar. Einen

---

176 Vgl. EGMR, Urt. v. 23.9.1994 – 15890/89 Rn. 31 – Jersild/Dänemark. Siehe auch *Grote/Wenzel*, in: Dörr/Grote/Marauhn, EMRK/GG, Band I, Kap. 18 Rn. 40; *von Coelln*, in: Stern/Sachs, GRCh, Art. 11 Rn. 17.

177 Vgl. BGH, GRUR 1984, 684ff. – Mordoro; OLG Hamburg, NJWE-WettbR 2000, 83ff. – fit for fun; OLG Hamburg, NJW-RR 1999, 1060ff. – Bild dir keine Meinung; KG, GRUR 1997, 295ff. – Alles wird teurer; LG Hamburg, GRUR 2000, 514ff. – Deutsche Pest.

178 In diesem Sinne auch *Lötscher*, Die Markenparodie, S. 103.

179 EuGH, Urt. v. 3.9.2014 – Rs. C-201/13, Rn. 25 – Deckmyn/Vandersteen. So auch *Jacques*, The Parody Exeption in Copyright Law, S. 16.

180 Natürliche Personen sind in jedem Fall Träger der Unionsgrundrechte. Vgl. hierzu *Jarass*, in: Jarass, Charta der Grundrechte der EU, Art. 51 Rn. 44f.; *Kingreen*, in: Calliess/Ruffert, EUV/AEUV, Art. 52 GRC Rn. 52; *Schwerdtfeger*, in: Meyer/Hölscheidt, Charta der Grundrechte der Europäischen Union, Art. 51 Rn. 60; *Streinz/Michl*, in: Streinz, EUV/AEUV, Art. 51 GRC Rn. 31.

181 *Jarass*, in: Jarass, Charta der Grundrechte der EU, Art. 51 Rn. 49ff.; *Kingreen*, in: Calliess/Ruffert, EUV/AEUV, Art. 52 GRC Rn. 53; *Schwerdtfeger*, in: Meyer/Hölscheidt, Charta der Grundrechte der Europäischen Union, Art. 51 Rn. 61.

Anhaltspunkt für die Feststellung liefert bereits der Wortlaut der Grundrechte selbst. Die Grundrechte, die den *Menschen* als Grundrechtsträger qualifizieren, sind lediglich auf natürliche Personen anwendbar. Ist jedoch nach dem Wortlaut jede *Person* Träger des Grundrechts, so kann dieses auch den juristischen Personen zustehen.[182] Während sowohl Art. 7 GRC als auch Art. 11 GRC und Art. 17 GRC *Personen* den Schutz durch das jeweilige Grundrecht zuschreiben, ergibt sich hieraus ein erstes Indiz für die Anwendbarkeit der Grundrechte auf juristische Personen. Art. 13 GRC spricht weder von Menschen noch von Personen, sodass zumindest nicht von vornherein ausgeschlossen werden kann, dass sich auch dieses Grundrecht auf juristische Personen erstreckt. Entscheidend kommt es aber insgesamt darauf an, ob das einschlägige Grundrecht seinem Wesen nach auf juristische Personen anwendbar ist.[183] Die Vorgehensweise entspricht dabei der des Art. 19 Abs. 3 GG. Da sich die einschlägigen Unionsgrundrechte den nationalen Grundrechten sehr stark annähern, kann bezüglich der Beurteilung auf die Argumentation des nationalen Verfassungsrechts zurückgegriffen werden.

Die Eigentumsfreiheit nach Art. 17 GRC ist auf juristische Personen anwendbar, da das Grundrecht vermögenswerte Rechtspositionen schützt, die nicht nur natürlichen, sondern auch juristischen Personen zustehen können.[184] Dasselbe gilt für die Meinungsfreiheit nach Art. 11 GRC,[185] denn hinter dem Unternehmen verbirgt sich stets ein personales Substrat, wodurch auch bezüglich der juristischen Person ein für sie maßgeblicher Standpunkt festgelegt und als

182 *Ehlers*, in: Ehlers, Europäische Grundrechte und Grundfreiheiten, § 14 Rn. 56; *Jarass*, in Jarass, GRC, Art. 51 Rn. 53; *Kingreen*, in: Calliess/Ruffert, EUV/AUEV, Art. 52 GRC Rn. 53; *Ladenburger/Vondung*, in: Stern/Sachs, GrCh, Art. 51 Rn. 4. Ähnlich auch EuGH, Urt. v. 22. 12.2010 – Rs. C-279/09, Slg. 2010, I-13849 Rn. 38ff. – DEB.

183 *Ehlers*, in: Ehlers, Europäische Grundrechte und Grundfreiheiten, § 14 Rn. 56; *Jarass*, in Jarass, GRC, Art. 51 Rn. 53; *Kingreen*, in: Calliess/Ruffert, EUV/AUEV, Art. 52 GRC Rn. 53; *Nowak*, in: Heselhaus/Nowak, Handbuch der Europäischen Grundrechte, § 6 Rn. 14; *Streinz/Michl*, in: Streinz, EUV/AEUV, Art. 51 GRC Rn. 32.

184 *Papier/Shirvani*, in: Maunz/Dürig, GG, Art. 14 Rn. 332; *Sachs*, in: Sachs, GG, Art. 19 Rn. 69, 83. Auch in der Literatur zu den Unionsgrundrechten ist anerkannt, dass Art. 17 GRC auf juristische Personen anwendbar ist. Siehe hierzu *Calliess*, in: Ehlers, Europäische Grundrechte und Grundfreiheiten, § 20 Rn. 16; *Frenz*, Handbuch Europarecht, Band 4, Rn. 2806f.; *Heselhaus*, in: Heselhaus/Nowak, Handbuch der Europäischen Grundrechte, § 32 Rn. 59; *Jarass*, in: Jarass, Charta der Grundrechte der EU, Art. 17 Rn. 17; *Kober*, Der Grundrechtsschutz in der Europäischen Union, S. 148; *Schwerdtfeger*, in: Meyer/Hölscheidt, Charta der Grundrechte der Europäischen Union, Art. 51 Rn. 61. Auch durch Art. 1 des 1. Zusatzprotokolls der EMRK wird deutlich, dass sich juristische Personen auf das Eigentumsrecht berufen können.

185 EGMR, Urt. v. 18.12.2012 – 3111/10 Rn. 50 – Ahmet Yildirim/Türkei; *Frenz*, Handbuch Europarecht, Band 4, Rn. 1779; *Kühling*, in: Heselhaus/Nowak, Handbuch der Europäischen Grundrechte, § 23 Rn. 32; *Grote/Wenzel*, in: Dörr/Grote/Marauhn, EMRK/GG, Band I, Kap. 18 Rn. 51; *Winkler*, Die Grundrechte der Europäischen Union, S. 415.

deren Meinung verbreitet werden kann.[186] Die Situation und Schutzbedürftigkeit ist daher mit der einer natürlichen Person vergleichbar.[187] Juristische Personen können darüber hinaus Träger der Kunstfreiheit nach Art. 13 GRC sein.[188] Dazu ist es allerdings erforderlich, dass die juristische Person selbst durch ihre Organe oder ihr Personal Handlungen vornimmt, die durch das Grundrecht geschützt sind.[189] Darüber hinaus ist die juristische Person auch dann als Grundrechtsträger erfasst, wenn sie eine Mittlerfunktion ausübt.[190] Insbesondere im Wirkbereich kommt den juristischen Personen daher der Schutz über die Kunstfreiheit zu.[191] Am problematischsten stellt sich die Wesensgleichheit bezüglich der Achtung des guten Rufes als Ausformung des Persönlichkeitsrechts dar, das sich aus Art. 7 GRC herleiten lässt. Im Grunde genommen sind persönlichkeitsrechtliche Aspekte auf Unternehmen als juristische Personen nicht anwendbar, da ihnen unmittelbar kein Menschenwürdegehalt zukommt.[192] Allerdings können auch juristischen Personen Persönlichkeitsrechte innehaben, die sich von der Anknüpfung an die menschliche Persönlichkeit abspalten.[193] Darunter fällt vor allem die Ehre in Form eines sozialen Geltungsanspruchs des Unternehmens.[194] Allerdings ist dabei zu beachten, dass das Persönlichkeitsrecht juristischer Personen nur so weit reichen kann, wie »sie aus ihrem Wesen als Zweck-

186 *Sachs*, in: Sachs, GG, Art. 19 Rn. 74.

187 *Dreier*, GG, Art. 5 Rn. 116. So i.E. auch EGMR, Urt. v. 22.5.1990 – 12726/87 Rn. 47 – Autronic AG/Schweiz; *Calliess*, in: Calliess/Ruffert, EUV/AEUV, Art. 11 GRC Rn. 10; *Jarass*, in: Jarass, Charta der Grundrechte der EU, Art. 11 Rn. 16.

188 *Jarass*, in: Jarass, Charta der Grundrechte der EU, Art. 13 Rn. 9; *Hoppe*, Die Kunstfreiheit als EU-Grundrecht, S. 161ff.; *Kempen*, in: Stern/Sachs, GrCh, Art. 13 Rn. 9; *Winkler*, Die Grundrechte der Europäischen Union, S. 415.

189 *Sachs*, in Sachs, GG, Art. 19 Rn. 74.

190 Zur Einbeziehung des Mittlers in den Schutzbereich der Kunstfreiheit siehe BVerfG, NJW 1971, 1645 (1646); BGH, GRUR 2005, 583 (584) – Lila-Postkarte; *Haratsch*, in: Heselhaus/Nowak, Handbuch der Europäischen Grundrechte, § 25 Rn. 13; *Hoppe*, Die Kunstfreiheit als EU-Grundrecht, S. 163.

191 *Wittreck*, in: Dreier, GG, Band I, Art. 5 Abs. 3 (Kunst) Rn. 50; *Hoppe*, Die Kunstfreiheit als EU-Grundrecht, S. 163.

192 *Fuchs*, in: FS Schwarz, S. 398; *Kannowski*, in: Staudinger, Vorb. zu § 1 Rn. 30; *Klass*, in: Erman, BGB, Band 1, Anhang zu § 12 Rn. 59; *Koreng*, GRUR 2010, 1065 (1067). Deshalb wird im deutschen Verfassungsrecht das Unternehmenspersönlichkeitsrecht hauptsächlich aus Art. 2 Abs. 1, 19 Abs. 3 GG hergeleitet.

193 Dies ist auch im Hinblick auf Art. 7 GRC/Art. 8 EMRK anerkannt. Vgl. *Frenz*, Handbuch Europarecht, Band 4, Rn. 1173f.; *Grabenwarter/Pabel*, EMRK, § 22 Rn. 4; *Schiedermair*, Der Schutz des Privaten als internationales Grundrecht, S. 345; *Weber*, in: Stern/Sachs, GrCh, Art. 7 Rn. 6.

194 BGH, NJW 2016, 1584 Rn. 11 – Nerzquäler; BGH, GRUR 2015, 289 Rn. 12 –Hochleistungsmagnet; *Cronemeyer*, AfP 2014, 111. Das BVerfG hat dabei allerdings offen gelassen, ob es ein solches Recht tatsächlich gibt oder geben sollte. Vgl. dazu BVerfG, NJW 2010, 3501 Rn. 25 – Gen-Milch. Zum Schutz des guten Rufes eines Unternehmens siehe auch *Klass*, in: Erman, BGB, Band 1, Anhang zu § 12 Rn. 65; *Peifer*, Individualität im Zivilrecht, S. 514ff.; *Ziegelmayer*, GRUR 2012, 761 (762).

schöpfung des Rechts und ihren Funktionen dieses Rechtsschutzes bedürfen«.[195] Ihnen stehen daher Abwehransprüche und ein Nachteilsausgleich aufgrund unbefugter Benutzung ihres Namens, ihrer Marke o.Ä. zu.[196] Immaterielle Schäden können jedoch nicht geltend gemacht werden, da die juristischen Personen nicht wie natürliche Personen über ein Genugtuungsbedürfnis verfügen.[197] Mangels Menschenwürde einer juristischen Person ist mithin festzuhalten, dass es keinen absolut geschützten Persönlichkeitskern gibt. Der Schutz im Wege eines sog. Unternehmenspersönlichkeitsrechts und damit zusammenhängend der Schutz des guten Rufes eines Unternehmens ist daher von Anfang an geschwächt.[198] Das resultiert insbesondere daraus, dass der Unternehmensbereich stets im Öffentlichkeitsbereich verankert ist.[199]

Jedenfalls können sich sowohl der Parodist als auch der Parodierte als natürliche und juristische Person auf die jeweils einschlägigen Grundrechte berufen.

C. Interessenabwägung anhand der Unionsgrundrechte

Die Gerichte müssen bei der Auslegung der entsprechenden Verordnungen und Richtlinienbestimmungen und damit zusammenhängend bei der Auslegung des darauf beruhenden nationalen Umsetzungsrechts ein angemessenes Gleichgewicht zwischen den widerstreitenden Unionsgrundrechten sicherstellen.[200] Bezweckt ist damit die Herstellung praktischer Konkordanz.[201] Dieser aus dem nationalen Verfassungsrecht bekannte Grundsatz besagt, dass die verfassungsrechtlich geschützten Positionen derart einander zuzuordnen sind, dass sie in einen schonenden Ausgleich gebracht werden können. Die betroffenen Be-

195 BGH, NJW 2016, 1584 Rn. 11 – Nerzquäler; BGH, NJW 1994, 1281 (1282) – Jahresabschluss; BGH, GRUR 1986, 759 (761) – BMW; BGH, NJW 1975, 1882 (1884).

196 *Kannowski,* in: Staudinger, Vorb. zu § 1 Rn. 30.

197 *Kannowski,* in: Staudinger, Vorb. zu § 1 Rn. 30 mit Verweis auf BGH, NJW 1980, 2807 (2810).

198 OLG Hamburg, NJW 2009, 1510 (1511); *Gostomzyk,* GRUR 2008, 2082 (2084); *Klass,* in: Erman, BGB, Band 1, Anhang zu § 12 Rn. 60.

199 LG Berlin, ZUM-RD 2011, 241 (243) m.w.N. So auch *Schneider,* Markenparodie, S. 174.

200 EuGH, Urt. v. 27.3.2014 – Rs. C-214/12, Rn. 46 – UCP-Telekabel; EuGH, Urt. v. 19.4.2012 – Rs. C-461/10, Rn. 56 – Bonnier Audio; EuGH, Beschl. v. 19.2.2009 – Rs. C-557/07, Slg. 2009, I-1227 Rn. 29 – LSG-Gesellschaft; EuGH, Urt. v. 29.1.2008 – Rs. C-275/06, Slg. 2008, I-271 Rn. 68 – Promusicae; BGH, GRUR 2015, 1114 Rn. 41 – Springender Pudel. Ähnlich auch EuGH, Urt. v. 3.9.2014 – Rs. C-201/13, Rn. 26 – Deckmyn/Vandersteen, wobei der EuGH das Erfordernis des angemessenen Ausgleichs aus ErwG 31 Info-RL ableitet.

201 *Leistner,* ZUM 2012, 323 (324); *Leistner/Roder,* ZfpW 2016, 148f.; *Schillig,* Konkretisierungskompetenz und Konkretisierungsmethoden, S. 320ff.

lange sollen also zur optimalen Wirksamkeit gelangen.[202] Das erfolgt im Wege einer Verhältnismäßigkeitsprüfung, die sich auf den Ausgleich zwischen den gleichberechtigten Grundrechtsträgern beziehen muss.[203] Die Verhältnismäßigkeit, die in diesem Rahmen relevant ist, ist die »Angemessenheits-Verhältnismäßigkeit«.[204]

Dabei werden im Folgenden allgemeine Kriterien bezüglich der Abwägung der Interessen des Parodierten und des Parodisten erarbeitet. Sie sollen zu einem gerechten Ausgleich führen und aufzeigen, unter welchen Umständen eine Parodie als zulässig oder unzulässig anzusehen ist.

I. Notwendigkeit der Übernahme wesentlicher Elemente des Schutzgegenstands

Der Parodie ist es immanent, die wesentlichen Merkmale des Originals zu übernehmen, um die hinter der Parodie stehende Aussage zu vermitteln. Fraglich muss dabei jedoch sein, ob es für die Verdeutlichung der Aussage erforderlich ist, auf einen fremden Schutzgegenstand zurückzugreifen oder ob die Aussage auf andere Weise verdeutlicht werden kann.[205]

Zwar ist es möglich, die mit der Parodie bezweckte Aussage durch andere Stilmittel zu vermitteln, indem der Parodist statt der Entlehnung beispielsweise mit Worten umschreibt, was er mit der Parodie aussagen möchte. Allerdings entfaltet eine solche Auseinandersetzung nicht dieselbe Wirkung wie das Stilmittel der Parodie. Aufgrund der Übernahme der Besonderheiten des parodierten Schutzguts können die Aussagen präzise, schlagwortartig und prägnant dargestellt werden.[206] Wählt man statt des Originals als Bezugspunkt der Aussage lediglich dessen Umschreibung, so geht die gewollte Prägnanz verloren. Der bezweckte Aufmerksamkeitseffekt würde nicht erreicht werden, da nicht auf den ersten Blick erkennbar wäre, welche Aussage verfolgt wird. Der direkte Bezug auf

202 BVerfG, GRUR 2016, 690 Rn. 70f.; BVerfG, NJW 2014, 46 Rn. 68; BVerfG, GRUR 2012, 53 Rn. 86; BVerfG, NJW 2006, 596 (598); BVerfG, NJW 1994, 36 (38); *Hufen*, Staatsrecht II, § 9 Rn. 31.

203 BVerfG, GRUR 2016, 690 Rn. 71. Vgl. auch EuGH, Urt. v 27.3.2014 – Rs. C-214/12, Rn. 63 – UCP-Telekabel. Der EuGH stellt dabei die Herstellung eines angemessen Gleichgewichts mit dem Verhältnismäßigkeitsgrundsatz in Art. 52 Abs. 1 GRC »letzter Satzteil« gleich. In diesem Sinne auch *Angelopoulos*, European intermediary liability in copyright, S. 76.

204 *Böckenförde*, Zur Lage der Grundrechtsdogmatik nach 40 Jahren GG, S. 52ff. So auch *Huber*, NJW 2011, 2385 (2389); *Leistner/Roder*, ZfpW 2016, 148.

205 In diesem Sinne auch *Hefti*, Parodie im Urheberrecht, S. 118f.; *Lötscher*, Die Markenparodie, S, 333; *Schneider*, Markenparodie, S. 181.

206 *Hefti*, Parodie im Urheberrecht, S. 118f.; *Lötscher*, Die Markenparodie, S, 334; *Schneider*, Markenparodie, S. 181.

das parodierte Schutzgut macht die hinter der Parodie stehende Aussage daher besser wahrnehmbar.[207] Bei der Parodie handelt es sich damit um eine besonders wirkungsvolle Möglichkeit, seine Meinung zu äußern.[208] Demnach wird es kaum ein milderes Mittel geben, als in parodistischer Weise auf das Schutzgut zurückzugreifen. Ob eine Parodie zulässig ist, kann daher nicht von der Notwendigkeit der Übernahme des Originals *per se* abhängig gemacht werden. Um den parodistischen Zweck zu erreichen, ist in Bezug auf Parodien im Immaterialgüterrecht davon auszugehen, dass es erforderlich ist, die wesentlichen Merkmale zu verwenden, damit der mit ihnen verbundene Zweck der Auseinandersetzung erfüllt wird.[209]

Dennoch sollte im Rahmen der Interessenabwägung der Anlehnungsgrad berücksichtigt werden.[210] Je mehr das Original in der Parodie wiederkehrt, desto intensiver und deutlicher muss die Auseinandersetzung mit dem Original ausfallen.[211] Andernfalls spricht Vieles dafür, dass die Übernahme lediglich als Mittel zum Zweck genutzt wird. Je ähnlicher die Parodie dem Original ist, desto eher wird sie mit dem Original in Verbindung gebracht und kann den Absatz steigern. Um diesem Vorurteil zu begegnen, ist ein erhöhtes Maß an Auseinandersetzung erforderlich. Eine Zuordnungsverwirrung muss daher vermieden werden.[212] Der Grad der Anlehnung an das Original sollte daher berücksichtigt werden.

II. Zweck der Parodie

Besonderer Bedeutung kommt im Rahmen der Prüfung der Zulässigkeit einer Parodie dem mit ihr verfolgten Zweck zu. Ausgangspunkt der Abwägung muss daher stets die Frage sein, welche Interessen der Parodist mit seiner Parodie verfolgt.

207 *Hefti*, Parodie im Urheberrecht, S. 118f.; *Lötscher*, Die Markenparodie, S, 334; *Schneider*, Markenparodie, S. 181.

208 *Hefti*, Parodie im Urheberrecht, S. 118f.; *Hess*, Urheberrechtsprobleme der Parodie, S. 152; *Lötscher*, Die Markenparodie, S, 335.

209 In diesem Sinne auch *Schneider*, Markenparodie, S. 182.

210 *Jaeschke*, in: Götting/Westkamp, Immaterialgüterrecht, S. 128; *Mahr*, WRP 2006, 1083 (1087).

211 *Becker*, in: FS Loewenheim, S. 15.

212 Siehe hierzu *Jacques*, The Parody Exeption in Copyright Law, S. 101ff.

1. Verfolgung rein kommerzieller Interessen

Verfolgt der Parodist ausschließlich kommerzielle Interessen, so muss die Eigentumsfreiheit des Parodierten überwiegen.[213] Die Parodie ist dann als unzulässig anzusehen. Solche ausschließlich kommerziellen Interessen sind insbesondere dann zu bejahen, wenn der Parodist an den Erfolg des Originals anknüpfen möchte, um sein eigenes, sonst nicht verkäufliches Produkt auf dem Markt zu etablieren.[214] Durch die Anlehnung an das Original verschafft er sich Vorteile, die ohne die Anknüpfung nicht denkbar wären.[215] Dem Parodisten kommt es lediglich darauf an, Aufmerksamkeit zu erlangen,[216] indem er ein aufgrund der Anlehnung leicht zu vermarktendes Motiv schafft. Anhaltspunkt für das Vorliegen eines vorrangig kommerziellen Interesses kann sein, dass ein direkter Wettbewerber an das originale Schutzgut anknüpft,[217] um die Aufmerksamkeit des Originals auszubeuten. Auch die Verwendung von Scherzartikeln spricht als Indiz für die kommerziellen Ziele des Parodisten.[218] Gleiches gilt für Merchandise-Artikel.[219] Die sonst schwer verkäuflichen Produkte werden erst durch die Bezugnahme auf einen bekannten Schutzgegenstand absatzfähig. In diesen Fällen wird das Schutzgut lediglich ins Lächerliche gezogen oder in obszöner Weise wiedergegeben mit dem Ziel, Aufmerksamkeit zu erlangen. Eine weitere Auseinandersetzung findet nicht statt, da die für den Absatz benötigte Aufmerksamkeit auch ohne kreative und ideelle Auseinandersetzung erreicht werden kann.[220] Die Bekanntheit des Schutzguts wird in diesen Fallgestaltungen unter dem Deckmantel der Parodie ausgebeutet, sodass die Interessen des Parodierten vorrangig zu berücksichtigen sind.[221]

---

213 LG Hamburg, GRUR-RS 2018, 21934 Rn. 32, 35 – verleiht keine flügel, wozu auch?; *Blankenburg,* Die Markennennung, S, 402; *Gärtner,* Was die Satire darf, S. 295; *Mahr,* WRP 2006, 1083 (1087); *Raue,* KUR 2007, 135 (139); *Schurgacz,* Die Sloganparodie, S. 201; *Szalai,* MarkenR 2015, 533 (537); *Thiesen,* WRP 2016, 162 (167).

214 BVerfG, NJW 1994, 3342 – Mars-Kondom; BGH, GRUR 2015, 1114 Rn. 51 – Springender Pudel; BGH, GRUR 2005, 583 (585) – Lila-Postkarte, KG, GRUR-RR 2011, 456 (457) – Nackter Mann; *Hacker,* in: Ströbele/Hacker/Thiering, MarkenG, § 14 Rn. 261; *Ingerl/Rohnke,* MarkenG, § 14 Rn. 1361; *Lerach,* jurisPR-WettbR 2/2019 Anm. 5 B.

215 BGH, GRUR 2015, 1114 Rn. 48 – Springender Pudel.

216 OLG Köln, BeckRS 2009, 5568.

217 OLG Hamburg, NJW-RR 1983, 1121 (1122) – Shell-Totenkopf; LG Hamburg, GRUR-RS 2018, 21934 Rn. 33 – verleiht keine flügel, wozu auch?; *Schneider,* Markenparodie, S. 190.

218 *Gärtner,* Was die Satire darf, S. 295; *Ohly,* in: FS Griss, S. 539; *Schulz,* Die relevante Benutzungshandlung im deutschen Markenrecht, S. 268; *Rohnke,* in: FS Schricker, S. 878.

219 *Assaf,* GRUR Int 2009, 1 (12).

220 In diesem Sinne auch *Lötscher,* Die Markenparodie, S. 342.

221 Vgl. etwa BGH, GRUR 1994, 206 ff. – Alcolix; BGH, GRUR 1994, 191 ff. – Asterix-Persiflagen; OLG Frankfurt a.M., ZUM 1996, 97 ff. So auch *Bullinger,* in: Wandtke/Bullinger, UrhG[5], § 24 Rn. 14; *Handig,* in: FS Griss, S. 290; *Loewenheim,* in: Schricker/Loewenheim, UrhG[5], § 24 Rn. 29.

2. Verfolgung ausschließlich oder auch ideeller Interessen

Vielmehr bedarf es einer Auseinandersetzung mit dem Schutzgegenstand oder eines Umstandes, der mit dem Schutzgut in Verbindung steht.[222] Insbesondere wird die Form der Parodie häufig gewählt, um die Öffentlichkeit betreffende Themen kritisch zu hinterfragen und Stellung dazu zu beziehen.[223] Die ideellen Zwecke – vor allem die kritische Auseinandersetzung – haben eine überragende demokratische Bedeutung in Bezug auf die Willensbildung.[224] Die Parodie dient dabei als Mittel des geistigen Meinungskampfes.[225] In diesen Fällen kann das Interesse des Parodierten gerade nicht überwiegen, weil die mit der Parodie verbundene Auseinandersetzung einen konträren Aussagegehalt gegenüber dem Original aufweist. Deshalb tritt die Parodie nicht in Wettbewerb mit dem parodierten Schutzgegenstand, sodass kommerzielle Interessen nicht vorrangig sind.[226] Entscheidend ist jedoch, dass die Auseinandersetzung für das Publikum auch erkennbar ist.[227] Darüber hinaus ist zu beachten, dass es nicht ausreicht, den mit der Parodie angesprochenen Adressatenkreis zu unterhalten auf Kosten des parodierten Schutzguts. Vielmehr muss eine ernsthafte Aussage hinter der Parodie stecken.[228] Eine witzige Idee allein[229] oder die Wiedergabe eines bereits bekannten Scherzwortes[230] genügen diesen Anforderungen nicht. Die scherzhafte Gestaltung muss daher zumindest eine Auseinandersetzung provozieren.[231] Andernfalls ist davon auszugehen, dass die Parodie lediglich an den kommerziellen Erfolg des parodierten Schutzguts anknüpft.[232]

222 Dies ergibt sich im Umkehrschluss aus OLG Hamburg, GRUR-RR 2010, 382 (383 f.) – IPOD/eiPott; OLG Hamburg, GRUR-RR 2006, 224 (225) – Trabi 03; OLG Hamburg, NJW-RR 1983, 1121 (1122) – Shell-Totenkopf. Ein Schutz über die Kommunikationsgrundrechte wurde aufgrund der fehlenden Auseinandersetzung abgelehnt. Aus diesem Grund wurde im Rahmen der Behandlung der Parodie im Urheberrecht stets eine antithematische Behandlung gefordert, um unter den Tatbestand des § 24 UrhG zu fallen.

223 Siehe etwa BGH, GRUR 1984, 684 (685 f.) – Mordoro; OLG Hamburg, NJW-RR 1999, 1060 (1062) – Bild dir keine Meinung; KG, GRUR 1997, 295 (297) – alles wird teurer; LG Nürnberg-Fürth, GRUR-RR 2010, 284 (387) – Storch Heinar.

224 *Hefti*, Parodie im Urheberrecht, S. 117. Ähnlich auch *Gärtner*, Was die Satire darf, S. 295.

225 OLG Hamburg, NJW-RR 1999, 1060 (1062) – Bild dir keine Meinung; KG, GRUR 1997, 295 (297) – alles wird teurer; LG Nürnberg-Fürth, GRUR-RR 2010 384 (387) – Storch Heinar.

226 *Hess*, Urheberrechtsprobleme der Parodie, S. 152. Ähnlich *Haberstumpf*, ZGE 2015, 425 (454); *Lauber-Rönsberg*, ZUM 2015, 658 (664).

227 Siehe hierzu *Jongsma*, IIC 2017, 652 (658); *Lötscher*, Die Markenparodie, S. 346 f. m. w. N.

228 *Becker*, GRUR 2004, 908 (912 f.); *Hefti*, Parodie im Urheberrecht, S. 116 f.; *Schulze*, in: Dreier/Schulze, UrhG, § 24 Rn. 25.

229 OLG Hamburg, GRUR-RR 2010, 382 (384) –IPOD/eiPott.

230 OLG Frankfurt a.M., GRUR 1982, 319 (321) – Lusthansa.

231 Siehe LG Nürnberg-Fürth, GRUR-RR 2010 384 (387) – Storch Heinar. In diesem Sinne auch *Gietzelt/Grabrucker*, MarkenR 2015, 333 (389).

232 Ähnlich auch *Lötscher*, Die Markenparodie, S. 341.

Dass eine Parodie neben den ideellen Zielen auch kommerzielle Belange verfolgt, ist demgegenüber unschädlich, solange die ideellen Interessen überwiegen.[233] Parodien, die vorwiegend kommerziellen Interessen dienen, können sich meist nicht gegen die Interessen des Parodierten durchsetzen.[234] Zwar hat der BGH in seiner »Lila-Postkarte«-Entscheidung angenommen, dass auch beim Überwiegen kommerzieller Motive gegenüber den ideellen Belangen eine Zulässigkeit der Parodie in Betracht komme.[235] Das Ergebnis resultiert aber daraus, dass in dem entsprechenden Urteil auf die Kunstfreiheit gemäß Art. 5 Abs. 3 GG abgestellt wurde, die schrankenlos gewährleistet wird. Vorliegend sind jedoch ausschließlich die Unionsgrundrechte und damit speziell Art. 13 GRC einschlägig. Anders als Art. 5 Abs. 3 GG unterliegt die Kunstfreiheit nach Art. 13 GRC einem Gesetzesvorbehalt - vgl. Art. 52 Abs. 1 GRC. Hieraus ergibt sich im Rahmen der Interessenabwägung eine andere Gewichtung als bei der vorbehaltlos garantierten Kunstfreiheit. Daher ist eine einzelfallabhängige, wertungsoffenere Abwägung geboten.[236]

3. Zwischenergebnis

Verfolgt der Parodist mit der Parodie lediglich kommerzielle Ziele, ist von vornherein davon auszugehen, dass die Eigentumsfreiheit nach Art. 17 GRC gegenüber der Meinungs- und Kunstfreiheit nach Art. 11, 13 GRC überwiegt. Einer näheren Betrachtung bedürfen daher nur solche Parodien, die vorrangig auch ideelle Ziele verfolgen und als Parodie erkennbar sind. Das Vorliegen überwiegend ideeller Motive kann mithin als Indiz für die Zulässigkeit einer Parodie gewertet werden. Dabei sind jedoch weitere Abwägungsparameter in die Bewertung einzubeziehen, auf die im Folgenden eingegangen wird.

III. Berücksichtigung des Grades der Auseinandersetzung

Im Rahmen der mit der Parodie bezweckten Auseinandersetzung muss beachtet werden, dass das Original nicht lediglich zum Vehikel der Parodie wird.[237] Die zugunsten des Parodisten streitenden Kommunikationsgrundrechte müssen umso eher zurücktreten, je mehr sich der Parodist mit außerhalb des Wir-

233 LG Nürnberg-Fürth, GRUR-RR 2010 384 (387) – Storch Heinar. Aufgrund des Überwiegens der kommerziellen Interessen entschied das OLG Hamburg, NJW-RR 1998, 1121 (1122) zugunsten des Schutzrechtsinhabers.

234 In diesem Sinne auch *Gietzelt/Grabrucker,* MarkenR 2015, 333 (341).

235 BGH, GRUR 2005, 583 (585) - Lila-Postkarte.

236 Siehe hierzu *Gietzelt/Grabrucker,* MarkenR 2015, 333 (341).

237 In diesem Sinne auch *Lauber-Rönsberg,* ZUM 2015, 658 (665).

kungskreises des Parodierten liegenden Umständen befasst.[238] Die Interessen des Parodierten wiegen umso schwerer, wenn sich die Auseinandersetzung nicht gegen ihn richtet. Der Schutzrechtsinhaber darf vor allem nicht zur Zielscheibe allgemeiner Kritik gemacht werden.[239] Entweder muss erkennbar bleiben, dass der Parodierte stellvertretend für die gesamte Branche auftritt, gegen die sich die allgemeine Kritik wendet[240] oder der Parodist muss den Adressaten der Parodie kenntlich machen, dass der Parodierte nicht für den Umstand verantwortlich ist, der die Auseinandersetzung veranlasst hat.[241] Andernfalls erweckt die Parodie den Anschein, sie wolle den parodierten Schutzrechtsinhaber lediglich anprangern.[242] Das wiederum legt nahe, dass der Schutzrechtsinhaber für die Verdeutlichung der allgemeinen Kritik personifiziert wird, um an dessen Bekanntheitsgrad anzuknüpfen[243] und damit den Absatz des mit der Parodie versehenen Produktes zu steigern. In diesen Fällen dient die Parodie lediglich als aufmerksamkeitssteigerndes Kommunikationsmittel.[244] Damit eine Parodie als zulässig angesehen werden kann, sollte daher stets ein Zusammenhang zwischen der parodistischen Gestaltung und dem erörterten Thema bestehen.

IV. Berücksichtigung des Themas der Auseinandersetzung

Im Rahmen der Interessenabwägung muss darüber hinaus berücksichtigt werden, mit welchem konkreten Thema sich die Parodie auseinandersetzt.[245] Behandelt eine Parodie Themen, die das öffentliche Interesse betreffen, ist sie besonders schützenswert, da Auseinandersetzungen dieser Art in einer demokra-

238 *Blankenburg,* Die Markennennung, S. 404; *Jacques,* The Parody Exeption in Copyright Law, S. 217; *Lötscher,* Die Markenparodie, S. 355; *Schneider,* Markenparodie, S. 186. In diesem Sinne auch BGH, GRUR 2016, 1157 Rn. 38 – auf fett getrimmt, der davon ausgeht, dass im Rahmen der Interessenabwägung berücksichtigt werden muss, ob sich die Parodie unmittelbar mit dem Werk auseinandersetzt oder das Werk »lediglich als Mittel der Auseinandersetzung mit einem dem Werk […] nur als Subtext zu entnehmenden Thema[s] benutzt«.

239 Vgl. etwa LG Berlin, GRUR-RR 2007, 40 (42) – Stiftung Gentest. In diesem Sinne auch *Schulz,* Die relevante Benutzungshandlung im deutschen Markenrecht, S. 269.

240 BGH, GRUR 1984, 684 (686) – Mordoro; KG, GRUR-RR 2011, 456 (458) – Nackter Mann; *Schneider,* Markenparodie, S. 186.

241 So lag es in dem Fall GRUR-RR 2006, 231 (232) – Bildmarke AOL.

242 *Becker,* Parodie und Kommerz, S. 98; *Schneider,* Markenparodie, S. 186.

243 BGH, NJW 2008, 2110 (2116) – Gen-Milch; *Schneider,* Markenparodie, S. 186.

244 So *Schneider,* Markenparodie, S. 172.

245 Auch der EGMR bezieht diese Erwägungen im Rahmen der Interessenabwägung mit ein. Vgl. etwa EGMR, Urt. v. 10.11.2015 – 40454/07 Rn. 93 – Couderc u.a./Frankreich; EGMR, Urt. v. 7.2.2012 – 39954/07 Rn. 90 – Axel Springer AG/Deutschland. Siehe auch *Raue,* KUR 2007, 135 (139).

tischen Gesellschaft notwendig sind.[246] So sind etwa Äußerungen im Rahmen politischer Auseinandersetzungen oder Diskussionen, die das Allgemeininteresse betreffen, von besonderer Bedeutung.[247] Demgegenüber genießen Äußerungen im geschäftlichen Verkehr, die insbesondere dem kommerziellen Interesse dienen,[248] oder Themen, die auf die Befriedigung von bloßen Unterhaltungsbedürfnissen abzielen,[249] geringeren Schutz. Je mehr sich eine Parodie demnach mit einem Thema auseinandersetzt, welches das öffentliche Interesse betrifft, desto eher ist sie als zulässig anzusehen.[250] So sind z. B. Unternehmen als wesentliche Bezugspunkte im wirtschaftlichen, politischen und gesellschaftlichen Leben einzustufen, sodass sie sich einer kritischen Beobachtung und Auseinandersetzung stellen müssen.[251] Aus diesem Grund musste es der Parodierte hinnehmen, dass sich mit gesellschaftlich bedeutenden und aktuellen Themen wie z. B. Gesundheit,[252] Rechtsextremismus,[253] Tierschutz,[254] der Preispolitik eines Telefonunternehmens,[255] dem Beitrag einer Zeitung zur Meinungsbildung seiner Leser[256] unter Bezugnahme auf sein Schutzgut auseinandergesetzt wird. Soweit die Parodie daher als Mittel des Meinungskampfes bezüglich einer die Öffentlichkeit wesentlich berührenden Frage dient, müssen die Rechte des Parodierten zurücktreten.[257] Das gilt selbst dann, wenn es sich um eine einseitige Negativdarstellung handelt oder Absatzeinbußen zu erwarten sind.[258]

---

246 EGMR, Urt. v. 21. 10. 2014 – 73571/10 Rn. 50 – Matúz/Ungarn; EGMR Urt. v. 15. 2. 2005 – 68416/01 Rn. 88 – Steel and Morris/Vereinigtes Königreich; *Jacques*, The Parody Exeption in Copyright Law, S. 143; *Ohly*, in: FS Griss, S. 539; *Schulz*, Die relevante Benutzung im deutschen Markenrecht, S. 269.

247 EGMR, Urt. v. 10. 1. 2013 – 36769/08 Rn. 39 – Ashby Donald u. a./Frankreich; EGMR, Urt. v. 11. 4. 2006 – 71343/01 Rn. 41 – Brasilier/Frankreich; EuGH, Urt. v. 29. 7. 2019 – Rs. C-516/17, Rn. 58 – Spiegel Online GmbH; EuGH, Urt. v. 29. 7. 2019 – Rs. C-469/17, Rn. 74 – Funke Medien NRW GmbH.

248 EuGH, Urt. v. 2. 4. 2009 – Rs. C-421/07, Slg. 2009, I-2629 Rn. 27 – Damgaard; EuGH, Urt. v. 12. 12. 2006 – Rs. 380/03, Slg. 2006, I-11573 Rn. 155 – Deutschland/Europäisches Parlament.

249 *Jarass*, in Jarass, Charta der Grundrechte der EU, Art. 11 Rn. 35 unter Bezugnahme auf EGMR, Urt. v. 24. 6. 2004 – 59320/00 Rn. 63 ff. – von Hannover/Deutschland.

250 So i.E. auch *Becker*, Parodie und Kommerz, S. 98; *Gietzelt/Grabrucker*, MarkenR 2015, 333 (339); *Lötscher*, Die Markenparodie, S. 349.

251 *Rohnke*, in: FS Schricker, S. 878.

252 BGH, GRUR 1984, 684 ff. – Mordoro.

253 LG Nürnberg-Fürth, GRUR-RR 2010, 384 ff. – Storch Heinar.

254 OLG Köln, NJWE-WettbR 2000, 242 ff. – Jagdschutzverband-Emblem.

255 KG, GRUR 1997, 295 ff. – alles wird teurer.

256 OLG Hamburg, NJW-RR 1999, 1060 ff. – Bild dir keine Meinung.

257 OLG Hamburg, NJW-RR 1999, 1060 (1062) – Bild dir keine Meinung; KG, GRUR 1997, 295 (297) – Alles wird teurer; LG Nürnberg-Fürth, GRUR-RR 2010 384 (387) – Storch Heinar.

258 BGH, GRUR 1984, 684 (685 f.) – Mordoro; OLG Köln, NJWE-WettbR 2000, 242 – Jagdschutzverband-Emblem.

V. Berücksichtigung des Verhaltens des Parodierten

Weiterhin muss in die Abwägung einbezogen werden, inwiefern das Verhalten des Parodierten Anlass zur Auseinandersetzung gegeben hat. Grundsätzlich ist davon auszugehen, dass der Parodierte selbst mit seinem Schutzgegenstand in die Öffentlichkeit getreten ist, sodass ein gewisses Maß an Auseinandersetzung gewollt ist und sogar provoziert wird.[259] Das Schutzgut ist damit ein Teil des öffentlichen Kommunikationsprozesses.[260] Es wird mit der Zeit zu einem geistigen und kulturellen Allgemeingut, sodass es als Anknüpfungspunkt für Auseinandersetzungen dient.[261] Der Inhaber wird es daher – vor allem wenn es sich um bekannte Schutzgegenstände handelt – hinnehmen müssen, dass sich mit diesen auseinandergesetzt wird. Ähnlich wie bei Personen des öffentlichen Lebens[262] muss ein in der Öffentlichkeit stehendes Unternehmen in einem erhöhten Maße Kritik ertragen können.[263]

Darüber hinaus spielt es im Rahmen der Interessenabwägung eine Rolle, ob der Parodierte für den Umstand verantwortlich ist, der Anlass zur Kritik gegeben hat.[264] Er muss sich stets sein Vorverhalten zurechnen lassen.[265] Hat er beispielsweise selbst in provokanter, scherzhafter oder obszöner Art und Weise für seinen Schutzgegenstand geworben, so muss er umso eher damit rechnen, dass solche Werbemaßnahmen Aufmerksamkeit erregen und zu einer öffentlichen Auseinandersetzung führen.[266] So mussten die Zigarettenmarke Marlboro[267] und die Bild-Zeitung[268] eine Auseinandersetzung mit ihren die Aufmerksamkeit auf sich ziehenden Werbemaßnahmen hinnehmen. Eine schonungslose Debatte ist

---

259 *Götting,* JZ 1995, 206.

260 *Born,* GRUR 2006, 192 (194); *Büttner,* in: FS Ullmann, S. 157; *Gärtner,* Was die Satire darf, S. 295; *Gietzelt/Grabrucker,* MarkenR 2015, 333 (339); *Hacker,* in: Ströbele/Hacker/Thiering, MarkenG, § 14 Rn. 260; *Lötscher,* die Markenparodie, S. 350; *Mauch,* Die rechtliche Beurteilung von Parodien in der EU, S. 78; *Schneider,* Markenparodie, S. 175.

261 In diesem Sinne BVerfG, GRUR 2016, 690 Rn. 87; BVerfG, GRUR 2001, 149 (151). So auch *Lotte,* ZUM 2016, 991 (992).

262 Siehe zu diesem Kriterium EGMR, Urt. v. 10.7.2014 – 48311/10 Rn. 57 – Axel Springer AG/ Deutschland (Nr. 2).

263 So EGMR, Urt. v. 27.11.2007 – 42864/05 Rn. 33 – Timpul Info-Magazin and Anghel/ Moldawien; LG Hamburg, MMR 2003, 53 – stoppesso.de. Siehe auch *Lötscher,* Die Markenparodie, S. 350; *Schneider,* Markenparodie, S. 175. Ähnlich auch *Becker,* GRUR 2004, 908 (911).

264 *Kefferpütz/Wrage,* GRUR-Prax 2015, 451 (453); *Lötscher,* Die Markenparodie, S. 354, *Raue,* KUR 2007, 135 (139).

265 Auch der EGMR berücksichtigt im Rahmen der Interessenabwägung das Vorverhalten. Vgl. EGMR, Urt. v. 10.11.2015 – 40454/07 Rn. 93 – Couderc u. a./Frankreich; EGMR, Urt. v. 7.2. 2012 – 39954/08 Rn. 92 – Axel Springer AG/Deutschland.

266 *Lötscher,* Die Markenparodie, S. 355; *Schneider,* Markenparodie, S. 188.

267 BGH, GRUR 1984, 684 (686) – Mordoro.

268 OLG Hamburg, NJW-RR 1999, 1060 (1062) – Bild dir keine Meinung.

dabei aber nur dann gerechtfertigt, wenn das Vorverhalten aktuell ist.[269] Je weiter der Anlass in der Vergangenheit liegt, desto mehr muss sich der Parodist daher zurückhalten.

VI. Berücksichtigung der Art und Weise der Veröffentlichung der Parodie

Des Weiteren muss im Rahmen der Interessenabwägung bedacht werden, von wem und in welchem Umfeld eine Parodie veröffentlicht wird. Es besteht in diesem Zusammenhang ein starkes öffentliches Interesse daran, auch kleinen und informellen Aktionsgruppen die Möglichkeit zu geben, zur öffentlichen Debatte beizutragen.[270] Die Kommunikationsgrundrechte kommen dem Parodisten also dann zugute, wenn er nicht im Kerngeschäft des Parodierten tätig wird, sondern die Parodie vielmehr von unabhängigen Organisationen veröffentlicht wird.[271] Darüber hinaus macht es einen Unterschied, ob die Parodie in einem Umfeld veröffentlicht wird, in dem mit einer derartigen Auseinandersetzung zu rechnen ist, oder ob sie in ein seriöses Umfeld eingebettet ist.[272] Wird die Parodie z. B. in einem Satireblatt oder entsprechenden Rubriken publiziert, so rechnet der Leser damit, dass die Parodie in einem anderen Kontext zu verstehen ist als auf den ersten Blick ersichtlich. Er erkennt die ironische und verzerrende Darstellung und kann sie richtig deuten. Deshalb ist die Grenze zur Verunglimpfung oder Herabsetzung in diesen Fällen höher anzulegen, als wenn die Parodie in einem Umfeld veröffentlicht wird, in dem der Adressat mit ernsten Themen rechnet. Anders ist dies aber bei werbenden Parodien zu werten.[273] Im Vordergrund steht dabei, das eigene Produkt auf dem Markt zu etablieren. Würde es dem Werbenden allein oder vordergründig auf die Vermittlung der mit der Parodie verbundenen Aussage ankommen, würde er ein anderes Medium wählen. Wird daher ein Umfeld gewählt, das den ideellen Zweck der Parodie verdeutlicht, ist die Parodie als schützenswerter anzusehen. Es wird gewährleistet, dass das Publikum die mit ihr verbundene Aussage richtig deutet.

---

269 Aufgrund der Aktualität die Parodie als zulässig erachtend KG, GRUR 1997, 295 (297) – Alles wird teurer. Mangels Aktualität die Zulässigkeit verneinend OLG Hamburg, NJW-RR 1998, 1121 (1122) – Shell-Totenkopf. In diesem Sinne auch *Blankenburg,* Die Markennennung, S. 404; *Schneider,* Markenparodie, 184f.

270 EGMR, Urt. v. 28.10.2014, 49327/11 Rn. 166 – Gough/Vereinigtes Königreich; EGMR, Urt. v. 15.2.2005 – 68416/01 Rn. 89 – Steel and Morris/Vereinigtes Königreich.

271 In diesem Sinne auch *Kefferpütz/Wrage,* GRUR-Prax 2015, 451 (453); *Lötscher,* Die Markenparodie, S. 351.

272 Siehe hierzu *Lötscher,* Die Markenparodie, S. 353f. Ähnlich auch *Jacques,* The Parody Exeption in Copyright Law, S. 211.

273 Siehe hierzu *Schneider,* Markenparodie, S. 189.

VII. Einordnung der Parodie als Tatsachenbehauptung oder Werturteil

Sofern die Meinungsfreiheit nach Art. 11 GRC zum Tragen kommt, muss im Rahmen der Interessenabwägung darüber hinaus untersucht werden, ob es sich bei der durch die Parodie vermittelten Aussage um ein Werturteil oder eine Tatsachenbehauptung handelt. Während die mit den Tatsachenbehauptungen zusammenhängenden Fakten bewiesen werden können, ist die Richtigkeit von Werturteilen nicht beweisbar.[274]

Handelt es sich um eine Tatsachenbehauptung, so ist stets zu überprüfen, ob die mit der Parodie verbundene Aussage der Wahrheit entspricht oder nicht. So können unwahre Tatsachenbehauptungen stärkeren Beschränkungen unterliegen als wahre.[275] Das Überwiegen der Interessen des Parodierten kann insbesondere damit begründet werden, dass es sich bei den mit der Parodie zusammenhängenden Aussagen um Tatsachen handelt, die falsch sind.[276] Greift der Parodist daher Fakten auf, die nachweislich nicht der Wahrheit entsprechen, um seine Aussage zu untermauern, können die Interessen des Parodisten nicht überwiegen. Die falschen Tatsachen können ein falsches Bild auf den Parodierten werfen und ihn ungerechtfertigt an den Pranger stellen. Er wird mit Fakten in Verbindung gebracht, die nicht der Wahrheit entsprechen und seinen Ruf beeinträchtigen. Dieses Verhalten darf nicht vorrangig geschützt werden. Handelt es sich sogar um bewusst unwahre Aussagen, tendiert die Schutzwürdigkeit gegen Null.[277] Entspricht die Tatsache hingegen der Wahrheit, muss der Parodierte sie hinnehmen.

Werturteile sind demgegenüber nicht dem Beweis zugänglich. Doch bedarf es auch hier einer ausreichend sachlichen Grundlage, um das Werturteil zu untermauern.[278] Läuft die hinter der Parodie stehende Aussage auf ein Werturteil hinaus, darf das damit vermittelte persönliche Empfinden nicht zusammenhangslos ohne Grundlage geäußert werden. In diesem Fall muss deutlich werden, warum diese Ansicht vermittelt wird. Es ist ein Anlass für die Auseinandersetzung erforderlich. Eine grundlose Aussage kann andernfalls als Übertreibung gewertet werden.[279] Sofern es sich um ein Werturteil handelt, muss daher in die Interessenabwägung einfließen, ob es einen Anlass für die Vermittlung des

274 EGMR, Urt. v. 15.4.2014 – 40877/07 Rn. 51 – Hasan Yazici/Türkei; EGMR, Urt. v. 17.12.2004 – 49017/99 Rn. 76 – Pedersen and Baadsgaard/Dänemark.

275 *Jarass*, in: Jarass, Charta der Grundrechte der EU, Art. 11 Rn. 36; *Kühling*, in: Heselhaus/Nowak, Handbuch der Europäischen Grundrechte, § 23 Rn. 55.

276 Vgl. etwa EGMR, Urt. v. 3.6.2014 – 52517/13 Rn. 24ff. – Schuman/Polen.

277 *Kühling*, in: Heselhaus/Nowak, Handbuch der Europäischen Grundrechte, § 23 Rn. 55.

278 EGMR, Urt. v. 15.4.2014 – 40877/07 Rn. 51 – Hasan Yazici/Türkei; EGMR, Urt. v. 17.12.2004 – 49017/99 Rn. 76 – Pedersen and Baadsgaard/Dänemark.

279 So EGMR, Urt. v. 15.4.2014 – 40877/07 Rn. 51 – Hasan Yazici/Türkei; EGMR, Urt. v. 17.12.2004 – 49017/99 Rn. 76 – Pedersen and Baadsgaard/Dänemark.

persönlichen Empfindens im Wege der Parodie gab. Ist das der Fall, so spricht dies für das Überwiegen der Interessen des Parodisten.

VIII. Grenzen der Auseinandersetzung

Humorvolle, künstlerisch gestaltete, harmlos kritisierende Parodien sind vom Schutzrechtsinhaber grundsätzlich hinzunehmen.[280] Zwar sind durch die Kommunikationsgrundrechte jegliche Äußerungen unabhängig von ihrem Inhalt geschützt. Jedoch müssen dem Parodisten diesbezüglich Grenzen gesetzt werden. Die Schwelle des Erträglichen wird dann überschritten, wenn eine Schmähung und Diffamierung im Vordergrund stehen.[281] Von einer Schmähkritik ist dann auszugehen, wenn es nicht mehr um die Auseinandersetzung in der Sache geht, sondern vielmehr die Diffamierung im Vordergrund steht, indem der Gegenstand der Parodie herabgesetzt oder an den Pranger gestellt wird.[282] Steht eine Äußerung aber im Kontext einer Sachauseinandersetzung, so kann von einer Schmähkritik keine Rede sein.[283] Auch eine überzogene und ausfällige Kritik macht eine Aussage nicht zur Schmähung.[284] Eine Schmähkritik kann daher lediglich dann angenommen werden, wenn eine pauschale Herabwürdigung gegeben ist.[285] Dabei reicht es bereits aus, wenn die konkrete Gestaltung Fehlvorstellungen hervorruft, die den Schutzrechtsinhaber in ein falsches Licht rücken.[286] Herabsetzungen und Verunglimpfungen ohne ersichtliche Sachinformationen oder Stellungnahmen sind daher ebenso wenig erlaubt, wie Verfäl-

280 BGH, GRUR 2005, 583 (585) – Lila-Postkarte; OLG Düsseldorf, GRUR-RR 2015, 10 Rn. 35 – Die schönsten Wanderwege der Wanderhure; OLG Hamburg, GRUR-RR 2006, 231 (232) – Bildmarke AOL. In diesem Sinne auch *Schneider,* Markenparodie, S. 171.

281 *Born,* GRUR 2006, 192 (194); *Gärtner,* Was die Satire darf, S. 295; *Jaeschke,* in: Götting/Westkamp, Immaterialgüterrecht, S. 128; *Mahr,* WRP 2006, 1083 (1087); *Rohnke,* in: FS Schricker, S. 873; *Schneider,* Markenparodie, S. 175. Ähnlich *Jacques,* The Parody Exeption in Copyright Law, S. 212.

282 BVerfG, BeckRS 2019, 4023 Rn. 11; BVerfG, NJW 2017, 1460 Rn. 14; BVerfG, NJW 2016, 2870 Rn. 17; BVerfG, NJW 2000, 1036 (1038); BVerfG, NJW 1991, 1475 (1477).

283 BVerfG, BeckRS 2019, 4023 Rn. 11.

284 BVerfG, NJW 2017, 1460 Rn. 14; BVerfG, NJW 2016, 2870 Rn. 17.

285 So etwa bei OLG Hamburg, NJW 1998, 1121 (1122) – Shell-Totenkopf; LG Hamburg, GRUR 2000, 514 (515) – Deutsche Pest.

286 LG Berlin, GRUR-RR 2007, 40 (42) – Stiftung Gentest. Diese Erwägung findet auch im Rahmen der Beurteilung der Parodie im Urheberrecht einen Niederschlag, wonach es entscheidend darauf ankommt, dass es der Parodierte nicht hinnehmen muss, mit diskriminierenden Aussagen in Verbindung gebracht zu werden. Siehe dazu EuGH, Urt. v. 3. 9. 2014 – Rs. C-201/13, Rn. 31– Deckmyn/Vandersteen; BGH, GRUR 2016,1157 Rn. 39 – auf fett getrimmt.

schungen und Entstellungen.[287] Darüber hinaus darf der parodierte Schutzgegenstand nicht allein dem Spott oder der Lächerlichkeit ausgesetzt werden.[288] Es bedarf daher umso höherer Anforderungen an das Vorliegen eines sachlichen Grundes nicht kommerzieller Art, je abwertender die Parodie ausgestaltet ist.[289] Eine Parodie ist damit umso eher zulässig, je sachlicher sie präsentiert wird und je eher sie geeignet ist, den Adressatenkreis zu informieren und eine Auseinandersetzung zu ermöglichen.[290] Schließlich muss aber zwingend darauf geachtet werden, dass eine »Political-Correctness-Kontrolle« im Rahmen der Interessenabwägung vermieden wird.[291] Vielmehr muss die mit der Parodie bezweckte Aussage in einem vertretbaren Verhältnis zu ihrem sachlichen Anliegen und den belastenden Auswirkungen für den Parodierten stehen.[292]

IX. Zusammenfassung

Bezüglich der Frage, wann die Verwendung eines durch das Immaterialgüterrecht geschützten Gegenstands zum Zweck der Parodie zulässig ist, kommt es auf verschiedene Abwägungsparameter an. Sie beeinflussen sich wechselseitig und müssen gegeneinander abgewogen werden. Ausgangspunkt ist dabei stets die Frage, welchen Zweck der Parodist mit seiner Parodie verfolgt. Motivieren ihn allein oder überwiegend kommerzielle Ziele zur Schaffung der Parodie, müssen die Kommunikationsgrundrechte hinter die Interessen des Parodierten zurücktreten. Eine Parodie kann daher zunächst nur dann zulässig sein, wenn der Parodist erkennbar eine inhaltliche Auseinandersetzung bezweckt und damit überwiegend auch ideelle Ziele verfolgt. Eine Parodie überschreitet ihre Grenzen jedoch dann, wenn sie lediglich darauf abzielt, den Inhaber des Schutzguts zu diffamieren. Auch unterhalb dieser Schwelle kann die Parodie als unzulässig angesehen werden. Das ist etwa dann der Fall, wenn die Meinungsäußerung unwahre Tatsachenbehauptungen enthält oder kein Anlass zur Auseinander-

---

287 So will auch der BGH im Rahmen der Beurteilung der Parodie im Urheberrecht die Belange des Entstellungsverbotes nach § 14 UrhG in die Interessenabwägung mit einbeziehen. Siehe BGH, GRUR 2016, 1157 Rn. 38 – auf fett getrimmt. Zur Maßgeblichkeit dieses Kriteriums siehe auch *Becker,* GRUR 2015, 336 (339); *Bullinger,* in: Wandtke/Bullinger, UrhG[5], § 24 Rn. 14.

288 BGH, GRUR 2010, 161 Rn. 20 – Gib mal Zeitung.

289 *Jaeschke,* in: Götting/Westkamp, Immaterialgüterrecht, S. 128; *Mahr,* WRP 2006, 1083 (1087).

290 *Schneider,* Markenparodie, S. 184.

291 BGH, GRUR 2016, 1157 Rn. 39 – auf fett getrimmt; *Haedicke,* GRUR Int 2015, 664 (667f.); *Unseld,* EuZW 2014, 912 (915).

292 BGH, GRUR 1984, 684 (686) – Mordoro; OLG Köln, NJWE-WettbR 2000, 242 (243) – Kampagne gegen die Jagd.

setzung besteht. Da die Grenzen zwischen einer unerlaubten Herabsetzung und einer erlaubten Verspottung oft schwer zu ziehen sind, sind weitere Aspekte für die Beurteilung der Zulässigkeit einer Parodie heranzuziehen. Es ist zu untersuchen, gegen wen sich die Parodie richtet – ein Unternehmen oder eine Privatperson. Darüber hinaus ist zu berücksichtigen, ob der Parodierte Anlass zur Kritik gegeben hat. Auch das Umfeld der Veröffentlichung und der Grad der Anlehnung an das Original sind in die Abwägung einzubeziehen.

D. Zusammenfassung

Hinsichtlich der Lösung des Interessenkonflikt sind im Rahmen des Urheber-, Marken- und Designrechts die europäischen Grundrechte heranzuziehen. Hierfür müssen die Eigentumsfreiheit nach Art. 17 GRC und das Recht auf Achtung des guten Rufes gemäß Art. 7 GRC auf Seiten des Parodierten in einen angemessen Ausgleich mit der für den Parodisten streitenden Meinungsfreiheit nach Art. 11 GRC und Kunstfreiheit gemäß Art. 13 GRC gebracht werden. Die Unionsgrundrechte bilden dabei eine objektive Wertordnung, sodass die Vorschriften des Privatrechts im Lichte der Grundrechte auszulegen sind. Den Grundrechten kommt demnach eine mittelbare Drittwirkung zu. Sofern die Normen des Privatrechts Generalklauseln oder unbestimmte Rechtsbegriffe enthalten, eröffnet sich für den Rechtsanwender ein Auslegungsspielraum, im Rahmen dessen die Grundrechte beachtet werden müssen. Die wertungsoffenen Normen müssen daher grundrechtskonform konkretisiert werden, wobei widerstreitende Interessen in Ausgleich gebracht werden müssen. Die herausgearbeiteten Abwägungskriterien sind daher stets bei der Auslegung des jeweiligen Immaterialgüterrechts zu berücksichtigen, sofern dieses Normen bereithält, die einer Auslegung zugänglich sind.

Kapitel 3: Gesetzliche Anknüpfungspunkte für die Interessenabwägung im Hinblick auf die Verwendung des Schutzgegenstands zum Zwecke der Parodie

Parodien sind in Bezug auf die Immaterialgüterrechte ein beliebtes Mittel, um sich mit dem Schutzgegenstand, dem dahinter stehenden Schutzrechtsinhaber oder anderen mit ihnen zusammenhängenden Themen auseinanderzusetzen.[293] Um den Bezug zwischen dem Schutzgegenstand und der bezweckten Auseinandersetzung herzustellen, greift der Parodist stets erkennbar auf das Original zurück. Zunächst muss daher untersucht werden, welche Norm im jeweiligen Immaterialgüterrecht im Zusammenhang mit der Verwendung des geschützten Gegenstands zum Zwecke der Parodie einen geeigneten Anknüpfungspunkt im Hinblick auf einen gerechten Ausgleich der sich gegenüberstehenden Interessen des Parodisten und des Parodierten bietet.

A. Urheberrecht

Das geltende deutsche Urheberrecht enthält keine spezielle auf die Parodien zugeschnittene Regelung.[294] Zu untersuchen ist deshalb, ob das Urheberrecht Normen bereithalten, die sowohl die Interessen des parodierten Urhebers als auch die des Parodisten berücksichtigen oder ob es erforderlich ist, eine Schrankenregelung zugunsten der Parodie einzuführen.

293 So bereits unter Kapitel 1 A. V.

294 Anders verhält es sich in Frankreich, Spanien und in der Schweiz: Art. L. 122-5, n° 4 Code de la propriété intellectuelle (Frankreich), Art. 39 Ley de Propiedad Intellectual (Spanien), Art. 11 Abs. 3 URG (Schweiz).

I. Abwehransprüche des Parodierten gegen den Parodisten

Das Urheberrecht gewährt dem Urheber in §§ 97ff. UrhG[295] zahlreiche Ansprüche, um gegen eine Urheberrechtsverletzung vorzugehen. Jedenfalls haben alle Ansprüche gemeinsam, dass eine widerrechtliche Verletzung eines durch das UrhG geschützten Rechts vorliegen muss. Geschützt sind nur absolute Rechte. Hinsichtlich der Behandlung der Parodie spielen dabei die Verwertungsrechte des Urhebers nach §§ 11, 15ff. UrhG[296] und das Verbotsrecht aus § 14 UrhG eine entscheidende Rolle.

II. Berücksichtigung der Parodie in Bezug auf die Verwertungsrechte gemäß §§ 11, 15 UrhG des Parodierten

Dabei gilt es zunächst zu untersuchen, ob die Interessen des Parodierten und des Parodisten im Rahmen des Eingriffs in die Verwertungsrechte des Urhebers des als Vorlage dienenden Werkes angemessen berücksichtigt werden können.

1. Eingriff in die Verwertungsrechte des Parodierten

Das Erstellen einer Parodie kann eine Reihe der urheberrechtlichen Verwertungsrechte betreffen. Dabei sind lediglich persönliche geistige Schöpfungen i. S. d. § 2 Abs. 2 UrhG urheberrechtlich geschützt. An den urheberrechtlichen Schutz sind allerdings nicht allzu hohe Anforderungen zu stellen, sodass auch die sog. kleine Münze Schutz genießt.[297] Selbst wenn ein urheberrechtlicher Schutz abzulehnen ist, kommt zumindest ein leistungsrechtlicher Schutz in Betracht, sodass unabhängig von der Gestaltungshöhe Rechtsschutz seitens des Rechtsinhabers besteht.[298] Da im Rahmen der Herstellung einer Parodie häufig auf Werke[299] oder zumindest auf die verwandten Schutzrechte[300] zurückgegriffen wird, ist die Vorlage der Parodie urheberrechtlich geschützt.

---

295 Ihm stehen Unterlassungs- und Schadensersatzansprüche gemäß § 97 Abs. 1, 2 UrhG, Vernichtungs-, Rückruf- und Überlassungsansprüche aus § 98 UrhG, ein Anspruch auf Entschädigung gemäß § 100 UrhG, ein Auskunftsanspruch nach § 101 UrhG und Ansprüche auf Vorlage und Beseitigung nach § 101a UrhG zu. In Bezug auf die Parodie im Urheberrecht wird es entscheidend auf die Ansprüche aus § 97 UrhG ankommen, da es dem Parodierten schließlich darum geht, dem Parodisten zu verbieten, auf sein Werk zurückzugreifen.

296 Welches Verwertungsrecht betroffen ist, hängt von der konkreten Nutzungshandlung ab.

297 *Schulze*, in: Dreier/Schulze, UrhG, § 2 Rn. 4.

298 So auch *Maier*, Remixe, S. 19.

299 Ein Lichtbildwerk i. S. d. § 2 Abs. 1 Nr. 5 UrhG wurde im Rahmen des »auf fett getrimmt«-Urteils des BGH als Vorlage verwendet, vgl. BGB, GRUR 2016, 1157ff. – auf fett getrimmt.

Die Nutzungen des Parodisten betreffen dabei insbesondere das Vervielfältigungsrecht nach § 16 UrhG und das Bearbeitungsrecht nach § 23 UrhG, da Parodien i. d. R. die Kopie der Vorlage beinhalten oder die Vorlage in abgewandelter Form integrieren. Auch das Recht der öffentlichen Zugänglichmachung gemäß § 19a UrhG kann durch die Parodie tangiert werden, indem die Vorlage auf einer Internetseite eingestellt wird. So nahm auch der Kläger in dem auf »auf fett getrimmt«-Urteil des BGH an, durch das Einstellen seines veränderten Lichtbildwerkes auf der Internetseite der Beklagten in seinem ausschließlichen Recht aus §§ 15 Abs. 2 S. 1, 2 Nr. 2, 19a UrhG verletzt zu sein.[301]

Ist eine entsprechende Nutzungshandlung jedoch von einer gesetzlichen Schranke des Urheberrechts gedeckt, so fehlt es bereits an einem Eingriff in das Recht des Urhebers.[302]

2. Freie Benutzung i. S. d. § 24 Abs. 1 UrhG[303] und Parodie

Als Anknüpfungspunkt des Interessenausgleichs liegt die freie Benutzung nach § 24 Abs. 1 UrhG nahe, da die Rechtsprechung[304] und der überwiegende Teil der Literatur[305] hierin den richtigen Anknüpfungspunkt für die Behandlung der Parodie sehen. Umstritten ist zunächst, wie das Rechtsinstitut rechtsdogmatisch einzuordnen ist. Während die freie Benutzung nach § 24 Abs. 1 UrhG einer Ansicht nach als Schutzbereichsbeschränkung[306] angesehen wird, geht eine an-

Auch Werke der bildenden Kunst i. S. d. § 2 Abs. 1 Nr. 4 UrhG waren Bestandteil einer Parodie, vgl. etwa BGH, ZUM 2003, 777 ff. – Gies-Adler; BGH, GRUR 1994, 206 ff. – Alcolix.

300 Im »Mattscheibe«-Urteil des BGH wurde auf geschützte Laufbilder gemäß § 95 UrhG zurückgegriffen, vgl. BGH, ZUM-RD 2000, 325 ff. Auch das ausschließliche Recht des Filmherstellers gemäß §§ 94, 95 UrhG spielte im Hinblick auf die Parodie eine Rolle, vgl. BGH, GRUR 2008, 693 ff. – TV-Total.

301 Vgl. BGH, GRUR 2016, 1157 Rn. 14 – auf fett getrimmt.

302 *Leistner*, in: Schricker/Loewenheim, UrhG^5, § 97 Rn. 25; *Schack*, Urheber- und Urhebervertragsrecht, Rn. 762.

303 Durch das Gesetz zur Anpassung des Urheberrechts an die Erfordernisse des digitalen Binnenmarktes vom 31. Mai 2021 (BGBl. I 1204) ist § 24 UrhG aufgehoben worden. Die Regelung findet sich jedoch inhaltlich weitgehend unverändert in § 23 Abs. 1 S. 2 UrhG wieder.

304 BGH, GRUR 2016, 1157 (1159 f.) – auf fett getrimmt; BGH, ZUM 2003, 777 (779) – Gies-Adler; BGH, ZUM-RD 2000, 325 (328) – Mattscheibe; BGH, GRUR 1994, 206 (208) – Alcolix; BGH, GRUR 1971, 588 (589) – Disney-Parodie.

305 *Ahlberg*, in: BeckOK, UrhG, § 24 Rn. 28; *Bullinger*, in: Wandtke/Bullinger, UrhG^5, § 24 Rn. 14; *Rütz*, WRP 2004, 323 (330); *Schulze*, in: Dreier/Schulze, UrhG, § 24 Rn. 25; *Vinck*, GRUR 1973, 251 (252 ff.). A. A. *Becker*, GRUR 2004, 104 (108 f.); *Platho*, GRUR 1992, 360 (362 ff.); *Vlah*, Parodie, Pastiche und Karikatur, S. 63 ff.

306 *Bullinger*, in: Wandtke/Bulliger, UrhG^5, § 24 Rn. 1; *Chakraborty*, Das Rechtsinstitut der freien Benutzung, S. 25 f.; *Krusemarck*, Die abhängige Schöpfung im Recht des geistigen Eigentums, S. 199 ff.; *Peifer*, in: FS Wandtke, S. 106; *Plassmann*, Bearbeitungen und andere

dere Ansicht davon aus, dass das Rechtsinstitut als urheberrechtliche Schrankenregelung[307] zu qualifizieren ist, die außerhalb des Schrankenkatalogs der §§ 44a ff. UrhG geregelt ist. Hinsichtlich der Frage nach der Zulässigkeit der Parodie zeigt jedoch die in der Richtlinie verortete Schrankenregelung des Art. 5 Abs. 3 lit. k Info-RL, dass die Problematik zumindest im Hinblick auf die Parodie nicht im Rahmen der Begrenzung des Schutzgegenstands zu behandeln ist, sondern auf der Ebene der gesetzlichen Schranken.[308] Da der Anknüpfungspunkt für die Behandlung der Parodie bisher in der freien Benutzung gemäß § 24 Abs. 1 UrhG gesehen wird, ist die Norm aufgrund des Art. 5 Abs. 3 lit. k Info-RL der Sache nach als Schrankenregelung zu werten.[309] Über § 24 Abs. 1 UrhG können daher die Interessen des Parodisten berücksichtigt werden, sofern die Voraussetzungen der freien Benutzungen erfüllt sind. Auf die damit zusammenhängenden Probleme soll im Folgenden eingegangen werden.

a) Sinn und Zweck des § 24 UrhG

Hinter dem Rechtsinstitut der freien Benutzung steht der Rechtsgedanke, dass kulturelles Schaffen darauf angewiesen ist, auf frühere Werke anderer Urheber aufzubauen.[310] Hierdurch wird für die künstlerische Auseinandersetzung, die einer geistig-eigenschöpferischen Tätigkeit entspricht und für die Entwicklung und Entfaltungsmöglichkeit von Werkschaffenden bedeutend ist, ein Freiraum geschaffen.[311] Ohne die Möglichkeit der Bezugnahme auf vorbestehende Werke könnte lediglich auf gemeinfreie Werke zurückgegriffen werden, was das Kulturleben stark beschränken würde.[312] § 24 UrhG schafft demnach einen Ausgleich

---

Umgestaltungen, S. 120; *Wegmann,* Der Rechtsgedanke der freien Benutzung, S. 147ff.; *Wehler,* Die freie Benutzung, S. 24f.

307 *Kleinemenke,* Fair Use im deutschen und europäischen Urheberrecht?, S. 90f.; *Nordemann,* in: Fromm/Nordemann, UrhG, § 24 Rn. 4; *Schulze,* in: Dreier/Schulze, UrhG, § 24 Rn. 1; *Stieper,* Rechtfertigung, Rechtsnatur und Disponibilität, S. 7.

308 So auch *Stieper,* AfP 2015, 301 (304).

309 So BGH, GRUR 2017, 895 Rn. 39 – Metall auf Metall III; BGH, GRUR 2016, 1157 Rn. 24 – auf fett getrimmt. Siehe auch *Dreyer,* in: Dreyer/Kotthoff/Meckel/Hentsch, UrhG[4], Vor §§ 44a ff. Rn. 11; *Pötzlberger,* Kreatives Remixing, S. 165; *Stieper,* AfP 2015, 301 (304); *ders.,* Rechtfertigung, Rechtsnatur und Disponibilität, S. 53 (Fn. 313).

310 BGH, GRUR 2017, 895 Rn 22 – Metall auf Metall III; *Bullinger,* in: Wandtke/Bullinger, UrhG[5], § 24 Rn. 1; *Loewenheim,* in: Loewenheim, Hdb. UrhR, § 8 Rn. 9; *Schulze,* in: Dreier/Schulze, UrhG, § 24 Rn. 1; *Stieper,* Rechtfertigung, Rechtsnatur und Disponibilität, S. 33; *Vogel,* in: FS Loewenheim, S. 371; *Wegmann,* Der Rechtsgedanke der freien Benutzung, S. 38.

311 BGH, GRUR 2017, 895 Rn 22 – Metall auf Metall III; BGH, ZUM 2013, 484 Rn. 14 – Metall auf Metall II; *Bullinger,* in: Wandtke/Bullinger, UrhG[5], § 24 Rn. 1; *Loewenheim,* in: Loewenheim, Hdb. UrhR, § 8 Rn. 9; *Poll,* ZUM 2004, 511 (514).

312 *Bullinger,* in: Wandtke/Bullinger, UrhG[5], § 24 Rn. 1; *Wegmann,* Der Rechtsgedanke der freien Benutzung, S. 38. So auch *Hess,* Urheberrechtsprobleme der Parodie, S. 31 (Fn. 173), der in der Unverzichtbarkeit des kulturellen Fortschritts den rechtspolitischen Grund für das Bestehen des § 24 Abs. 1 UrhG sieht.

zwischen dem Interesse des Urhebers an einer ausschließlichen Nutzung seines Werkes und den Interessen der Allgemeinheit an einer weitgehend freien Nutzung von Werken.[313] Schließlich kann auch derjenige, auf dessen Werk zurückgegriffen wird, seinerseits auf vorbestehenden Werken aufbauen.[314]

Allerdings soll dem Benutzer durch die Anlehnung an ein bestehendes Werk nicht erspart werden, selbst schöpferisch tätig zu werden.[315] Die übernommenen Elemente müssen daher in der eigenen schöpferischen Leistung aufgehen.[316] Sie dürfen sich nicht zu weitgehend an dem entlehnten Werk orientieren, da anderenfalls die Bemühungen des Urhebers unzumutbar ausgenutzt werden würden.[317] Um dem entgegenzuwirken, schafft § 24 UrhG durch seine Voraussetzungen für den Benutzer einzuhaltende Grenzen, auf die nun eingegangen werden soll.

b) Voraussetzungen des § 24 Abs. 1 UrhG

Gemäß § 24 Abs. 1 UrhG darf ein selbstständiges Werk, das in freier Benutzung des Werkes eines anderen geschaffen worden ist, ohne Zustimmung des Urhebers des benutzten Werkes veröffentlicht und verwertet werden.

aa) Benutzung des Werkes eines anderen und Schaffung eines neuen Werkes

Wer sich auf die Rechtsfolge des § 24 Abs. 1 UrhG berufen will, muss zunächst ein fremdes Werk benutzen, um ein neues Werk zu schaffen. Voraussetzung ist, dass der Benutzer überhaupt Kenntnis von der Leistung hat, derer er sich bedient.[318] Hat der Urheber das entlehnte Werk nicht gekannt, so diente es nicht als Vorlage.[319] Der Parodist kennt dabei stets das Original, da er dieses bewusst als Vorlage für seine Auseinandersetzung gewählt hat. Weiterhin muss die benutzte Vorlage ein fremdes Werk – also eine persönliche geistige Schöpfung – i. S. d. § 2 Abs. 2 UrhG sein. Zudem muss das neue Werk auf einer anderen Schöpfung aufbauen. Der erforderliche Drittbezug ist nicht nur dann gegeben, wenn das Werk eines Dritten zur Schaffung des neuen Werkes herangezogen wird. Vor allem muss aber ein neues Werk geschaffen werden, das ebenfalls schutzfähig ist, also den Anforderungen des § 2 Abs. 2 UrhG entspricht.[320] Damit der Parodist

313 *Schulze*, in: Dreier/Schulze, UrhG, § 24 Rn. 1; *Wegmann*, Der Rechtsgedanke der freien Benutzung, S. 38.

314 *Loewenheim*, in: Loewenheim, Hdb. UrhR, § 8 Rn. 9; *Schulze*, in: Dreier/Schulze, UrhG, § 24 Rn. 1.

315 BGH, GRUR 1981, 267 (269) – Dirlada; *Vlah*, Parodie, Pastiche und Karikatur, S. 51.

316 *Chakraborty*, Freie Benutzung, S. 29; *Reinhart*, UFITA 103 (1986), 65 (68).

317 So auch *Wegmann*, Der Rechtsgedanke der freien Benutzung, S. 39.

318 *Hess*, Urheberrechtsprobleme der Parodie, S. 35 m.w.N.

319 *Ahlberg*, in: BeckOK, UrhG, § 24 Rn. 5.

320 BGH, GRUR 2014, 36 Rn. 37 – Beuys-Aktion; BGH, GRUR 2008, 693 Rn. 27 – TV-Total; *Bullinger*, in: Wandtke/Bullinger, UrhG[5], § 24 Rn. 2; *Chakraborty*, Freie Benutzung, S. 72ff.;

den durch § 24 Abs. 1 UrhG gewährten Vorteil genießt, ist es daher erforderlich, dass er seinerseits ein Werk i.S.d. § 2 Abs. 2 UrhG schafft. Dabei kann die schöpferische Leistung des Parodisten darin gesehen werden, dass er die Schwächen des Originals in parodistischer Weise darstellt,[321] was regelmäßig der Fall sein wird.[322] Daneben ist § 24 Abs. 1 UrhG aber auch auf die Leistungsschutzrechte entsprechend anwendbar. Während sich die Anwendbarkeit für wissenschaftliche Ausgaben aus § 70 Abs. 1 UrhG, für nachgelassene Werke aus § 71 Abs. 1 S. 3 UrhG und für Lichtbilder aus § 72 Abs. 1 UrhG ausdrücklich ergibt, wendet die Rechtsprechung § 24 Abs. 1 UrhG entsprechend auf das Recht des Tonträgerherstellers nach § 85 UrhG[323] und auf Laufbilder nach § 95 UrhG[324] an.[325]

bb) Freie Benutzung und Selbstständigkeit des neuen Werkes

Weiterhin setzt § 24 Abs. 1 UrhG neben der Schaffung eines Werkes dessen Selbstständigkeit voraus. Selbstständig ist ein Werk nur dann, wenn es von der Vorlage unabhängig ist.[326] Man könnte annehmen, dass es sich hierbei um zwei unabhängig voneinander zu prüfende Tatbestandsmerkmale handelt. Geht man vom Wortlaut des § 24 Abs. 1 UrhG aus, so scheint es, als würde sich das Merkmal der freien Benutzung auf die Art und Weise der Verwendung beziehen und die Selbstständigkeit auf das Ergebnis der Verwendung des fremden Werkes.[327] Allerdings ist die Benutzung nur frei, wenn das neue Werk einen höheren Grad an Eigenständigkeit erreicht und damit selbstständig ist.[328] Die Tatbestandsmerkmale der freien Benutzung und der Selbstständigkeit stehen damit in einem Zusammenhang.[329] Sie setzen die gleichen Kriterien voraus und können daher einheitlich ausgelegt werden.[330]

Hess, Urheberrechtsprobleme der Parodie, S. 34; *Loewenheim*, in: Loewenheim, Hdb. UrhR, § 8 Rn. 10; *Schulze*, in: Dreier/Schulze, UrhG, § 24 Rn. 5. So auch die amtliche Begründung, BTDrs. IV/270, S. 51, die von einer »völlig selbständige[n] Neuschöpfung« spricht.

321 So *Vlah*, Parodie, Pastiche und Karikatur, S. 54.

322 *Hess*, Urheberrechtsprobleme der Parodie, S. 146; *Schack*, Urheber- und Urhebervertragsrecht, Rn. 280.

323 BGH, GRUR 2017, 895 Rn. 24ff. – Metall auf Metall III; BGH, GRUR 2013, 614 Rn. 12ff. – Metall auf Metall II; BGH, GRUR 2009, 403 Rn. 21ff. – Metall auf Metall.

324 BGH, GRUR 2008, 693 Rn. 24ff. – TV-Total; BGH, GRUR 2000, 703 (704) – Mattscheibe. Diese Urteile hatten konkret die Behandlung der Parodie zum Gegenstand.

325 Siehe hierzu eingehend *Becker*, in: FS Loewenheim, S. 15ff.; *Vogel*, in: FS Loewenheim, S. 367ff.

326 *Dreyer*, in: Dreyer/Kotthoff/Meckel, UrhG^3, § 24 Rn. 7.

327 So auch *Vlah*, Parodie, Pastiche und Karikatur, S. 54.

328 *Stuhlert*, Die Behandlung der Parodie im Urheberrecht, S. 15.

329 *Bullinger*, in: Wandtke/Bullinger, UrhG^5, § 24 Rn. 2.

330 *Bullinger*, in: Wandtke/Bullinger, UrhG^5, § 24 Rn. 2; *Chakraborty*, Freie Benutzung, S. 75; *Dreyer*, in: Dreyer/Kotthoff/Meckel, UrhG^3, § 24 Rn. 7; *Loewenheim*, in: Schricker/Loewenheim, UrhG^5, § 24 Rn. 8.

Das in Anlehnung an ein fremdes Werk geschaffene neue Werk ist dann eine freie Benutzung, »wenn es sich von der Vorlage so weit gelöst hat, daß es als eine völlig selbstständige Neuschöpfung anzusehen ist«.[331] Nach einhelliger Ansicht liegt eine freie Benutzung dann vor, wenn die eigenpersönlichen Züge des älteren Werkes verblassen.[332] Sie müssen derart zurücktreten, dass sie in dem neuen Werk in urheberrechtlich nicht mehr relevanter Weise durchschimmern.[333] Die Vorlage darf lediglich als Anregung dienen.[334] Das bedeutet allerdings nicht, dass das ältere Werk gar nicht mehr erkennbar sein darf.[335] Eine Verwechslungsgefahr oder Zuordnungsverwirrung muss jedoch vermieden werden. Für die Beurteilung, ob die eigenpersönlichen Züge des entlehnten Werkes verblassen oder nicht, kommt es entscheidend auf den Grad der Individualität an.[336] Es besteht demnach eine Wechselwirkung zwischen dem als Vorlage dienenden und dem neuen Werk: Je ausgeprägter die Eigenart des Originals ist, desto weniger werden die Eigenheiten verblassen und umso strengere Anforderungen sind an die Individualität des jüngeren Werkes zu stellen.[337] Umgekehrt liegt eine freie Benutzung dann vor, wenn sich die Individualität des neuen Werkes in besonderem Maß von dem älteren Werk abhebt, was der Fall sein wird, wenn die Individualität der Vorlage als gering einzustufen ist.[338]

Für die Frage, ob die Voraussetzung der Abstandnahme erfüllt ist, muss das entlehnte Werk dem jüngeren Werk gegenübergestellt werden.[339] Dabei ist zu

331 BTDrs. IV/270, S. 51.

332 BGH GRUR 2016, 1157 Rn. 19 – auf fett getrimmt; BGH GRUR 2014, 258 Rn. 38 – Pippi-Langstrumpf-Kostüm I; BGH, GRUR 2011, 134 Rn. 34 – Perlentaucher; BGH, GRUR 1994, 206 (208) – Alcolix; BGH, GRUR 1994, 191 (193) – Asterix-Persiflagen; BGH, GRUR 1971, 588 (599) – Disney-Parodie; *Arz*, UFITA 2013/II, 353 (356); *Bullinger*, in: Wandtke/Bullinger, UhrG[5], § 24 Rn. 12; *Loewenheim*, in: Loewenheim, Hdb. UrhR, § 8 Rn. 11; *Nassall*, jurisPR-BGHZivilR 7/2014 Anm. 3; *Schack*, Urheber- und Urhebervertragsrecht, Rn. 274; *Schulze*, in: Dreier/Schulze, UrhG, § 24 Rn. 8. Diese Formel wird auf *Ulmer* zurückgeführt. Vgl. *Ulmer*, Urheber- und Verlagsrecht, S. 275f.

333 BGH, GRUR 2009, 403 (406) – Metall auf Metall; BGH, GRUR 2008, 693 (695) – TV-Total; BGH, GRUR 2003, 956 (958) – Gies-Adler; *Lauber-Rönsberg*, ZUM 2015, 658 (659).

334 Vgl. BGH, GRUR 2016, 1157 Rn. 20 – auf fett getrimmt; BGH, GRUR 2011, 134 (137) – Perlentaucher; BGH, GRUR 2009, 856 (858) – Tripp-Trapp-Stuhl; BGH, GRUR 2003, 956 – Gies-Adler; BGH, NJW 2000, 2202 (2205) – Laras Tochter; BGH, GRUR 1994, 206 – Alcolix.

335 *Ahlberg*, in: BeckOK, UrhG, § 24 Rn. 4.

336 *Dreyer*, in: Dreyer/Kotthoff/Meckel/Hentsch, UrhG[4], § 24 Rn. 24; *Nordemann*, in: Fromm/Nordemann, UrhG, § 24 Rn. 46; *Plassmann*, Bearbeitungen und andere Umgestaltungen, S. 130.; *Schulze*, in: Dreier/Schulze, UrhG, § 24 Rn. 8; *Stuhlert*, Die Behandlung der Parodie im Urheberrecht, S. 22.

337 *Chakraborty*, Freie Benutzung, S. 76; *Dreyer*, in: Dreyer/Kotthoff/Meckel/Hentsch, UrhG[4], § 24 Rn. 24; *Schulze*, in: Dreier/Schulze, UrhG, § 24 Rn. 8.

338 *Bullinger*, in: Wandtke/Bullinger, UrhG[5], § 24 Rn. 10; *Lauber-Rönsberg*, ZUM 2015, 658 (659); *Schack*, Urheber- und Urhebervertragsrecht, Rn. 274.

339 *Plassmann*, Bearbeitungen und andere Umgestaltungen, S. 130ff.; *Wegmann*, Der Rechtsgedanke der freien Benutzung, S. 55.

untersuchen, welchen schöpferischen Grad das Originalwerk aufweist,[340] wodurch der Schutzumfang der Vorlage bestimmt wird.[341] Hierbei muss auf den Gesamteindruck abgestellt werden.[342] In einem nächsten Schritt sind die Übereinstimmungen des jüngeren Werkes mit der Vorlage herauszuarbeiten.[343] Abweichungen bleiben unberücksichtigt.[344] Es ist zu prüfen, ob und in welchem Umfang die eigenschöpferischen Züge der Vorlage übernommen wurden.[345] Der Gesamteindruck der beiden Werke muss verglichen werden, wobei lediglich die übernommenen schöpferischen Züge in einer Gesamtschau berücksichtigt werden.[346] Wenn die Gegenüberstellung ergibt, dass nach dem Gesamteindruck die Eigenart der Vorlage unter Berücksichtigung des Grades der Individualität noch erhalten bleibt, liegt eine abhängige Bearbeitung vor. Verblassen die eigenpersönlichen Züge des älteren Werkes, so ist eine freie Benutzung gegeben.[347] Eine solche liegt mithin nur vor, wenn das ältere Werk lediglich als Grundlage für die Schöpfung des selbstständigen neuen Werkes diente.[348] Für die Frage, ob eine freie Benutzung gegeben ist oder nicht, muss vom Standpunkt eines Betrachters ausgegangen werden, der das benutzte Werk kennt, aber auch das für das neue Werk erforderliche Verständnis aufbringt.[349]

cc) Probleme bei der Übertragung auf die Parodie

Bei einer Parodie ist es nahezu ausgeschlossen, dass die eigenpersönlichen Züge des benutzten Werkes verblassen, da das Eigentümliche der Vorlage im neuen Werk – der Parodie – wiederkehren muss, damit sie sich erkennbar mit der

340 BGH, GRUR 2011, 803 Rn. 48 – Lernspiele; BGH, GRUR 1980, 853 (854) – Architektenwechsel; *Nordemann,* in: Fromm/Nordemann, UrhG, § 24 Rn. 46; *Schulze,* in: Dreier/Schulze, UrhG, § 24 Rn. 12.

341 *Ahlberg,* in: BeckOK, UrhG, § 24 Rn. 6.

342 BGH, GRUR 2004, 855 (857) – Hundefigur; BGH, GRUR 1980, 853 (854) – Architektenwechsel.

343 BGH, GRUR 2011, 134 Rn. 20 – Perlentaucher; BGH, GRUR 2004, 855 (857) – Hundefigur; BGH, GRUR 1994, 191 (193) – Asterix-Persiflagen; *Loewenheim,* in: Schricker/Loewenheim, UrhG[5], § 24 Rn. 12.

344 BGH, GRUR 1994, 191 (193) – Asterix-Persiflagen; *Loewenheim,* in: Schricker/Loewenheim, UrhG[5], § 24 Rn. 13; *Nordemann,* in: Fromm/Nordemann, UrhG, § 24 Rn. 47.

345 BGH, GRUR 2011, 803 Rn. 48 – Lernspiele; BGH, GRUR 2004, 855 (857) – Hundefigur.

346 BGH, GRUR 2016, 1157 Rn. 21 – auf fett getrimmt; BGH, GRUR 2014, 65 Rn. 38 – Beuys-Aktion; BGH, GRUR 2011, 134 Rn. 20 – Perlentaucher; BGH, GRUR 2004, 855 (857) – Hundefigur; BGH, ZUM-RD 2000, 325 (326) – Mattscheibe; BGH, GRUR 1998, 916 (918) – Stadtplanwerk; BGH, GRUR 1987, 704 (705) – Warenzeichenlexika.

347 BGH, GRUR 2016, 1157 Rn. 21 – auf fett getrimmt; *Nordemann,* in: Fromm/Nordemann, UrhG, § 24 Rn. 48.

348 BGH, GRUR 2016, 1157 Rn. 21 – auf fett getrimmt; BGH, GRUR 2015, 1189 Rn. 41 – Goldrapper; BGH, GRUR 2014, 65 Rn. 37f. – Beuys-Aktion.

349 BGH, ZUM-RD 2000, 325 (329) – Mattscheibe; BGH, GRUR 1994, 206 (209) – Alcolix; BGH, GRUR 1994, 191 (194) – Asterix-Persiflagen.

Vorlage auseinandersetzen kann.[350] Würden die charakteristischen Züge der Vorlage in der Parodie verblassen, so wäre die Parodie unverständlich. Adressaten würden das neue Werk nicht als Parodie wahrnehmen.[351] Daher ist ein Verblassen bei Vorliegen einer Parodie nicht möglich.[352] Eine Beurteilung über § 24 Abs. 1 UrhG wäre damit ausgeschlossen, da eine Parodie nie vollkommen selbstständig im Vergleich zum Originalwerk ist.[353] Vielmehr liegt, würde man den an die freie Benutzung gestellten Maßstäben folgen, eine zustimmungspflichtige Bearbeitung i. S. d. § 23 UrhG vor.[354] Eine stringente Beurteilung nach § 23 UrhG führt jedoch nicht zu einem gerechten Interessenausgleich. Sieht man die Parodie mangels Verblassens stets als Bearbeitung an, so könnte sie nur mit Einwilligung des parodierten Urhebers veröffentlicht oder verwertet werden. Dieser würde seine Einwilligung im Regelfall aber nicht erteilen. Damit hätte es der Parodierte in der Hand, eine solche Benutzung des Werkes zu verbieten. Aus der Gesetzesbegründung ergibt sich jedoch, dass der Urheber im Allgemeininteresse freien Zugang zu seinen Werken gewähren muss, wenn dadurch geistige und kulturelle Werte gefördert werden, die ihrerseits Grundlage für das Werkschaffen sind.[355] Letztendlich würde der Interessenausgleich zu stark zugunsten der Urheberinteressen ausfallen und die Parodiefreiheit in unangemessener Weise einschränken. Das Verblassen-Kriterium steht daher im Widerspruch zum Wesen der Parodie.[356] Es erweist sich in Bezug auf die Parodie als untauglich.

dd) Abschwächung des Verblassens-Kriteriums

Die Schwierigkeiten bezüglich der Anwendung der Voraussetzungen des § 24 UrhG auf die Parodie erkannte auch der BGH, der das Verblassens-Kriterium daraufhin an die Besonderheiten der Parodie anpasste. Hierbei betonte er aber

350 *Becker,* GRUR 2004, 104 (105); *Dreyer,* in: Dreyer/Kotthoff/Meckel, UrhG³, § 24 Rn. 23; *Hefti,* Die Parodie im Urheberrecht, S. 95ff.; *Mauch,* Die rechtliche Beurteilung von Parodien in der EU, S. 38f.; *Loewenheim,* in: FS Fezer, S. 791; *Schack,* Urheber- und Urhebervertragsrecht, Rn. 279; *Slopek,* WRP 2009, 20 (23); *Vinck,* GRUR 1973, 251 (252).

351 *Mauch,* Die rechtliche Beurteilung von Parodien in der EU, S. 38; *Nordemann,* GRUR 1971, 590 (591).

352 BGH, GRUR 1994, 191 (193) – Asterix-Persiflagen; *Hess,* Urheberrechtsprobleme der Parodie, S. 40; *Mauch,* Die rechtliche Beurteilung von Parodien in der EU, S. 39; *Platho,* GRUR 1992, 360 (361); *Schack,* Urheber- und Urhebervertragsrecht, Rn. 279.

353 *Mauch,* Die rechtliche Beurteilung von Parodien in der EU, S. 39; *Platho,* GRUR 1992, 360 (361); *Vinck,* GRUR 1973, 251 (252).

354 *Ahlberg,* in: BeckOK, UrhG, § 24 Rn. 27; *Platho,* GRUR 1992, 360 (362); *Schack,* Kunst und Recht, Rn. 361.

355 BTDrs. IV/270, S. 30, 63.

356 *Becker,* GRUR 2004, 104 (105); *Stuhlert,* Die Behandlung der Parodie im Urheberrecht, S. 22f.

immer wieder, dass die Ausführungen nicht ausschließlich auf die Fälle der Parodie begrenzt seien.[357]

(1) Innerer Abstand

Liegt kein Verblassen im dargestellte Sinne vor, könne eine freie Benutzung auch dann gegeben sein, wenn das jüngere Werk gegenüber dem entlehnten Werk einen inneren Abstand einhält, sodass es seinem Wesen nach als selbstständig anzusehen ist.[358] Schließlich sollen der Auseinandersetzung mit vorbestehenden Werken keine zu engen Grenzen gesetzt werden.[359] Auch in diesem Fall liege ein Verblassen der entlehnten Eigenheiten i.S.d. § 24 Abs. 1 UrhG vor, weil sie vom eigenschöpferischen Gehalt des neuen Werkes überlagert werden.[360] Bei einer Parodie werde der innere Abstand durch die antithematische Behandlung mit dem als Vorlage dienenden älteren Werk erreicht.[361] Der »innere Abstand« sei dabei als inhaltliche Distanzierung zum älteren Werk zu verstehen.[362] Das neue Werk wolle sich von diesem mittels einer kritischen, künstlerischen oder humorvollen Auseinandersetzung unterscheiden.[363] Ihm müsse ein neuer Sinngehalt oder eine neue Aussagerichtung zukommen.[364] Eine bloße Verfremdung ohne eine Auseinandersetzung mit der Vorlage genüge nicht.[365] Zum Zwecke der Parodie dürfen demnach Teile des älteren Werkes übernommen werden, um sich

357 BGH, GRUR 2014, 258 Rn. 39 – Pippi-Langstrumpf-Kostüm I; BGH, GRUR 2011, 134 Rn. 34 – Perlentaucher; BGH, NJW 2000, 2202 (2205) – Laras Tochter; BGH, GRUR 1994, 191 (193) – Asterix-Persiflagen.

358 BGH, GRUR 2016, 1157 Rn. 22 – auf fett getrimmt; BGH, GRUR 2014, 258 Rn. 39 – Pippi-Langstrumpf-Kostüm I; BGH, GRUR 2011, 134 Rn. 34 – Perlentaucher; BGH, NJW 2000, 2202 (2205) – Laras Tochter; BGH, ZUM-RD 2000, 325 (326) – Mattscheibe; BGH, GRUR 1994, 206 (208) – Alcolix; BGH, GRUR 1994, 191 (193) – Asterix-Persiflagen. So auch der überwiegende Teil in der Literatur: *Becker,* GRUR 2015, 336 (338); *Bullinger,* in: Wandtke/Bullinger, UrhG[5], § 24 Rn. 13f.; *Dreyer,* in: Dreyer/Kotthoff/Meckel/Hentsch, UrhG[4], § 24 Rn. 28; *Lauber-Rönsberg,* ZUM 2016, 658 (659); *Loewenheim,* in: Loewenheim, Hdb. UrhR, § 8 Rn. 21; *Nordemann,* in: Fromm/Nordemann, UrhG, § 24 Rn. 50; *Rütz,* WRP 2004, 323 (330); *Schulze,* in: Dreier/Schulze, UrhG, § 24 Rn. 25.

359 Vgl. BGH, GRUR 1994, 191 (194) – Asterix-Persiflagen.

360 BGH, NJW 2000, 2202 (2205) – Laras Tochter; BGH, GRUR 1994, 191 (194) – Asterix-Persiflagen.

361 BGH, GRUR 2016, 1157 Rn. 23 – auf fett getrimmt; BGH, GRUR 2014, 258 Rn. 39 – Pippi-Langstrumpf-Kostüm I; BGH, GRUR 2011, 134 Rn. 34 – Perlentaucher; BGH, ZUM 2003, 777 (780) – Gies-Adler; *Nordemann,* in: Fromm/Nordemann, UrhG, § 24 Rn. 89; *Schack,* Kunst und Recht, Rn. 363; *Schulze,* in: Dreier/Schulze, UrhG, § 24 Rn. 25.

362 *Delp,* Das Recht des geistigen Schaffens in der Informationsgesellschaft, Kap. V. Rn. 194.

363 So auch *Dreyer,* in: Dreyer/Kotthoff/Meckel/Hentsch, UrhG[4], § 24 Rn. 28; *Vlah,* Parodie, Pastiche und Karikatur, S. 60.

364 *Delp,* Das Recht des geistigen Schaffens in der Informationsgesellschaft, Kap. V. Rn. 195; *Hess,* Urheberrechtsprobleme der Parodie, S. 158ff.; *Lauber-Rönsberg,* ZUM 2015, 658 (660).

365 BGH, GRUR 1994, 191 (193) – Asterix-Persiflagen; *Dreyer,* in: Dreyer/Kotthoff/Meckel, UrhG[3], § 24 Rn. 23; *Nordemann,* in: Fromm/Nordemann, UrhG, § 24 Rn. 89.

mit diesen auseinanderzusetzen. Die eigenpersönlichen Züge können als Bezugspunkt für die Parodie bestehen bleiben.[366] Sie dürfen allerdings nur als Anknüpfungspunkt für die Parodie auftreten, sodass der Parodie selbst die hauptsächliche Bedeutung zukomme.[367] Insgesamt sei bei der Beurteilung, ob ein solcher innerer Abstand gegeben ist, wie auch sonst im Rahmen des § 24 Abs. 1 UrhG, ein strenger Maßstab anzulegen.[368] Je mehr sich die Parodie an das parodierte Werk anlehnt, desto strenger müsse das Vorliegen einer geistigen Auseinandersetzung – also der innere Abstand – geprüft werden.[369] Durch das Stilmittel der Parodie sollen schließlich nur ernste, eigene Aussagen ermöglicht werden und kein Spaß auf Kosten anderer.[370] Allerdings ist es nicht erforderlich, dass jeder Betrachter erkennt, dass es sich um eine Parodie handelt. Vielmehr reiche es aus, dass die parodistische Behandlung objektiv für denjenigen erkennbar ist, dem das parodierte Werk bekannt ist.[371]

Gegenstand der Auseinandersetzung könne das Ausgangswerk selbst oder dessen thematisches Umfeld sein.[372] Bloße Verfremdung oder Kritik – also Phänomene, die außerhalb der Vorlage liegen – genügen nicht.[373] Kritik gegen die Person des Urhebers oder Dritte reiche ebenso wenig aus.[374] Die Parodie dürfe nicht dazu genutzt werden, allgemeine Gesellschaftskritik zu üben oder bloße Heiterkeit zu erregen.[375] Sonst würde sich der Parodist lediglich die Berühmtheit und Eigenart des parodierten Werkes für seine Zwecke zunutze machen.[376] Die antithematische Behandlung müsse sich vielmehr innerhalb des Themenkreises des parodierten Werkes bewegen.[377]

---

366 *Poll*, ZUM 2004, 511 (515); *Wegmann*, Der Rechtsgedanke der freien Benutzung, S. 54.

367 *Delp*, Das Recht des geistigen Schaffens in der Informationsgesellschaft, Kap. V. Rn. 194; *Loewenheim*, in: Loewenheim, Hdb. UrhR, § 8 Rn. 21; *Wegmann*, Der Rechtsgedanke der freien Benutzung, S. 54.

368 BGH, ZUM-RD 2000, 325 (326) – Mattscheibe; BGH, GRUR 1994, 191 (193) – Asterix-Persiflagen; *Loewenheim*, in: Schricker/Loewenheim, UrhG[4], § 24 Rn. 29.

369 *Becker*, in: FS Loewenheim, S. 15; *Schulze*, in: Dreier/Schulze, UrhG, § 24 Rn. 25.

370 *Becker*, GRUR 2004, 908 (912f.).

371 *Wehler*, Die freie Benutzung im digitalen Zeitalter, S. 79; *Slopek*, WRP 2009, 20 (23).

372 BGH, ZUM 2003, 777 (780) – Gies-Adler; *Becker*, GRUR 2004, 104 (106); *Dreyer*, in: Dreyer/Kotthoff/Meckel, UrhG[3], § 24 Rn. 23; *Lauber-Rönsberg*, ZUM 2015, 658 (660); *Schulze*, in: Dreier/Schulze, UrhG, § 24 Rn. 25.

373 *Hess*, Urheberrechtsprobleme der Parodie, S. 121; *Loewenheim*, in: Schricker/Loewenheim, UrhG[4], § 24 Rn. 22; *ders.*, in: Loewenheim, Hdb. UrhR, § 8 Rn. 21.

374 *Schack*, Urheber- und Urhebervertragsrecht, Rn. 280 m.w.N.

375 *Schack*, KUR 2014, 3 (5). So auch *Haberstumpf*, in: Büscher/Dittmer/Schiwy, § 24 UrhG Rn. 20.

376 So vor allem LG Berlin, GRUR 1974, 231 (232) – Von Kopf bis Fuß.

377 BGH, GRUR 1994, 206 (208) – Alcolix; BGH, GRUR 1994, 191 (193) – Asterix-Persiflagen.

(2) *Zwischenfazit*

Nach der Rechtsprechung und herrschenden Lehre kann die Parodie – trotz des fehlenden Verblassens in Bezug auf das Ausgangswerk – die Voraussetzungen des § 24 Abs. 1 UrhG erfüllen. Die Hürde wird überwunden, indem § 24 Abs. 1 UrhG verfassungskonform dahingehend ausgelegt wird, dass ein innerer Abstand zur Vorlage ausreicht. Der Abstand soll durch eine antithematische Auseinandersetzung in künstlerischer, kritischer oder humorvoller Weise mit dem Original hergestellt werden. Die dargestellte Herangehensweise bietet einen ausreichenden Spielraum, um die Interessen des Parodisten zu berücksichtigen, wobei die Belange des Parodierten nicht völlig außer Acht gelassen werden. Die Behandlung der Parodie im Rahmen des Rechtsinstituts der freien Benutzung nach § 24 Abs. 1 UrhG bietet daher einen geeigneten Anknüpfungspunkt.

c) *Abweichende Beurteilung aufgrund der vom EuGH geschaffenen Grundsätze?*

Problematisch ist, ob an der aufgezeigten Behandlung der Parodie über § 24 Abs. 1 UrhG aufgrund der vom EuGH im »Deckmyn«-Urteil aufgestellten Grundsätze noch festgehalten werden kann.

aa) *Das »Deckmyn«-Urteil des EuGH*

Dem »Deckmyn«-Urteil[378] des EuGH lag folgender Sachverhalt zugrunde: Johann Deckmyn, ein Mitglied der rechtsextremen Partei Belgiens »Vlaamse Belang«, verteilte auf einem Neujahrsempfang der Stadt Gent im Jahr 2011 einen Kalender. Das Titelblatt des Kalenders zeigte unter der Überschrift »De Wilde Weldoener« (Der wilde Wohltäter) den Bürgermeister der Stadt Gent, der mit einem Propeller und einer weißen Tunika bekleidet über einen Platz fliegt und Münzen auf diesen wirft, die von verschleierten oder mit farbiger Hautfarbe dargestellten Personen aufgesammelt werden. Im Vergleich hierzu bildete das Deckblatt der Vorlage »De Wilde Weldoener« der Comicreihe »Suske en Wiske« aus dem Jahr 1961 auch eine mit einer Tunika bekleidete und mit einem Propeller ausgestattete Person ab, die mit Münzen um sich wirft. Die Münzen werden von jubelnden Passanten aufgehoben, was einen Verkehrsstau verursacht. Der Wohltäter des Ausgangswerkes wurde durch den Bürgermeister von Gent, die jubelnden Passanten durch verschleierte und farbige Personen ersetzt.[379] Hiergegen richteten sich die Erben des Urhebers Vandersteen und verschiedene Lizenznehmer. Sie waren der Ansicht, dass hierin eine Urheberrechtsverletzung zu sehen sei. Das erstinstanzliche Gericht gab den Klägern Recht. Das Rechtsmittelgericht setzte das Verfahren jedoch aus und legte dem EuGH mehrere Vorlagefragen zur Klärung des Begriffs der

---

378 EuGH, Urt. v. 3.9.2014 – Rs. C-201/13 – Deckmyn/Vandersteen.

379 Das Original und die Parodie sind bei *Becker*, GRUR 2015, 336 (337) abgebildet.

Parodie i.S.d. Art. 5 Abs. 3 lit. k Info-RL und zu den Voraussetzungen dieser Schrankenbestimmung vor.[380] Es wollte wissen, ob der Begriff »Parodie« ein autonomer unionsrechtlicher Begriff sei, welcher bestimmte Voraussetzungen und Merkmale erfüllen müsse. Insbesondere sollte geklärt werden, ob der Parodiebegriff vom Vorhandensein eines eigenen ursprünglichen Charakters abhänge und zwar so, dass die Parodie vernünftigerweise nicht dem Urheber des ursprünglichen Werkes zugeschrieben werden kann. Zudem war seitens des EuGH zu untersuchen, ob eine beabsichtigte Belustigung oder Verspottung ausreiche, unabhängig davon, ob sich die dabei gegebenenfalls geäußerte Kritik gegen das ursprüngliche Werk oder eine andere Sache oder Person richtet. Darüber hinaus war zu klären, ob die Parodie die Voraussetzung der Angabe des Werkes erfüllen müsse und ob es weiterer Voraussetzungen oder Merkmale bedürfe, um von Art. 5 Abs. 3 lit. k Info-RL erfasst zu werden.

Der EuGH beantwortet die erste Frage dahingehend, dass aufgrund des Erfordernisses der einheitlichen Anwendung des Unionsrechts und des Gleichheitssatzes Begriffe des Unionsrechts in der gesamten Europäischen Union autonom und einheitlich unter Berücksichtigung des Kontexts und des mit der jeweiligen Regelung verfolgten Regelungszwecks auszulegen seien.[381] Der Begriff »Parodie« sei ein autonomer Begriff und daher einheitlich auszulegen, auch wenn es sich dabei gemäß Art. 5 Abs. 3 lit. k Info-RL nur um eine Ausnahme fakultativer Natur handelt.[382] Eine andere Beurteilung würde dem Ziel der Richtlinie zuwiderlaufen.[383] Durch die einheitliche Auslegung will der EuGH dem fakultativen Schrankenkatalog mehr Effektivität verleihen.[384]

Mit der Beantwortung der zweiten und dritten Vorlagefrage definiert der EuGH sodann die Voraussetzungen der Parodie. Nach ständiger Rechtsprechung des Gerichts sei die Bedeutung und Tragweite des Begriffs »Parodie« nach dem gewöhnlichen Sprachgebrauch zu bestimmen. Es sei zu berücksichtigen, in welchem Zusammenhang der Begriff verwendet wird und welche Ziele mit der Regelung verfolgt werden.[385] Hieraus schlussfolgert der EuGH für die Parodie, dass deren wesentliche Merkmale zum einen darin bestünden, an ein beste-

380 EuGH, Urt. v. 3.9.2014 – Rs. C-201/13, Rn. 13 – Deckmyn/Vandersteen.

381 EuGH, Urt. v. 3.9.2014 – Rs. C-201/13, Rn. 14 – Deckmyn/Vandersteen.

382 EuGH, Urt. v. 3.9.2014 – Rs. C-201/13, Rn. 15 f. – Deckmyn/Vandersteen. Siehe bereits unter Kapitel 2 A. II. 1. a).

383 EuGH, Urt. v. 3.9.2014 – Rs. C-201/13, Rn. 16 – Deckmyn/Vandersteen. Der EuGH stellt hier auf das Ziel der Harmonisierung bestimmter Aspekte des Urheberrechts und der verwandten Schutzrechte in der Informationsgesellschaft und den Schutz des Binnenmarktes vor Wettbewerbsverzerrungen infolge der Unterschiede in den Rechtsvorschriften der Mitgliedstaaten ab, vgl. ErwG 1 der Info-RL. Siehe hierzu auch EuGH, Urt. v. 10.4.2014, Rs. C-435/12, Rn. 49 – ACI Adam.

384 So auch *Lauber-Rönsberg*, ZUM 2015, 658 (661).

385 EuGH, Urt. v. 3.9.2014 – Rs. C-201/13, Rn. 19 – Deckmyn/Vandersteen.

hendes Werk zu erinnern, gleichzeitig aber gegenüber dem Ausgangswerk wahrnehmbare Unterschiede aufzuweisen. Zum anderen beinhalte die Parodie einen Ausdruck von Humor und Verspottung.[386] An seine bisherige Rechtsprechung[387] anknüpfend betont er, dass die Ausnahmevorschriften eng auszulegen seien.[388] Diese Aussage schwächt er aber im Anschluss ab, indem er feststellt, dass es die Auslegung des Begriffs der Parodie erlauben müsse, die praktische Wirksamkeit der Ausnahmevorschrift des Art. 5 Abs. 3 lit. k Info-RL zu wahren und deren Zielsetzung zu beachten.[389] Deshalb werde der Anwendungsbereich der Vorschrift nicht durch weitere Voraussetzungen eingeschränkt.[390] Es komme insbesondere nicht darauf an, dass eine Parodie einen eigenschöpferischen Charakter habe, der nicht nur darin bestehe, gegenüber dem Ausgangswerk wahrnehmbare Unterschiede aufzuweisen.[391] Es sei darüber hinaus nicht erforderlich, dass die Parodie vernünftigerweise einer anderen Person als dem Urheber des Ausgangswerkes zugeschrieben werden könne und dass sie das ursprüngliche Werk selbst betreffe oder es angebe.[392] Damit erstreckt der EuGH die Auseinandersetzung auch auf außerhalb des parodierten Werkes liegende Themen.[393]

Unter Berufung auf ErwG 31 der Info-RL, wonach ein angemessener Ausgleich insbesondere der Rechte und Interessen zwischen Urhebern und Nutzern von Schutzgegenständen gesichert werden soll, führt der EuGH aus, dass bei der Ausnahmeregelung des Art. 5 Abs. 3 lit. k Info-RL unter Berücksichtigung sämtlicher Umstände des Einzelfalles ein angemessener Ausgleich zwischen den Interessen des Rechtsinhabers – des Parodierten – und der freien Meinungsäußerung des Nutzers – also des Parodisten – gewahrt werden müsse.[394] Insbesondere wird auf das Diskriminierungsverbot aufgrund der Rasse, der Hautfarbe oder der ethnischen Herkunft hingewiesen, das in Art. 21 GRC verankert ist.[395] Läge eine solche diskriminierende Aussage vor, was vom vorlegenden Gericht zu beurteilen sei, so bestehe grundsätzlich ein berechtigtes Interesse des Rechtsinhabers, dass das geschützte Werk mit einer solchen Aussage nicht in Verbindung gebracht werde.[396]

386 EuGH, Urt. v. 3.9.2014 – Rs. C-201/13, Rn. 20 – Deckmyn/Vandersteen.
387 Vgl. EuGH, Urt. v. 10.4.2014, Rs. C-435/12, Rn. 23 – ACI Adam.
388 EuGH, Urt. v. 3.9.2014 – Rs. C-201/13, Rn. 22 – Deckmyn/Vandersteen.
389 EuGH, Urt. v. 3.9.2014 – Rs. C-201/13, Rn. 23 – Deckmyn/Vandersteen.
390 EuGH, Urt. v. 3.9.2014 – Rs. C-201/13, Rn. 24 – Deckmyn/Vandersteen.
391 EuGH, Urt. v. 3.9.2014 – Rs. C-201/13, Rn. 21 – Deckmyn/Vandersteen.
392 EuGH, Urt. v. 3.9.2014 – Rs. C-201/13, Rn. 21 – Deckmyn/Vandersteen.
393 So auch *Lauber-Rönsberg*, ZUM 2015, 658 (662).
394 EuGH, Urt. v. 3.9.2014 – Rs. C-201/13, Rn. 26ff. – Deckmyn/Vandersteen.
395 EuGH, Urt. v. 3.9.2014 – Rs. C-201/13, Rn. 30 – Deckmyn/Vandersteen.
396 EuGH, Urt. v. 3.9.2014 – Rs. C-201/13, Rn. 30f. – Deckmyn/Vandersteen.

bb) Das »auf fett getrimmt«-Urteil des BGH

In seinem Urteil »auf fett getrimmt«[397] hat der BGH reagiert und auf die Vorgaben des EuGH Bezug genommen. Der BGH stellt zunächst fest, dass das bearbeitete Werk der Schauspielerin in allen vom Urheber gerügten Punkten eine Urheberrechtsverletzung darstelle.[398] Er betont jedoch, dass sie dann nicht widerrechtlich i. S. d. § 97 Abs. 1 UrhG sei, sofern sie als freie Benutzung gemäß § 24 Abs. 1 UrhG gerechtfertigt sei.[399]

Dabei bleibt der BGH seiner ständigen Rechtsprechung zur freien Benutzung gemäß § 24 Abs. 1 UrhG treu und fasst die Parodie unter die Fallgruppe des inneren Abstands in Form der antithematischen Behandlung.[400] Er erkennt jedoch, dass bei der rechtlichen Beurteilung der Parodie Besonderheiten zu beachten sind[401] – insbesondere aufgrund der im Unionsrecht verankerten Schrankenbestimmung zu Parodien in Art. 5 Abs. 3 lit. k Info-RL.[402] Der deutsche Gesetzgeber habe zwar keine vergleichbare Regelung geschaffen, doch wurde »die Parodie in ihrer Wirkung als Schutzschranke der Sache nach durch § 24 Abs. 1 UrhG in seiner Auslegung durch die Rechtsprechung umgesetzt«, weshalb § 24 Abs. 1 UrhG, soweit es um die urheberrechtliche Zulässigkeit von Parodien geht, richtlinienkonform auszulegen sei.[403] In einem nächsten Schritt fasst er die Kernaussagen des »Deckmyn«-Urteils des EuGH zusammen[404] und wendet sie auf den zu entscheidenden Fall an.[405] Es könne nicht mehr darauf ankommen, dass durch die Parodie eine neue persönliche geistige Schöpfung entstehe. Deshalb könne offen bleiben, ob die angegriffene Abbildung Werkcharakter habe.[406] Zudem sei eine antithematische Behandlung nicht zwingend erforderlich – vielmehr solle für das Vorliegen einer freien Benutzung genügen, »dass die an das bestehende Werk erinnernde Bearbeitung eine Verspottung zum Ausdruck bringt.«[407] Außerdem sei nicht Voraussetzung einer Parodie, dass sich Humor und Verspottung auf das parodierte Werk selbst beziehen müssen. Eine Auseinandersetzung mit diesem sei also nicht zwingend erforderlich.[408] Letztendlich sei eine Interessenabwägung notwendig.[409] Dabei will der BGH die antithemati-

397 BGH, GRUR 2016, 1157ff. – auf fett getrimmt. Siehe hierzu das Ausgangsbeispiel zur Parodie im Urheberrecht unter Kapitel 1 A. V. 1.
398 BGH, GRUR 2016, 1157 Rn. 15ff. – auf fett getrimmt.
399 BGH, GRUR 2016, 1157 Rn. 17 – auf fett getrimmt.
400 BGH, GRUR 2016, 1157 Rn. 23 – auf fett getrimmt.
401 BGH, GRUR 2016, 1157 Rn. 23 – auf fett getrimmt.
402 BGH, GRUR 2016, 1157 Rn. 24 – auf fett getrimmt.
403 BGH, GRUR 2016, 1157 Rn. 24 – auf fett getrimmt.
404 BGH, GRUR 2016, 1157 Rn. 25 – auf fett getrimmt.
405 BGH, GRUR 2016, 1157 Rn. 28ff. – auf fett getrimmt.
406 BGH, GRUR 2016, 1157 Rn. 28 – auf fett getrimmt.
407 BGH, GRUR 2016, 1157 Rn. 34 – auf fett getrimmt.
408 BGH, GRUR 2016, 1157 Rn. 35 – auf fett getrimmt.
409 BGH, GRUR 2016, 1157 Rn. 36ff. – auf fett getrimmt.

sche Behandlung berücksichtigen.[410] Außerdem bezieht er in die Abwägung ein, ob es sich bei der Parodie um eine Entstellung des parodierten Werkes gemäß § 14 UrhG handelt.[411] Als weiteres Kriterium wird an Rechte Dritter angeknüpft. Es komme darauf an, ob die Parodie außerhalb des Urheberrechts liegende Rechte Dritter verletzt und ob ein berechtigtes Interesse des Urhebers daran besteht, nicht mit einer solchen Rechtsverletzung in Verbindung gebracht zu werden.[412]

cc) Konsequenz der Urteile für die Behandlung der Parodie über § 24 Abs. 1 UrhG

Wendet man die Vorgaben des EuGH und des BGH auf die freie Benutzung nach § 24 Abs. 1 UrhG an, so hat dies vor allem zur Folge, dass durch die Rechtsprechung der Anwendungsbereich der Norm erweitert wird.[413]

Während man ursprünglich davon ausging, dass sich die Parodie mit dem parodierten Werk oder wenigstens mit dem Umfeld auseinandersetzen müsse und eine bloße Verfremdung oder Kritik hinsichtlich des Originals nicht genüge, reicht nun für die Bejahung einer freien Benutzung gemäß § 24 Abs. 1 UrhG nach Auffassung des BGH, dass die Parodie Humor oder Verspottung bezogen auf das Ausgangswerk zum Ausdruck bringt. Die skizzierten Urteile verdeutlichen einen Wandel hin zu einem weiten Parodiebegriff.[414] Zudem schlussfolgert der BGH aus den Vorgaben des EuGH, dass § 24 Abs. 1 UrhG dahingehend richtlinienkonform auszulegen sei, dass die Parodie keinen Werkcharakter mehr haben müsse. Damit verabschiedet sich der BGH von dem bisher geltenden Erfordernis, dass es sich bei der Umgestaltung um eine persönliche geistige Schöpfung i. S. d. § 2 Abs. 2 UrhG und damit um ein Werk handeln muss.[415]

Aufgrund der richtlinienkonformen Auslegung kommt der BGH außerdem zu dem Ergebnis, dass es einer antithematischen Behandlung nicht mehr zwingend bedürfe. Vielmehr soll es genügen, dass die Parodie eine Verspottung zum Ausdruck bringt. Konsequenz ist, dass der BGH das entscheidende Kriterium, durch das der innere Abstand und damit das Verblassen – wie von § 24 Abs. 1

---

410 BGH, GRUR 2016, 1157 Rn. 38 – auf fett getrimmt.

411 BGH, GRUR 2016, 1157 Rn. 38 – auf fett getrimmt.

412 BGH, GRUR 2016, 1157 Rn. 39 – auf fett getrimmt.

413 So auch *Gounalakis*, NJW 2017, 813. Zum einen wird von einer »vorsichtigen Erweiterung« der Parodiefreiheit gesprochen: *Lotte*, ZUM 2016, 991 (993). Andere sehen den Anwendungsbereich des § 24 Abs. 1 UrhG als »deutlich erweitert« an: *Triebe*, jurisPR-WettbR 10/2016 Anm. 2 Gliederungspunkt C.

414 Einen weiten Parodiebegriff bejahend: *Haedicke*, GRUR Int. 2015, 664 (667); *Lauber-Rönsberg*, ZUM 2015, 658 (661); *Lotte*, ZUM 2016, 991 (992); *Riesenhuber*, LMK 2014, 363019; *Unseld*, EuZW 2014, 914 (915).

415 So auch *Dreyer*, in: Dreyer/Kotthoff/Meckel/Hentsch, UrhG[4], § 24 Rn. 29; *Gounalakis*, NJW 2017, 813; *Loewenheim*, in: Schricker/Loewenheim, UrhG[5], § 24 Rn. 26f.; *ders.*, in: FS Fezer, S. 792; *Lotte*, ZUM 2016, 991 (992); *Nordemann*, in: Fromm/Nordemann, UrhG, § 24 Rn. 50; *Triebe*, jurisPR-WettbR 10/2016 Anm. 2 Gliederungspunkt C.

UrhG vorausgesetzt – in Bezug zum Original hergestellt werden soll, wegfallen lässt.

Letztendlich kommt jedoch ein neues Kriterium hinzu, das zuvor nicht für das Vorliegen einer freien Benutzung nach § 24 Abs. 1 UrhG vorausgesetzt wurde: eine nachgeschaltete Interessenabwägung. Dadurch wird die Zulässigkeit einer Parodie nachträglich wieder eingeschränkt. Nur wenn die Interessen des Werknutzers gegenüber den Interessen des Urhebers oder den Rechten Dritter – wie etwas das allgemeine Persönlichkeitsrecht der abgebildeten Person – überwiegen, sei eine Parodie zulässig.[416] Nach Ansicht des BGH können Rechte Dritter einer Parodie nur dann entgegenstehen, wenn der Urheber des parodierten Werkes »ein berechtigtes Interesse daran hat, dass sein Werk nicht mit einer solchen Rechtsverletzung in Verbindung gebracht wird«.[417] Wird der parodierte Urheber mit einer solchen Rechtsverletzung in Verbindung gebracht, können seine Interessen gegebenenfalls gegenüber denen des Parodisten überwiegen.

Folglich werden durch die Rechtsprechungsänderung des BGH die zuvor erarbeiteten Kriterien für die Behandlung der Parodie als freie Benutzung i. S. d. § 24 Abs. 1 UrhG aufgegeben. Inwiefern die neuen Vorgaben jedoch mit dem § 24 Abs. 1 UrhG und der Konzeption des deutschen Urheberrechts insgesamt vereinbar sind, soll in einem nächsten Schritt näher untersucht werden.

d) *Bewertung*

Der BGH stützt seine Rechtsprechungsänderung allein auf die richtlinienkonforme Auslegung des § 24 Abs. 1 UrhG. Dabei geht er wie selbstverständlich davon aus, dass eine solche Auslegung möglich ist.[418] Wie sich jedoch zeigen wird, zieht der BGH zu voreilige Schlüsse. Er setzt sich weder mit der Frage auseinander, ob eine richtlinienkonforme Auslegung des § 24 Abs. 1 UrhG im Falle der Parodie überhaupt möglich ist, noch geht er auf die Grenzen einer richtlinienkonformen Auslegung ein.

aa) *Befugnis des BGH zur richtlinienkonformen Auslegung des § 24 Abs. 1 UrhG*

Fraglich ist, ob der BGH überhaupt zur richtlinienkonformen Auslegung des § 24 Abs. 1 UrhG befugt war.

---

416 So auch *Gounalakis,* NJW 2017, 813.

417 BGH, GRUR 2016, 1157 Rn. 39 – auf fett getrimmt.

418 BGH, GRUR 2016, 1157 Rn. 24 – auf fett getrimmt. Auch Stimmen in der Literatur gehen davon aus, dass § 24 Abs. 1 UrhG aufgrund des »Deckmyn«-Urteils des EuGH richtlinienkonform/unionsrechtskonform auszulegen sei: *Dreyer,* in: Dreyer/Kotthoff/Meckel/Hentsch, UrhG[4], § 24 Rn. 29; *Haedicke,* GRUR Int. 2015, 664 (670); *Lauber-Rönsberg,* ZUM 2015, 658 (665); *Lüft,* in: Wandtke/Bullinger, UrhG[5], Vor §§ 44a ff Rn. 12; *Schulze,* in: Dreier/Schulze, UrhG, § 24 Rn. 25a; *Unseld,* EuZW 2014, 914 (915).

(1) Möglichkeit der richtlinienkonformen Auslegung

In diesem Zusammenhang ist zunächst zu klären, ob eine richtlinienkonforme Auslegung des § 24 Abs. 1 UrhG überhaupt möglich ist, denn der deutsche Gesetzgeber hat von der Schrankenregelung des Art. 5 Abs. 3 lit. k Info-RL keinen Gebrauch gemacht.[419] Da sich die freie Benutzung i. S. d. § 24 Abs. 1 UrhG nicht ausschließlich auf die Parodie beschränkt,[420] kann sie nicht als gesetzliche Normierung des Art. 5 Abs. 3 lit. k Info-RL gewertet werden. Deshalb könnte man annehmen, dass eine richtlinienkonforme Auslegung ausscheidet.

Dem steht aber Art. 291 Abs. 1 AEUV entgegen. Danach ergreifen die Mitgliedstaaten alle zur Durchführung der verbindlichen Rechtsakte der Union erforderlichen Maßnahmen nach innerstaatlichem Recht. Aus der Norm geht nicht hervor, dass wesentliche Festlegungen dem Gesetzgeber vorbehalten sind.[421] Der Begriff »Durchführung« lässt sich nicht auf abstrakt-generelle Regelungen, also ein Handeln des nationalen Gesetzgebers, beschränken.[422] Die Pflicht zur Durchführung der verbindlichen Rechtsakte der Union ist vielmehr an alle Staatsgewalten gerichtet.[423] Demnach haben auch Gerichte bei ihrer Urteilsfindung Unionsrecht heranzuziehen.[424] Sie sind dabei verpflichtet, das Unionsrecht zu beachten und im Rahmen ihrer Spruchtätigkeit die verbindlichen Rechtsakte der Europäischen Union effektiv innerstaatlich zu verwirklichen.[425] Stützen sich gerichtliche Entscheidungen auf Unionsrecht, handelt es sich ebenfalls um eine »Durchführung« i. S. d. Art. 291 Abs. 1 AEUV.[426] Die Durchführung betrifft dabei die in Art. 288 AEUV genannten verbindlichen Rechtsakte.[427] Nach Art. 288 Abs. 3 AEUV ist die Richtlinie für jeden Mitgliedstaat, an den sie gerichtet wird, hinsichtlich des zu erreichenden Ziels verbindlich, wobei jedoch den innerstaatlichen Stellen die Wahl der Form und der Mittel überlassen wird. Die Ver-

---

419 BTDrs. 15/38, S. 15. So auch *Haedicke*, GRUR Int. 2015, 664 (670).

420 BGH, GRUR 2014, 258 Rn. 39 – Pippi-Langstrumpf-Kostüm I; BGH, GRUR 2011, 134 Rn. 34 – Perlentaucher; BGH, NJW 2000, 2202 (2205) – Laras Tochter; BGH, GRUR 1994, 191 (193) – Asterix-Persiflagen. So auch *Schulze*, in: Dreier/Schulze, UrhG, § 24 Rn. 1a.

421 *Schmidt*, in: von der Groeben/Schwarze/Hatje, Europäisches Unionsrecht, Art. 291 AEUV Rn. 14.

422 *Kollmeyer*, Delegierte Rechtssetzung in der EU, S. 180ff. m. w. N.; *Krönke*, Die Verfahrensautonomie der Mitgliedstaaten der Europäischen Union, S. 59ff., 180ff. m. w. N.; *Ruffert*, in: Calliess/Ruffert, EUV/AEUV, Art. 291 AEUV Rn. 1.

423 *Haselmann*, Delegation und Durchführung gemäß Art. 290 und 291 AEUV, S. 162.

424 *Haselmann*, Delegation und Durchführung gemäß Art. 290 und 291 AEUV, S. 162.

425 *Gellermann*, in: Streinz, EUV/AEUV, Art. 291 AEUV Rn. 9.

426 *Gellermann*, in: Streinz, EUV/AEUV, Art. 291 AEUV Rn. 9; *Kotzur*, in: Geiger/Khan/Kotzur, EUV/AEUV, Art. 291 AEUV Rn. 2; *Nettesheim*, in: Grabitz/Hilf/Nettesheim, Das Recht der Europäischen Union, Art. 291 AEUV Rn. 13; *Vedder*, in: Vedder/Heintschel von Heinegg, Europäisches Unionsrecht, Art. 291 AEUV Rn. 4.

427 *Vedder*, in: Vedder/Heintschel von Heinegg, Europäisches Unionsrecht, Art. 291 AEUV Rn. 3.

pflichtung zur Umsetzung einer Richtlinie und die damit verbundene Pflicht, das Ziel der Richtlinie durch geeignete Maßnahmen zu erreichen, trifft demnach alle innerstaatlichen Stellen, worunter auch die Gerichte fallen.[428] Zu den möglichen Umsetzungsakten zählt damit auch die Pflicht zur richtlinienkonformen Auslegung durch die Gerichte, die sich aus Art. 288 Abs. 3 AEUV i. V. m. Art. 4 Abs. 3 EUV herleiten lässt.[429] Nach dem Verständnis des EuGH ist das Gebot der richtlinienkonformen Auslegung eine Ausprägung des *effet utile,* welches die volle Wirksamkeit der Richtlinie gewährleisten soll.[430] Mithin bestand seitens des BGH die Möglichkeit der richtlinienkonformen Auslegung.

(2) Bindungswirkung der Parodieschranke

Damit ist aber nicht die Frage beantwortet, ob der BGH in seinem »auf fett getrimmt«-Urteil zur richtlinienkonformen Auslegung berechtigt war. Schließlich handelt es sich nach dem Wortlaut des Art. 5 Abs. 3 lit. k Info-RL lediglich um eine fakultative Norm, die der deutsche Gesetzgeber nicht ausdrücklich umgesetzt hat. Der nationale Gesetzgeber könnte sich aufgrund des fakultativen Charakters demnach ebenso entscheiden, keine Parodieschranke vorzusehen, sodass eine Berechtigung des BGH zur richtlinienkonformen Auslegung ausscheiden müsse. Betrachtet man jedoch das »Deckmyn«-Urteil des EuGH aus grundrechtlicher Perspektive näher, könnte sich hieraus etwas anderes ergeben. Im Rahmen des Urteils betont der EuGH, dass Art. 5 Abs. 3 lit. k Info-RL dem Zweck diene, zwischen den Urhebern und den Nutzern von Schutzgegenständen einen angemessenen Ausgleich herzustellen.[431] Insbesondere sei zugunsten der Nutzer deren Recht auf freie Meinungsäußerung zu berücksichtigen.[432] Zwar nimmt der EuGH im Rahmen seiner weiteren Ausführungen keine detaillierte

428 EuGH, Urt. v. 15.9.2011 – Rs. C-53/10, Slg. 2011, I-8311 Rn. 32ff. – Mücksch; EuGH, Urt. v. 23.4.2009 – verb. Rs. C-378/07 bis C-380/07, Slg. 2009, I-3071 Rn. 106 – Angelidaki u. a.; EuGH, Urt. v. 5.10.2004 – verb. Rs. C-397/01 bis C-403/01, Slg. 2004, I-8835 Rn. 110 – Pfeiffer u. a.; EuGH, Urt. v. 13.11.1990 – Rs. C-106/89, Slg. 1990, I-4135 Rn. 8 – Marleasing; EuGH, Urt. v. 10.04.1984 – Rs. 14/83, Slg. 1984, 1891 Rn. 26 – von Colson und Kamann.

429 EuGH, Urt. v. 19.1.2010 – Rs. C-555/07, Slg. 2010, I-365 Rn. 48 – Kücükdeveci; EuGH, Urt. v. 5.10.2004 – verb. Rs. C-397/01 bis C-403/01, Slg. 2004, I-8835 Rn. 113 – Pfeiffer u. a.; EuGH, Urt. v. 10.4.1984 – Rs. 14/83, Slg. 1984, 1891 Rn. 26 – von Colson und Kamann; BGH, NJW 2012, 1073 Rn. 24; *Canaris,* in: FS Bydlinski, S. 55ff.; *Geismann,* in: von der Groeben/Schwarze/Hatje, Europäisches Unionsrecht, Art. 288 AEUV Rn. 55; *Nettesheim,* in: Grabitz/Hilf/Nettesheim, Das Recht der Europäischen Union, Art. 288 AEUV Rn. 133; *Obwexer,* in: von der Groeben/Schwarze/Hatje, Europäisches Unionsrecht, Art. 4 EUV Rn. 116f.; *Roth,* in: Europäische Methodenlehre, § 14 Rn. 3; *Ruffert,* in: Calliess/Ruffert, EUV/AEUV, Art. 288 AEUV Rn. 77; *Schroeder,* Grundkurs Europarecht, § 6 Rn. 64.

430 EuGH, Urt. v. 19.1.2010 – Rs. C-555/07, Slg. 2010, I-365 Rn. 48 – Kücükdeveci; EuGH, Urt. v. 4.7.2006 – Rs. C-212/04, Slg. 2006, I-6057 Rn. 109 – Adeneler u. a.; EuGH, Urt. v. 5.10.2004 – verb. Rs. C-397/01 bis C-403/01, Slg. 2004, I-8835 Rn. 114 – Pfeiffer u. a.

431 EuGH, Urt. v. 3.9.2014 – Rs. C-201/13, Rn. 26 – Deckmyn/Vandersteen.

432 EuGH, Urt. v. 3.9.2014 – Rs. C-201/13, Rn. 27 – Deckmyn/Vandersteen.

Grundrechtsprüfung vor. Jedoch bettet er seine urheberrechtliche Rechtsprechung zunehmend in das Grundrechtssystem ein.[433] So betonte er mehrmals, dass das Urheberrecht grundrechtlich gemäß Art. 17 Abs. 2 GRC geschützt, dieses Grundrecht aber nicht schrankenlos gewährleistet sei.[434] Es scheint, als sehe der EuGH die Schrankenregelungen und damit insbesondere Art. 5 Abs. 3 lit. k Info-RL als Ausprägung der Grundrechte an.[435] Der Unionsgesetzgeber ist daher verpflichtet, im Rahmen der Schrankenregelungen einen Ausgleich zwischen den sich gegenüberstehenden Grundrechtspositionen zu schaffen.[436] Dies gilt ebenso für die Mitgliedstaaten, die verpflichtet sind, das Unionsrecht umzusetzen. Auch sie sind gemäß Art. 51 Abs. 1 S. 1 Alt. 2 GRC nicht nur an die nationalen, sondern auch an die Unionsgrundrechte gebunden. Dieses Gebot kann die Mitgliedstaaten ebenso verpflichten, fakultative Richtlinienvorgaben umzusetzen, um Unterschiede zwischen den Mitgliedstaaten, die sich aufgrund der fakultativen Bestimmungen ergeben, zu vermeiden. Nur in dieser Weise kann ein wirksamer Schutz der kollidierenden Grundrechte gewährleistet werden.[437]

Überträgt man diese Grundsätze auf die Parodieschranke des Art. 5 Abs. 3 lit. k Info-RL, die einen angemessenen Ausgleich zwischen den Interessen des Urhebers und der Kommunikationsgrundrechte des Nutzers herstellen soll, bedeutet dies, dass das nationale Urheberrecht ohne eine solche Ausnahme zugunsten der Parodie gegen die Meinungs- und Kunstfreiheit nach Art. 11, 13 GRC und damit gegen primäres Unionsrecht verstoßen würde.[438] Angesichts der Bedeutung der Grundrechte und der daraus resultierenden Schutzpflichten ist die Umsetzung der Parodieschranke des Art. 5 Abs. 3 lit. k Info-RL deshalb als obligatorisch anzusehen. Zwar ergibt sich das Ergebnis nicht aus der Richtlinie selbst, da sie fakultativer Natur ist. Die Unionsgrundrechte als Primärrecht lassen jedoch diesen Schluss zu.[439] Die Kommunikationsgrundrechte gebieten es daher, dass das Urheberrecht Parodien nicht unmöglich machen darf.[440] Dieses Ergebnis wird ebenfalls durch Art. 17 Abs. 7 DSM-RL untermauert, wodurch die Schrankenregelung des Art. 5 Abs. 3 lit. k Info-RL nun verpflichtend[441] eingeführt

433 In diesem Sinne auch *Maier,* Remixe, S. 63.

434 Vgl. etwa EuGH, Urt. v. 27.3.2014 – Rs. C-314/12 Rn. 47, 61 – UPC-Telekabel; EuGH, Urt. v. 24.11.2011 – Rs. C-70/10 Rn. 43 – Scarlet Extended.

435 Ähnlich *Husovec,* CYELS 18 (2016), 239 (252); *Maier,* Remixe, S. 63.

436 Ähnlich *Husovec,* CYELS 18 (2016), 239 (257ff.); *Maier,* Remixe, S. 63.

437 Siehe hierzu *Husovec,* CYELS 18 (2016), 239 (260).

438 *Husovec,* CYELS 18 (2016), 239 (260f.).

439 So auch *Husovec,* CYELS 18 (2016), 239 (260f.).

440 *Ellenberg,* GRUR-Prax 2015, 469.

441 Vgl. ErwG 70 S. 4 DSM-RL. Zum zwingenden Charakter der Parodieschranke siehe bereits unter Kapitel 2 A. II. 1. a).

werden muss.[442] Zwar bezieht sich diese Ausnahme vornehmlich auf die öffentliche Zugänglichmachung und die öffentliche Wiedergabe auf Plattformen. Der nationale Gesetzgeber sollte die Umsetzungsverpflichtung jedoch zum Anlass nehmen, eine Parodieschranke für sämtliche Verwertungsrechte einzuführen. So kann gewährleistet werden, dass den Interessen des Rechtsinhabers und der Nutzer insbesondere in Bezug auf die Kommunikationsgrundrechte Rechnung getragen wird.[443] Der BGH war daher berechtigt, die Schrankenregelung im Rahmen der richtlinienkonformen Auslegung des § 24 Abs. 1 UrhG zu berücksichtigen.

(3) Pflicht zur einheitlichen Auslegung der Parodieschranke

Zwar sind die Mitgliedstaaten trotz des fakultativen Charakters aufgrund des grundrechtlichen Einschlags an die Berücksichtigung der Parodieschranke gebunden. Fraglich ist jedoch, ob der BGH inhaltlich hinter den Vorgaben des EuGH zurück bleiben oder strengere Voraussetzungen vorsehen kann, sodass ein nationaler und europäischer Parodiebegriff nebeneinander bestehen.

Nach Art. 19 Abs. 1 EUV ist es jedoch Aufgabe des EuGH, das Recht bei der Auslegung und Anwendung zu wahren. Diese Aufgabe nimmt er wahr, indem er Vorabentscheidungsverfahren durchführt. Nach Art. 19 Abs. 3 lit. b EUV entscheidet er im Wege der Vorabentscheidung i. S. d. Art. 267 AEUV auf Antrag der einzelstaatlichen Gerichte über die Auslegung des Unionsrechts oder über die Gültigkeit der Handlungen der Organe. Der EuGH trifft damit Entscheidungen über die Auslegung des Primärrechts nach Art. 267 Abs. 1 lit. a AEUV und über die Gültigkeit und Auslegung sämtlicher sekundärer Unionsrechtsakte nach Art. 267 Abs. 1 lit. b AEUV. Mithin ist er auch für die Auslegung von Richtlinien zuständig. Im Rahmen des Vorabentscheidungsverfahrens hinsichtlich der Auslegung muss der EuGH aufzeigen, wie die Unionsvorschrift zu verstehen ist und welche Tragweite ihr zukommt.[444] Ist ein Urteil zur Auslegung gefallen, folgt daraus, dass für die letztinstanzlichen Gerichte die Vorlagepflicht nach Art. 267

442 Zur Problematik in Bezug auf die damit zusammenhängenden technischen Schwierigkeiten und den damit verbundenen Problemen siehe etwa *Dreier*, GRUR 2019, 771 (777); *Pravemann*, GRUR 2019, 783 (787f.); *Weiden*, GRUR 2019, 370 (371f.). Immerhin muss den Nutzern jedoch ein Beschwerde- und Rechtsmittelverfahren nach Art. 17 Abs. 9 DSM-RL zur Seite gestellt werden.

443 Vgl. ErwG 70 DSM-RL.

444 St. Rspr. des EuGH: EuGH, Urt. v. 6.3.2007 – Rs. C-292/04, Slg. 2007, I-1835 Rn. 34 – Meilicke; EuGH, Urt. v. 17.2.2005 – Rs. C-453/02 bis C-462/02, Slg. 2005, I-1131 Rn. 41 – Linneweber und Akritidis; EuGH, Urt. v. 3.10.2002 – Rs. C-347/00, Slg. 2002, I-8191, Rn. 44 – Barrira Pérrez.

Abs. 3 AEUV entfällt, wenn sie von der Auslegung des EuGH nicht abweichen.[445] Daraus ergibt sich zwar keine direkte Bindungswirkung. Jedoch ist das vorlagepflichtige Gericht verpflichtet, sofern es von der Rechtsprechung des EuGH hinsichtlich der Auslegung abweichen will, erneut vorzulegen.[446] Schließlich darf die Auslegung nicht davon abhängig gemacht werden, welcher Mitgliedstaat zufällig erstmals die Auslegungsfrage stellt.[447] Die Rechtsprechung des EuGH soll deshalb die einheitliche Auslegung von Unionsrecht sichern.[448] Daraus ergibt sich eine Präjudizwirkung – das Urteil entfaltet also »tatsächlich rechtsbildende Kraft«.[449]

Das belgische Rechtsmittelgericht ersuchte im Fall Deckmyn/Vandersteen eine Vorabentscheidung des EuGH hinsichtlich der Auslegung der Parodie i. S. d. Art. 5 Abs. 3 lit. k Info-RL. In diesem Verfahren kam der EuGH zu dem Ergebnis, dass der Begriff »Parodie« ein autonomer Begriff und daher einheitlich auszulegen sei, auch wenn es sich dabei gemäß Art. 5 Abs. 3 lit. k Info-RL nur um eine Ausnahme fakultativer Natur handele. Sie sind an die Vorgaben der Richtlinie, die autonom und einheitlich auszulegen sind, gebunden.[450] Eine inkohärente Umsetzung liefe schließlich dem Harmonisierungsziel der Richtlinie entgegen.[451] Der EuGH grenzt damit den Spielraum der Mitgliedstaaten für die Behandlung der Parodie deutlich ein. Trotz des fakultativen Charakters der Norm besteht die Pflicht für die Mitgliedstaaten, diese anhand der Vorgaben des EuGH auszulegen.[452] Da die Parodie im deutschen Recht über § 24 Abs. 1 UrhG bevorzugt behandelt und damit immerhin materiell von der fakultativen Schranke des

445 EuGH, Urt. v. 13.5.1981 – Rs. 66/80, Slg. 1981, 1191 Rn. 12ff. – International Chemical Corporation; *Kotzur,* in: Geiger/Khan/Kotzur, EUV/AEUV, Art. 267 AEUV Rn. 37; *Wegener,* in: Calliess/Ruffert, EUV/AEUV, Art. 267 AEUV Rn. 51.

446 EuGH, Urt. v. 6.10.1982 – Rs. 283/81, Slg. 1982, 3415 Rn. 21 – C.I.L.F.I.T./Ministero della Sanità; *Ehricke,* in: Streinz, EUV/AEUV, Art. 267 AEUV Rn. 72; *Kaufmann,* in: EU-Wirtschaftsrecht, P. II. Rn. 230; *Gaitanides,* in: von der Groeben/Schwarze/Hatje, Europäisches Unionsrecht, Art. 267 AEUV Rn. 92.

447 So auch *Martens,* Methodenlehre des Unionsrechts, S. 343, der dieses Argument jedoch auf die Sprachfassung der Urteile und nicht auf das Auslegungsergebnis bezieht.

448 *Martens,* Methodenlehre des Unionsrechts, S. 303.

449 *Borchardt,* in: Lenz/Borchardt, EU-Verträge, Art. 267 AEUV Rn. 60; *Gaitanides,* in: von der Groeben/Schwarze/Hatje, Europäisches Unionsrecht, Art. 267 AEUV Rn. 93; *Schwarze,* in: Schwarze, EU-Kommentar, Art. 267 AEUV Rn. 71.

450 Vgl. ErwG 32 S. 4 Info-RL. So auch *Leistner,* JZ 2014, 846 (852); *Riesenhuber,* LMK 2014, 363019 unter 3.; *Ungern-Sternberg,* in: FS Bornkamm, S. 1013. Kritisch hierzu *Stieper,* ZGE 2012, 443 (448).

451 EuGH, Urt. v. 3.9.2014 – Rs. C-201/13, Rn. 16 – Deckmyn/Vandersteen; EuGH, Urt. v. 10.4.2014 – Rs. C-435/12, Rn. 49 – ACI Adam u.a. So auch BGH, GRUR 2017, 1027 Rn. 24 – Reformistischer Aufbruch.

452 So bereits unter Kapitel 2 A. II. 1. a).

Art. 5 Abs. 3 lit. k Info-RL Gebrauch gemacht wird,[453] war der BGH verpflichtet, die Vorgaben des EuGH hinsichtlich der Auslegung des Begriffs »Parodie« zu beachten.[454] Ein schwächerer oder stärkerer Schutz der Parodie würde dem Ziel der Richtlinie zuwiderlaufen. Aus diesem Grund ist eine gespaltene Auslegung des Parodiebegriffs nicht möglich. Die Auslegung der Parodieschranke muss stets den Vorgaben des EuGH entsprechen.[455]

(4) Zwischenergebnis

Der BGH war in seinem »auf fett getrimmt«-Urteil an eine richtlinienkonforme Auslegung des § 24 Abs. 1 UrhG und damit umfassend an die Vorgaben des EuGH gebunden.[456] Mithin muss die Befugnis zur richtlinienkonformen Auslegung bejaht werden.

bb) Die richtlinienkonforme Auslegung des § 24 Abs. 1 UrhG

Dem schließt sich jedoch die Frage an, ob die Vorgaben des EuGH im Rahmen der richtlinienkonformen Auslegung des § 24 Abs. 1 UrhG durch den BGH überhaupt berücksichtigt werden können. Zunächst ist festzuhalten, dass es der richtlinienkonformen Auslegung nicht entgegensteht, dass § 24 Abs. 1 UrhG keine Umsetzung der Info-RL darstellt. Das Gebot zur richtlinienkonformen Auslegung erstreckt sich nämlich auf das gesamte nationale Recht und damit auch auf Regelungen, die vor der Richtlinie erlassen wurden. Das gilt unabhängig davon, ob sich der Gesetzgeber bewusst war, dass er zu einer Anpassung verpflichtet ist oder nicht.[457] § 24 Abs. 1 UrhG betrifft bezüglich seiner Anwendung auf die Parodie den Anwendungsbereich der Info-RL. Die richtlinienkonforme Auslegung des nationalen Rechts hat dabei so weit wie möglich »unter voller

453 So auch *Eichelberger*, WRP 2015, 804 (808). Diese Form der Richtlinienumsetzung ist mit Art. 288 Abs. 3 AEUV vereinbar. Siehe hierzu EuGH, Urt. v. 24.10.2013 – Rs. C-151/12, Rn. 26ff. – Europäische Kommission/Spanien.

454 So i.E. auch *Ferda/Miera/Rat/Rohlender*, BRJ 2017, 28 (31).

455 Ähnlich auch *Jongsma*, IIC 2017, 652 (671); *Stieper*, AfP 2015, 301 (304).

456 So auch *Ungern-Sternberg*, GRUR 2015, 205 (210f.); *Unseld*, EuZW 2014, 914 (915). A. A. wohl *Slopek*, GRUR-Prax 2014, 442, der davon ausgeht, dass das »Deckmyn«-Urteil des EuGH folgenlos bleibe, da der deutsche Gesetzgeber von der Umsetzung des Art. 5 Abs. 3 lit. k Info-RL keinen Gebrauch gemacht habe.

457 EuGH, Urt. v. 17.2.2009 – Rs. C-465/07, Slg. 2009, I-921 Rn. 42 – Meki Elgafeji; EuGH, Urt. v. 13.11.1990 – Rs. C-106/89, Slg. 1990, I-4135 Rn. 8 – Marleasing; EuGH, Urt. v. 24.6.2008 – Rs. C-188/07, Slg. 2008, I-4501 Rn. 84 – Commune de Mesquer; EuGH, Urt. v. 5.10.2004 – verb. Rs. C-397/01 bis C-403/01, Slg. 2004, I-8835 Rn. 115 – Pfeiffer u.a.; *Canaris*, in: FS Bydlinski, S. 73; *Geismann*, in: von der Groeben/Schwarze/Hatje, Europäisches Unionsrecht, Art. 288 AEUV Rn. 55; *Roth*, in: Europäische Methodenlehre, § 14 Rn. 15; *Ruffert*, in Calliess/Ruffert, EUV/AEUV, Art. 288 AEUV Rn. 77; *Rüthers/Fischer/Birk*, Rechtstheorie, Rn. 769b; *Schroeder*, Grundkurs Europarecht, § 6 Rn. 64.

Ausschöpfung des Beurteilungsspielraums« zu erfolgen.[458] Die nationalen Gerichte müssen demnach

> »unter Berücksichtigung des gesamten nationalen Rechts und unter Anwendung ihrer Auslegungsmethoden alles tun, was in ihrer Zuständigkeit liegt, um die volle Wirksamkeit der fraglichen Richtlinie zu gewährleisten und zu einem Ergebnis zu gelangen, das mit dem von der Richtlinie verfolgten Ziel übereinstimmt«.[459]

Damit kann sich der Begriff »Auslegung« im Sinne des EuGH nicht nur auf die nationalen Auslegungsmethoden beschränken – die im deutschen Recht ohnehin enger gefasst sind als in anderen europäischen Rechtsordnungen[460] –, sondern schließt auch die Methoden zulässiger Rechtsfortbildung des nationalen Rechts mit ein.[461] Die Rechtsfortbildung kann aber freilich nur so weit gehen, wie die Gerichte nach der innerstaatlichen Kompetenzverteilung dazu berufen sind.[462]

---

458 EuGH, Urt.v. 4.7.2006 – Rs. C-212/04, Slg. 2006, I-6057 Rn. 111 – Adeneler u. a.; EuGH, Urt. v. 5.10.2004 – verb. Rs. C-397/01 bis C-403/01, Slg. 2004, I-8835 Rn. 116 – Pfeiffer u. a.; EuGH, Urt. v. 10.4.1984 – Rs. 14/83, Slg. 1984, 1891 Rn. 28 – von Colson und Kamann; BGH, NJW 2012, 1073 Rn. 24; *Roth,* in: Europäische Methodenlehre, § 14 Rn. 26; *Unberath,* ZEuP 2005, 5 (7); *Schill/Krenn,* in: Grabitz/Hilf/Nettesheim, Das Recht der Europäischen Union, Art. 4 EUV Rn. 110.

459 EuGH, Urt. v. 15.4.2008 – Rs. C-268/06, Slg. 2008, I-2483 Rn. 101 – Impact; EuGH, Urt.v. 4.7.2006 – Rs. C-212/04, Slg. 2006, I-6057 Rn. 111 – Adeneler u. a.

460 Im Gegensatz zur deutschen Methodenlehre haben andere Mitgliedstaaten, wie z.B. Frankreich, ein weiteres Verständnis bezüglich der Auslegung und Interpretation. Vgl. hierzu am Beispiel zwischen der deutschen und französischen Methodenlehre *Babusiaux,* Die richtlinienkonforme Auslegung im deutschen und französischen Zivilrecht, S. 29ff. Aufgrund der unterschiedlichen Ausprägung der Methodenlehre in den Rechtsordnungen der Mitgliedstaaten schlussfolgert *Canaris,* dass nicht davon ausgegangen werden kann, dass der EuGH von einem engen Verständnis der Auslegung ausgegangen sein kann, als er das Institut der richtlinienkonformen Auslegung entwickelte. Siehe hierzu *Canaris,* in: FS Bydlinski, S. 81.

461 BGH, NJW 2014, 2647 Rn. 20; BGH, NJW 2012, 1073 Rn. 30; BGH, NJW 2009, 427 Rn. 21; *Baldus/Becker,* ZEuP 1997, 875 (883); *Brennecke,* in: Jahrbuch Junger Zivilrechtswissenschaftler 2014, 11 (13); *Canaris,* in: FS Bydlinski, S. 81f.; *Franzen,* Privatrechtsangleichung, S. 291; *Gebauer,* in: Gebauer/Wiedmann, Zivilrecht unter europäischem Einfluss, Kap. 4 Rn. 38; *Herresthal,* EuZW 2007, 396 (397); *Höpfner/Rüthers,* AcP (209) 2009, 1 (5); *Kroll-Ludwigs/Ludwigs,* ZJS 2009, 123 (124); *Langenbucher,* in: Langenbucher, Europäisches Privat- und Wirtschaftsrecht, § 1 Rn. 98; *Nettesheim,* in: Grabitz/Hilf/Nettesheim, Das Recht der Europäischen Union, Art. 288 AEUV Rn. 134; *Roth,* in: Europäische Methodenlehre, § 14 Rn. 17; a.A. *Ehricke,* ZIP 2004, 1025 (1029f.).

462 *Nettesheim,* in: Grabitz/Hilf/Nettesheim, Das Recht der Europäischen Union, Art. 288 AEUV Rn. 134.

(1) *Die richtlinienkonforme Auslegung anhand der nationalen Auslegungsmethoden*

Zunächst sind die nationalen Auslegungsmethoden anzuwenden. Dabei ist herauszuarbeiten, ob eine dieser Methoden die Zielsetzung der Richtlinie fördert.[463] Kommen die Auslegungsmethoden zu unterschiedlichen Ergebnissen, so muss der Methode ein interpretatorischer Vorrang eingeräumt werden, die der Richtlinie entspricht.[464] Vor diesem Hintergrund ist insbesondere zu untersuchen, ob § 24 Abs. 1 UrhG dahingehend ausgelegt werden kann, dass die Parodie nicht die Eigenschaft eines Werkes i. S. d. § 2 Abs. 2 UrhG erfüllen muss. Dabei ist zu beachten, dass eine richtlinienkonforme Auslegung dort ihre Grenzen findet, wo auch die nationale Auslegung an ihre Grenzen stößt. Im deutschen Recht ist eine Auslegung im engeren Sinne dann nicht mehr geboten, wenn der Wortsinn der Norm überschritten wird.[465]

> »Einem nach Wortlaut und Sinn eindeutigen Gesetz darf kein entgegenstehender Sinn verliehen, der normative Gehalt der auszulegenden Norm nicht grundlegend neu bestimmt, das gesetzgeberische Ziel nicht in einem wesentlichen Punkt verfehlt werden«.[466]

Nach § 24 Abs. 1 UrhG darf nur ein selbstständiges *Werk*, das in freier Benutzung eines anderen Werkes geschaffen wurde, ohne Zustimmung des Urhebers des benutzten Werkes veröffentlicht oder verwertet werden. Das Rechtsinstitut der freien Benutzung setzt damit – bezogen auf die Parodie – voraus, dass die Parodie für sich gesehen ein *Werk* i. S. d. § 2 Abs. 2 UrhG darstellen muss. Der eindeutige Wortlaut der Norm lässt diesbezüglich keinen Auslegungsspielraum zu. Das Ergebnis wird auch durch den Sinn und Zweck des § 24 Abs. 1 UrhG gestützt. Hiernach soll zwar die Bezugnahme auf fremde Werke ermöglicht werden. Al-

---

463 *Langenbucher*, in: Langenbucher, Europäisches Privat- und Wirtschaftsrecht, § 1 Rn. 97 m.w.N.

464 EuGH, Urt. v. 23. 12. 2009 – Rs. C-305/08, Slg. 2009, I-12129 Rn. 50 – CoNISMa; EuGH, Urt. v. 22. 12. 2008 – Rs. C-414/07, Slg. 2008, I-10921 Rn. 44 – Magoora; EuGH, Urt. v. 4. 7. 2006 – Rs. C-212/04, Slg. 2006, I-6057 Rn. 124 – Adeneler u. a.; *Brechmann*, Die richtlinienkonforme Auslegung, S. 259; *Canaris*, in: FS Bydlinski, S. 68ff.; *Gebauer*, in: Gebauer/Wiedmann, Zivilrecht unter europäischem Einfluss, Kap. 4 Rn. 34; *Herresthal*, Rechtsfortbildung im europarechtlichen Bezugsrahmen, S. 237ff.; *ders.*, Voraussetzungen und Grenzen der gemeinschaftsrechtskonformen Rechtsfortbildung, EuZW 2007, 396 (397); *Langenbucher*, in: Langenbucher, Europäisches Privat- und Wirtschaftsrecht, § 1 Rn. 93; *Roth/Jopen*, in: Riesenhuber, Europäische Methodenlehre, § 13 Rn. 26, 42f.; *ders./Domröse*, RIW 2005, 47 (49).

465 BGH, NJW 2012, 1073 Rn. 28; BGH, NJW 2009, 427 Rn. 20; *Canaris*, in: FS Bydlinski, S. 81; *Kroll-Ludwigs/Ludwigs*, ZJS 2009, 123 (124); *Larenz/Canaris*, Methodenlehre der Rechtswissenschaft, S. 243f.; *Leenen*, Jura 2012, 753 (755); *Neuner*, Die Auslegung contra legem, S. 90ff.; *Roth/Jopen*, in: Riesenhuber, Europäische Methodenlehre, § 13 Rn. 46; *Schürnbrand*, JZ 2007, 910 (911).

466 BVerfG, NJW 1981, 39 (43) m. w. N. bezogen auf die Grenzen der verfassungskonformen Auslegung, die sich aber auf die richtlinienkonforme Auslegung übertragen lassen.

lerdings nur unter der Prämisse, dass das fremde Werkschaffen nicht ausgenutzt werden darf, weshalb die freie Benutzung voraussetzt, dass der Werknutzende selbstständig schöpferisch tätig wird.[467] Indem der BGH von der Möglichkeit der richtlinienkonformen Auslegung des § 24 Abs. 1 UrhG ausgeht, übersieht er, dass eine Auslegung im engeren Sinn wegen des eindeutigen Wortsinns nicht möglich ist.[468]

(2) Die richtlinienkonforme Rechtsfortbildung

Wird der Wortsinn der Norm überschritten, so kommt nur eine richtlinienkonforme Rechtsfortbildung in Betracht.[469] Der BGH hätte demnach auf die Frage eingehen müssen, ob § 24 Abs. 1 UrhG dahingehend richtlinienkonform fortgebildet werden kann, dass die Norm kein selbstständiges Werk voraussetzt, das in freier Benutzung geschaffen wurde. Auch hier kommt es wiederum auf die nationale Methodik der Rechtsfortbildung an.[470] Dabei ist zu beachten, dass eine Rechtsfortbildung nur möglich ist, »soweit das innerstaatliche Recht die Möglichkeit einer entsprechenden Auslegung eröffnet«.[471] Nach der nationalen Methodenlehre stehen den Gerichten für die Rechtsfortbildung die Instrumente der Analogie, der teleologischen Extension oder der teleologischen Reduktion zur Verfügung.[472] Voraussetzung einer richtlinienkonformen Rechtsfortbildung ist ein lückenhaftes Gesetz im Sinne einer planwidrigen Unvollständigkeit.[473]

---

467 Siehe hierzu näher unter Kapitel 3 II. 2. a).

468 So i.E. auch *Bullinger,* in: Wandtke/Bullinger, UrhG[5], § 24 Rn. 2; *Ferda/Miera/Rat/Rohlender,* BRJ 2017, 28 (33); *Gabler,* Die urheberrechtliche Drittnutzung, S. 147.

469 *Gebauer,* in: Gebauer/Wiedmann, Zivilrecht unter europäischem Einfluss, Kap. 4 Rn. 36, 38; *Kroll-Ludwigs/Ludwigs,* ZJS 2009, 123 (124); *Leenen,* Jura 2012, 753; *Nettesheim,* in: Grabitz/Hilf/Nettesheim, Das Recht der Europäischen Union, Art. 288 AEUV Rn. 134.

470 Siehe hierzu *Roth/Jopen,* in: Riesenhuber, Europäische Methodenlehre, § 13 Rn. 48; *Rüthers/Fischer/Birk,* Rechtstheorie, Rn. 912e. Zur Befugnis der Gerichte zur Rechtsfortbildung siehe *Riesenhuber/Domröse,* RIW 2005, 47 (51); *Roth/Jopen,* in: Riesenhuber, Europäische Methodenlehre, § 13 Rn. 49f.

471 GA *Kokott,* Schlussanträge im Fall »Pupino« v. 11.11.2004, Rs. C-105/03 Rn. 39.

472 Vgl. hierzu *Gebauer,* in: Gebauer/Wiedmann, Zivilrecht unter europäischem Einfluss, Kap. 4 Rn. 46ff.; *Herresthal,* EuZW 2007, 396 (399); *Roth/Jopen,* in: Riesenhuber, Europäische Methodenlehre, § 13 Rn. 54; *Rüthers/Fischer/Birk,* Rechtstheorie, Rn. 888.

473 BGH, NJW 2012, 1073 Rn. 31; BGH, NJW 2009, 427 Rn. 22; *Canaris,* in: FS Bydlinski, S. 82; *Gebauer,* in: Gebauer/Wiedmann, Zivilrecht unter europäischem Einfluss, Kap. 4 Rn. 40; *Höpfner,* in: Jahrbuch Junger Zivilrechtswissenschaftler 2009, S. 95; *Kroll-Ludwigs/Ludwigs,* ZJS 2009, 123 (125); *Larenz/Canaris,* Methodenlehre der Rechtswissenschaft, S. 194; *Leenen,* Jura 2012, 753 (760); *Roth/Jopen,* in: Riesenhuber, Europäische Methodenlehre, § 13 Rn. 51; *Rüthers/Fischer/Birk,* Rechtstheorie, Rn. 832.

(a) Unvollständigkeit des Gesetzes

Als unvollständig ist das Gesetz dann anzusehen, wenn der Wortlaut der Norm ein bestimmtes Merkmal nicht aufweist.[474] Im Fall der Richtlinienumsetzung ist das immer dann zu bejahen, wenn die innerstaatliche Rechtslage nicht dem Normbefehl der Richtlinie entspricht.[475] Trotz des fakultativen Charakters des Art. 5 Abs. 3 lit. k Info-RL, handelt es sich jedoch aufgrund der sich aus den Grundrechten ergebenen Schutzpflicht um eine obligatorische Regelung, was durch Art. 17 Abs. 7 DSM-RL bekräftigt wird.[476] Von einem Normbefehl kann daher ausgegangen werden.

§ 24 Abs. 1 UrhG macht die erlaubnisfreie Benutzung der Vorlage von der Schaffung eines selbstständigen Werkes in freier Benutzung abhängig. Das steht allerdings im Widerspruch zu den Vorgaben der Info-RL in der Auslegung durch den EuGH, wonach die Parodie zum einen keinen Werkcharakter und zum anderen keine antithematische Auseinandersetzung aufweisen muss. Von einer Unvollständigkeit kann demnach noch ausgegangen werden.

(b) Planwidrigkeit der Unvollständigkeit des Gesetzes

Die Unvollständigkeit des Gesetzes muss planwidrig sein.

(aa) Allgemeine Kriterien zur Bestimmung der Planwidrigkeit

Fraglich ist, welcher Maßstab für die Feststellung der Planwidrigkeit heranzuziehen ist. Einerseits kann auf den Plan des Gesetzes[477] abgestellt werden, andererseits auf die Gesamtrechtsordnung.[478] Stellt man auf die zweite Alternative ab, kann die Richtlinie als Maßstab für die Lückenfüllung herangezogen werden.[479] Die daraus resultierende zentrale Frage ist, ob eine nationale Norm bereits deshalb fortbildungsbedürftig ist, weil sie nicht den Erfordernissen der Richtlinie entspricht. Hiergegen sprechen jedoch gewichtige Gründe: Art. 288 Abs. 3 AEUV verpflichtet den Mitgliedstaat, das Ziel der Richtlinie verbindlich umzusetzen. Form und Mittel sind ihm überlassen. Dabei handelt es sich lediglich um einen

474 *Canaris,* in: FS Bydlinski, S. 82; *Gebauer,* in: Gebauer/Wiedmann, Zivilrecht unter europäischem Einfluss, Kap. 4 Rn. 40.

475 *Kroll-Ludwigs/Ludwigs,* ZJS 2009, 123 (125).

476 Siehe hierzu unter Kapitel 3 A. II. 2. d) aa) (1).

477 Sog. enger Lückenbegriff. Siehe hierzu: *Franzen,* JZ 2003, 321 (327); *Gsell,* JZ 2009, 522 (524f.); *Kaiser,* JZ 2011, 978 (980f.); *Rüthers/Fischer/Birk,* Rechtstheorie, Rn. 912d f.; *Schürnbrand,* JZ 2007, 910 (913f.).

478 Sog. weiter Lückenbegriff. Siehe hierzu: *Auer,* NJW 2007, 1106 (1108); *Canaris,* in: FS Bydlinski, S. 82ff.; *Herresthal,* Rechtsfortbildung im europarechtlichen Bezugsrahmen, S. 224f.; *Krieger,* Die gemeinschaftsrechtskonforme Auslegung des deutschen Rechts, S. 287ff.; *Mörsdorf,* EuR 2009, 219 (229); *Unberath,* ZEuP 2005, 5 (8).

479 *Gebauer,* in: Gebauer/Wiedmann, Zivilrecht unter europäischem Einfluss, Kap. 4 Rn. 42; *Leenen,* Jura 2012, 753 (760).

Rechtssetzungsauftrag. Der nationale Gesetzgeber schafft jedoch eigenständig Regelungen.[480] Allein der verbindliche Umsetzungsbefehl kann nicht dazu führen, dass die inhaltlichen Vorgaben der Richtlinie als Teil der Gesamtrechtsordnung anzusehen sind.[481] Lässt man es genügen, dass sich die konkrete Regelung des nationalen Gesetzgebers als richtlinienwidrig herausstellt, so wird die Umsetzung der Richtlinie zu einer dynamischen Verweisung degradiert. Die nationale Regelungsbefugnis würde dann auf den EuGH übertragen werden.[482] Da Richtlinien lediglich mittelbar wirken, haben die Gerichte bei der Rechtsanwendung nur nationales Recht zu beachten, weshalb eine Richtlinie als sekundäres Unionsrecht nicht ausschlaggebend für die Begründung einer Gesetzeslücke sein kann.[483] Dies hätte i.E. einen Verstoß gegen das Verbot der horizontalen Drittwirkung von Richtlinien zur Folge.[484] Die horizontale Drittwirkung ergibt sich daraus, dass sich der Inhalt der Richtlinie auch dann durchsetzt, wenn die nationale Regelung bei isolierter Betrachtung keinen Anlass zur Rechtsfortbildung bietet. Damit wären die Voraussetzungen der Rechtsfortbildung schwächer als die der Auslegung im engeren Sinne, was nicht gewollt sein kann.[485] Da die Mitgliedstaaten gemäß Art. 288 Abs. 3 AEUV frei in der Umsetzung der Richtlinie sind, müssen sie eigenständig Regelungen treffen. Eine generelle Bindung an eine Richtlinie greift damit in die Kompetenzverteilung zwischen der Europäischen Union und den Mitgliedstaaten ein.[486] Stimmt die nationale Regelung nicht mit der Richtlinie überein, sind die Gerichte dennoch bei der Anwendung des Rechts an die durch den nationalen Gesetzgeber getroffenen Regelungen gebunden.[487] Andernfalls würde die Bindung an Gesetz und Recht gemäß Art. 20 Abs. 3 GG und die Normsetzungsprärogative des Gesetzgebers unterlaufen werden, was zu einem Verstoß gegen den Grundsatz der Gewaltenteilung führen kann.[488] Eine Rechtsfortbildung ist demnach nur dann zulässig, wenn sie vom nationalen Recht getragen wird. Es kommt entscheidend auf den Plan des Gesetzes an. Damit die Planwidrigkeit bejaht werden kann, müssen nationalrechtlich Zweifel am Inhalt der fortzubildenden Norm bestehen.[489]

480 *Schürnbrand*, JZ 2007, 910 (913).

481 *Gsell*, JZ 2009, 522 (524); *Schulze*, GPR 2008, 128 (131); a. A. *Canaris*, in: FS Bydlinski, S. 85 ff.

482 *Gsell*, JZ 2009, 522 (524); *Kaiser*, JZ 2011, 978 (980); *Schürnbrand*, JZ 2007, 910 (913).

483 *Rüthers/Fischer/Birk*, Rechtstheorie, Rn. 912d.

484 *Franzen*, JZ 2003, 321 (327); *Gsell*, JZ 2009, 522 (524); *Kaiser*, JZ 2011, 978 (980); *Kroll-Ludwigs/Ludwigs*, ZJS 2009, 223 (225); *Piekenbrock/Schulze*, WM 2002, 521 (526); *Schulze*, GPR 2008, 128 (131). Eingehend hierzu *Schürnbrand*, JZ 2007, 910 (913 f.).

485 *Gsell*, JZ 2009, 522 (524).

486 *Höpfner*, in: Jahrbuch Junger Zivilrechtswissenschaftler 2009, S. 98.

487 *Höpfner*, in: Jahrbuch Junger Zivilrechtswissenschaftler 2009, S. 98; *Rüthers/Fischer/Birk*, Rechtstheorie, Rn. 912d.

488 *Rüthers/Fischer/Birk*, Rechtstheorie, Rn. 912e. Ausführlich hierzu *Herdegen*, WM 2005, 1921 (1928 ff.).

489 So *Kaiser*, JZ 2011, 978 (980).

(bb) Konkrete Bestimmung der Planwidrigkeit des UrhG

Hinsichtlich der Frage, ob nationalrechtlich Zweifel am Inhalt des § 24 Abs. 1 UrhG bestehen, muss an das Verhältnis zwischen § 23 UrhG und § 24 UrhG angeknüpft werden. Das Rechtsinstitut der freien Benutzung i. S. d. § 24 UrhG kann nur dann nach den Vorgaben des EuGH fortgebildet werden, wenn keine Überscheidung mit der Bearbeitung i. S. d. § 23 UrhG vorliegt.

(aaa) Unterscheidung des Grades der Benutzung fremder Werke im Allgemeinen

Grundsätzlich wird im deutschen Recht nach dem Grad der Benutzung fremder Werke unterschieden:[490] Die intensivste Form der Bearbeitung ist die Vervielfältigung i. S. d. § 16 UrhG, wobei das Originalwerk unverändert kopiert wird. Dem folgt die Umgestaltung oder Bearbeitung gemäß §§ 3, 23 UrhG. Dabei werden Veränderungen am Originalwerk vorgenommen. Die Umgestaltung ist dadurch gekennzeichnet, dass die Veränderung nicht schöpferischer Art ist und mithin kein Bearbeiterurheberrecht entsteht.[491] Bei der Bearbeitung ist die Veränderung des Originalwerkes hingegen schöpferisch, sodass ein Bearbeiterurheberrecht i. S. d. § 3 UrhG entsteht, das jedoch vom Urheberrecht des Urhebers des Originalwerkes gemäß § 23 UrhG abhängig ist. Die Veröffentlichung und die Verwertung der Bearbeitung hängen deshalb von der Einwilligung des Urhebers ab. Die schwächste Form der Bearbeitung stellt die freie Benutzung gemäß § 24 UrhG dar. Hierbei werden weitreichende Veränderungen am Originalwerk vorgenommen, sodass es nur noch als Anregung für das neu geschaffene Werk dient.[492] Der Begriff der freien Benutzung ist dabei anhand der Abgrenzung zur Bearbeitung zu bestimmen.[493] Diese Abgrenzung liefert auch den Interessenausgleich zwischen dem Schutz von Werken und der Freiheit von Ideen und legt damit den urheberrechtlichen Schutzumfang eines Werkes fest.[494] Der Unterschied zwischen der Bearbeitung und der freien Benutzung liegt darin, dass Letztere hinsichtlich des Werkes, auf das Bezug genommen wird, völlig selbstständig ist.[495] Dafür kommt es entscheidend darauf an, ob das neue Werk einen

490 So auch *Nordemann,* in: Fromm/Nordemann, § 24 Rn. 27f.; *Stieper,* AfP 2015, 301; *Vlah,* Parodie, Pastiche und Karikatur, S. 52. Vgl. auch *Jacobs/Elmenhorst,* GRUR 2014, 72.

491 Die Abgrenzung ist aber nicht unumstritten. Siehe hierzu *Nordemann,* in: Fromm/Nordemann, § 24 Rn. 9 f. m. w. N.

492 Vgl. BGH, GRUR 2016, 1157 Rn. 20 – auf fett getrimmt; BGH, GRUR 2011, 134 (137) – Perlentaucher; BGH, GRUR 2009, 856 (858) – Tripp-Trapp-Stuhl; BGH, GRUR 2003, 956 – Gies-Adler; BGH, NJW 2000, 2202 (2205) – Laras Tochter; BGH, GRUR 1994, 206 – Alcolix.

493 *Ahlberg,* in: BeckOK, UrhG, § 24 Rn. 1; *Nordemann,* in: Fromm/Nordemann, UrhG, § 24 Rn. 27.

494 *Arz,* UFITA 2013/II, 353 (355); *Bullinger,* in: Wandtke/Bullinger, UrhG[5], § 2 Rn. 33; *Leistner,* GRUR 2014, 1145 (1148); *Stieper,* AfP 2015, 301.

495 *Arz,* UFITA 2013/II, 353 (356). Vgl. auch Wortlaut des § 24 Abs. 1 UrhG, der ein selbstständiges Werk voraussetzt.

hinreichenden Abstand zu den eigenpersönlichen Zügen des entlehnten Werkes aufweist.[496] Ein solcher Abstand ist jedenfalls nicht gegeben, wenn die Bearbeitung lediglich weitere Elemente enthält, die über die Entlehnung hinausgehen.[497] Entscheidender Unterschied zwischen der Bearbeitung i. S. d. § 23 UrhG und der freien Benutzung i. S. d. § 24 UrhG ist demnach, dass Erstere in Abhängigkeit zum Originalwerk bestehen muss, Letztere hingegen die Entstehung eines selbstständigen Werkes voraussetzt.

(bbb) Auswirkungen der aktuellen Rechtsprechung zur Parodie auf die im nationalen Recht angelegte Unterscheidung des Grades der Benutzung fremder Werke

Der wesentliche Unterschied zwischen den Rechtsinstituten besteht mithin darin, ob es sich um ein selbstständiges oder um ein abhängiges Werk handelt. Entscheidendes Abgrenzungskriterium ist die vom BGH entwickelte Verblassens-Formel, die dem Wesen der Parodie nicht gerecht wird. Deshalb soll ein innerer Abstand zum Ausgangswerk ausreichend sein, der durch eine antithematische Auseinandersetzung mit dem Original erreicht wird.[498] Dem deutschen Urheberrecht liegt damit ein abgestuftes System zugrunde, das den Bedürfnissen des Parodierten und des Parodisten gerecht wird, indem es genügend Auslegungsspielraum für die zustimmungsfreie Verwendung einer Parodie lässt. Die Abkehr vom Erfordernis der antithematischen Auseinandersetzung mit dem parodierten Werk weicht jedoch die Trennlinie zwischen der Bearbeitung und der freien Benutzung auf. Das Rechtsinstitut der freien Benutzung wurde zugunsten der Parodie durch das Merkmal des inneren Abstands schon einmal im Wege einer verfassungskonformen Auslegung erweitert. Eine nochmalige Ausweitung dahingehend, dass das Vorliegen von Humor und Verspottung ausreichend sei und kein Werk geschaffen werden müsse, entspricht nicht der Konzeption des UrhG. Sinn und Zweck des Merkmals der Selbstständigkeit im Rahmen des § 24 UrhG ist es, das Institut der freien Benutzung besser vom Bearbeitungsrecht abgrenzen zu können.[499] Dieses Kriterium zielt darauf ab, dem neu geschaffenen Werk eine andere Aussage oder einen neuen Sinngehalt zukommen zu lassen. Je mehr sich das neue Werk an das Original anlehnt, desto mehr muss es sich mit dem Ausgangswerk geistig auseinandersetzen. Der BGH benennt nun aber lediglich die Erinnerung an oder erkennbare Unterschiede zum Ausgangswerk und einen Ausdruck von Humor und Verspottung, ohne dass es notwendigerweise einer Auseinandersetzung mit dem Original bedarf, als Voraussetzung der Parodie. Vor allem handelt es sich bei diesen Kriterien um

496 *Wandtke*, in: Urheberrecht, 3. Kapitel Rn. 173; *Wegmann*, Der Rechtsgedanke der freien Benutzung, S. 52.
497 *Bullinger*, in: Wandtke/Bullinger, UrhG^5, § 24 Rn. 9b.
498 Siehe hierzu bereits eingehend unter Kapitel 3 A. II. 2. b) dd) (1).
499 BTDrs. IV/270, S. 51.

solche, die kaum eigenschöpferische Tätigkeit erfordern.[500] Das könnte künftig dazu führen, dass die Anlehnung oder gar die Übernahme fremder Werke unter dem Deckmantel der Parodie zur Steigerung der Missbrauchsgefahr führt, da der kulturelle Beitrag, den eine Parodie stets leistet, nicht mehr erforderlich ist.[501] Gerade weil mangels antithematischer Behandlung die Selbstständigkeit des neuen Werkes in den Hintergrund rückt, entspricht die durch den BGH vorgenommene Auslegung des § 24 Abs. 1 UrhG bezüglich der Parodie eher den Wertungen des § 23 UrhG. Damit können i.E. auch Bearbeitungen ohne Einwilligung des Urhebers veröffentlicht oder verwertet werden, obwohl § 23 UrhG gerade eine solche voraussetzt. Der Mehrwert, der von § 24 Abs. 1 UrhG bezüglich der Zustimmungsfreiheit gefordert wird, ist nicht mehr notwendig. Dies wird insbesondere dadurch deutlich, dass die Kriterien »Humor« und »Verspottung« eine kaum eigenschöpferische Tätigkeit voraussetzen, was jedoch von § 24 Abs. 1 UrhG gefordert wird. Eine freie Benutzung i. S. d. § 24 Abs. 1 UrhG soll nur dann vorliegen, wenn der Übernehmende eigenschöpferisch tätig geworden ist. Da ein Tätigwerden in diesem Sinne nun nicht mehr erforderlich ist, wird dem Urheber die notwendige Möglichkeit der Einwilligung bezüglich der Veröffentlichung und Verwertung von Bearbeitungen und Umgestaltungen zum Zwecke der Parodie genommen, was vom UrhG nicht gewollt ist. Die im UrhG strikte und abschließend geregelte Trennung zwischen freier Benutzung und abhängiger Bearbeitung, welche die Einführung des Merkmals »Selbstständigkeit« erleichtern sollte, würde unterlaufen werden. Durch die weite Auslegung des Begriffs verliert die in § 24 Abs. 1 UrhG geregelte freie Benutzung ihre klaren Konturen.[502] Insgesamt hebelt die richtlinienkonforme Rechtsfortbildung das System des UrhG aus. Die Wertungen des § 23 UrhG werden umgangen. Indem der BGH § 24 Abs. 1 UrhG derart weitreichend auslegt, kann eine an sich einwilligungsbedürftige Parodie noch unkomplizierter als freie Benutzung eingestuft werden. Würde man § 24 UrhG derart weitgehend anwenden, würde sich die Norm zu einer Befugnisnorm entwickeln, die dem fair-use-Prinzip des amerikanischen Rechts sehr nahe käme.[503] § 24 Abs. 1 UrhG würde »zu einer Schrankengeneralklausel mutieren«.[504] Das ist in der Hinsicht problematisch, als dass das nationale und europäische Urheberrecht einen abschließenden Schrankenkatalog vorsehen und eine »fair-use«-Klausel gerade nicht beabsichtigt ist.[505] Nationalrechtlich haben die Voraussetzungen der Schaffung eines selbstständigen Werkes in freier Benutzung im

500 So auch *Ferda/Miera/Rat/Rohlender*, BRJ 2017, 28 (31 f.); *Lotte*, ZUM 2016, 991 (992); *Specht/Koppermann*, ZUM 2016, 19 (24).
501 So auch *Ferda/Miera/Rat/Rohlender*, BRJ 2017, 28 (32).
502 *Schack*, Urheber- und Urhebervertragsrecht, Rn. 280a.
503 In diesem Sinne auch *Peifer*, ZUM 2016, 805 (811).
504 *Schack*, Urheber- und Urhebervertragsrecht, Rn. 280a.
505 Vgl. *Ohly*, GRUR 2017, 964 (967).

Wege der antithematischen Auseinandersetzung daher durchaus ihre Berechtigung, sodass nationalrechtlich an der Behandlung der Parodie im Rahmen des § 24 Abs. 1 UrhG keine Zweifel bestehen.[506]

(cc) Zwischenergebnis

Da nationalrechtlich keine Zweifel an der bisherigen, gegenüber den Vorgaben des EuGH zur Parodie strengeren Auslegung des § 24 Abs. 1 UrhG bestehen, muss eine Planwidrigkeit der Unvollständigkeit abgelehnt werden. Der nationale Gesetzgeber hat sich bewusst für die strengen Voraussetzung der Behandlung der Parodie im Rahmen des § 24 Abs.1 UrhG entschieden.

(c) Zwischenergebnis

Damit ist festzuhalten, dass bezüglich des § 24 Abs. 1 UrhG keine planwidrige Unvollständigkeit vorliegt, weshalb auch eine richtlinienkonforme Rechtsfortbildung ausscheiden muss.

(3) Verstoß gegen den Grundsatz der Rechtssicherheit

Die durch den BGH vorgenommene richtlinienkonforme Auslegung verstößt schließlich gegen den Grundsatz der Rechtssicherheit. Vor allem ist zu beachten, dass der Wahlfreiheit bezüglich Form und Mittel gemäß Art. 288 Abs. 3 AEUV Grenzen gesetzt sind. Als Ausfluss des Effektivitätsprinzips sind an den Umsetzungsakt hohe Anforderungen hinsichtlich seiner Qualität zu stellen.[507] Das bedeutet insbesondere, dass die Mitgliedstaaten verbindliche Maßnahmen ergreifen müssen, die dem Erfordernis der Rechtsklarheit und Rechtssicherheit entsprechen.[508] Sie müssen eine hinreichend klare und bestimmte Lage schaffen, sodass der Einzelne seine ihm zugeschriebenen Rechte erkennen und vor den Gerichten geltend machen kann.[509] Auch im nationalen Recht verlangt der Grundsatz der Rechtssicherheit vom Gesetzgeber hinreichend bestimmte Normen.[510] Der Einzelne muss die Rechtsfolgen des an ihn adressierten Gesetzes zuverlässig erkennen können, um sein Verhalten dem geltenden Recht anzu-

---

506 A.A. *Vlah*, Parodie, Pastiche und Karikatur, S. 63ff., der die Behandlung der Parodie über § 24 Abs. 1 UrhG mangels Selbstständigkeit ablehnt.

507 *Schroeder*, in: Streinz, EUV/AEUV, Art. 288 AEUV Rn. 76.

508 *Schroeder*, in: Streinz, EUV/AEUV, Art. 288 AEUV Rn. 76.

509 EuGH, Urt. v. 16.7.2009 – Rs. C-427/07, Slg. 2009, I-6277 Rn. 55 – Kommission/Irland; EuGH, Urt. v. 23.5.1985 – Rs. 29/84, Slg. 1985, 1661 Rn. 23 – Kommission/Deutschland; EuGH, Urt. v. 9.4.1987 – Rs. 363/85, Slg. 1987, 1733 Rn. 7 – Kommission/Italien; EuGH, Urt. v. 25.7.1991 – Rs. C-208/90, Slg. 1991, I-4269 Rn. 18f. – Emmott; *Biervert*, in: Schwarze, EU-Kommentar, Art. 288 AEUV Rn. 28; *Schroeder*, in: Streinz, EUV/AEUV, Art. 288 AEUV Rn. 76; *Wieckhorst*, Grundrechtsschutz durch Legislativverfahren, S. 83.

510 *Antoni*, in: Hömig/Wolff, GG, Art. 20 Rn. 12; *Schmidt-Aßmann*, in: HstR II, § 26 Rn. 85.

passen.[511] Unsicherheiten bezüglich der Anwendung des geltenden Rechts sollen vermieden werden.

Die Auslegung führt jedoch zu Unsicherheiten im Hinblick auf die Rechtsanwendung. Da die Kriterien des EuGH nicht im Wortlaut des Rechtsinstituts der freien Benutzung zu finden sind, ist weder für den parodierten Urheber noch für den Parodisten ersichtlich, unter welchen konkreten Voraussetzungen die zustimmungsfreie Nutzung des parodierten Werkes möglich ist. Aus Sicht des Parodierten ist nicht vorhersehbar und hinreichend bestimmt, wie weit sein Ausschließlichkeitsrecht reicht und wann es eingeschränkt wird. Zum anderen gilt für die Nutzer, dass sie grundsätzlich erkennen müssen, welche Rechtsnormen von ihnen beachtet werden müssen und was von ihnen verlangt wird, um nicht in die Rechte des Urhebers einzugreifen.[512] Ohne eine ausdrückliche Regelung bezüglich der Zustimmungsfreiheit hinsichtlich der Parodie müssen die Parodisten grundsätzlich davon ausgehen, in die Verwertungsrechte des Parodierten einzugreifen. Aus dem Gesetz geht nicht hinreichend hervor, dass die Möglichkeit besteht, ein Werk zu parodieren. Seine Rechte sind demnach nicht klar erkennbar. Deshalb besteht die Gefahr, dass sich der Parodist im Zweifel nicht auf die Parodiefreiheit beruft, da ihm nicht bewusst ist, dass diese Möglichkeit besteht.

cc) Zwischenfazit

Der BGH war zwar befugt, die Vorgaben des EuGH durch eine richtlinienkonforme Auslegung des § 24 Abs. 1 UrhG in nationales Recht umzusetzen. Eine richtlinienkonforme Umsetzung scheitert jedoch an der fehlenden planwidrigen Unvollständigkeit und an der mit der richtlinienkonformen Auslegung verbundenen Rechtsunsicherheit.

e) Zusammenfassung

Aufgrund der grundrechtlichen Werteordnung – insbesondere der Meinungs- und Kunstfreiheit – war die Rechtsprechung verpflichtet, durch eine verfassungskonforme Auslegung die Parodie urheberrechtlich zu schützen. Den besten Anknüpfungspunkt hierfür bot die freie Benutzung nach § 24 Abs. 1 UrhG. An dieser urheberrechtlichen Behandlung der Parodie kann aufgrund der europäischen Rechtsprechung nicht mehr festgehalten werden. Die Vorgaben des EuGH, die er im Rahmen des »Deckmyn«-Urteils zur urheberrechtlichen Behandlung der Parodie getroffen hat, sind trotz des fakultativen Charakters der Parodieschranke für die Mitgliedstaaten verbindlich. Damit ist auch Deutschland ver-

511 BVerfG, NJW 2008, 1505 Rn. 94 m.w.N. Siehe auch *Cornils*, DVBl. 2011, 1053 (1055); *Grzeszick*, in: Maunz/Dürig, GG, Art. 20 Rn. 58; *Sachs*, in: Sachs, GG, Art. 20 Rn. 129.

512 So auch *Findeisen*, Die Auslegung urheberrechtlicher Schrankenbestimmungen, S. 124.

pflichtet, das nationale Recht mit diesen Vorgaben in Einklang zu bringen. Da § 24 Abs. 1 UrhG strengere Voraussetzungen hat als vom EuGH vorgesehen, hat der BGH in seinem »auf fett getrimmt«-Urteil versucht, der Verpflichtung durch die richtlinienkonforme Auslegung des § 24 Abs. 1 UrhG nachzukommen. Während eine Auslegung jedoch die Wortlautgrenze des § 24 Abs. 1 UrhG übersteigt, scheidet eine Rechtsfortbildung mangels planwidriger Unvollständigkeit aus. Die Anwendung des § 24 Abs. 1 UrhG unter den jetzigen Voraussetzungen führt jedenfalls dazu, dass die Vorgaben des Art. 5 Abs. 3 lit. k Info-RL nicht hinreichend umgesetzt werden, da eine Parodie nur dann nach § 24 Abs. 1 UrhG begünstigt werden kann, wenn sie Werkcharakter hat und sich antithematisch mit dem Ausgangswerk auseinandersetzt. Insgesamt ist daher festzuhalten, dass § 24 Abs. 1 UrhG keinen geeigneten Anknüpfungspunkt für die Behandlung der Parodie darstellt.[513] Damit die Behandlung der Parodie diesen Vorgaben entspricht, muss vielmehr der Gesetzgeber selbst tätig werden und das nationale Recht anpassen, sofern keine andere Möglichkeit der Berücksichtigung gefunden werden kann.

3. »Freie Bearbeitung« i. S. d. § 23 UrhG und Parodie

Nachdem § 24 Abs. 1 UrhG als Anknüpfungsnorm abgelehnt wurde, muss geprüft werden, ob die Parodie im Rahmen des § 23 UrhG berücksichtigt werden kann.[514] Grundsätzlich dürfen danach Bearbeitungen oder Umgestaltungen nur mit Einwilligung des Urhebers des benutzten Werkes veröffentlicht oder verwertet werden. Dass eine Parodie ohne die weite Auslegung des § 24 Abs. 1 UrhG als Bearbeitung einzustufen ist, wurde bereits gezeigt.[515] Da eine Anwendung des § 24 Abs. 1 UrhG in diesem Maße aber nicht mehr möglich ist, stellt sich die Frage, ob die Parodie über einen anderen Weg im Rahmen des § 23 UrhG begünstigt werden kann. Denkbar wäre es, ein Rechtsinstitut der »freien Bearbeitung« zu schaffen, wodurch es hinsichtlich der Behandlung der Parodie keiner

513 Ob § 24 UrhG überhaupt in Bezug auf die Parodie noch angewandt werden kann, ist aufgrund der Entscheidung des EuGH, Urt. v. 29. 7. 2019 – Rs. C-476/17, Rn. 56 ff. – Pelham u. a. fraglich. Siehe hierzu *Homar*, ZUM 2019, 731 (736). § 24 UrhG sei nicht mit den Vorgaben der Info-RL vereinbar und damit europarechtswidrig, vgl. *Leistner*, ZUM 2019, 1008 (1011, 1015); *Solmecke*, Stellungnahme zur DSM-RL, S. 10. Bedenken dahingehend äußern auch *Deutscher Kulturrat*, Stellungnahme zur DSM-RL, S. 10; *GEMA*, Stellungnahme zur DSM-RL, S. 60; *GRUR*, Stellungnahme zur DSM-RL, S. 67; *iRights*, Stellungnahme zur DSM-RL, S. 29; *Verband unabhängiger Musikunternehmen*, Stellungnahme zur DSM-RL, S. 17.

514 In diesem Sinne bereits *Becker*, GRUR 2004, 104 (108 f.); *Platho*, GRUR 1992, 360 (362 ff.). Auch *Hefti* geht davon aus, dass jede Parodie wesensgemäß eine Bearbeitung i. S. d. § 23 UrhG darstellt. Siehe hierzu *Hefti*, Die Parodie im Urheberrecht, S. 104.

515 Siehe unter Kapitel 3 A. II. 2. b) cc).

Rechtseinräumung des Urhebers des parodierten Werkes bedürfe.[516] Dogmatisch kann das »Problem« durch eine teleologische Reduktion des § 23 UrhG gelöst werden, indem das Einwilligungserfordernis des § 23 UrhG hinweggedacht wird.[517] Es ist schließlich ein Ausgleich erforderlich, der die Interessen des Parodierten und des Parodisten ohne einseitige Bevorzugung bewerkstelligt und sich an den Wertungen des Gesetzes in § 23 UrhG in verfassungskonformer Auslegung zu orientieren hat.[518] Die notwendige Abwägung der Interessen des Parodierten und des Parodisten führt dazu, dass dem Parodierten das aus § 23 UrhG resultierende Ausschließlichkeitsrecht unter bestimmten Voraussetzungen gegenüber einer Parodie nicht zusteht.[519] Das ist insbesondere dann der Fall, wenn die Interessen des Parodisten überwiegen.

Fraglich ist dabei jedoch, ob eine solche teleologische Reduktion des § 23 UrhG überhaupt möglich ist. Es bedarf daher auch im Rahmen der Rechtsfortbildung des § 23 UrhG eines lückenhaften Gesetzes im Sinne einer planwidrigen Unvollständigkeit.

a) Unvollständigkeit des Gesetzes

Eine Begünstigung der Parodie, wie sie in Art. 5 Abs. 3 lit. k Info-RL vorgesehen ist, existiert nationalrechtlich nicht. Da nach den Vorgaben des Art. 5 Abs. 3 lit. k Info-RL die Zulässigkeit der Parodie aber gerade zustimmungsfrei gewährleistet werden soll, entspricht die Nicht-Regelung der Zustimmungsfreiheit nicht dem Normbefehl[520] der Richtlinie. Eine Unvollständigkeit des UrhG liegt damit vor.

b) Planwidrigkeit der Unvollständigkeit

Entscheidend kommt es jedoch – wie auch im Rahmen des § 24 Abs. 1 UrhG – auf die Frage an, ob die Unvollständigkeit als planwidrig eingestuft werden kann. Es müssen demnach nationalrechtlich Zweifel am Inhalt der fortzubildenden Norm bestehen.[521]

---

516 So bereits *Platho*, GRUR 1992, 360 (362).

517 *Platho*, GRUR 1992, 360 (362 Fn. 34). Dieser Konzeption folgt auch *Becker*, GRUR 2004, 104 (109f.), der § 23 UrhG jedoch nur dann anwenden will, sofern am Originalwerk Veränderungen zur Erreichung der parodistischen Wirkung vorgenommen wurden. Wie bereits gezeigt, würde das Einwilligungserfordernis in Bezug auf Parodien zu sehr die Interessen des Parodisten außer Acht lassen.

518 *Platho*, GRUR 1992, 360 (362).

519 *Platho*, GRUR 1992, 360 (362f.).

520 Dass sich aus Art. 5 Abs. 3 lit. k Info-RL im Zusammenhang mit Art. 17 Abs. 7 DSM-RL und den Grundrechten ein Normbefehl ergibt, wurde bereits erläutert. Siehe hierzu näher unter Kapitel 3 A. II. 2. d) aa) (1).

521 Zur detaillierten Bestimmung der Planwidrigkeit siehe unter Kapitel 3 A. II. 2. d) bb) (2) (b) (aa).

Auch hier muss das Zusammenspiel von der freien Benutzung nach § 24 Abs. 1 UrhG und der abhängigen Bearbeitung nach § 23 UrhG in den Blick genommen werden.[522] Die Figur der »freien Bearbeitung« ist gesetzlich nicht vorgesehen und durchbricht die beabsichtigte Trennung zwischen abhängiger Bearbeitung und freier Benutzung.[523] § 23 UrhG bestimmt, dass dem Urheber nicht nur die Verwertung des Originals, sondern auch dessen Bearbeitung und Umgestaltung vorbehalten ist. Bereits aus dem Wortlaut des § 3 UrhG »unbeschadet des Urheberrechts am bearbeiteten Werk« geht hervor, dass Bearbeitungen nicht frei verwertet werden dürfen.[524] Das folgt auch aus dem Einwilligungserfordernis des § 23 UrhG. Grund dafür ist, dass jede Bearbeitung oder Umgestaltung die schöpferische Leistung des Urhebers, wenn auch in abgeänderter Form, enthält, was eine Benutzung eines fremden Werkes darstellt.[525] Das kann i.E. die Verwertung des Originals beeinträchtigen.[526] Hat der Urheber sein Werk der Öffentlichkeit preisgegeben, kann er im Gegenzug verlangen, dass es so anerkannt wird, wie er es geschaffen hat.[527] Es bleibt ihm überlassen, ob er Änderungen an seinem Werk, die keine freie Benutzung i.S.d. § 24 UrhG darstellen, dulden will.[528] Wird das Einwilligungserfordernis nun lediglich vom Vorliegen einer Parodie abhängig gemacht, so ist das Ergebnis mit dem Sinn und Zweck des § 23 UrhG nicht mehr vereinbar. Das Instrument, das den Schutz gewährleistet, wird ausgehebelt. Der Urheber hat keinen Einfluss auf die Verwertung seines Werkes. Genau dies bezweckt die Norm jedoch. Das Gesetz bestimmt, dass nur in den Fällen der freien Benutzung gemäß § 24 UrhG keine Einwilligung erforderlich ist, weil sich das neu geschaffene Werk so weit von dem Ausgangswerk entfernt hat, dass die persönlichen Züge des Originals nicht mehr erkennbar sind. Es muss ein gegenüber dem Original selbstständiges Werk entstehen. Ist das nicht der Fall, kann es sich nur um eine abhängige Bearbeitung i. S. d. § 23 UrhG handeln. Ist im Rahmen des § 23 UrhG die Einwilligung des Urhebers nicht erforderlich, verschwimmen die Grenzen zwischen der Bearbeitung und der freien Benutzung. Auch eine Bearbeitung in Form der Parodie wäre damit einer freien Benutzung i. S. d. § 24 UrhG gleichgestellt. Einen solchen Gleichlauf sehen die verschiedenen Regelungen und deren unterschiedliche Voraussetzungen jedoch nicht vor. Soll ein Werk unabhängig von dem Ausgangswerk benutzt werden können, so ist dies nur unter den Vorgaben des § 24 UrhG möglich. Ein solcher Lösungsvorschlag

522 Zum Verhältnis zwischen § 23 UrhG und § 24 UrhG siehe bereits unter Kapitel 3 A. II. 2. d) bb) (2) (b) (bb) (aaa).
523 *Vlah,* Parodie, Pastiche, Karikatur, S. 66.
524 BTDrs. IV/270, S. 51.
525 *Loewenheim,* in: Schricker/Loewenheim, UrhG^5, § 23 Rn. 2.
526 *Dreyer,* in: Dreyer/Kotthoff/Meckel/Hentsch, UrhG^4, § 23 Rn. 4.
527 *Ahlberg,* in: BeckOK, UrhG, § 23 Rn. 1; *Schulze,* in: Dreier/Schulze, UrhG, § 23 Rn. 1.
528 *Schulze,* in: Dreier/Schulze, UrhG, § 23 Rn. 1.

orientiert sich nicht an der geltenden Gesetzeslage.[529] Eine Planwidrigkeit muss daher abgelehnt werden.

c) Zusammenfassung

Die teleologische Reduktion des § 23 UrhG führt dazu, dass ein Rechtsinstitut der »freien Bearbeitung« geschaffen würde, das dem der freien Benutzung nach § 24 Abs. 1 UrhG sehr nahe kommt. Eine solche richtlinienkonforme Rechtsfortbildung hätte zur Folge, dass die durch das Gesetz vorgesehene unterschiedliche Zielrichtung und Behandlung der beiden Rechtsinstitute verschwimmen und die Inhalte ineinander übergehen. Das entspricht nicht dem Plan des Gesetzgebers, weshalb eine solche Vorgehensweise abgelehnt werden muss.

4. Zitatrecht i. S. d. § 51 UrhG und Parodie

Dem Parodisten könnte allerdings die Schranke des Zitatrechts gemäß § 51 UrhG zugute kommen.[530] Sofern die Parodie von der Zitatschranke erfasst wird, können auch die Interessen des Parodierten berücksichtigt werden. Ist die Zitatschranke einschlägig, kommt diese der Entlehnungsfreiheit von Parodien gleich. Ein Eingriff in die Verwertungsrechte des Parodierten ist bei Vorliegen der Schrankenregelung abzulehnen. Fraglich ist, inwieweit eine Parodie die Kriterien, die § 51 UrhG an die Zitierfreiheit stellt, einhalten kann. Dabei soll aufgezeigt werden, inwiefern die Parodie unter den Vorgaben des »Deckmyn«-Urteils des EuGH und des »auf fett getrimmt«-Urteils des BGH mit § 51 UrhG in Einklang stehen kann.

a) Vervielfältigung, Verbreitung und öffentliche Zugänglichmachung eines veröffentlichten Werkes als Zitatobjekt

Zunächst ist zu beachten, dass nur die Vervielfältigung, Verbreitung und öffentliche Wiedergabe eines veröffentlichten Werkes von der Schranke des § 51 UrhG erfasst wird. Da eine Parodie vor allem das Vervielfältigungsrecht nach § 16 UrhG und u. U. das Recht der öffentlichen Zugänglichmachung nach § 19a UrhG betrifft,[531] kommt es entscheidend darauf an, ob sich die Parodie auf ein veröffentlichtes Werk als Zitatobjekt bezieht. Gemäß § 6 Abs. 1 UrhG ist ein Werk dann veröffentlicht, wenn es mit der Zustimmung des Berechtigten der Öffentlichkeit zugänglich gemacht worden ist. Eine Parodie eines unveröffentlichten Werkes ist

529 So auch *Becker*, Parodie und Kommerz, S. 29; *Chakraborty*, Freie Benutzung, S. 103.
530 In diesem Sinne bereits *Becker*, GRUR 2004, 104 (109); *Schmieder*, UFITA Band 80 (1977), 127 (138); *ders.*, UFITA Band 93 (1982), 63 (67), die sich für eine analoge Anwendung des § 51 a. F. UrhG aussprachen.
531 Siehe hierzu bereits unter Kapitel 3 A. II. 1.

jedoch undenkbar.[532] Die Parodie kann ihre Wirkung nur dann erzielen, wenn die Vorlage dem Publikum bekannt ist. Ist die Vorlage nicht i. S. d. § 6 Abs. 1 UrhG veröffentlich worden, ist sie dem Publikum unbekannt.[533] Der Bezug zur Vorlage kann nicht hergestellt werden und die damit verbundene Auseinandersetzung nicht stattfinden. Es ist dem Wesen der Parodie daher immanent, auf ein veröffentlichtes Werk zurückzugreifen. Diese Voraussetzung bereitet im Hinblick auf die Parodie daher keine Schwierigkeiten.

b) *Selbstständiges Werk als Zitatsubjekt?*

Die Parodie muss darüber hinaus das veröffentlichte Werk übernommen haben. Fraglich ist in diesem Zusammenhang, ob die Parodie selbst als Zitatsubjekt das Kriterium der Werkqualität i. S. d. § 2 Abs. 2 UrhG erfüllen muss, welches selbständig gegenüber dem Zitatobjekt ist, so wie es die Regelbeispiele des § 51 UrhG vorsehen.

aa) *Qualität des Zitatsubjekts*

Zunächst muss die Parodie als Zitatsubjekt in Betracht kommen. Entscheidend hierfür ist die Frage, ob die Parodie Werkqualität aufweisen muss. § 51 UrhG a. F.[534] setzte in den drei aufgezählten Fällen voraus, dass es sich um ein selbstständiges Werk handeln muss. Das Merkmal ist auch weiterhin Voraussetzung der drei in § 51 S. 2 UrhG genannten Regelbeispiele. Allerdings enthält die Generalklausel des § 51 S. 1 UrhG diese Voraussetzung nicht, weshalb fraglich ist, ob an dem Erfordernis der Werkqualität des Zitatsubjekts weiterhin festgehalten werden kann. Besonders relevant ist die Frage für die Behandlung der Parodie als Zitat, denn nach der Rechtsprechung des EuGH und des BGH ist es nicht erforderlich, dass die Parodie einen eigenschöpferischen Charakter und damit Werkqualität i. S. d. § 2 Abs. 2 UrhG aufweist. Die Parodie kann daher nur in den Anwendungsbereich der Zitierfreiheit fallen, wenn § 51 UrhG nicht voraussetzt, dass die zitierende Leistung ein Werk ist.

Eine weit verbreitete Auffassung in der Literatur geht davon aus, dass das Zitatsubjekt auch nach der Neufassung des § 51 UrhG ein Werk gemäß § 2 Abs. 2 UrhG sein müsse.[535] Hierfür wird die Gesetzesbegründung angeführt: Mit der Novellierung des § 51 UrhG habe der Gesetzgeber die Zitierfreiheit nicht

532 So auch *Hess*, Urheberrechtsprobleme der Parodie.

533 In diesem Sinne auch *Vlah*, Parodie, Pastiche und Karikatur, S. 76.

534 Die alte Fassung des § 51 UrhG war bis zum 31. 12. 2007 gültig.

535 *Götting*, in: Schricker/Loewenheim, Hdb. UrhR, § 31 Rn. 167; *Raue/Hegemann*, in: Hoeren/Sieber/Holznagel, Multimediarecht, Teil 7.3 Rn. 92; *Schack*, MMR 2008, 414 (415); *Schulz*, in: BeckOK, UrhG, § 51 Rn. 10 f.; *Spindler*, NJW 2008, 9 (15); *Waiblinger*, UFITA 2011/II, 323 (409 f.). Offen gelassen von BGH, GRUR 2010, 628 Rn. 25 – Vorschaubilder.

grundlegend erweitern wollen.[536] Es sollten vielmehr nur die aus der unflexiblen Grenzziehung resultierenden Lücken geschlossen werden.[537] Daraus wird geschlussfolgert, dass der Gesetzgeber mit der Umsetzung der Info-RL bezüglich der Werkvoraussetzung keine sachliche Änderung habe bewirken wollen.[538] Ergänzend berufen sich die Vertreter dieser Meinung auf den unveränderten Wortlaut der Regelbeispiele. Daraus lasse sich schließen, dass auch hinsichtlich der Generalklausel ein schutzfähiges Werk vorliegen müsse.[539] Schließlich sei die Förderung des geistigen Schaffens Sinn und Zweck des Zitatrechts, weshalb es nur gerechtfertigt sei, demjenigen die Berufung auf § 51 UrhG zuzubilligen, der eine persönliche geistige Schöpfung hervorbringe.[540] Übriges Wirken fördere diesen Zweck nicht und sei deshalb im Rahmen der Zitierfreiheit nicht zu berücksichtigen.[541]

Betrachtet man jedoch den Wortlaut des § 51 S. 1 UrhG, so ist das Erfordernis des Vorliegens eines Werkes hiervon nicht umfasst. Lediglich in den Regelbeispielen wird das Kriterium genannt. Laut der Gesetzesbegründung ist die Beibehaltung des Wortlauts der alten Regelung hauptsächlich dem Umstand geschuldet, zu verdeutlichen, dass bis zur Änderung erfasste Nutzungen weiterhin zulässig bleiben sollen.[542] Hieraus kann nicht zwingend geschlussfolgert werden, dass auch die Generalklausel das Vorliegen eines Werkes voraussetzt. Es wird nur verdeutlicht, dass bezüglich der bislang zulässigen Zitate keine Rechtsunsicherheit entstehen soll.[543] Dass die Beibehaltung der Regelbeispiele Auswirkungen auf die Auslegung der Zitierschranke hat, geht hieraus nicht hervor. Aus der Gesetzesbegründung kann vielmehr geschlussfolgert werden, dass in der neuen Fassung gerade kein Werk mehr erforderlich ist. Aus dem Wortlaut der Norm lässt sich auf dieses Erfordernis daher nicht mehr schließen.[544] So ist die Normierung einer Generalklausel darüber hinaus das falsche Mittel, wenn es lediglich darum geht, deutlich zu machen, dass bis zu der Änderung zulässige Nutzungen weiterhin zulässig bleiben sollen.[545] Eine Generalklausel dient nämlich dazu, anhand der Wertvorstellungen der Rechtsordnung und der Gesellschaft

536 *Schulz*, in: BeckOK, UrhG, § 51 Rn. 11; *Spindler*, NJW 2008, 9 (15).
537 BTDrs. 16/1828, S. 25.
538 *Flechsig*, ZRP 2006, 145 (147); *Götting*, in: Schricker/Loewenheim, Hdb. UrhR, § 31 Rn. 167; *Lüft*, in: Wandtke/Bullinger, UrhG[4], § 51 Rn. 8; *Spindler*, NJW 2008, 9 (15).
539 *Götting*, in: Schricker/Loewenheim, Hdb. UrhR, § 31 Rn. 167; *Lüft*, in: Wandtke/Bullinger, UrhG[4], § 51 Rn. 8; *Waiblinger*, UFITA 2011/II, 323 (409).
540 *Bisges*, GRUR 2009, 730 (731); *Brauns*, Entlehnungsfreiheit, S. 34; *Götting*, in: Schricker/Loewenheim, Hdb. UrhR, § 31 Rn. 167; *Lüft*, in: Wandtke/Bullinger, UrhG[4], § 51 Rn. 8; *Waiblinger*, UFITA 2011/II, 323 (410).
541 *Bisges*, GRUR 2009, 730 (731).
542 BTDrs. 16/1828, S. 25.
543 So auch *Haesemann*, Die Auslegung des § 51 S. 1 UrhG n.F., Rn. 179.
544 So auch BTDrs. 18/12329, S. 32.
545 So auch *Steinbeck*, in: FS Bornkamm, S. 981.

eine Rechtsfortbildung zu ermöglichen, um das Recht an den Wandel der Zeit anzupassen.[546] Wäre die Erweiterung nicht beabsichtigt gewesen, so hätte sich der Gesetzgeber gegen die Einführung der Generalklausel entscheiden müssen. Auch die Berufung auf den Sinn und Zweck der Zitatschranke kann nicht überzeugen. Das Anknüpfen an die Privilegierung desjenigen, der selbst schöpferisch tätig wird, weist darauf hin, dass die Zitatschranke als Belohnung des individuellen Urhebers für seine Schöpfungsleistung gedeutet werden solle.[547] Die Vorschrift bezweckt jedoch vor allem die Förderung des kulturellen Fortschritts und der Kreativität insgesamt, indem die Auseinandersetzung mit fremden Werken ermöglicht wird.[548] Die Belohnung des individuellen Urhebers steht nicht im Vordergrund. Die Zitatfreiheit soll die Auseinandersetzung mit bestehenden Meinungen und Grundsätzen ermöglichen, wodurch wiederum neue Ideen entwickelt werden können.[549] Eine produktive geistige Auseinandersetzung erfordert indes nicht, dass sie in Gestalt eines urheberrechtlich geschützten Werkes gefasst wird.[550] So wäre es nicht möglich, im Rahmen von Diskussionen, Vorträgen, Vorlesungen o.Ä., die u.U. nicht schutzfähig sind, Zitate anzubringen. Daher ist ein Rückgriff auf die Generalklausel gemäß § 51 S. 1 UrhG notwendig, sofern es sich bei dem Zitatsubjekt nicht um ein Werk handelt.[551]

Insgesamt ist die Ansicht, die eine Werkqualität des Zitatsubjekts fordert, zu streng. Weder aus dem Wortlaut der Norm noch aus ihrem Sinn und Zweck geht hervor, dass der zitierende Gegenstand im Rahmen des § 51 S. 1 UrhG ein Werk i.S.d. § 2 Abs. 2 UrhG darstellen muss. Eine Benachteiligung des Urhebers ist damit nicht verbunden, da die weiteren Voraussetzungen des Zitatrechts, insbesondere der Zitatzweck, der ohnehin das entscheidende Tatbestandsmerkmal ist,[552] weiterhin erfüllt sein müssen. Das Zitatrecht nach § 51 S. 1 UrhG setzt damit

546 *Beater,* AcP 194 (1994), 82 (83); *Steinbeck,* in: FS Bornkamm, S. 981.

547 *Haesemann,* Die Auslegung des § 51 S. 1 UrhG n.F., Rn. 180.

548 BGH, GRUR 2016, 368 Rn. 25 – Exklusivinterview; *Dreier,* in: Dreier/Schulze, UrhG, § 51 Rn. 1; *Dreyer,* in: Dreyer/Kotthoff/Meckel/Hentsch, UrhG^4, § 51 Rn. 7; *Dustmann,* in: Fromm/Nordemann, UrhG, § 51 Rn. 1; *Götting,* in: Schricker/Loewenheim, Hdb. UrhR, § 31 Rn. 159; *Lüft,* in: Wandtke/Bullinger, UrhG^5, § 51 Rn. 1; *Schulz,* in: BeckOK, UrhG, § 51 Rn. 1; *Spindler,* in: Schricker/Loewenheim, UrhG^5, § 51 Rn. 6.

549 *Haesemann,* Die Auslegung des § 51 S. 1 UrhG n.F., Rn. 180.

550 So bereits *Krause-Ablaß,* GRUR 1962, 231 (239). Siehe auch *Haesemann,* Die Auslegung des § 51 S. 1 UrhG n.F., Rn. 180; *Steinbeck,* in: FS Bornkamm, S. 984.

551 BTDrs. 18/12329, S. 32. A.A. *Spindler,* in: Schricker/Loewenheim, UrhG^5, § 51 Rn. 20: Er fordert hingegen eine richtlinienkonforme Auslegung des Begriffs »Werk«.

552 BGH, GRUR 1983, 25 (28) – Presseberichterstattung und Kunstwerkwiedergabe I; *Dreier,* in: Dreier/Schulze, UrhG, § 51 Rn. 3; *Dustmann,* in: Fromm/Nordemann, UrhG, § 51 Rn. 16; *Lüft,* in: Wandtke/Bullinger, UrhG^5, § 51 Rn. 3; *Waiblinger,* UFITA 2011/II, 323 (397).

keine Werkqualität des Zitatsubjekts voraus.[553] Die Parodie kommt daher im Rahmen der Generalklausel als Zitatsubjekt in Betracht.

bb) Selbstständigkeit des Zitatsubjekts

Daneben sehen alle Regelbeispiele des § 51 UrhG die Selbstständigkeit des Zitatsubjekts vor, sodass zu untersuchen ist, ob dieses Kriterium in § 51 S. 1 UrhG hineingelesen werden muss. Das Zitatsubjekt erfülle das Merkmal der Selbstständigkeit, wenn es gegenüber dem parodierten Werk urheberrechtlich unabhängig sei.[554] Dem Zitat dürfe »nur eine untergeordnete Rolle im Verhältnis zum eigenen Beitrag des Zitierenden« zukommen.[555] Das Zitatsubjekt müsse zumindest einen eigenen Beitrag leisten, sodass es auch ohne Zitat bestehen bleiben könne.[556]

Die Bezugnahme auf das Ausgangswerk ist immanent für die Parodie, weil ohne sie der Zweck der Parodie verloren ginge.[557] Sie besteht größtenteils aus der Vorlage. Von einer Unabhängigkeit kann hinsichtlich einer Parodie nicht gesprochen werden.

Da der Gesetzgeber jedoch im Rahmen der Einführung der Generalklausel des § 51 S. 1 UrhG neben der Werkqualität des Zitatsubjekts auch auf die Aufnahme des Kriteriums dessen Selbstständigkeit verzichtet hat, überzeugt es, das Kriterium der Selbstständigkeit als eigenständige Voraussetzung nicht in § 51 S. 1 UrhG hineinzulesen.[558] Da die Schutzfähigkeit des Zitatsubjekts als Werk mangels Aufzählung im Rahmen der Generalklausel für den durch die Schranke bezweckten Interessenausgleich zwischen Urheber und Nutzer unbedeutend ist, spricht vieles dafür, dass dies auch für das Kriterium der Selbstständigkeit gelten muss.[559] Darüber hinaus kommt dem Verhältnis zwischen dem zitierenden und

553 OLG Hamburg, BeckRS 2015, 14252 Rn. 35. So i.E. auch *Dreyer,* in: Dreyer/Kotthoff/Meckel/Hentsch, UrhG[4], § 51 Rn. 21; *Dustmann,* in: Fromm/Nordemann, UrhG, § 51 Rn. 19; *Haesemann,* Die Auslegung des § 51 S. 1 UrhG n.F., Rn. 187ff.; *Spindler,* in: Schricker/Loewenheim, UrhG[5], § 51 Rn. 20; *Steinbeck,* in: FS Bornkamm, S. 984.

554 BGH, GRUR 1994, 800 (802) – Museumskatalog; *Götting,* in: Schricker/Loewenheim, Hdb. UrhR, § 31 Rn. 168; *Lüft,* in: Wandtke/Bullinger, UrhG[5], § 51 Rn. 8; *Raue/Hegemann,* in: Hoeren/Sieber/Holznagel, Multimedia-Recht, Teil 7.3 Rn. 93; *Spindler,* in: Schricker/Loewenheim, UrhG[5], § 51 Rn. 21; *Waiblinger,* UFITA 2011/II, 323 (410).

555 *Dustmann,* in: Fromm/Nordemann, UrhG, § 51 UrhG Rn. 19.

556 BGH, GRUR 1994, 800 (802f.) – Museumskatalog; BGH, GRUR 1986, 59 – Geistchristentum; OLG München, ZUM 2003, 571 (575); OLG Frankfurt, WRP 1992, 386 (388); *Dreyer,* in: Dreyer/Kotthoff/Meckel/Hentsch, UrhG[4], § 51 UrhG Rn. 22; *Dustmann,* in: Fromm/Nordemann, UrhG, § 51 UrhG Rn. 19; *Waiblinger,* UFITA 2011/II, 323 (411); *Wiebe,* in: Spindler/Schuster, Recht der elektronischen Medien, § 51 UrhG Rn. 2.

557 So auch *Hess,* Urheberrechtsprobleme der Parodie, S. 137.

558 *Dreyer,* in: Dreyer/Kotthoff/Meckel/Hentsch, UrhG[4], § 51 UrhG Rn. 11; *Maier,* Remixe, S. 22f.

559 In diesem Sinn auch *Maier,* Remixe, S. 22.

dem zitierten Werk ohnehin im Rahmen des Zitatzweckes eine entscheidende Bedeutung zu, sodass es im Hinblick auf die Selbständigkeit nicht gesondert zu prüfen ist.[560] Dass eine Parodie gegenüber dem zitierten Werk nicht als selbstständig anzusehen ist, spielt daher im Zusammenhang mit der Generalklausel des § 51 S. 1 UrhG keine Rolle.

cc) *Zwischenfazit*

Da die Generalklausel des § 51 S. 1 UrhG weder die Werkeigenschaft des zitierenden Gegenstandes noch dessen Selbstständigkeit gegenüber dem zitierten Werk voraussetzt, kann die Parodie als taugliches Zitatsubjekt eingestuft werden.

c) *Zitatzweck*

Wesentliches Kriterium der Zitierfreiheit nach § 51 UrhG ist der Zitatzweck. Danach sind die Vervielfältigung, Verbreitung und öffentliche Wiedergabe eines veröffentlichten Werkes nur *zum Zwecke des Zitats* zulässig. Im Gegensatz zu Art. 5 Abs. 3 lit. d Info-RL, der als Zweck des Zitats nicht abschließend[561] Kritik oder Rezensionen nennt, wird im deutschen Urheberrecht der Zitatzweck lediglich für wissenschaftliche Großzitate nach § 51 S. 2 Nr. 1 UrhG umschrieben. Danach darf ein Zitat lediglich zur Erläuterung des Inhalts in das Zitatsubjekt aufgenommen werden. Im Übrigen bestimmt sich der Zitatzweck anhand des Wesens des Zitats.[562]

aa) *Erkennbarkeit des fremden Werkes*

Zum Wesen des Zitats gehört, dass fremde Werke oder Werkteile dem Zitatsubjekt hinzugefügt werden, die jedoch als fremde Zutat ersichtlich gemacht werden müssen.[563] Sind ein fremdes Werk oder Werkteile ununterscheidbar in das Zitatsubjekt aufgenommen worden, hat sich der Zitierende die fremde Schöpfungsleistung zu Eigen gemacht. Es handelt sich nicht mehr um ein Zitat, sondern um ein Plagiat.[564] So geht auch der EuGH davon aus, dass die Schranke

560 *Maier,* Remixe, S. 22.

561 Das Wort »wie« im Rahmen des Art. 5 Abs. 3 lit. d Info-RL macht deutlich, dass sich der Zitatzweck nicht auf die genannten Zwecke beschränkt. Es handelt sich lediglich um Beispiele. So auch EuGH, Urt. v. 29.7.2019 – Rs. C-516/17, Rn. 28 – Spiegel Online GmbH.

562 LG München, ZUM 2014, 596 (601); *Dreier,* in: Dreier/Schulze, UrhG, § 51 Rn. 3; *Spindler,* in: Schricker/Loewenheim, UrhG^5, § 51 Rn. 14.

563 OLG Köln, GRUR-RR 2010, 143 (144) – Wie ein Tier in einem Zoo; OLG Köln, ZUM 2009, 961 (962); LG Berlin, GRUR 2000, 797 – Screenshots; *Dreier,* in: Dreier/Schulze, UrhG, § 51 Rn. 3; *Götting,* in: Schricker/Loewenheim, Hdb. UrhR, § 31 Rn. 165; *Raue/Hegemann,* in: Hoeren/Sieber/Holznagel, Multimedia-Recht, Teil 7.3 Rn. 85; *Spindler,* in: Schricker/Loewenheim, UrhG^5, § 51 Rn. 15.

564 *Dreier,* in: Dreier/Schulze, UrhG, § 51 Rn. 3; *Götting,* in: Schricker/Loewenheim, Hdb. UrhR, § 31 Rn. 164; *Spindler,* in: Schricker/Loewenheim, UrhG^5, § 51 Rn. 15. Ausführlich zur Abgrenzung zwischen Zitat und Plagiat siehe *Obergfell,* KUR 2005, 46ff.

des Art. 5 Abs. 3 lit. d Info-RL dahingehend auszulegen sei, dass der verwendete Begriff »Zitat« keine Situation erfasse, in der das zitierte Werk nicht zu erkennen sei.[565] Das Zitat als solches muss deutlich gekennzeichnet werden, indem es sich ersichtlich vom Zitatsubjekt abhebt.[566] Das kann durch Anführungszeichen oder sonstige optische Hervorhebung erfolgen.[567]

Für die Parodie hat der EuGH im Rahmen seiner Auslegung des Art. 5 Abs. 3 lit. k Info-RL dagegen festgestellt, dass sie das ursprüngliche Werk nicht angeben müsse. Das Erkennbarmachen ist daher keine Voraussetzung der Parodie. Zudem liegt es im Wesen der Parodie, sich ein fremdes Werk zu Eigen zu machen, indem es in einen anderen Kontext gesetzt wird. Durch das Kenntlichmachen des dahinter stehenden fremden Werkes würde der Sinn der Parodie verloren gehen. Es kommt gerade darauf an, dass das entlehnte Werk erkennbar bleibt, um zu verdeutlichen, worüber man sich lustig macht oder was man kritisiert. Darüber hinaus ist es nicht notwendig und für die Parodie auch nicht förderlich, optisch kenntlich zu machen, dass ein fremdes Werk oder fremde Werkteile übernommen wurden. Grundsätzlich wird die Parodie daher dem Erfordernis nicht gerecht. Schwierigkeiten ergeben sich dahingehend aber auch bei einem Musikzitat. Eine optische Hervorhebung ist dabei nur schwer möglich, da die öffentliche Wiedergabe andernfalls unterbrochen werden müsste. Deshalb wird es als ausreichend erachtet, wenn die Melodie, die zitiert wird, wegen ihrer Bekanntheit als fremdes Werk erkannt wird.[568] Auch Parodien knüpfen i. d. R. an bekannte Werke an, da ansonsten eine solche vom Publikum nicht erkannt wird. Ohne die Bekanntheit des parodierten Werkes würde der Bezugspunkt der Kritik oder der humorvollen Auseinandersetzung verkannt werden. Das Publikum würde die Parodie als eigenständiges Werk betrachten. Da also auch die Parodie an die Bekanntheit eines fremden Werkes anknüpft, wird das angesprochene Publikum regelmäßig erkennen, dass ein fremdes Werk oder Werkteile dem Zitatsubjekt hinzugefügt wurden. Wie bei dem Musikzitat erübrigt sich deshalb das Kenntlichmachen der fremden Zutat.

---

565 EuGH, Urt. v. 29.7.2019 – Rs. C-476/17, Rn. 74 – Pelham u. a.

566 *Spindler*, in: Schricker/Loewenheim, UrhG[5], § 51 Rn. 15; *Waiblinger*, UNFITA 2011/II, 323 (412).

567 *Lüft*, in: Wandtke/Bullinger, UrhG[5], § 51 Rn. 5; *Raue/Hegemann*, in: Hoeren/Sieber/Holznagel, Multimedia-Recht, Teil 7.3 Rn. 85. Weitere Beispiele nennt *Summerer*, »Illegale Fans«, S. 70.

568 *Dreyer*, in: Dreyer/Kotthoff/Meckel/Hentsch, UrhG[4], § 51 Rn. 34; *Lüft*, in: Wandtke/Bullinger, UrhG[5], § 51 Rn. 5; *Raue/Hegemann*, in: Hoeren/Sieber/Holznagel, Multimedia-Recht, Teil 7.3 Rn. 85; *Spindler*, in: Schricker/Loewenheim, UrhG[5], § 51 Rn. 15.

bb) *Innere Verbindung in Form der Belegfunktion*

Allerdings stellt nicht jede erkennbare Verwendung fremder Werke oder Werkteile ein Zitat i. S. d. § 51 UrhG dar. Darüber hinaus muss zwischen dem Zitatsubjekt und dem Zitatobjekt eine innere Verbindung hergestellt werden.[569] Weitere Voraussetzung für die Zulässigkeit des Zitats ist demnach, dass es als Belegstelle oder Erörterungsgrundlage für selbstständige Ausführungen des Zitierenden dienen muss, sodass die geistige Auseinandersetzung erleichtert wird.[570] Eine innere Verbindung fehlt regelmäßig, wenn eine nähere Auseinandersetzung mit dem zitierten Werk nicht stattfindet, sodass es sich lediglich um eine Illustration handelt;[571] wenn das fremde Werk in bloß äußerlicher, zusammenhangsloser Weise eingefügt oder angehängt wird[572] oder mit dem Zitat ausschließlich eine informierende Berichterstattung bezweckt wird.[573] Das Zitat darf nicht dazu dienen, das fremde Werk leichter zugänglich zu machen oder dem Zitierenden eigene Ausführungen zu ersparen.[574] Vielmehr ist nach dem gewöhnlichen Sprachgebrauch davon auszugehen, dass ein Zitat dadurch gekennzeichnet ist, dass ein Werk oder ein Auszug aus einem Werk genutzt wird,

> »um Aussagen zu erläutern, eine Meinung zu verteidigen oder eine geistige Auseinandersetzung zwischen dem Werk und den Aussagen des Nutzers zu ermöglichen, sodass der Nutzer [...] das Ziel verfolgen muss, mit diesem Werk zu interagieren«.[575]

---

569 BGH, GRUR 2016, 368 Rn. 25 – Exklusivinterview; BGH, GRUR 2010, 628 Rn. 26 – Vorschaubilder I; BGH, GRUR 2008, 693 Rn. 42 – TV-Total; BGH, GRUR 1987, 362 (364) – Filmzitat; BGH, GRUR 1986, 59 (60) – Geistchristentum; BGH, NJW 1968, 607 (609) – Kandinsky I; OLG Köln, MMR 2014, 263 (264); *Dreyer,* in: Dreyer/Kotthoff/Meckel/Hentsch, UrhG[4], § 51 Rn. 25; *Schulz,* in: BeckOK, UrhG, § 51 Rn. 13; *Spindler,* in: Schricker/Loewenheim, UrhG[5], § 51 Rn. 16.

570 BGH, GRUR 2017, 901 Rn. 25 – Afghanistan Papiere; BGH, GRUR 2016, 368 Rn. 25 – Exklusivinterview; BGH, GRUR 2012, 819 Rn. 12 – Blühende Landschaften; BGH, GRUR 2011, 415 Rn. 22 – Kunstausstellung im Online-Archiv; BGH, GRUR 2011, 1117 Rn. 46 – ICE; BGH, GRUR 2008, 693 Rn. 42 – TV-Total; BGH, GRUR 1987, 34 (35) – Liedtextwiedergabe I; *Dreyer,* in: Dreyer/Kotthoff/Meckel/Hentsch, UrhG[4], § 51 Rn. 25; *Dustmann,* in: Fromm/Nordemann, UrhG, § 51 Rn. 16; *Lüft,* in: Wandtke/Bullinger, UrhG[5], § 51 Rn. 3.

571 BGH, GRUR 2016, 368 Rn. 25 – Exklusivinterview; BGH, GRUR 2012, 819 Rn. 28 – Blühende Landschaften; BGH, GRUR 2011, 415 Rn. 23 – Kunstausstellung im Online-Archiv; BGH, GRUR 1983, 25 (28) – Presseberichterstattung und Kunstwerkwiedergabe I.

572 BGH, GRUR 2016, 368 Rn. 25 – Exklusivinterview; BGH, GRUR 2012, 819 Rn. 28 – Blühende Landschaften; BGH, GRUR 1986, 59 (60) – Geistchristentum.

573 BGH, GRUR 2016, 368 Rn. 25 – Exklusivinterview; BGH, GRUR 2012, 819 Rn. 28 – Blühende Landschaften; BGH, GRUR 1983, 25 (28) – Presseberichterstattung und Kunstwerkwiedergabe I.

574 BGH, GRUR 2012, 819 Rn. 12 – Blühende Landschaften; BGH, GRUR 2010, 628 Rn. 26 – Vorschaubilder I; KG, GRUR-RR 2012, 194 (196); *Dreier,* in: Dreier/Schulze, UrhG, § 51 Rn. 3; *Dreyer,* in: Dreyer/Kotthoff/Meckel/Hentsch, UrhG[4], § 51 Rn. 29; *Spindler,* in: Schricker/Loewenheim, UrhG[5], § 51 Rn. 16.

575 EuGH, Urt. v. 29.7.2019 – Rs. C-476/17, Rn. 71 – Pelham u. a.

Da die Parodie nach früherer Meinung des BGH die antithematische Auseinandersetzung mit dem Ausgangswerk voraussetzte, nahmen Teile der Literatur an, dass das übernommene Werk oder die übernommenen Werkteile als Beleg für das Kritisierende oder Humorvolle der Parodie dienten.[576] Das sollte nach zum Teil vertretener Auffassung jedoch nur dann gelten, wenn sich die parodistische Aussage auf das Werk selbst beziehe und nicht der Kommentierung unabhängiger Tatbestände diene.[577] Dies war bis dahin nachvollziehbar, da es keinen Unterschied macht, ob die mit dem Zitat bezweckte Auseinandersetzung in Worte gefasst oder auf andere Weise dargestellt wird. Ein Zitat verfolgt das Ziel der Förderung der Kreativität, geistigen Auseinandersetzung und gesellschaftlichen Entwicklung, was die kritische und humorvolle Parodie erreichen kann. Zwar werden mittels der Parodie meist keine eigenen Ausführungen an sich getätigt, da i. d. R. nur die eigenpersönlichen Züge des Originals übernommen werden ohne dazu Erklärungen aufzustellen. Die mit der Parodie verbundene Aussage ergibt sich jedoch daraus, dass das übernommene Werk in einen anderen Zusammenhang gesetzt wird. Ausführungen in Form von Begründungen erübrigen sich deshalb. Indem das fremde Werk in einen anderen Kontext gesetzt oder Änderungen an diese vorgenommen werden, setzt sich der Parodist mit diesem auseinander. Hierdurch wird die mit der Parodie bezweckte Kritik oder Komik zum Ausdruck gebracht. Zudem ist es nachvollziehbar, das Vorliegen der Belegfunktion lediglich auf solche Parodien zu beschränken, die sich auf den Inhalt des zitierten Werkes beziehen. Schließlich soll eine innere Verbindung zwischen dem Zitatsubjekt und dem Zitatobjekt hergestellt werden, was nur dann der Fall ist, wenn sich das Zitatsubjekt auch tatsächlich mit dem Original auseinandersetzt und nicht mit außerhalb des Zitatobjekts liegenden Umständen.

Das bereitet im Hinblick auf die vom EuGH gesetzten und vom BGH übernommenen Anforderungen an eine Parodie jedoch Schwierigkeiten. Zum einen genügt für das Vorliegen einer Parodie der Ausdruck von Humor oder Verspottung. Eine antithematische Auseinandersetzung mit dem Ausgangswerk ist damit nicht mehr zwingend erforderlich. Zum anderen muss die Parodie das ursprüngliche Werk nicht selbst betreffen, weshalb eine Auseinandersetzung mit dem parodierten Werk keine zwingende Voraussetzung für das Vorliegen einer Parodie ist. Da keine antithematische Behandlung mehr erforderlich ist, sondern eine humorvolle oder verspottende Parodie ausreicht, ist der innere Zusammenhang in Form der Belegfunktion oder Erörterungsgrundlage nicht immer erfüllt. Das gilt vor allem für die rein verspottende Parodie, die nicht die geistige

576 So auch *Hess,* Urheberrechtsprobleme der Parodie S. 140 bezüglich der kritisierenden Parodie. A. A. *Mauch,* Die rechtliche Beurteilung von Parodien in der EU, S. 68; *Schack,* Urheber- und Urhebervertragsrecht, Rn. 280.

577 So *Stuhlert,* Die Behandlung der Parodie im Urheberrecht, S. 62.

Auseinandersetzung mit dem zitierten Werk, sondern die reine Diffamierung zum Zweck haben kann. So wird nicht die Auseinandersetzung mit dem Ausgangswerk gefördert. Vielmehr wird die Übernahme des fremden Werkes dazu genutzt, den Urheber zu schikanieren. Von einer inneren Verbindung kann demnach nicht mehr gesprochen werden. Ein weiteres Problem ergibt sich daraus, dass sich die Parodie nicht mehr mit dem Ausgangswerk auseinandersetzen muss. Eine Parodie liegt auch dann vor, wenn sie sich mit außerhalb des parodierten und damit zitierten Werkes liegenden Themen auseinandersetzt. Der weit gefasste europäische Parodiebegriff ermöglicht es demnach, einen außerhalb des parodierten Werkes liegenden Gedankeninhalt zu transportieren.[578] Damit ist eine Kommentierung von vom Ausgangswerk unabhängigen Geschehnissen möglich. Setzt sich die Parodie nicht mit den Aussagen des Ausgangswerkes auseinander, erfolgt die Übernahme nur als Mittel zum Zweck und gerade nicht, um eine innere Verbindung zu diesem herzustellen. Für die Annahme spricht auch der Wortlaut des Art. 5 Abs. 3 lit. d Info-RL. Die Bezugnahme auf Kritik und Rezension verdeutlicht, dass sich ein Zitat mit dem zitierten Werk geistig auseinandersetzen muss. Das Zitatobjekt muss demnach auch nach den Vorgaben der Richtlinie als Grundlage der Auseinandersetzung dienen. So macht der Wortlaut der Richtlinie deutlich, dass Zitate zu Zwecken der Kritik oder Rezension nur dann zulässig sind, sofern sie ein Werk betreffen.

Die Vorgaben des EuGH und des BGH stehen daher im Widerspruch zu den Anforderungen des § 51 UrhG in Bezug auf das Vorliegen eines Zitatzweckes in Form der Belegfunktion. Die Zitierfreiheit gemäß § 51 UrhG kann die Parodie aufgrund des fehlenden Zitatzweckes nicht in dem Umfang privilegieren, wie es von der aktuellen europäischen und nationalen Rechtsprechung gefordert wird.

cc) Erweiterung des Zitatzweckes

Fraglich ist, ob das Problem hinsichtlich der Belegfunktion der Parodie überwunden werden kann. Das ist der Fall, wenn eine »künstlerische innere Verbindung« als Zitatzweck ausreichend wäre und die parodistische Auseinandersetzung unter den Vorgaben des EuGH und BGH den Anforderungen an eine solche kunstspezifische Betrachtung entspräche.

(1) Künstlerische innere Verbindung

Nach der Rechtsprechung des BVerfG darf bei Kunstzitaten nicht lediglich auf die Belegfunktion als Zitatzweck abgestellt werden. Auch Zitate als Mittel künstlerischen Ausdrucks und künstlerischer Gestaltung seien anzuerkennen.[579]

578 So auch *Specht/Koppermann*, ZUM 2016, 19 (23).

579 BVerfG, GRUR 2001, 149 (151) – Germania 3. So auch BGH, GRUR 2012, 819 Rn. 14 – Blühende Landschaften; BGH, GRUR 2008, 693 Rn. 44 – TV-Total; *Bullinger*, GRUR-Prax

Der Künstler dürfe die fremden Werke oder Werkteile verwenden, wenn sie Gegenstand und Gestaltungsmittel der eigenen künstlerischen Aussage seien.[580] Das Zitatsubjekt müsse zudem – neben der inneren Verbindung – Kunstwerkeigenschaft besitzen.[581] Für die Frage, ob das fremde Werk Gegenstand oder Gestaltungsmittel der künstlerischen Aussage des Zitierenden ist und nicht lediglich eine Anreicherung fremden Schaffens, sei eine umfassende Würdigung des gesamten Zitatsubjekts erforderlich.[582] Dabei sei jedoch zu beachten, dass allein der Einsatz einer künstlerischen Technik nicht ausreiche, um ein Kunstwerk anzunehmen.[583] Es sei vielmehr erforderlich,

> »dass das Werk auch die der Kunst eigenen materiellen Strukturmerkmale aufweist, also insbesondere Ergebnis freier schöpferischer Gestaltung ist, in der Eindrücke, Erfahrungen und Fantasien des Autors zum Ausdruck kommen, wobei als Elemente schöpferischer Gestaltung der Einsatz und die verfremdende Verknüpfung von verschiedenen Stilmitteln in Betracht kommen, die Interpretationen zulassen und so auf eine künstlerische Absicht schließen lassen«.[584]

Dem Urheber seien damit Eingriffe zugunsten der Kunstfreiheit zuzumuten, sofern es sich um geringfügige Eingriffe handele und ihm keine merklichen wirtschaftlichen Nachteile entstünden.[585]

(2) Vereinbarkeit mit europäischen Vorgaben

Fraglich ist, inwiefern eine solche ausweitende Auslegung anhand der Grundrechte mit den europäischen Vorgaben vereinbar ist.

Da sich der Zitatzweck im Rahmen des Art. 5 Abs. 3 lit. d Info-RL nicht auf Kritik oder Rezension beschränkt,[586] können auch andere Zwecke – davon mitumfasst die erweiternde Auslegung im Lichte der Kunstfreiheit – von Art. 5 Abs. 3 lit. d Info-RL erfasst werden.[587] So geht auch der EuGH davon aus,

> »dass die wesentlichen Merkmale eines Zitats darin bestehen, dass ein Werk oder ganz allgemein ein Auszug aus einem Werk von einem Nutzer, der nicht dessen Urheber ist, genutzt wird, um Aussagen zu erläutern, eine Meinung zu verteidigen oder eine geistige Auseinandersetzung zwischen dem Werk und den Aussagen des Nutzers zu ermögli-

2012, 287; *Dreier*, in: Dreier/Schulze, UrhG, § 51 Rn. 4; *Dreyer*, in: Dreyer/Kotthoff/Meckel/Hentsch, UrhG[4], § 51 Rn. 30.

580 BVerfG, GRUR 2001, 149 (152) – Germania 3.

581 BVerfG, GRUR 2001, 149 (151) – Germania 3; BGH, GRUR 2012, 819 Rn. 17, 27 – Blühende Landschaften.

582 BVerfG, GRUR 2001, 149 (152) – Germania 3; BGH, GRUR 2012, 819 Rn. 17 – Blühende Landschaften.

583 BGH, GRUR 2012, 819 Rn. 18 – Blühende Landschaften m. w. N.

584 BGH, GRUR 2012, 819 Rn. 18 – Blühende Landschaften m. w. N.

585 BVerfG, GRUR 2001, 149 (151) – Germania 3.

586 Siehe bereits einführend unter Kapitel 3 A. II. 4. c).

587 In diesem Sinne auch *Pötzlberger*, Kreatives Remixing, S. 240 m.w.N.

chen, so dass der Nutzer eines geschützten Werks, der sich auf die Ausnahme für Zitate berufen will, das Ziel verfolgen muss, mit diesem Werk zu interagieren«.[588]

Hiervon kann auch die künstlerische Auseinandersetzung erfasst sein, sofern sie das Ziel der Interaktion verfolgt.[589]

Hiergegen könnte allerdings der Grundsatz der engen Auslegung der Schrankenbestimmungen sprechen. Der EuGH betont dabei immer wieder, dass es sich bezüglich der Ausnahmen und Beschränkungen um eine Abweichung vom in der Richtlinie aufgestellten Grundsatz der Zustimmungspflicht des Urhebers für die Benutzung seines Werkes handele, sodass eine enge Auslegung der Schranken geboten sei.[590] Die Ausnahmevorschriften sind aber nicht generell eng auszulegen.[591] Das lässt sich damit begründen, dass sie selbst Rechte zugunsten der Nutzer enthalten. Die Ausnahmen und Beschränkungen sollen daher einen angemessenen Ausgleich zwischen den Rechten und Interessen des Rechtsinhabers und denen der Nutzer sichern.[592] Deshalb muss es die Auslegung erlauben, die praktische Wirksamkeit der Ausnahmen und Beschränkungen zu wahren und ihre Zielsetzung zu beachten.[593] Insbesondere muss berücksichtigt werden, dass die Abwägung auf eine Auslegung zu stützen ist, die unter Achtung des Wortlauts der betreffenden Bestimmung und unter Wahrung der praktischen Wirksamkeit mit den Unionsgrundrechten voll und ganz im Einklang steht.[594] So stellt der EuGH im Zusammenhang mit der Zitierfreiheit heraus, dass sie den Zweck habe, »der Ausübung des durch Art. 11 der Charta gewährleisteten Rechts auf freie Meinungsäußerung der Nutzer von Schutzgegenständen und auf Pressefreiheit Vorrang einzuräumen«.[595] Auch der EuGH betont im Zusam-

588 EuGH, Urt. v. 29.7.2019 – Rs. C-476/17, Rn. 71 – Pelham u. a.

589 EuGH, Urt. v. 29.7.2019 – Rs. C-476/17, Rn. 72 – Pelham u.a. So auch GA *Szpunar*, Schlussanträge im Fall »Pelham u. a.« v. 12.12.2018, Rs. C-476/17 Rn. 64.

590 EuGH, Urt. v. 26.4.2017 – Rs. C-527/15, Rn. 62 – Stichting Brein; EuGH, Urt. v. 5.6.2014 – Rs. C-360/13, Rn. 23 – Public Relations Consultants Association Ltd; EuGH, Urt. v. 10.4.2014 – Rs. C-435/12, Rn. 22 – ACI Adam; EuGH, Urt. v. 16.7.2009 – Rs. C-5/08, Slg. 2009, I-6569 Rn. 56 – Infopaq.

591 *Melichar/Stieper*, in: Schricker/Loewenheim, UrhG[5], Vor §§ 44a ff. Rn. 36 m.w.N.

592 EuGH, Urt. v. 29.7.2019 – Rs. C-469/17, Rn. 70 – Funke Medien NRW GmbH; EuGH, Urt. v. 29.7.2019 – Rs. C-516/17, Rn. 54 – Spiegel Online GmbH.

593 EuGH, Urt. v. 29.7.2019 – Rs. C-469/17, Rn. 71 – Funke Medien NRW GmbH; EuGH, Urt. v. 29.7.2019 – Rs. C-516/17, Rn. 55 – Spiegel Online GmbH; EuGH, Urt. v. 10.11.2016 – Rs. C-174/15, Rn. 50 – VOB/Stichting; EuGH, Urt. v. 3.9.2014 – Rs. C-201/13, Rn. 23 – Deckmyn/Vandersteen; EuGH, Urt. v. 1.12.2011 – Rs. C-145/10, Rn. 133 – Painer/Standard. Ähnlich auch *Stieper*, Rechtfertigung, Rechtsnatur und Disponibilität, S. 69; *Wandtke/König*, ZUM 2014, 921 (928), die davon ausgehen, dass hinsichtlich der Auslegung der Schrankenbestimmungen deren Regelungsgrund und Zweck zu beachten sind.

594 EuGH, Urt. v. 29.7.2019 – Rs. C-469/17, Rn. 76 – Funke Medien NRW GmbH; EuGH, Urt. v. 29.7.2019 – Rs. C-516/17, Rn. 59 – Spiegel Online GmbH.

595 EuGH, Urt. v. 29.7.2019 – Rs. C-469/17, Rn. 73 – Funke Medien NRW GmbH; EuGH, Urt. v. 29.7.2019 – Rs. C-516/17, Rn. 57 – Spiegel Online GmbH.

menhang mit der Auslegung der Ausnahmen und Beschränkungen die Bedeutung der Grundrechte der Nutzer. Eine Erweiterung des Zitatzweckes im Lichte der Kunstfreiheit ist daher auf europäischer Ebene möglich, soweit dies mit dem Sinn und Zweck der Zitatschranke vereinbar ist. Dieses Vorgehen steht zudem mit dem in Art. 5 Abs. 5 Info-RL verankerten Dreistufentest in Einklang, da keine Fälle denkbar sind, in denen die grundrechtskonforme Auslegung einer Schrankenbestimmung zu einem verhältnismäßigen Eingriff in die Grundrechte des Schutzrechtsinhabers führt aber keinen Verstoß gegen Art. 5 Abs. 5 Info-RL darstellt.[596] Dem Dreistufentest kommt daher kaum eine eigenständige Bedeutung zu, wenn die der Schranke zugrunde liegende Interessenabwägung im Rahmen der Auslegung der einzelnen Tatbestandsmerkmale berücksichtigt wird.[597] Eine umfassende grundrechtskonforme Auslegung deckt sich stets mit dem Dreistufentest.[598]

(3) Bedeutung für die Parodie

Für die Parodie bedeutet das Folgendes: Ist die Belegfunktion nicht erfüllt, so muss im Einzelfall festgestellt werden, ob es sich um Kunst handelt. Zudem muss die Parodie ein Mittel künstlerischen Ausdrucks und künstlerischer Gestaltung darstellen. Entscheidend ist demnach, dass das Zitatsubjekt nicht unter dem Deckmantel der Parodie fremde Werke oder Werkteile übernimmt. Damit die Parodie unter § 51 UrhG fällt, muss sie sich vielmehr mit dem übernommenen Werk künstlerisch auseinandersetzen. Durch die künstlerische Gestaltung muss eine innere Verbindung zu dem parodierten Werk erkennbar werden. Eine solche ist dann gegeben, wenn das parodierte Werk zum integralen Bestandteil der Aussage der Parodie wird.[599] Künstlerische Tätigkeit bedeutet vor allem nicht primär Mitteilung, sondern unmittelbarster Ausdruck der individuellen Persönlichkeit des Künstlers.[600] Nur wenn eine Parodie diese Kriterien erfüllt, kann die fehlende Belegfunktion durch die »künstlerische innere Verbindung« überwunden werden.

Da sich eine Parodie nicht zwangsläufig mit dem Ausgangswerk auseinandersetzen muss, sondern auch die Kommentierung unabhängiger Geschehnisse ausreichend sein kann, ist das parodierte Werk zwar äußerlich Bestandteil der

---

596 *Stieper,* Rechtfertigung, Rechtsnatur und Disponibilität, S. 74.

597 *Melichar/Stieper,* in: Schricker/Loewenheim, UrhG[5], Vor §§ 44a ff. Rn. 40 m.w.N.

598 *Reschke,* Die verfassungs- und dreistufentestkonforme Auslegung der Schranken im Urheberrecht, S. 144f.

599 BVerfG, GRUR 2001, 149 (152) – Germania 3. So auch *Dreyer,* in: Dreyer/Kotthoff/Meckel/Hentsch, UrhG[4], § 51 Rn. 30; *Summerer,* »Illegale Fans«, S. 73 bezüglich der Fan Art. Ähnlich auch EuGH, Urt. v. 29.7.2019 – Rs. C-476/17, Rn. 71f. – Pelham u.a., der davon ausgeht, dass eine Interaktion mit dem zitierten Werk stattfinden muss.

600 BVerfG, 30, 173 (189) – Mephisto; BGH, GRUR 2012, 819 Rn. 17 – Blühende Landschaften.

Parodie, aber nicht zwingend Bezugspunkt der künstlerischen Auseinandersetzung. Deshalb kann nicht immer davon ausgegangen werden, dass das parodierte Werk integraler Bestandteil der künstlerischen Aussage ist. Inwiefern das auch für die verspottende Parodie zutrifft, ist fraglich. Sofern die Verspottung nicht auf kritischer oder humorvoller, sondern auf diffamierender Ebene erfolgt, kann von einer künstlerischen Aussage wohl nicht mehr gesprochen werden. Die künstlerische Auseinandersetzung steht dann nicht länger im Vordergrund.

dd) Zwischenergebnis

Die Parodie kann dem Wesen des Zitats und damit dem Zitatzweck nicht vollumfänglich gerecht werden. Da sich die Parodie aufgrund der Vorgaben des EuGH in Bezug auf Art. 5 Abs. 3 lit. k Info-RL nicht mehr zwingend mit dem Ausgangswerk, sondern auch mit außerhalb dessen liegenden Themen befassen kann, fehlt zumeist der innere Bezug in Form der Belegfunktion. Weder eine antithematische Behandlung noch die Auseinandersetzung mit dem parodierten Werk selbst ist notwendig. Das Fehlen der Belegfunktion kann nicht durch eine grundrechtskonforme Auslegung im Hinblick auf einen künstlerischen inneren Bezug überwunden werden. Zwar ist eine solche Vorgehensweise mit dem Unionsrecht vereinbar. Allerdings bestehen dieselben Probleme aufgrund der Ausweitung des Parodiebegriffs, wie sie sich hinsichtlich der fehlenden Belegfunktion aufgetan haben. Damit zeigt sich, dass die Vorgaben des EuGH und des BGH hinsichtlich des Zitatzweckes Probleme bereiten, insbesondere wenn sich die Parodie nicht mit dem parodierten Werk selbst auseinandersetzt.

d) Zitierumfang

Sofern der Zitatzweck bejaht werden kann, muss die Parodie auch den gebotenen Umfang einhalten. Ist der zulässige Umfang überschritten, hat dies die Unzulässigkeit des gesamten Zitats und nicht nur des überschießenden Teils zur Folge.[601] Nach § 51 S. 1 UrhG muss die Nutzung in ihrem Umfang durch den besonderen Zweck gerechtfertigt sein. Es darf nur in einem vernünftigen und sachgerechten Umfang zitiert werden.[602] Das bedeutet jedoch nicht, dass der Umfang des Zitats auf das erforderliche Minimum beschränkt werden muss.[603] Es kommt bei dieser Abwägung entscheidend auf die Umstände des Einzelfalles an

---

601 BGH, GRUR 2012, 819 Rn. 29 – Blühende Landschaften; *Dustmann,* in: Fromm/Nordemann, UrhG, § 51 Rn. 47; *Lüft,* in: Wandtke/Bullinger, UrhG^5, § 51 Rn. 6; *Schulz,* in: BeckOK, UrhG, § 51 Rn. 14; *Spindler,* in: Schricker/Loewenheim, UrhG^5, § 51 Rn. 19.

602 *Dreier,* in Dreier/Schulze, UrhG, § 51 Rn. 5; *Spindler,* in: Schricker/Loewenheim, UrhG^5, § 51 Rn. 19. Ähnlich auch *Schulz,* in: BeckOK, UrhG, § 51 Rn. 14.

603 *Dreier,* in Dreier/Schulze, UrhG, § 51 Rn. 5.

unter Berücksichtigung des Zitatzweckes, des Inhalts und Umfangs des zitierten sowie zitierenden Werkes.[604]

Dem Wesen der Parodie entspricht es, das gesamte Werk oder Werkteile des Originals zu entnehmen. Damit die Parodie ihre Wirkung erzielt, reichen oft geringe Änderungen der Bestandteile des Originals aus. Häufig wird auch das gesamte Ausgangswerk übernommen und lediglich in einen anderen Zusammenhang gesetzt, sodass dem parodierten Werk eine andere Aussage zukommt. Die Parodie besteht letztendlich hauptsächlich aus dem Original. Sie lebt davon, dass das parodierte Werk erkennbar bleibt. Dies ist auch erforderlich, um den Bezugspunk herzustellen. Eine das Original verspottende oder kritisierende Parodie muss die Vorlage für das angesprochene Publikum erkennbar machen, damit es den Bezug zu der Kritik oder Verspottung herstellen kann. Andernfalls verfehlt die Parodie ihre Wirkung. Sofern sich die Parodie daher mit dem Ausgangswerk im Rahmen des gebotenen Zitatzwecks auseinandersetzt, ist die Entlehnung größeren Umfangs geboten. Etwas anderes muss allerdings dann gelten, wenn sich die Parodie nicht mit der Vorlage selbst auseinandersetzt, sondern außerhalb des zitierten Werkes liegende Themen kommentiert. In diesen Fällen kommt es nicht entscheidend auf das Erkennen der Vorlage an, da sich die Auseinandersetzung nicht auf diese bezieht. Es ist demnach nicht erforderlich, das zitierte Werk oder Werkteile dessen in einem großen Umfang zu übernehmen. Da in diesen Konstellationen bereits das Vorliegen des Zitatzwecks fraglich ist,[605] wird meist mehr übernommen, als durch den Zitatzweck geboten ist. Die Parodie überschreitet dann den erforderlichen Umfang, sofern es sich um Entlehnungen größeren Umfangs handelt.

e) Änderungsverbot und Quellenangabe

Letztendlich müssen die Schranken-Schranken des Zitatrechts – das Änderungsverbot nach § 62 UrhG und die Quellenangabe nach § 63 UrhG – von der Parodie gewahrt werden.

aa) Quellenangabe gemäß § 63 UrhG

Sofern ein Werk im Rahmen des § 51 UrhG vervielfältigt wird, ist nach § 63 Abs. 1 S. 1 UrhG stets die Quelle deutlich anzugeben. Damit wird dem Anspruch auf Anerkennung der Urheberschaft gemäß § 13 UrhG Rechnung getragen.[606] Im

604 BGH, GRUR 1986, 59 (60) – Geistchristentum; *Dustmann*, in: Fromm/Nordemann, UrhG, § 51 Rn. 18; *Lüft*, in: Wandtke/Bullinger, UrhG^5, § 51 Rn. 6; *Schulz*, in: BeckOK, UrhG, § 51 Rn. 14; *Spindler*, in: Schricker/Loewenheim, UrhG^5 § 51 Rn. 19.

605 Siehe hierzu unter Kapitel 3 A. II. 4. c) cc) (3).

606 *Dietz/Spindler*, in: Schricker/Loewenheim, UrhG^5, § 63 Rn. 1; *Dreyer*, in: Dreyer/Kotthoff/Meckel/Hentsch, UrhG^4, § 63 Rn. 3; *Schulze*, in: Dreier/Schulze, UrhG, § 63 Rn. 1; *Waiblinger*, UFITA 2011/II, 323 (421).

Rahmen der Auslegung des Parodiebegriffs stellt der EuGH aber fest, dass eine Parodie das ursprüngliche Werk nicht angeben müsse.[607] Für eine Parodie soll demnach die Quellenangabe nicht erforderlich sein. Eine solche wäre ohnehin hinderlich. Der parodistische Effekt tritt schließlich erst durch die unerwartete Abweichung vom parodierten Werk ein.[608] Durch die Quellenangabe würde der humorvolle Aspekt der Parodie verloren gehen, denn sie hätte den Effekt, als müsse man den mit der Parodie bezweckten Witz erklären.[609] Eine Parodie lebt jedoch davon, dass der Adressat selbst feststellt, welches Werk oder welche Werkteile übernommen wurden.[610] Das Gebot der Quellenangabe widerspricht daher dem Wesen der Parodie. Hierbei muss jedoch beachtet werden, dass im Anwendungsfall der Parodie § 51 UrhG keine Umsetzung von Art. 5 Abs. 3 lit. d Info-RL ist, der die Quellenangabe ausdrücklich vorschreibt, sondern es sich vielmehr um die Umsetzung von Art. 5 Abs. 3 lit. k Info-RL im Rahmen des § 51 UrhG handelt. Da im Hinblick auf Art. 5 Abs. 3 lit. k Info-RL eine Quellenangabe von der Richtlinie nicht vorgegeben ist, müssen §§ 51, 63 Abs. 1 UrhG dahingehend richtlinienkonform ausgelegt werden, dass, sofern die Parodie unter die Schranke des § 51 UrhG gefasst werden soll, von einer Quellenangabe abgesehen werden muss.

bb) Änderungsverbot gemäß § 62 UrhG

Fraglich ist, ob die Parodie vom Änderungsverbot des § 62 UrhG erfasst wird. Das Änderungsverbot konkretisiert das urheberpersönlichkeitsrechtliche Entstellungsverbot des § 14 UrhG.[611] Grundsätzlich sind nach § 62 Abs. 1 S. 1 UrhG keine Änderungen am Werk zulässig. Der geistig-ästhetische Gehalt und die Aussagerichtung des Werkes sollen vor allem nicht geändert werden.[612] Jedoch wird erst durch teilweise erhebliche Veränderungen der übernommenen Elemente die parodistische Wirkung erzielt.[613] Das Hinzufügen oder Auslassen von Teilen verändert Sinn und Aussage des parodierten Werkes, weil der Parodist die mit

607 EuGH, Urt. v. 3.9.2014 – Rs. C-201/13, Rn. 33 – Deckmyn/Vandersteen.

608 *Stuhlert,* Die Behandlung der Parodie im Urheberrecht, S. 64. Ähnlich *Arz,* UFITA 2013/II, 353 (362); *Prengel,* Bildzitate von Kunstwerken, S. 51f.

609 *Hertin,* GRUR 1989, 159 (164); *Hess,* Urheberrechtsprobleme der Parodie, S. 142; *Rütz,* WRP 2004, 323 (327). Ähnlich *Gabler,* Die urheberrechtliche Drittnutzung, S. 149.

610 *Arz,* UFITA 2013/II, 353 (362); *Hess,* Urheberrechtsprobleme der Parodie, S. 142; *Mauch,* Beurteilungen von Parodien in der EU, S. 72.

611 *Bullinger,* in: Wandtke/Bullinger, UrhG[5], § 62 Rn. 2; *Dietz/Peukert,* in: Schricker/Loewenheim, UrhG[5] § 62 Rn. 1; *Schulze,* in: Dreier/Schulze, UrhG, § 62 Rn. 1.

612 *Hess,* Urheberrechtsprobleme der Parodie, S. 141; *Mauch,* Die rechtliche Beurteilung von Parodien in der EU, S. 71; *Prengel,* Bildzitate von Kunstwerken, S. 52; *Rütz,* WRP 2004, 323 (327).

613 So auch *Arz,* UFITA 2013/II, 353 (362); *Hefti,* Die Parodie im Urheberrecht, S. 108; *Hess,* Urheberrechtsprobleme der Parodie, S. 141; *Mauch,* Die rechtliche Beurteilung von Parodien in der EU, S. 71; *Prengel,* Bildzitate von Kunstwerken, S. 51.

dem Ursprungswerk verfolgte Aussage in einen anderen Zusammenhang bringt oder dem Original eine entgegengesetzte Aussage zukommen lässt.[614] Wird keine Änderung am parodierten Werk vorgenommen, so wird doch zumindest die Aussagerichtung der Vorlage geändert.[615] Auch die Ausnahmen des § 62 Abs. 2 bis 4 UrhG treffen auf die Parodie nicht zu, weshalb sie der Schranken-Schranke des Änderungsverbots gemäß § 62 UrhG grundsätzlich nicht entspricht. Entsprechend des § 39 Abs. 2 UrhG sind allerdings solche Änderungen zulässig, die der Urheber nach Treu und Glauben nicht seiner Einwilligung versagen könnte. Maßgeblich hierfür kann u.a. auch der gesetzlich gestattete Nutzungszweck innerhalb der jeweiligen Schrankenbestimmung sein. Deshalb muss der mit der jeweiligen Schranke verfolgte Zweck ermittelt und dahingehend überprüft werden, inwieweit die konkrete Maßnahme erforderlich und dem Urheber zumutbar ist.[616] § 62 UrhG kann nur soweit anwendbar sein, wie eine Schranke nicht selbst abschließend regelt, inwieweit Änderungen zulässig sind. Wesentliche Merkmale der Parodie bestehen darin, zum einen an ein bestehendes Werk zu erinnern, gleichzeitig ihm gegenüber aber wahrnehmbare Unterschiede aufzuweisen.[617] Die Parodieschranke ist nach der Auslegung des Art. 5 Abs. 3 lit. k Info-RL daher bereits dadurch gekennzeichnet, dass die Benutzung des parodierten Werkes durch Änderungen dessen ermöglicht wird. Diese Wertung wird aber unterlaufen, würde man das Änderungsverbot im Rahmen des § 51 UrhG als Umsetzung der Parodieschranke anwenden. Damit würde dem Ziel der Richtlinie – die kohärente Auslegung der Schrankenbestimmung – nicht entsprochen werden. Der Zweck der Schranke würde daher verfehlt werden. Das Änderungsverbot kann daher keine Anwendung auf die Parodieschranke finden.

cc) *Zwischenfazit*

Ein Verstoß gegen die Schranken-Schranken liegt damit im Zusammenhang mit der Parodie nicht vor.

f) *Zusammenfassung*

Da es sich bei dem Begriff »Parodie« um einen unionsrechtlichen Begriff handelt, ist er einheitlich auszulegen, weshalb es für die Behandlung der Parodie als Zitat i.S.d. § 51 S. 1 UrhG darauf ankommt, dass die Parodie, so wie sie vom EuGH definiert wird, von der Norm erfasst wird. Dabei handelt es sich um die größte Hürde, die der Behandlung der Parodie unter § 51 S. 1 UrhG entgegensteht. Der unionsrechtliche Parodiebegriff setzt voraus, dass es dem Wesen der Parodie

---

614 So auch *Hefti*, Die Parodie im Urheberrecht, S. 108; *Hess*, Urheberrechtsprobleme der Parodie, S. 141; a.A. *Becker*, Parodie und Kommerz, S. 26 (Fn. 145).

615 *Stuhlert*, Die Behandlung der Parodie im Urheberrecht, S. 64.

616 *Schulze*, in: Dreier/Schulze, UrhG, § 62 Rn. 12. So auch *Maier*, Remixe, S. 38.

617 EuGH, Urt. v. 3.9.2014 – Rs. C-201/13, Rn. 20 – Deckmyn/Vandersteen.

entspricht, an ein bestehendes Werk zu erinnern, gleichzeitig ihm gegenüber aber wahrnehmbare Unterschiede aufzuweisen. Sie selbst muss dabei kein schutzfähiges Werk i. S. d. § 2 Abs. 2 UrhG darstellen. Eine Auseinandersetzung mit dem parodierten Werk ist nicht erforderlich. Die Parodie kann auch Tatbestände kommentieren, die außerhalb des Originals liegen. Zudem ist eine antithematische Auseinandersetzung nicht mehr erforderlich. Vielmehr reichen Humor oder Verspottung aus. Das parodierte Werk muss nicht angegeben werden.

Die Einführung der Generalklausel des § 51 S. 1 UrhG eröffnet der Parodie einen weiten Spielraum. Da hinsichtlich des zitierenden Gegenstands kein Werkcharakter erforderlich ist, ist die Parodie ein geeignetes Subjekt, in welches ein Zitat aufgenommen werden kann. Mangels antithematischer Auseinandersetzung und aufgrund des Erfordernisses, dass sich die Parodie nicht mit dem Gegenstand des parodierten Werkes auseinandersetzen muss, ist die Belegfunktion grundsätzlich zu verneinen. Eine mit dem Unionsrecht zu vereinbarende grundrechtskonforme kunstspezifische Auslegung des § 51 UrhG erfordert eine innere Verbindung zwischen Zitatobjekt und Zitatsubjekt dahingehend, dass das fremde Werk zu einem Bestandteil einer eigenen künstlerischen Gestaltung und Aussage wird. Zumindest muss eine innere Verbindung zwischen der Parodie und dem parodierten Werk bestehen, was wegen des fehlenden Erfordernisses der Auseinandersetzung mit dem parodierten Werk fraglich ist. Das Änderungsverbot und das Erfordernis der Quellenangabe stehen der Behandlung der Parodie im Rahmen des § 51 S. 1 UrhG jedenfalls nicht entgegen.

Damit zeigt sich, dass eine einheitliche Beurteilung der Parodie unter den Vorgaben des EuGH und des BGH im Rahmen des Zitatrechts nicht möglich ist. Zwar sind durchaus Fälle denkbar, die von § 51 S. 1 UrhG erfasst werden können. Die Parodie scheitert aber zumindest dann am erforderlichen Zitatzweck, wenn sie sich mit außerhalb des parodierten Werkes liegenden Themen auseinandersetzt.

5. Teleologische Reduktion der Verwertungsrechte

Die Zitatfreiheit nach § 51 S. 1 UrhG kann nicht jede Form der Parodie, wie sie durch die Parodieschranke des Art. 5 Abs. 3 lit. k Info-RL durch Auslegung des EuGH vorgegeben wird, erfassen. Daher stellt sich die Frage, wie die Fälle zu behandeln sind, die nicht bereits nach derzeitiger Rechtslage privilegiert werden können.

Die *de lege lata* einzig verbleibende Möglichkeit ist eine teleologische Reduktion des betroffenen Verwertungsrechts. Aus Sicht des Unionsrechts ist es denkbar, die Parodie statt im Wege einer Schranke, so wie es Art. 5 Abs. 3 lit. k Info-RL vorsieht, im Wege einer inhaltlichen Begrenzung des betroffenen Verwertungsrechts vom Ausschließlichkeitsrecht des Urhebers des parodierten

Werkes auszunehmen. Fraglich ist daher, ob die Parodie bereits im Wege einer teleologischen Reduktion des einschlägigen Verwertungsrechts vom Ausschließlichkeitsrecht des Urhebers ausgenommen werden kann.

a) Bindung der Mitgliedstaaten an die Umsetzung als Schranke?

Dafür ist zunächst zu klären, ob die Formulierung der Info-RL die Mitgliedstaaten dahingehend bindet, das Ergebnis – Zustimmungsfreiheit der Nutzung als Parodie – als Schranke im nationalen Recht vorzusehen.

Nach Art. 288 Abs. 3 AEUV sind Richtlinien bezüglich ihres Ziels verbindlich. Den Mitgliedstaaten wird jedoch Wahlfreiheit im Hinblick auf die Form und des Mittels eingeräumt. Mit der Verbindlichkeit des Ziels ist im Rahmen des Art. 288 Abs. 3 AEUV die Umsetzung der finalen Vorgaben – des Ergebnisses – der Richtlinie gemeint.[618] Die Mitgliedstaaten müssen demnach den von der Richtlinie vorgegebenen Rechtszustand schaffen.[619] Art. 5 Abs. 3 lit. k Info-RL gibt vor, dass eine Parodie ohne Zustimmung des Parodierten möglich sein muss. Der Rechtszustand, der von der Richtlinie geschaffen werden soll, ist die zustimmungsfreie Nutzung der Parodie. Dabei ist jedoch zu beachten, dass die Richtlinie nicht nur Ziele festlegt, sondern auch Einfluss auf die Mittel haben kann. Diesbezüglich besteht eine Wahlmöglichkeit der Mitgliedstaaten nämlich nur dann, wenn die Richtlinie keine Bestimmungen darüber trifft.[620] Nach dem Wortlaut des Art. 5 Abs. 3 lit. k Info-RL können die Mitgliedstaaten für die Nutzung zum Zwecke der Parodie *Ausnahmen* oder *Beschränkungen* in Bezug auf die in Art. 2 und 3 Info-RL geregelten Verwertungsrechte vorsehen. Bei einer Ausnahme handelt sich um eine inhaltliche Abgrenzung zum Verwertungsrecht.[621] Die Beschränkung hingegen stellt eine Schranke der Verwertungsrechte dar,[622] wodurch der Inhalt des Ausschließlichkeitsrechts bestimmt wird.[623] Es ist jedoch eine Frage der Gesetzestechnik, ob Ausnahmen oder Beschränkungen eingeführt werden.[624] Beide Alternativen haben gemeinsam, dass die Parodie-

618 *Ruffert,* in Calliess/Ruffert, EUV/AEUV, Art. 288 AEUV Rn. 23.

619 *Nettesheim,* in: Grabitz/Hilf/Nettesheim, EUV/AEUV, Art. 288 AEUV Rn. 112; *Schroeder,* in: Streinz, EUV/AEUV, Art. 288 AEUV Rn. 61.

620 *Nettesheim,* in: Grabitz/Hilf/Nettesheim, EUV/AEUV, Art. 288 AEUV Rn. 112. So auch *Obergfell/Stieper,* in: FS 50 Jahre UrhG, S. 225.

621 *Lindhorst,* Schutz von und vor technischen Maßnahmen, S. 60. So auch *Topal,* Die Umsetzung der InfoSoc-Richtlinie, S. 43.

622 *Lindhorst,* Schutz von und vor technischen Maßnahmen, S. 60. So auch *Topal,* Die Umsetzung der InfoSoc-Richtlinie, S. 43.

623 So *Geiger,* GRUR Int 2004, 815 (818) m. w. N.

624 *Melichar/Stieper,* in: Schricker/Loewenheim, UrhG[5], Vor §§ 44a ff. Rn. 27, die sich auf den BegrRefE, UFITA 2004/I, 143 (163) stützen, wonach der deutsche Gesetzgeber den von Art. 5 Abs. 1 Info-RL zwingend vorgegebenen § 44a UrhG im Gegensatz zu den übrigen Schranken zunächst als »Ausnahme« regeln wollte. Auch *Peukert,* Die Gemeinfreiheit, S. 93 geht letztendlich davon aus, dass es eine Frage der Rechtstechnik ist, ob der Schutzbereich des

freiheit gewährleistet wird. Es kann demnach nicht darauf ankommen, ob die Parodie von vornherein vom Verwertungsrecht auszunehmen ist oder eine gesetzliche Schranke eingeführt werden soll. Der Richtliniengeber lässt jedenfalls beide Alternativen für die Regelung der Parodiefreiheit zu, weshalb dem Mitgliedstaat die Wahl überlassen bleibt, die Parodiefreiheit als Ausnahme oder Beschränkung umzusetzen. Die Mitgliedstaaten sind damit nicht an die Formulierung als Schranke gebunden.

b) Möglichkeit der teleologischen Reduktion der Verwertungsrechte

Entscheidend ist jedoch, ob eine teleologische Reduktion der Verwertungsrechte anhand einer grundrechtlichen Interessenabwägung dahingehend möglich ist, dass eine Parodie erst gar nicht als Eingriff in die Verwertungsrechte des Parodierten angesehen werden kann. In diesem Sinne hat der BGH dem EuGH die Frage vorgelegt, ob die europäischen Grundrechte auch außerhalb der in Art. 5 Abs. 2, 3 Info-RL geregelten Ausnahmen und Beschränkungen rechtfertigen können.[625] So geht auch der BGH davon aus, dass ein »gesteigertes öffentliches Interesse« nicht nur im Rahmen der Auslegung der Schrankenbestimmungen zu berücksichtigen sei, sondern »unter Umständen schon bei der Auslegung der dem Urheber zustehenden Befugnisse«.[626] Zwar bezieht sich der BGH dabei nicht explizit auf die Parodiefreiheit. Allerdings können diese Grundsätze auf den Sachverhalt der Parodie übertragen werden, da auch hier das nationale Recht *de lege lata* keinen geeigneten Anknüpfungspunkt für die Privilegierung der Parodie bietet.

Hierfür ist eine planwidrige Regelungslücke erforderlich. Während sich die Unvollständigkeit wiederum aus der fehlenden Zustimmungsfreiheit der parodistischen Benutzung ergibt, stellt sich die Frage, ob sie auch planwidrig[627] ist. Es müssen nationalrechtlich Zweifel am Inhalt der fortzubildenden Norm bestehen. Dabei muss allerdings beachtet werden, dass der nationale Gesetzgeber die Güter- und Interessenabwägung bezüglich der infrage stehenden Grundrechtspositionen durch die Einführung der Schrankenbestimmungen bereits abschlie-

Ausschließlichkeitsrechts von vornherein beschränkt wird oder Schranken oder Ausnahmen eingeführt werden. *Geiger*, GRUR Int 2004, 815 (818f.) sieht jedoch beachtliche theoretische Unterschiede zwischen den beiden Begriffen.

625 BGH, GRUR 2017, 1027 Vorlagefrage 3 – Reformistischer Aufbruch; BGH, GRUR 2017, 901 Vorlagefrage 3 – Afghanistan Papiere. Ähnlich auch BGH, GRUR 2017, 895 Vorlagefrage 6 – Metall auf Metall III.

626 BGH, GRUR 2017, 1027 Rn. 30 – Reformistischer Aufbruch; BGH, GRUR 2017, 901 Rn. 41 – Afghanistan Papiere; BGH, GRUR 2017, 895 Rn. 50 – Metall auf Metall III. So bereits zum nationalen Recht BGH, GRUR 2003, 956 (957) – Gies-Adler m.w.N.

627 Siehe näher zu dieser Voraussetzung unter Kapitel 3 A. II. 2. d) bb) (2) (b) (aa).

ßend getroffen hat.[628] Aus diesem Grund kann eine Güter- und Interessenabwägung nur im Rahmen der Anwendung bestehender Schrankenregelungen stattfinden.[629] All das, was über die an die Schrankenregelungen gebundene Interessenabwägung hinaus geht, setzt sich über die Intention des Gesetzgebers hinweg.[630] Nimmt man an, dass eine solche Interessenabwägung, die an den Tatbestand des betroffenen Verwertungsrechts anknüpft, in der Weise möglich sei, dass ein aufgrund der Grundrechte überwiegendes Verwertungs- und Veröffentlichungsinteresse vorliege, sodass im Einzelfall bereits das Vorliegen des Verwertungsrechts des Urhebers verneint werden müsse, liefe dies mangels gesetzlicher Anknüpfungspunkte für eine einschränkende Auslegung auf eine nachgeschaltete, freischwebende Güter- und Interessenabwägung hinaus.[631] Eine solche ist jedoch unzulässig.[632]

Man könnte zwar auch argumentieren, dass der Gesetzgeber Art. 5 Abs. 3 lit. k Info-RL deshalb nicht ausdrücklich umgesetzt hat, weil er davon ausging, dass § 24 Abs. 1 UrhG bereits eine Schranke für Parodien darstelle. Demnach könnte unterstellt werden, dass es dem Willen des Gesetzgebers entspräche, die Parodie von den Verwertungsrechten auszunehmen. Allerdings muss beachtet werden, dass bei einer nicht geglückten Umsetzung einer Richtlinie die Gefahr besteht, dass die Wertungen des Gesetzgebers durch rechtspolitische Vorstellungen des Gerichts ersetzt werden, sofern der Gesetzgeber nicht zu erkennen gegeben hat, dass eine richtlinienkonforme Umsetzung angestrebt ist.[633] Hinsichtlich des Gesetzesentwurfs zur Regelung des Urheberrechts in der Informationsgesellschaft,[634] welcher der Umsetzung der Info-RL dient,[635] wird jedoch nicht deutlich, dass der Gesetzgeber eine Parodieschranke im Sinne der Richtlinie einführen

628 So auch GA *Szpunar*, Schlussanträge im Fall »Pelham u. a.« v. 12.12.2018, Rs. C-476/17 Rn. 90; *Dustmann*, in: Fromm/Nordemann, UrhG, Vorb. zu §§ 44a ff. Rn 4; *Findeisen*, Die Auslegung urheberrechtlicher Schrankenbestimmungen, S. 124; *Melichar/Stieper*, in: Schricker/Loewenheim, UrhG^5, Vor §§ 44a ff. Rn. 24; *Stieper*, GRUR 2017, 1209 (1211 f.); *ders.*, Rechtfertigung, Rechtsnatur und Disponibilität der Schranken des Urheberrechts, S. 64.

629 BVerfG, GRUR 2012, 389 Rn. 14 – Kunstaustellung im Online-Archiv; *Bornkamm*, in: FS Piper, S. 650; *Poll*, ZUM 2004, 511 (517); *Melichar/Stieper*, in: Schricker/Loewenheim, UrhG^5, Vor §§ 44a ff. Rn. 24; *Stieper*, Rechtfertigung, Rechtsnatur und Disponibilität, S. 64.

630 In diesem Sinne auch *Stieper*, Rechtfertigung, Rechtsnatur und Disponibilität, S. 64 f.

631 In diesem Sinne auch *Stieper*, GRUR 2017, 1209 (1212), der sich zwar nicht explizit auf die Parodie bezieht, die Erwägungen sich aber jedenfalls auf die vorliegende Konstellation übertragen lassen.

632 BGH, GRUR 2003, 956 (957) – Gies-Adler m. w. N.

633 *Roth/Jopen*, in: Riesenhuber, Europäische Methodenlehre, § 13 Rn. 57, die auf das Minderheitsvotum des BVerfG, NJW 2009, 1469 Rn. 97 verweisen und dabei feststellen, dass die dort konkret beschriebene Gefahr bei der richtlinienkonformen Rechtsfortbildung zur Korrektur einer nicht geglückten Richtlinienumsetzung besteht.

634 BTDrs. 15/38.

635 BTDrs. 15/38, S. 1.

wollte. Es geht daraus lediglich hervor, dass die Schrankenregelungen des UrhG den Vorgaben der Richtlinie angepasst werden sollen, wobei das Gesetz nur in einem geringen Umfang zu ändern sei.[636] Die weitestgehend bereits richtlinienkonformen deutschen Schrankenregelungen sollten an die Vorgaben der Richtlinie angepasst werden.[637] Im UrhG von 1965, das bis zur ersten Änderung des Gesetzes gültig war, wurde eine Schrankenregelung zugunsten der Parodie allerdings nicht vorgesehen. Im Rahmen der Gesetzesbegründung hat der Gesetzgeber auch nicht erfasst, dass § 24 Abs. 1 UrhG zumindest bezüglich der Anwendung auf die Parodie als deren Schranke behandelt werden soll. Die Parodieschranke war demnach auch zuvor nicht gesetzlich normiert. In Bezug auf weitere Schrankenregelungen im Rahmen der Anpassung des UrhG an die Info-RL wird formuliert, dass von der Einführung weiterer Schrankenregelungen – im Vergleich zu denen, die zuvor im UrhG geregelt waren – des Katalogs aus Art. 5 Abs. 2, 3 Info-RL nur sparsam Gebrauch gemacht wird.[638] Neu eingeführt wurden lediglich die Schranken zugunsten behinderter Menschen und für die öffentliche Zugänglichmachung für den Unterricht und die Forschung.[639] Auch bezüglich des Entwurfs eines Zweiten Gesetzes zur Regelung des Urheberrechts in der Informationsgesellschaft[640] ist nicht zu erkennen, dass eine Parodieschranke eingeführt werden soll. Damit kann festgehalten werden, dass ein gesetzgeberischer Wille, eine Parodieschranke einführen zu wollen, wie sie in Art. 5 Abs. 3 lit. k Info-RL vorgesehen ist, nicht in den Gesetzesentwürfen zu finden ist. Vielmehr wurde die Parodie in ihrer Wirkung als Schutzschranke i. S. d. Art. 5 Abs. 3 lit. k Info-RL durch Auslegung von der Rechtsprechung umgesetzt.[641] Bezüglich der Parodieschranke ist damit festzuhalten, dass der nationale Gesetzgeber nicht zu erkennen gegeben hat, eine Umsetzung der Regelung vorzusehen. Aus diesem Grund muss davon ausgegangen werden, dass eine teleologische Reduktion der Verwertungsrechte rechtspolitisch motiviert wäre, um das Ziel der zustimmungsfreien Nutzung einer Parodie zu gewährleisten. Eine solche Motivation entspricht zum einen jedoch nicht dem Lückenbegriff,[642] der für eine Rechtsfortbildung erforderlich ist, weshalb eine teleologische Reduktion ausscheiden muss. Zum anderen trägt die Gesetzgebung stets die politische Verantwortung für ein Gesetz und nicht die Rechtsprechung.[643] Deshalb muss eine

636 BTDrs. 15/38, S. 1.
637 BTDrs. 15/38, S. 15.
638 BTDrs. 15/38, S. 15.
639 BTDrs. 15/38, S. 15.
640 BTDrs. 16/1828.
641 BGH, GRUR 2016, 1157 Rn. 24 – auf fett getrimmt. So auch *Melichar/Stieper*, in: Schricker/Loewenheim, UrhG[5], Vor §§ 44a ff. Rn. 21.
642 So *Canaris*, in: FS Bydlinski, S. 83; *Larenz/Canaris*, Methodenlehre der Rechtswissenschaft, S. 195.
643 *Baldauf*, Richtlinienverstoß, S. 40. In diesem Sinne auch *Krey*, JZ 1978, 465.

über die Anwendung konkreter Schrankenbestimmungen hinausgehende Korrektur bezüglich der Zustimmungsfreiheit stets dem Gesetzgeber vorbehalten bleiben.[644]

Eine teleologische Reduktion der betroffenen Verwertungsrechte liefe letztendlich darauf hinaus, dass aufgrund der unmittelbaren Bezugnahme auf Grundrechte im Rahmen der Güter- und Interessenabwägung mangels Anknüpfungspunkte im Rahmen der Verwertungsrechte allgemeine Schranken geschaffen werden. Damit wird das in §§ 44a ff. UrhG geregelte Schrankensystem über Gebühr ausgehöhlt.[645] Eine solche Berücksichtigung kann lediglich innerhalb der Schrankenregelungen erfolgen.[646]

c) *Verstoß gegen den Grundsatz der Rechtssicherheit*

Eine teleologische Reduktion der Verwertungsrechte verstößt darüber hinaus gegen den Grundsatz der Rechtssicherheit.[647] Würde die teleologische Reduktion der betroffenen Verwertungsrechte anerkannt werden, so führt dies zu einer Güter- und Interessenabwägung, die im Gesetz keinen Anknüpfungspunkt fände. Schaffen die Gerichte im Rahmen einer Güter- und Interessenabwägung über die in §§ 44a ff. UrhG geregelten Schrankenbestimmungen hinaus neue Schrankenbestimmungen, so wäre die erforderliche Rechtssicherheit nicht mehr gewährleistet.[648] Zum einen kann der Urheber nicht vorhersehen, inwiefern sein Werk zustimmungsfrei genutzt werden kann. Zum anderen ist für den Parodisten nicht erkenntlich, ob seinerseits eine zustimmungsfreie Nutzung möglich ist und welche Grenzen ihm diesbezüglich gesetzt werden.[649] Eine teleologische

---

644 BVerfG, GRUR 2012, 389 Rn. 14 – Kunstausstellung im Online-Archiv; *Dustmann,* in: Fromm/Nordemann, UrhG, Vorb. zu §§ 44a ff. Rn. 4; *Findeisen,* Die Auslegung urheberrechtlicher Schrankenbestimmungen, S. 124; *Melichar/Stieper,* in: Schricker/Loewenheim, UrhG[5], Vor §§ 44a ff. Rn. 24; *Peukert,* Die Gemeinfreiheit, S. 95; *Schack,* Urheber- und Urhebervertragsrecht, Rn. 537; *Stieper,* Rechtfertigung, Rechtsnatur und Disponibilität, S. 65.

645 In diesem Sinne auch *Schack,* Urheber- und Urhebervertragsrecht, Rn. 537; *Melichar/Stieper,* in: Schricker/Loewenheim, UrhG[5], Vor §§ 44a ff. Rn. 24.

646 BVerfG, GRUR 2012, 389 – Kunstaustellung im Online-Archiv; *Wandtke/Hauck,* GRUR 2017, 3422 (3424). So i.E. hinsichtlich des europäischen Urheberrechts auch EuGH, Urt. v. 29.7. 2019 – Rs. C-516/17, Rn. 47 – Spiegel Online GmbH; EuGH, Urt. v. 29.7.2019 – Rs. C-476/17, Rn. 63 – Pelham u. a.; EuGH, Urt. v. 29.7.2019 – Rs. C-469/17, Rn. 62 – Funke Medien NRW GmbH.

647 In diesem Sinne auch EuGH, Urt. v. 29.7.2019 – Rs. C-516/17, Rn. 47 – Spiegel Online GmbH; EuGH, Urt. v. 29.7.2019 – Rs. C-476/17, Rn. 63 – Pelham u. a.; EuGH, Urt. v. 29.7.2019 – Rs. C-469/17, Rn. 62 – Funke Medien NRW GmbH. Zum Inhalt des Grundsatzes der Rechtssicherheit siehe bereits unter Kapitel 3 A. II. 2. d) bb) (3).

648 In diesem Sinne auch *Findeisen,* Die Auslegung urheberrechtlicher Schrankenbestimmungen, S. 124.

649 So bereits im Hinblick auf die richtlinienkonforme Auslegung des § 24 UrhG unter Kapitel 3 A. II. 2. d) bb) (3).

Reduktion der Verwertungsrechte muss demnach auch wegen des Verstoßes gegen den Grundsatz der Rechtssicherheit abgelehnt werden.

d) *Zusammenfassung*

Es bleibt festzuhalten, dass die Einführung einer inhaltlichen Begrenzung der Ausschließlichkeitsrechte des Parodierten anhand einer grundrechtlichen Interessenabwägung von der Richtlinie nicht ausgeschlossen wird. Nationalrechtlich ist eine solche Vorgehensweise mangels gesetzlicher Regelungen nur im Rahmen einer teleologischen Reduktion des betroffenen Verwertungsrechts denkbar. Dies würde jedoch einer freischwebenden Güter- und Interessenabwägung gleich kommen. Eine solche ist im UrhG nicht vorgesehen, da der Gesetzgeber eine Abwägung der grundrechtlichen Positionen bereits durch die Einführung der Schrankenbestimmungen nach §§ 44a ff. UrhG getroffen hat, wobei die Parodie keine Berücksichtigung fand. Schließlich würde eine solche teleologische Reduktion mangels ausdrücklichen Anknüpfungspunkts im Gesetz dazu führen, dass gegen den Grundsatz der Rechtssicherheit verstoßen wird. Sowohl für den Parodierten als auch für den Parodisten ist nicht vorhersehbar, was urheberrechtlich erlaubt ist und was nicht.

6. Schlussfolgerung

Die Ausführungen haben gezeigt, dass es aufgrund der aktuellen Rechtsprechung im nationalen Recht keinen geeigneten Anknüpfungspunkt für die Behandlung der Parodie im Urheberrecht in Bezug auf den Eingriff in die Verwertungsrechte des parodierten Urhebers gibt. Das »Deckmyn«-Urteil des EuGH beeinflusst insbesondere die Behandlung der Parodie im Rahmen der freien Benutzung gemäß § 24 Abs. 1 UrhG. Während sich die Begünstigung der Parodie überwiegend aus einer verfassungskonformen Auslegung des Merkmals »Schaffung eines selbstständigen Werkes« im Rahmen des § 24 Abs. 1 UrhG ergab, ist eine solche Vorgehensweise aufgrund des EuGH-Urteils nicht mehr möglich. Dass ein selbstständiges Werk geschaffen wird, ist nun nicht mehr erforderlich. Der eindeutige Wortlaut des § 24 Abs. 1 UrhG steht einer richtlinienkonformen Auslegung entgegen. Eine richtlinienkonforme Rechtsfortbildung scheitert, da ansonsten die Grenzen zwischen der abhängigen Bearbeitung nach § 23 UrhG und der freien Benutzung nach § 24 Abs. 1 UrhG verschwimmen. Das gilt auch für die teleologische Reduktion des § 23 UrhG im Sinne einer »freien Bearbeitung«. Es ist zwar nicht abwegig, die Parodie unter die Zitatschranke zu fassen. Allerdings darf dabei nicht vergessen werden, dass diese Schranke durch die geistige Auseinandersetzung mit dem zitierten Werk gekennzeichnet ist. Damit die Parodie darunter gefasst werden kann, muss im Rahmen dessen eine geistige Auseinandersetzung *mit* dem parodierten Werk stattfinden, was jedoch aufgrund der

Vorgaben des EuGH nicht immer gewährleistet werden kann. Deshalb werden durch § 51 S. 1 UrhG nicht alle Fälle des Art. 5 Abs. 3 lit. k Info-RL erfasst. Die Parodien, die sich nicht mit dem parodierten Werk auseinandersetzen, könnten lediglich durch eine teleologische Reduktion der betroffenen Verwertungsrechte privilegiert werden. Ein solches Vorgehen würde jedoch zum einen der Konzeption des Urheberrechts zuwiderlaufen, wonach eine freischwebende Güter- und Interessenabwägung unabhängig von den Schrankenregelungen nicht vorgesehen ist. Zum anderen würde die Rechtssicherheit beeinträchtigt werden.

Nach derzeitiger Rechtslage kann der parodierte Urheber, sofern die Parodie nicht von der Schrankenregelung des § 51 S. 1 UrhG erfasst ist, im nationalen Recht jederzeit gegen eine Parodie gemäß §§ 97ff. UrhG vorgehen, sofern seine Verwertungsrechte nach §§ 11, 15ff. UrhG betroffen sind. Der Parodist muss demnach stets die Erlaubnis des Rechtsinhabers einholen, um sein Werk zum Zwecke der Parodie verwenden zu können. Hierin besteht aber zugleich die Gefahr, dass der Inhaber das ihm zur Sicherung seiner Verwertungsinteressen zugewiesene Recht missbraucht, um die Auseinandersetzung mit seinem Werk zu unterbinden, indem er die Erlaubnis verweigert oder von einer unverhältnismäßigen Vergütung abhängig macht. Das verdeutlicht insbesondere, dass der Gesetzgeber mangels gesetzlicher Regelung tätig werden muss, um die Parodiefreiheit zu gewährleisten.[650] Zwar ist zu beachten, dass es sich aus europarechtlicher Sicht nach Art. 5 Abs. 3 lit. k Info-RL bei der Parodieschranke lediglich um eine fakultative Vorschrift handelt, weshalb es dem nationalen Gesetzgeber grundsätzlich freisteht, eine solche Schranke einzuführen oder nicht. Doch die Meinungs- und Kunstfreiheit gebieten es, dass das Urheberrecht Parodien nicht unmöglich machen darf.[651] Vor diesem Hintergrund ist es zu begrüßen, dass aufgrund des Art. 17 Abs. 7 DSM-RL[652] die Schrankenregelung des Art. 5 Abs. 3 lit. k Info-RL nun verpflichtend[653] eingeführt werden muss.[654] Zwar bezieht sich diese Ausnahme vornehmlich auf die öffentliche Zugänglichmachung und die öffentliche Wiedergabe über Plattformen. Der nationale Gesetzgeber sollte die Umsetzungsverpflichtung jedoch zum Anlass nehmen, eine Parodieschranke für sämtliche Verwertungsrechte einzuführen. So kann gewährleistet werden, dass

650 Auch *Dreier*, GRUR 2019, 1003 (1005); *Gabler*, Die urheberrechtliche Drittnutzung, S. 149; *Mauch*, Die rechtliche Beurteilung von Parodien in der EU, S. 222ff.; *Stieper*, AfP 2015, 301 (305) befürworten die Einführung einer Schrankenbestimmung zugunsten der Parodie.

651 Vgl. bereits unter Kapitel 3 A. II. 2. d) aa) (2). So i.E. auch *Ellenberg*, GRUR-Prax 2015, 469.

652 Umzusetzen bis zum 7.6.2021, vgl. Art. 29 Abs. 1 S. 1 DSM-RL.

653 Vgl. ErwG 70 S. 4 DSM-RL.

654 Zur Problematik in Bezug auf die damit zusammenhängenden technischen Schwierigkeiten und den damit zusammenhängenden Problemen siehe etwa *Dreier*, GRUR 2019, 771 (777); *Pravemann*, GRUR 2019, 783 (787f.); *Weiden*, GRUR 2019, 370 (371f.). Immerhin muss den Nutzern jedoch ein Beschwerde- und Rechtsbehelfsverfahren nach Art. 17 Abs. 9 DSM-RL zur Seite gestellt werden.

den Interessen des Rechtsinhabers und der Nutzer insbesondere in Bezug auf die Kommunikationsgrundrechte Rechnung getragen wird.[655]

7. Vorschlag einer Schrankenregelung

a) Regelungsvorschlag

§ 51a Parodie[656]

(1) Die Vervielfältigung, Verbreitung und öffentliche Wiedergabe eines Werkes zum Zwecke der Parodie ist zulässig, sofern die Interessen des Rechtsinhabers nicht unangemessen beeinträchtigt werden.
(2) Das Änderungsverbot nach § 62 findet keine Anwendung.

b) Begründung des Vorschlags

Der Regelungsvorschlag setzt die Vorgaben des EuGH zur Behandlung der Parodie im Urheberrecht um und entspricht damit Art. 5 Abs. 3 lit. k Info-RL und Art. 17 Abs. 7 DSM-RL.

aa) Berücksichtigung des weiten Parodiebegriffes

Die Formulierung, die das Vorliegen der Schranke zunächst lediglich vom Begriff »Parodie« abhängig macht, ermöglicht es, den vom EuGH vorgegebenen weiten Parodiebegriff unter die Schrankenbestimmung zu fassen.

(1) Der weite Parodiebegriff

Kennzeichnend für eine Parodie ist es demnach, an ein bestehendes Werk zu erinnern, gleichzeitig gegenüber diesem wahrnehmbare Unterschiede aufzuzeigen. Die Parodie muss zudem einen Ausdruck von Humor und Verspottung enthalten. Einschränkende Anforderungen wie die Werkqualität oder die antithematische Auseinandersetzung sind keine Voraussetzung mehr.

---

655 Vgl. ErwG 70 DSM-RL.

656 Auch *Gabler*, Die urheberrechtliche Drittnutzung, verortet die Parodieschranke im Rahmen des neu einzuführenden § 51a UrhG. Ähnlich meines Vorschlags hat nun auch der nationale Gesetzgeber durch das Gesetz zur Anpassung des Urheberrechts an die Erfordernisse des digitalen Binnenmarktes vom 31. Mai 2021 (BGBl. I 1204) mit § 51a UrhG erstmals eine ausdrückliche Schrankenregelung für Parodien eingeführt. Gemäß § 51a S. 1 UrhG ist die Vervielfältigung, die Verbreitung und die öffentliche Wiedergabe eines veröffentlichten Werkes zum Zwecke der Karikatur, der Parodie und des Pastiches zulässig.

(2) Kritik am weiten Parodiebegriff

Dieser weite Parodiebegriff bedarf durchaus kritischer Betrachtung. Zum einen ist kritisch zu bewerten, dass er keinen gerechten Interessenausgleich zwischen Parodisten und Parodierten bewirken kann und es sich deshalb nicht um eine geglückte urheberrechtliche Begriffsbestimmung handelt.[657] Schließlich wird durch das weite Begriffsverständnis der Parodie nicht deutlich, welche konkreten Voraussetzungen hinsichtlich der Einschränkung des Ausschließlichkeitsrechts des parodierten Urhebers vorliegen müssen.[658] Der EuGH gibt keine griffigen Kriterien an die Hand, weshalb es dem Parodisten ermöglicht wird, auf urheberrechtlich geschützte Werke zuzugreifen, indem er sie allein in humoristischer Weise verwendet.[659]

Zudem setzt der EuGH lediglich voraus, dass die Parodie zum Ausgangswerk wahrnehmbare Unterschiede aufweisen muss. Wie groß der Abstand zwischen der Parodie und dem parodierten Werk sein muss, um privilegiert zu werden, führt der EuGH nicht aus.[660] Zwar spricht er von wahrnehmbaren Unterschieden, stellt jedoch im Anschluss fest, dass die Unterschiede nicht so weit gehen müssten, dass die Parodie einem anderen Urheber als dem Urheber des Originals zugeschrieben wird. Das Erfordernis der »wahrnehmbaren Unterschiede« ist daher wenig aussagekräftig, da solche Unterschiede bei sämtlichen nicht identischen Übernahmen bestehen.[661]

Auch die Beschränkung auf Humor und Verspottung wirft mehr Fragen auf, als sie beantwortet. Fraglich ist, ob das humorvolle und verspottende Element zugleich vorliegen müssen. Das ist insbesondere deshalb relevant, da eine verspottende Parodie nicht immer zwingend auch humorvoll ist.[662] Außerdem bezieht sich der EuGH lediglich auf die humorvolle und verspottende Parodie. Dem ist insoweit zuzustimmen, als dass die Mehrzahl von Parodien darauf ausgelegt ist, das angesprochene Publikum zu belustigen. Allerdings sind Parodisten teilweise auch bestrebt, sich im Wege der Parodie kritisch zu äußern, ohne humorvoll und verspottend zu sein. Ob auch solche Parodien vom Parodiebegriff des EuGH umfasst sind, ist nicht ersichtlich. Zu bedenken ist darüber hinaus, dass der EuGH die Parodieschranke auch auf Parodien ausweitet, die Spott, Hohn oder sogar Botschaften enthalten, die den Umständen entsprechend unangemessen beleidigend sind.[663]

657 *Haedicke,* GRUR Int. 2015, 664 (667).
658 *Haedicke,* GRUR Int. 2015, 664 (667).
659 *Haedicke,* GRUR Int. 2015, 664 (669f.).
660 *Lauber-Rönsberg,* ZUM 2015, 658 (665).
661 *Haedicke,* GRUR Int. 2015, 664 (667).
662 Vgl. *Jongsma,* IIC 2017, 652 (672).
663 *Jacques,* The Parody Exeption in Copyright Law, S. 19.

Darüber hinaus wird nicht deutlich, ob der Parodie eine humorvolle oder verspottende Intention immanent sein muss oder ob diese nach außen hin für ihre Betrachter eine solche Wirkung entfalten soll. Fraglich ist demzufolge, ob bereits der Parodist das Ziel verfolgen muss, mit der Parodie Humor oder Verspottung zu vermitteln oder ob der Effekt nur bei dem Publikum erzeugt werden muss, unabhängig davon, welchen Zweck der Parodist verfolgt.[664] Insgesamt handelt es sich hierbei um subjektive Kriterien, die einer objektiven Beurteilung kaum zugänglich sind. Ein ausreichender Bewertungsmaßstab hat die Rechtsprechung nicht herausgearbeitet, weshalb auch aus diesem Grund die Einstufung als Parodie Schwierigkeiten aufwerfen kann.[665]

Diesen kritischen Punkten muss jedoch entgegengehalten werden, dass das Ziel der Info-RL ist, eine einheitliche Auslegung der Schranken zu ermöglichen.[666] Durch den weit gefassten Parodiebegriff wird dem unterschiedlichen Sprachgebrauch der Mitgliedstaaten Rechnung getragen, sodass der unionsrechtliche Begriff einheitlich ausgelegt werden kann.[667] Die Voraussetzungen der Parodie werden auf ihre zwei wesentlichen Merkmale heruntergebrochen. Der EuGH stellt klar, dass darüber hinaus keine weiteren Merkmale erforderlich sind, so wie es teilweise in anderen mitgliedstaatlichen Rechtsordnungen vorgesehen ist.[668] Ein solches weites Begriffsverständnis eröffnet den Gerichten einen Spielraum zur Bestimmung des Vorliegens einer Parodie ohne auf eine den Parodiebegriff einschränkende Definition zurückgreifen zu müssen.[669] Eine Einschränkung erfährt der weite Parodiebegriff ohnehin aufgrund der erforderlichen Interessenabwägung.

bb) Berücksichtigung der erforderlichen Interessenabwägung

Darüber hinaus wird im Rahmen des Regelungsvorschlages die vom EuGH geforderte Interessenabwägung berücksichtigt, da eine Parodie nur dann zulässig ist, wenn sie den Rechtsinhaber nicht unangemessen beeinträchtigt. Die wertungsoffene Formulierung ermöglicht es, die Interessen des Parodierten und des Parodisten gegeneinander abzuwägen.

---

664 Ähnlich auch *Jacques,* The Parody Exeption in Copyright Law, S. 94.

665 So auch *Ferda/Miera/Rat/Rohlender,* BRJ 2017, 28 (32).

666 Vgl. ErwG 32 S. 4 Info-RL.

667 Auch *Jacques,* The Parody Exeption in Copyright Law, S. 36 ist der Ansicht, dass die Definition des Begriffes Parodie hinreichend flexibel sein muss, damit die Gerichte in der Lage sind, sich an geänderte Gewohnheiten anzupassen.

668 So *Handig,* ÖBl 2014, 285.

669 *Jacques,* The Parody Exeption in Copyright Law, S. 36f.

(1) *Kritik an der Interessenabwägung*

Hinsichtlich der vom EuGH im Einzelfall geforderten Interessenabwägung wird vertreten, dass sie methodisch mangelhaft sei, weil der EuGH ohne Erörterung oder Begründung eine Interessenabwägung in die Schrankenregelung hineinlese, ohne dabei den Dreistufentest nach Art. 5 Abs. 5 Info-RL auch nur einmal zu erwähnen.[670] Es werde zudem nicht beachtet, dass der Gesetzgeber durch die Einführung des Ausnahmetatbestandes eine Interessenabwägung bereits durchgeführt habe.[671] Hiergegen lässt sich aber anführen, dass auch dem deutschen Urheberrecht eine solche Interessenabwägung nicht fremd ist.[672] Zwar wird eine nachgelagerte Interessenabwägung im nationalen Urheberrecht abgelehnt.[673] Jedoch sind hinsichtlich der Bestimmung der Verwertungsbefugnisse der Urheber und bei der Auslegung der Schrankenbestimmungen »die verfassungsrechtlich verbrieften Interessen der Nutzerseite angemessen zu berücksichtigen«.[674] Das Recht ist demnach verfassungskonform auszulegen. Nur im Rahmen einer solchen Gesetzesanwendung ist Raum für eine Güter- und Interessenabwägung.[675] Zwar verlangt der BGH in diesem Zusammenhang keine Interessenabwägung im Einzelfall, sondern zieht dieses Instrument zur abstrakten Bestimmung der Tatbestandsgrenzen heran. Jedoch wird auch durch dieses Vorgehen ein Interessenausgleich angestrebt, sodass die Vorgehensweisen des EuGH und des BGH vergleichbar sind. Darüber hinaus dient das Erfordernis der Interessenabwägung dazu, den weiten Parodiebegriff wiederum einzugrenzen.[676] Es wird der Gefahr der Übernahme fremden Schaffens unter dem Deckmantel der Parodie entgegengewirkt, da die Interessen des Parodierten und des Parodisten gegeneinander abgewogen werden und damit ausreichend Berücksichtigung finden können. Dass eine Interessenabwägung vorgenommen wird, ist daher zu begrüßen.

(2) *Kritik am Diskriminierungsverbot als Abwägungskriterium*

Problematischer stellt sich jedoch die Konkretisierung der Interessenabwägung durch den EuGH dar. Das einzige Kriterium, das der EuGH ausdrücklich nennt, ist das Diskriminierungsverbot, das gegen die Meinungsfreiheit des Nutzers abgewogen werden müsse.[677] Der Urheber des parodierten Werkes habe ein be-

670 *Riesenhuber,* LMK 2014, 363019 unter 3. Siehe auch *Becker,* GRUR 2015, 336 (339).
671 *Riesenhuber,* LMK 2014, 363019 unter 3.
672 Siehe hierzu *Lauber-Rönsberg,* ZUM 2015, 658 (662f.). So i.E. auch *Haberstumpf,* ZGE 2015, 425 (451f.); *Kelp,* IPRB 2014, 260 (263).
673 Siehe hierzu bereits unter Kapitel 3 A. II. 5. b).
674 BGH, GRUR 2003, 956 (957) – Gies-Adler.
675 Siehe hierzu BGH, GRUR 2003, 956 (957) – Gies-Adler.
676 *Unseld,* EuZW 2014, 914 (915).
677 EuGH, Urt. v. 3.9.2014 – Rs. C-201/13, Rn. 27ff. – Deckmyn/Vandersteen.

rechtigtes Interesse daran, mit einer solchen Aussage nicht in Verbindung gebracht zu werden.[678] Andere Rechtsgrundsätze lässt der EuGH unerwähnt. Vor allem können hinsichtlich der Parodie über das Diskriminierungsverbot hinaus die Menschenwürde (Art. 1 GRC), die Freiheit der Kunst (Art. 13 GRC), die Vielfalt der Kulturen, Religionen und Sprachen (Art. 22 GRC)[679] und das Gemeinwohl[680] (ErwG 3 Info-RL) herangezogen werden. Welche konkreten Abwägungskriterien zukünftig zu beachten sind, bleibt jedoch offen.[681] Wünschenswert wäre es gewesen, wenn der EuGH im Rahmen des Urteils zumindest abstrakte Parameter vorgegeben und eine Gewichtung der Kriterien vorgezeichnet hätte.[682] Solche Leitlinien wären den nationalen Gerichten zugutegekommen, da sie angehalten sind, die Ausnahmen und Beschränkungen kohärent anzuwenden.[683]

Daneben wendet der EuGH die grundrechtlichen Antidiskriminierungsvorschriften – insbesondere Art. 21 GRC – selbstverständlich auf Private an,[684] obwohl unsicher ist, ob und unter welchen Voraussetzungen die Unionsgrundrechte unmittelbar oder mittelbar zwischen Privaten gelten und damit Drittwirkung entfalten.[685] Zudem beruft sich der EuGH auf die Antirassismusrichtlinie,[686] wobei der konkrete Fall nicht in den Geltungsbereich der Richtlinie fällt.[687] Andererseits gibt der EuGH dem Urheber des parodierten Werkes weitergehende Abwehrrechte an die Hand, wodurch er gegen unerwünschte Nutzungen in Form der Parodie vorgehen kann.[688] Daraus folgt, dass politisch inkorrekte Parodien über das Erfordernis der Interessenabwägung verboten werden können.[689] Es bedeutet »eine herbe Einbuße für den offenen politischen Ideenaustausch, wenn diskriminierende Botschaften so pauschal aus dem öffentlichen Diskurs ausgeschlossen würden«.[690] Im Falle einer Diskriminierung ergibt sich nach den Vorgaben des EuGH eine *per-se*-Urheberrechtsverletzung.[691]

678 EuGH, Urt. v. 3.9.2014 – Rs. C-201/13, Rn. 31 – Deckmyn/Vandersteen.
679 So bereits GA *Cruz Villalón*, Schlussanträge im Fall »Deckmyn/Vandersteen« v. 22.5.2014, Rs. C-201/13 Rn. 23.
680 *Handig*, ÖBl 2014, 285.
681 *Jongsma*, IIC 2017, 652 (666); *Lauber-Rönsberg*, ZUM 2015, 658 (665); *Lehofer*, ÖJZ 2014, 890.
682 So auch *Lauber-Rönsberg*, ZUM 2015, 658 (665).
683 Vgl. ErwG 32 S. 4 Info-RL.
684 *Riesenhuber*, LMK 2014, 363019 unter 3.; *Unseld*, EuZW 2014, 914 (915).
685 *Kingreen*, in: Calliess/Ruffert, EUV/AEUV, Art. 51 GRC Rn. 21.
686 Richtlinie 2000/43/EG des Rates vom 29. Juni 2000 zur Anwendung des Gleichbehandlungsgrundsatzes ohne Unterschied der Rasse oder der ethnischen Herkunft.
687 Vgl. Art. 3 Antirassismusrichtlinie. So auch *Lauber-Rönsberg*, ZUM 2015, 658 (663); *Riesenhuber*, LMK 2014, 363019 unter 3.
688 *Haedicke*, GRUR Int. 2015, 664 (669); *Jongsma*, IIC 2017, 652 (666).
689 *Haedicke*, GRUR Int. 2015, 664 (669); *Unseld*, EuZW 2014, 914 (915).
690 *Unseld*, EuZW 2014, 914 (915).
691 *Haedicke*, GRUR Int. 2015, 664 (669).

Verstößt der Parodist also gegen das Diskriminierungsverbot, kann er sich nicht mehr auf die Meinungsfreiheit berufen, da das Diskriminierungsverbot gerade solche Meinungsäußerungen verbietet.[692] Damit wird einem außerhalb des Urheberrechts stehenden Verbot die entscheidende Rolle für die Zulässigkeit einer Parodie zugeschrieben.[693] Würde die Parodie nämlich bereits aus urheberrechtlichen Gründen in die Verwertungsrechte des parodierten Urhebers eingreifen, so wäre der Rückgriff auf das Diskriminierungsverbot überflüssig.[694] Sofern der Meinungsfreiheit eine Rolle als Abwägungskriterium zukommen soll, muss es möglich sein, dass die Parodie aus urheberrechtlichen Gründen in die Verwertungsrechte eingreift. Hierzu äußert sich der EuGH jedoch nicht.[695] Indem auf dieses außerhalb der Info-RL liegende Kriterium abgestellt wird, wird nicht Art. 5 Abs. 3 lit. k Info-RL ausgelegt, sondern vielmehr zu den Verwertungsrechten ein neuer Verbotstatbestand hinzugefügt. Das steht jedoch nur dem europäischen Gesetzgeber zu.[696]

(3) Kritik an der Einbeziehung urheberpersönlichkeitsrechtlicher Erwägungen

Im Rahmen der Interessenabwägung beruft sich der EuGH zudem ausschließlich auf die berechtigten Interessen des Urhebers, mit einem solchen Werk nicht in Verbindung gebracht zu werden. Fraglich ist dabei, wie die »berechtigten Interessen« einzuordnen sind. Zwar lässt die Info-RL nach ErwG 19 Urheberpersönlichkeitsrechte unberührt und auch GA *Cruz Villalón* war in seinen Schlussanträgen[697] der Ansicht, dass dieser Aspekt im konkreten Fall nicht relevant sei.

Die Erwägungen des EuGH, der Urheber solle mit einer solchen Aussage nicht in Verbindung gebracht werden, sind aber mit denen, die bezüglich des Entstellungsverbots nach § 14 UrhG angestellt werden, vergleichbar.[698] Der EuGH lässt damit in seiner Argumentation deutlich urheberpersönlichkeitsrechtliche Züge anklingen.[699] Man könnte demnach vermuten, dass sich hinter den »berechtigten Interessen« der Schutz der Integrität eines Werkes versteckt, wodurch der EuGH eine Harmonisierung des Urheberpersönlichkeitsrechts über die Hintertür anstieße. Demgegenüber könne man aber auch annehmen, dass nicht urheberpersönlichkeitsrechtliche Interessen, sondern Gemeinwohlinteressen

---

692 *Haberstumpf*, ZGE 2015, 425 (453).
693 *Haberstumpf*, ZGE 2015, 425 (453).
694 *Haberstumpf*, ZGE 2015, 425 (453).
695 Siehe dazu *Haberstumpf*, ZGE 2015, 425 (453).
696 *Haberstumpf*, ZGE 2015, 425 (452). Zur Zuständigkeit des europäischen Gesetzgebers siehe EuGH, Urt. v. 17.4.2008 – Rs. C-456/06, Slg. 2008, I-2731 Rn. 38f. – Le-Corbusier-Möbel.
697 Siehe hierzu GA *Cruz Villalón*, Schlussanträge im Fall »Deckmyn/Vandersteen« v. 22.5.2014, Rs. C-201/13, Rn. 28, 31.
698 So auch *Haedicke*, GRUR Int. 2015, 664 (669); *Lauber-Rönsberg*, ZUM 2015, 658 (664).
699 So auch *Klass*, ZUM 2015, 290 (294).

gemeint sind.[700] Grund für die Annahme ist die Bezugnahme des EuGH auf die Antirassismusrichtlinie und das Diskriminierungsverbot aus Art. 21 GRC. Fraglich ist daher zunächst, wessen Interessen im Rahmen der Abwägung geschützt werden sollen - die des Urhebers oder die des Gemeinwohls. Das Abstellen auf die Interessen des Gemeinwohls würde jedoch dazu führen, dass der EuGH ein neues Konzept des Urheberrechts schafft, was nicht durch den Schutz des Urhebers gekennzeichnet, sondern dem Gemeinwesen untergeordnet ist. Vieles spricht deshalb dafür, dass der EuGH die Interessen des Urhebers schützen will.

Damit ist jedoch nicht geklärt, ob der EuGH tatsächlich auch auf die urheberpersönlichkeitsrechtlichen Interessen des Parodierten abstellt. Hinsichtlich der Frage, was der EuGH mit »berechtigten Interessen« meinen könnte, lohnt sich ein Blick auf den in Art. 5 Abs. 5 Info-RL geregelten Dreistufentest. Auch an dieser Stelle wird auf die berechtigten Interessen des Urhebers Bezug genommen. »Berechtigte« Interessen i. S. d. Dreistufentests sind solche Interessen, die ein Ausschließlichkeitsrecht des Urhebers aus kulturellen, ökonomischen und sozialen Überzeugungen gerechtfertigt erscheinen lassen.[701] Neben den wirtschaftlichen Interessen sind insbesondere auch die urheberpersönlichkeitsrechtlichen Interessen als »berechtigt« anzusehen, da sie die innere Verbindung des Urhebers zu seinem Werk sichern und damit grundrechtliche Belange des Urhebers garantieren.[702] Es ist daher nicht ausgeschlossen, dass der EuGH urheberpersönlichkeitsrechtliche Interessen in seine Erwägungen einbezieht.

Sollte er sich auf das Urheberpersönlichkeitsrecht stützen, so könnte diese Annahme jedenfalls in Widerspruch zu ErwG 19 Info-RL stehen. Betrachtet man jedoch die Info-RL näher, so fällt im Rahmen des Art. 5 Abs. 3 lit. d Info-RL auf, dass hinsichtlich der Zitatfreiheit die Quelle, einschließlich des Namens des Urhebers angegeben werden muss. Das Urhebernennungsrecht und die damit verbundene Quellenangabe[703] gehören zu dem unverzichtbaren Kern des Urheberpersönlichkeitsrechts.[704] Hieraus wird deutlich, dass das Urheberpersönlichkeitsrecht zumindest auch für einzelne Werknutzungen relevant wird. Ur-

---

700 So auch *Klass,* ZUM 2015, 290 (294); *Riesenhuber,* LMK 2014, 363019 unter 3.; *Rosati,* CML Rev. 52 (2015), 511 (524f.).

701 *Reschke,* Die verfassungs- und dreistufenkonforme Auslegung der Schranken im Urheberrecht, S. 93; *Senftleben,* GRUR Int. 2004, 200 (210).

702 Siehe *Reschke,* Die verfassungs- und dreistufenkonforme Auslegung der Schranken im Urheberrecht, S. 93. So i.E. auch *Bornkamm,* in: FS Erdmann, S. 48.

703 Die Quellenangabe nach § 63 UrhG stellt klar, dass das Recht auf Anerkennung der Urheberschaft gemäß § 13 UrhG auch im Rahmen der Schrankenregelungen zu beachten ist. Siehe hierzu *Bullinger,* in: Wandtke/Bullinger, UrhG[5], § 63 Rn. 1; *Engels,* in: BeckOK, UrhG, § 63 Rn. 1.

704 *Bullinger,* in: Wandtke/Bullinger, UrhG[5], § 13 Rn. 1; *Kroitzsch/Götting,* in: BeckOK, UrhG, § 13 Rn. 1; *Schulze,* in: Dreier/Schulze, UrhG, § 13 Rn. 1.

heberpersönlichkeitsrechtliche Aspekte spielen damit bezüglich der Frage der Reichweite der Schrankenregelungen eine Rolle. Aus diesem Grund darf der ErwG 19 der Info-RL nicht dahingehend verstanden werden, dass überhaupt keine urheberpersönlichkeitsrechtlichen Erwägungen angestellt werden dürfen. Vielmehr muss ErwG 19 der Info-RL dahingehend gedeutet werden, dass eine Harmonisierung des Urheberpersönlichkeitsrechts im Rahmen der Richtlinie nicht bezweckt war.[705] Die Info-RL begründet daher zwar keine selbstständigen Urheberpersönlichkeitsrechte. Sie dürfen jedoch zur Feststellung der Reichweite von Schrankenregelungen herangezogen werden. Damit wäre auch der EuGH befugt, urheberpersönlichkeitsrechtliche Aspekte hinsichtlich der Bestimmung der Reichweite der Parodieschranke einzubeziehen.

(4) Zwischenfazit

Der Regelungsvorschlag bewirkt mehr Rechtssicherheit als die Vorgehensweise des EuGH, da die Interessenabwägung konkret im Wortlaut der Schranke angelegt ist. Einer nachgelagerten Interessenabwägung, wie sie kritisiert wird, wird damit entgegengewirkt. Hierdurch ist es wiederum möglich, den weiten Parodiebegriff einzuschränken, indem die Interessen des Parodisten und des Parodierten gegeneinander abgewogen werden können. Es wird vermieden, dass die Anlehnung an ein Werk unter dem Deckmantel der Parodie ausgenutzt wird, da eine Parodie nur dann zulässig ist, wenn sie den Rechtsinhaber nicht unangemessen beeinträchtigt. Im Rahmen der Schrankenregelung wurde sich bewusst nicht auf das vom EuGH vorgegebene Diskriminierungsverbot beschränkt, da die Zulässigkeit der Parodie nicht allein von diesem Kriterium abhängen kann. Insbesondere sind die herausgearbeiteten Kriterien[706] anzuwenden. Dies gilt auch weiterhin für das Erfordernis der Verfolgung ideeller Interessen. Auch wenn es aufgrund des »Deckmyn«-Urteils nicht erforderlich ist, dass sich die Parodie mit dem parodierten Werk auseinandersetzt, sollte der Umstand, ob eine Auseinandersetzung mit dem Werk oder mit außerhalb des Werkes liegenden Themen erfolgt, im Rahmen der erforderlichen Interessenabwägung zwingend berücksichtigt werden.[707] Das ist notwendig, um eine Ausuferung der Schrankenregelung zu vermeiden. Jedenfalls wird damit auch im Urheberrecht ein gewisses Maß an Auseinandersetzung vorausgesetzt. Darüber hinaus ist zu beachten, dass

705 Unterstützt wird dieses Ergebnis durch eine umfangreiche Studie, welche die Kommission im Jahr 1999 in Auftrag gab. Diese kam zu dem Ergebnis, dass eine Harmonisierung auf europäischer Ebene im Bereich des Urheberpersönlichkeitsrechts nicht notwendig ist. Siehe hierzu *Salokannel/Strowel*, Study contract concerning moral rights in the context of the exploitation of works through digital technology, Study contract n° ETD/99/B5-3000/e°28, S. 225f.

706 Siehe unter Kapitel 2 C.

707 So auch *Jongsma*, IIC 2017, 652 (676).

der EuGH bezüglich der Parodie im Urheberrecht davon ausgeht, dass es für das Vorliegen einer Parodie ausreichend sei, wenn sie einen Ausdruck von Humor und Verspottung darstellt. Dabei handelt es sich jedoch lediglich um Anforderungen, die allein an den Parodiebegriff zu stellen sind. Es wird damit jedoch keine Aussage bezüglich der Kriterien im Rahmen des erforderlichen Interessenausgleiches getroffen. Deshalb sollte auch im Urheberrecht berücksichtigt werden, welchen Gehalt die Auseinandersetzung mit dem Original aufweist.[708]

cc) Ausnahme vom Änderungsverbot des § 62 UrhG

Darüber hinaus ist es im Rahmen der Behandlung der Parodie erforderlich, die Schranke vom Änderungsverbot des § 62 UrhG auszunehmen.[709] Nach der EuGH-Rechtsprechung muss die Parodie wahrnehmbare Unterschiede gegenüber dem parodierten Werk aufweisen. Damit sich die Parodie von dem parodierten Werk wahrnehmbar unterscheidet, ist es zumindest notwendig, Änderungen an ihm vorzunehmen. Die Änderungen ermöglichen schließlich, die parodistische Aussage zu vermitteln. Zwar wird die Parodie nicht vom Änderungsverbot erfasst.[710] Um Rechtsunsicherheiten zu vermeiden, ist jedoch eine klarstellende Regelung notwendig.

dd) Keine Vergütungspflicht

Auf die Aufnahme einer Vergütungspflicht wird verzichtet.[711] Zwar hat der EuGH entschieden, dass es gegen das Eigentumsrecht verstößt, wenn dem Urheber seine Verwertungsrechte entzogen würden, ohne dass der Entzug durch eine angemessene Entschädigung kompensiert werde.[712] Hieraus schlussfolgert die *GEMA* im Rahmen ihrer Stellungnahme zur DSM-RL, dass der Entzug eines Verwertungsrechts wirtschaftlich betrachtet einer weitreichenden Beeinträchtigung der Verwertungsmöglichkeit gleich stehe. In Anbetracht der Rechtsprechung zum Parodiebegriff entstehe eine Schrankenregelung, die eine weitreichende Nutzung von urheberrechtlich geschützten Werken möglich mache,

---

708 Auch *Bullinger*, in: Wandtke/Bullinger, UrhG[5], § 24 Rn. 14 befürwortet die Berücksichtigung des Erfordernisses der antithematischen Behandlung im Rahmen der Interessenabwägung.

709 Im Zusammenhang mit der Einführung der Parodieschranke des § 51a UrhG durch das Gesetz zur Anpassung des Urheberrechts an die Erfordernisse des digitalen Binnenmarktes vom 31. Mai 2021 (BGBl. I 1204) wurde die Parodie auch vom Änderungsverbot ausgenommen, soweit der Benutzungszweck es erfordert, vgl. § 62 Abs. 4a UrhG.

710 Siehe hierzu bereits unter Kapitel 3 A. II. 4. e) bb).

711 So i.E. auch Erklärung Deutschlands zu Art. 17 DSM-RL vom 15.04.2019, 7986/19 ADD 1 REV 2, S. 5; *iRights*, Stellungnahme zur DSM-RL, S. 29. Auch der nationale Gesetzgeber hat mit der Einführung der Parodieschranke durch das Gesetz zur Anpassung des Urheberrechts an die Erfordernisse des digitalen Binnenmarktes vom 31. Mai 2021 (BGBl. I 1204) auf eine Vergütungspflicht seitens des Parodisten verzichtet.

712 EuGH, Urt. v. 9.2.2012 – Rs. C-277/10, Rn. 71 – Luksan.

weshalb eine Vergütungspflicht einzuführen sei.[713] Dabei wird jedoch zum einen übersehen, dass die erforderliche Interessenabwägung den weiten Parodiebegriff wiederum eingeschränkt. Einer weitreichenden Nutzung wird damit entgegengewirkt. Zum anderen wird die Verwertungsmöglichkeit des Rechtsinhabers nicht beeinträchtigt, da er an der Verwertungsmöglichkeit bezüglich der genannten Nutzungsformen i. d. R. kein Interesse haben wird. Der Rechtsinhaber wird sich kaum selbst kritisieren oder verspotten. Eine wirtschaftlich relevante Einbuße entsteht ihm nicht.[714] Eine Kompensation des Verlustes der Verwertungsmöglichkeit durch die Einführung einer Vergütungspflicht ist daher nicht erforderlich.

c) *Vereinbarkeit mit höherrangigem Recht*

Der Vorschlag der Schrankenregelung muss mit höherrangigem Recht vereinbar sein. Verbindliche Vorgaben hinsichtlich urheberrechtlicher Schrankenregelungen finden sich in der Info-RL und der DSM-RL. Da eine Schranke, wie sie vorgeschlagen wird, durch Art. 5 Abs. 3 lit. k Info-RL fakultativ und durch Art. 17 Abs. 7 DSM-RL verpflichtend vorgegeben wird, steht das europäische Recht der Einführung einer solchen Schranke in nationales Urheberrecht nicht im Weg, sofern die einzuführende Schrankenbestimmung dem Dreistufentest entspricht. Er bildet als Schranken-Schranke[715] den europa- und völkerrechtlichen Rahmen für die Beschränkung von Urheberrechten. Nach Art. 5 Abs. 5 Info-RL[716] ist die Anwendung der Schranken auf Sonderfälle beschränkt, in denen die Nutzung nicht die normale Werkverwertung beeinträchtigt und die Urheberinteressen nicht ungebührend verletzt. Da sich die erforderliche Interessenabwägung anhand der Unionsgrundrechte grundsätzlich mit dem Dreistufentest deckt,[717] soll die Vereinbarkeit der Schrankenregelung mit diesem lediglich im Überblick dargestellt werden. Die Parodieschranke kommt dem Parodisten daher nur dann zugute, wenn es sich um eine zulässige Parodie handelt.

---

713 In diesem Sinne *GEMA*, Stellungnahme zur DSM-RL, S. 59, 61.

714 So auch Erklärung Deutschlands zu Art. 17 DSM-RL vom 15.04.2019, 7986/19 ADD 1 REV 2, S. 5.

715 *Kleinemenke*, Fair Use im deutschen und europäischen Urheberrecht?, S. 437; *Rehse*, Zulässigkeit und Grenzen ungeschriebener Schranken im Urheberrecht, S. 138; *Senftleben*, in: Interessenausgleich, S. 172.

716 Vgl. auch Art. 9 Abs. 2 RBÜ, Art. 10 WCT und Art. 13 TRIPS.

717 Vgl. bereits unter Kapitel 3 A. II. 4. c) cc) (2).

aa) Erste Stufe: Bestimmter Sonderfall

Die erste Stufe[718] des Dreistufentests verlangt das Vorliegen eines Sonderfalls. Dabei muss kein Sonderfall im Sinne eines echten Bestimmtheitsgebots mit klar abgrenzbaren und inhaltlich hinreichend definierten Einzelfällen vorliegen.[719] Eine Schrankenbestimmung ist vielmehr bereits dann hinreichend bestimmt, wenn sie sich von anderen Regelungen ausreichend klar unterscheidet, sodass der besondere Zweck der Beschränkung[720] und ein Bestand von »einigen« oder »gewissen« privilegierten Nutzern erkennbar sind.[721] Die Reichweite der Schranke muss daher vorhersehbar sein.[722] Ein Sonderfall ist insbesondere dann zu bejahen, wenn die in Frage stehende Schrankenregelung der Durchsetzung von Grundrechten oder anderen wichtigen Gemeinwohlbelangen dient.[723]

Zweck der Parodieschranke ist es, eine Auseinandersetzung mit einem vorbestehenden Werk zu ermöglichen, die sich jedoch in einem angemessenen Gleichgewicht zu den Interessen des Rechtsinhabers verhält. Sie dient daher der Förderung der kulturellen Weiterentwicklung unter Berücksichtigung der Grundrechte der Nutzer und schafft Rahmenbedingungen eines Kreativitätsprozesses. Die sich gegenüberstehenden Grundrechtspositionen des Parodierten und des Parodisten werden in ein angemessenes Gleichgewicht gebracht, sodass die Grundrechte möglichst umfassend zur Geltung gelangen. Die Reichweite der Schranke bleibt vorhersehbar, da sie stets auf gleichartige Fälle anwendbar ist. Zweck und Reichweite der Schranke sind daher hinreichend klar bestimmt, sodass die Schrankenregelung einem bestimmten Sonderfall im Sinne der ersten Stufe des Dreistufentests dient.

bb) Zweite Stufe: Keine Beeinträchtigung der normalen Werkauswertung

Im Rahmen der zweiten Stufe des Dreistufentests ist zu berücksichtigen, dass eine Beeinträchtigung der normalen Werkauswertung durch die entsprechende Schrankenregelung vermieden werden muss. Eine Schrankenregelung entspricht

---

718 Z.T. wird vertreten, dass die erste Stufe ins Leere gehe, da im Rahmen der Schrankentatbestände des Art. 5 Abs. 1 bis 4 Info-RL ohnehin Einzelfälle geregelt sind, sodass es sich i.E. um einen Zwei-Stufen-Test handelt, da die erste Stufe entfällt. Vgl. *Dreier,* ZUM 2002, 28 (35). A.A. *Bengeser,* Der Dreistufentest, S. 53ff.; *Kleinemenke,* Fair Use im deutschen und europäischen Urheberrecht?, S. 449ff.; *Senftleben,* GRUR Int. 2004, 200 (205f.).

719 So aber WTO Panel zu § 110 Abs. 5 des US Copyright Act, WTO Panel, WT/DS160/R § 6.108; *Bornkamm,* in: FS Erdmann, S. 45f.

720 *Senftleben,* in: Interessenausgleich, S. 177.

721 *Senftleben,* GRUR Int. 2004, 200 (207). Kritisch *Poeppel,* Die Neuordnung der urheberrechtlichen Schranken, S. 114.

722 *Pötzlberger,* Kreatives Remixing, S. 271.

723 *Kleinemenke,* Fair Use im deutschen und europäischen Urheberrecht?, S. 558; *Pötzlberger,* Kreatives Remixing, S. 271; *Rehse,* Zulässigkeit und Grenzen ungeschriebener Schranken im Urheberrecht, S. 141; *Sattler,* Status quo, S. 64; *Senftleben,* in: Interessenausgleich, S. 178f.; *ders.,* GRUR Int. 2004, 200 (207f.).

dann nicht der zweiten Stufe, wenn der ökonomische Kern des Urheberrechts betroffen ist.[724] Der Begriff der »normalen Auswertung« ist dahingehend zu verstehen, dass solche Nutzungshandlungen ausgeschlossen werden, von denen ein Rechtsinhaber vernünftigerweise erwarten kann, dass sie ihm im Hinblick auf die Verwertung seines Werkes zustehen.[725] Der Inhaber muss damit einer aktuellen oder potentiellen Einnahmequelle beraubt werden.[726] Dabei ist jedoch zu beachten, dass Schranken, die den Kreativitätsprozess im Urheberrecht durch Schaffung von Rahmenbedingungen positiv beeinflussen, den ökonomischen Kern des Urheberrechts i. d. R. nicht beeinträchtigen.[727]

Die zulässige Parodie ist dadurch gekennzeichnet, das Ausgangswerk nicht ersetzen zu wollen, sondern sich mit diesem auseinanderzusetzen. Bezweckt ist stets eine deutliche Abgrenzung vom parodierten Werk. Die Nutzungsform spricht ein anderes Publikum und damit zusammenhängend einen anderen Markt an.[728] Dem Rechtsinhaber wird es widerstreben, seinerseits Märkte für derartige Nutzungen zu schaffen.[729] Eine zulässige Parodie steht deshalb nicht im Wettbewerb mit dem parodierten Werk,[730] weshalb der ökonomische Kern des Urheberrechts nicht betroffen ist. Demnach erfüllt die Schrankenregelung auch die Vorgaben der zweiten Stufe des Dreistufentests.

cc) Dritte Stufe: Keine unzumutbare Verletzung der berechtigten Interessen des Rechtsinhabers

Die dritte Stufe sieht vor, dass die Schrankenregelung die berechtigten Interessen des Rechtsinhabers[731] nicht unzumutbar verletzen darf. Hiervon erfasst sind sowohl die ideellen als auch die materiellen Interessen.[732] Diese Stufe strebt einen

724 *Senftleben,* in: Interessenausgleich, S. 182; *ders.,* GRUR Int. 2004, 200 (209); *ders.,* CR 2003, 914 (918). Ähnlich *Kleinemenke,* Fair Use im deutschen und europäischen Urheberrecht?, S. 470f. Kritisch diesbezüglich *Poeppel,* Die Neuordnung urheberrechtlicher Schranken im digitalen Umfeld, S. 118.

725 *Poeppel,* Die Neuordnung urheberrechtlicher Schranken im digitalen Umfeld, S. 116.

726 *Senftleben,* GRUR Int. 2004, 200 (209). So auch *Rehse,* Zulässigkeit und Grenzen ungeschriebener Schranken im Urheberrecht, S. 142.

727 *Senftleben,* in: Interessenausgleich, S. 182. So auch *Pötzlberger,* Kreatives Remixing, S. 275.

728 *Wehler,* Die freie Benutzung im digitalen Zeitalter, S. 231.

729 So auch *Senftleben,* in: Interessenausgleich, S. 180.

730 *Olenhusen/Ling,* UFITA 2003/III, 695 (717); *Platho,* GRUR 1992, 360 (364).

731 Vgl. Art. 13 TRIPS, Art. 5 Abs. 5 Info-RL. Im Rahmen von Art. 9 Abs. 2 RBÜ, Art 10 WCT ist allerdings nur von den berechtigten Interessen des *Urhebers* die Rede. Zur Unterscheidung der Begriffe »Rechtsinhaber« und »Urheber« im Rahmen der Dritten Stufe siehe *Bengeser,* Der Dreistufentest, S. 73ff.

732 *Bengeser,* Der Dreistufentest, S. 83, 92; *Bornkamm,* in: FS Erdmann, S. 47f.; *Poeppel,* Die Neuordnung urheberrechtlicher Schranken im digitalen Umfeld, S. 119; *Sattler,* Status quo, S. 66.

gerechten Interessenausgleich der sich gegenüberstehenden Positionen an, wobei sich der Verhältnismäßigkeitsgrundsatz als Maßstab anbietet.[733]

Die Schranke dient dem Schutz der Kommunikationsgrundrechte. Dabei haben die Rechtsinhaber Einschränkungen in einem gewissen Maß hinzunehmen.[734] Auch der Wortlaut der Schrankenregelung lässt Raum für eine Interessenabwägung, sodass die Prüfung des Vorliegens einer Verletzung stets anhand des Einzelfalls vorgenommen werden kann, um das Gleichgewicht zwischen den sich gegenüberstehenden Interessen zu wahren. Liegt eine zulässige[735] Parodie vor, werden die berechtigten Interessen des Rechtsinhabers nicht unzumutbar verletzt. Auf eine Vergütungspflicht als milderes Mittel wird im Rahmen der Schrankenbestimmung bewusst verzichtet. In diesem Fall ist das ökonomische Interesse des Rechtsinhabers unberechtigt, da eine solche finanzielle Entschädigung missbräuchlich eingesetzt werden kann. Es wird dem Rechtsinhaber ermöglicht, eine gesellschaftlich erwünschte aber aus seiner Perspektive unerwünschte Nutzung zu unterbinden. Anreize für die Auseinandersetzung mit vorbestehenden Werken werden damit nicht geschaffen. Zum anderen würde eine Lizenz in diesen Fällen kaum erteilt werden. Vielmehr ist es im Interesse des Rechtsinhabers, eine solche Auseinandersetzung zu unterbinden, sodass keine zusätzliche Einnahmequelle zugunsten des Rechtsinhabers geschaffen wird.[736] Mithin wird die Schranke auch den Anforderungen der dritten Stufe gerecht.

d) Weitere Änderungen außerhalb des Regelungsvorschlags

Wie aufgezeigt,[737] war das Rechtsinstitut der freien Benutzung gemäß § 24 Abs. 1 UrhG, von dem auch die Parodie erfasst wurde, auf einige Leistungsschutzrechte anwendbar. Das soll mit Einführung der neuen Schrankenbestimmung weiterhin gelten. Eine Änderung des Gesetzes ist diesbezüglich jedoch nicht notwendig, da alle Leistungsschutzrechte auf die Schrankenregelungen des Urheberrechts verweisen,[738] sodass auch die neu einzuführende Schranke auf sämtliche Leistungsschutzrechte anwendbar ist. Dass auch Leistungsschutzrechte Gegenstand einer Parodie sein können, belegen Fälle[739] aus der Rechtsprechung, sodass es

733 *Geiger,* IIC 2006, 683 (696); *Kleinemenke,* Fair Use im deutschen und europäischen Urheberrecht?, S. 474; *Senftleben,* in: Interessenausgleich, S. 183; *ders.*, GRUR Int. 2004, 200 (210).

734 So auch *Pötzlberger,* Kreatives Remixing, S. 436.

735 Zu den Kriterien siehe unter Kapitel 2 C.

736 In diesem Sinne auch *Bengeser,* Der Dreistufentest, S. 82; *Rehse,* Zulässigkeit und Grenzen ungeschriebener Schranken im Urheberrecht, S. 142f.; *Senftleben,* in: Interessenausgleich, S. 184; *ders.*, GRUR Int. 2004, 200 (210).

737 Siehe unter Kapitel 3 A. II. 2. b) aa).

738 Vgl. §§ 70 Abs. 1, 72 Abs. 1, 83, 85 Abs. 4, 87 Abs. 4, 87 g Abs. 4, 94 Abs. 4, 95 i. V. m. 94 Abs. 4 UrhG.

739 BGH, GRUR 2008, 693 Rn. 24ff. – TV-Total; BGH, GRUR 2000, 703 (704) – Mattscheibe.

erforderlich ist, dem Parodisten diese Möglichkeit zu eröffnen, sofern die Interessen des Rechtsinhabers nicht unangemessen beeinträchtigt werden.

III. Berücksichtigung der Parodie in Bezug auf das Entstellungsverbot gemäß § 14 UrhG

Zu untersuchen ist, ob der Parodierte auch bei Vorliegen der Voraussetzungen aus § 51a UrhG mit Hilfe des Entstellungsverbots nach § 14 UrhG[740] gegen die Parodie vorgehen kann. Auch der Kläger des »auf fett getrimmt«-Urteils sah in der Darstellung eine Entstellung, welche er im Wege des § 14 UrhG verbieten will.[741]

Das Entstellungsverbot schützt als Urheberpersönlichkeitsrecht im engeren Sinn das geistige und persönliche Band zwischen dem Urheber und seinem Werk.[742] Vor allem dient es dem Interesse des Urhebers daran, dass sein Werk in unverfälschter Weise dem Publikum dargeboten wird.[743] Er hat seinem Werk als Ausdruck seiner individuellen Kreativität bewusst eine bestimmte Form und Gestaltung gegeben und muss sich nur diese zurechnen lassen.[744] Das Publikum soll keinen falschen Eindruck von seinem Werkschaffen erhalten.[745] Wird das Werk unerlaubt verändert und das geistige Band zwischen Werk und Urheber durchbrochen, indem das veränderte Werk dem ursprünglichen Urheber zugeschrieben wird, so liegt ein Verstoß gegen das Entstellungsverbot vor.

1. Beeinträchtigung des Werkes

Die Parodie muss das als Vorlage dienende Werk beeinträchtigen.

740 Das Änderungsverbot aus § 39 UrhG ist nur einschlägig, sofern dem Nutzer ein Nutzungsrecht eingeräumt wurde, was bei der Parodie grundsätzlich nicht der Fall sein dürfte. Auch das Änderungsverbot aus § 62 UrhG scheidet aus, da dieses nur für die Schranken nach §§ 44a ff. UrhG gilt und die Parodie aktuell keiner Schrankenregelung unterfällt.

741 BGH, GRUR 2016, 1157 Rn. 13 – auf fett getrimmt.

742 BTDrs. IV/270 S. 45.

743 BGH, GRUR 1999, 230 (231) – Treppenhausgestaltung; *Bullinger*, in: Wandtke/Bullinger, UrhG[5], § 51 Rn. 1; *Dietz/Peukert*, in: Schricker/Loewenheim, UrhG[5], § 14 Rn. 1; *Dreyer*, in Dreyer/Kotthoff/Meckel/Hentsch, UrhG[4], § 14 Rn. 3; *Kroitzsch/Götting*, in: BeckOK, UrhG, § 14 Rn. 2.

744 BGH, GRUR 2002, 532 (534) – Unikatrahmen; BGH, GRUR 1999, 230 (232) – Treppenhausgestaltung; *Dietz/Peukert*, in: Schricker/Loewenheim, UrhG[5], § 14 Rn. 1.

745 *Hess*, Urheberrechtsprobleme der Parodie, S. 166.

a) *Werkbezogenheit*

Zunächst ist das Urheberpersönlichkeitsrecht vom allgemeinen Persönlichkeitsrecht abzugrenzen. Zwar haben das Urheberpersönlichkeitsrecht als auch das allgemeine Persönlichkeitsrecht gemeinsam, dass sie in Art. 1 Abs. 1 GG i. V. m. Art. 2 Abs. 1 GG verwurzelt sind.[746] Wesentliches Abgrenzungskriterium stellt jedoch die Werkbezogenheit dar.[747] Das allgemeine Persönlichkeitsrecht knüpft an die Existenz des Menschen an[748] und gewährleistet dessen personale und soziale Identität sowie dessen individuelle Entfaltung.[749] Es ist von bestimmten Werken unabhängig und betrifft nur die Person des Urhebers.[750] Demgegenüber sichert das Urheberpersönlichkeitsrecht die geistige und persönliche Beziehung des Urhebers zu seinem konkreten Werk.[751] Da das Werk die Gefühle, Wahrnehmungen und Eindrücke des Urhebers zum Ausdruck bringt, wird dessen Persönlichkeit widergespiegelt.[752] Sofern das geistige Band zwischen dem Urheber und seinem Werk betroffen ist, kommt das Urheberpersönlichkeitsrecht zum Tragen. Dagegen ist das allgemeine Persönlichkeitsrecht einschlägig, wenn nicht die Beziehung zwischen dem Urheber und seinem Werk im Blickpunkt steht, aber beispielsweise das gesamte Werkschaffen des Urhebers betroffen ist.[753] Übertragen auf die Parodie bedeutet das, dass das Urheberpersönlichkeitsrecht dann zur Anwendung gelangt, wenn sich die Parodie gegen ein bestimmtes Werk richtet.[754] Richtet sich die Parodie aber gegen ungeschützte Teile des parodierten Werkes oder gegen das gesamte Schaffen des Urhebers

746 *Bullinger,* in: Wandtke/Bullinger, UrhG[5], Vorb. vor §§ 12ff. Rn. 16; *Schack,* Urheber- und Urhebervertragsrecht, Rn. 46.

747 *Dreyer,* in: Dreyer/Kotthoff/Meckel/Hentsch, UrhG[4], Vor §§ 12ff. Rn. 42; *Schack,* GRUR 1985, 352 (353); *ders.,* Urheber- und Urhebervertragsrecht, Rn. 43.

748 *Bullinger,* in: Wandtke/Bullinger, UrhG[5], Vorb. Vor §§ 12ff. Rn. 16; *Hess,* Urheberrechtsprobleme der Parodie, S. 46.

749 *Dietz/Peukert,* in: Schricker/Loewenheim, UrhG[5], Vor §§ 12ff. Rn. 29.

750 *Detten,* Kunstausstellung und Urheberpersönlichkeitsrecht, S. 145; *Dietz/Peukert,* in: Schricker/Loewenheim, UrhG[5], Vor §§ 12ff. Rn. 32; *Kroitzsch/Götting,* in: BeckOK, UrhG, § 11 Rn. 5; *Schack,* GRUR 1985, 352 (353); *Rehbinder/Peukert,* Urheberrecht, Rn. 436; *Vlah,* Parodie, Pastiche und Karikatur, S. 90f.

751 BGH, NJW 1990, 1986 (1987) – Emil Nolde; *Bullinger,* in: Wandtke/Bullinger, UrhG[5], Vorb. Vor §§ 12ff. Rn. 1; *Dietz/Peukert,* in: Schricker/Loewenheim, UrhG[5], § 14 Rn. 3; *Dreyer,* in: Dreyer/Kotthoff/Meckel/Hentsch, UrhG[4], Vor §§ 12ff. Rn. 42; *Hess,* Urheberrechtsprobleme der Parodie, S. 46; *Kroitzsch/Götting,* in: BeckOK, UrhG, § 11 Rn. 5; *Schack,* Urheber- und Urhebervertragsrecht, Rn. 43.

752 *Bullinger,* in: Wandtke/Bullinger, UrhG[5], Vorb. Vor §§ 12ff. Rn. 1.

753 *Detten,* Kunstausstellung und Urheberpersönlichkeitsrecht, S. 145; *Dietz/Peukert,* in: Schricker/Loewenheim, UrhG[5], Vor §§ 12ff. Rn. 32; *Jacobs,* in: FS Piper, S. 682ff.; *Schack,* Urheber- und Urhebervertragsrecht, Rn. 44; *Stuhlert,* Die Behandlung der Parodie im Urheberrecht, S. 77.

754 So auch *Stuhlert,* Die Behandlung der Parodie im Urheberrecht, S. 76; *Vlah,* Parodie, Pastiche und Karikatur, S. 91.

selbst, kann nur das allgemeine Persönlichkeitsrecht des Parodierten betroffen sein.[755]

b) *Entstellung oder andere Beeinträchtigung*

Gemäß § 14 UrhG muss die Parodie das Original beeinträchtigen oder entstellen. Aus dem Wortlaut der Norm »eine Entstellung oder eine andere Beeinträchtigung« folgt, dass die Beeinträchtigung im Verhältnis zur Entstellung den Oberbegriff bildet und daher grundsätzlich auch die Entstellung umfasst.[756] Während mit »Beeinträchtigung« die Abweichung vom geistig-ästhetischen Gesamteindruck eines Werkes gemeint ist,[757] handelt es sich bei einer Entstellung um eine besonders schwere Form der Beeinträchtigung.[758] Dabei werden die Wesenszüge eines Werkes verzerrt oder verfälscht.[759] Eine Beeinträchtigung kann sowohl in direkter als auch in indirekter Weise erfolgen. Eine direkte Beeinträchtigung liegt vor, wenn die körperliche oder geistige Substanz des Werkes verändert wird.[760] Eine indirekte Beeinträchtigung ist im Gegensatz dazu gegeben, wenn das Werk ohne Substanzänderung in einen anderen Zusammenhang gestellt wird.[761]

---

755 So auch *Ruijsenaars*, GRUR Int. 1993, 918 (929); *Vlah*, Parodie, Pastiche und Karikatur, S. 91. Vgl. auch *Stuhlert*, Die Behandlung der Parodie im Urheberrecht, S. 77, die davon ausgeht, dass das allgemeine Persönlichkeitsrecht auch dann zum Tragen komme, wenn § 24 Abs. 1 UrhG anwendbar ist. *Hefti*, Die Parodie im Urheberrecht, S. 113 geht davon aus, dass das allgemeine Persönlichkeitsrecht auch dann anwendbar sei, wenn Ansehen, Ruf oder Ehre des Parodierten betroffen würden und die Parodie damit auch gegen den Urheber gerichtet ist.

756 *Bullinger*, in: Wandtke/Bullinger, UrhG[5], § 14 Rn. 3; *Dietz/Peukert*, in: Schricker/Loewenheim, UrhG[5], § 14 Rn. 15; *Dustmann*, in: Fromm/Nordemann, UrhG, § 14 Rn. 12; *Honscheck*, GRUR 2007, 944 (945); *Schulze*, in: Dreier/Schulze, UrhG, § 14 Rn. 5.

757 OLG München, GRUR Int. 1993, 332 (333) – Christoph Columbus; *Dietz/Peukert*, in: Schricker/Loewenheim, UrhG[5], § 14 Rn. 13; *Mauch*, Die rechtliche Beurteilung von Parodien in der EU, S. 73; *Schulze*, in: Dreier/Schulze, UrhG, § 14 Rn. 10; *Vlah*, Parodie, Pastiche und Karikatur, S. 93; *Wallner*, Der Schutz von Urheberwerken gegen Entstellungen, S. 131.

758 *Detten*, Kunstausstellung und Urheberpersönlichkeitsrecht, S. 98; *Grohmann*, Entstellungen und Änderungen, S. 76; *Hess*, Urheberrechtsprobleme der Parodie, S. 48; *Schack*, Urheber- und Urhebervertragsrecht, Rn. 381; *Schulze*, in: Dreier/Schulze, UrhG, § 14 Rn. 5; *Wiebe*, in: Spindler/Schuster, Recht der elektronischen Medien, § 14 UrhG Rn. 4.

759 OLG Hamm, ZUM-RD 2011, 343 (346); *Bullinger*, in: Wandtke/Bullinger, UrhG[5], § 14 Rn. 3; *Dietz/Peukert*, in: Schricker/Loewenheim, Hdb. UrhR, § 16 Rn. 104; *Dietz/Peukert*, in: Schricker/Loewenheim, UrhG[5], § 14 Rn. 18; *Dustmann*, in: Fromm/Nordemann, UrhG, § 14 Rn. 9; *Hess*, Urheberrechtsprobleme der Parodie, S. 48; *Schulze*, in: Dreier/Schulze, UrhG, § 14 Rn. 7; *Vlah*, Parodie, Pastiche und Karikatur, S. 93.

760 *Dietz/Peukert*, in: Schricker/Loewenheim, UrhG[5], § 14 Rn. 15; *Dustmann*, in: Fromm/Nordemann, UrhG, § 14 Rn. 12; *Schulze*, in: Dreier/Schulze, UrhG, § 14 Rn. 11; *Wiebe*, in: Spindler/Schuster, Recht der elektronischen Medien, § 14 UrhG Rn. 5.

761 BGH, GRUR 2009, 395 Rn. 14 – Klingeltöne für Mobiltelefone; BGH, GRUR 2002, 532 (534) – Unikatrahmen; BGH, GRUR 1999, 230 (232) – Treppenhausgestaltung; *Dietz/Peukert*, in: Schricker/Loewenheim, UrhG[5], § 14 Rn. 15; *Dustmann*, in: Fromm/Nordemann, UrhG, § 14

Der Umstand allein, dass eine Parodie geschaffen wird, führt noch nicht dazu, dass der Tatbestand des § 14 UrhG erfüllt ist.[762] Jedoch erzielt die Parodie ihre Wirkung – einen Kontrast zum Ausgangswerk herzustellen[763] –, indem die übernommenen Elemente des parodierten Werkes verändert werden. In diesem Zusammenhang kann sowohl die direkte als auch die indirekte Beeinträchtigung in Betracht kommen. Denn die Parodie verändert das übernommene Werk, die Werkteile oder die inhaltliche Aussage oder stellt sie in einen anderen Zusammenhang.[764] Eine Beeinträchtigung wurde bereits wegen der antithematischen Behandlung mit dem Ausgangswerk angenommen.[765] Da eine antithematische Auseinandersetzung aber nicht mehr notwendig für das Vorliegen einer Parodie ist, kann die Beeinträchtigung nicht lediglich anhand dieses Merkmales begründet werden. Vielmehr reichen Humor und Verspottung aus. Aber auch diese Merkmale können dazu führen, dass die Parodie das parodierte Werk beeinträchtigt. Eine bissige und boshafte Kritik kann damit auch das Urheberpersönlichkeitsrecht aus § 14 Abs. 1 UrhG verletzen.[766] Wegen der offensiv angreifenden Funktion[767] wird zumindest der Aussagegehalt geändert. Das kann soweit führen, dass die Wesenszüge des parodierten Werkes – insbesondere aufgrund der Verspottung – verfälscht oder verzerrt werden, sodass eine Parodie nicht nur eine Beeinträchtigung, sondern auch den besonders schweren Fall der Entstellung erfüllen kann. Insgesamt bleibt festzuhalten, dass die Parodie i. d. R. sowohl eine Beeinträchtigung als auch die Entstellung oder Verzerrung von Sinn und Form des parodierten Werkes als Stilmittel einsetzt.[768]

2. Eignung zur Interessengefährdung

Die Beeinträchtigung des parodierten Werkes muss weiterhin geeignet sein, die Interessen des Originalurhebers zu gefährden. Das ist jedenfalls dann der Fall, wenn die Möglichkeit der Verletzung von Urheberinteressen besteht.[769] Dabei indiziert das Vorliegen einer Beeinträchtigung grundsätzlich die Eignung zur

Rn. 12; *Federle*, Werkintegrität, S. 41; *Schulze*, in: Dreier/Schulze, UrhG, § 14 Rn. 11; *Wiebe*, in: Spindler/Schuster, Recht der elektronischen Medien, § 14 UrhG Rn. 6.

762 So auch *Mauch*, Die rechtliche Beurteilung von Parodien in der EU, S. 73.

763 Vgl. *Vlah*, Parodie, Pastiche und Karikatur, S. 94.

764 So auch *Hess*, Urheberrechtsprobleme der Parodie, S. 163; *Vlah*, Parodie, Pastiche und Karikatur, S. 94.

765 *Becker*, Parodie und Kommerz, S. 46; *Hess*, Urheberrechtsprobleme der Parodie, S. 163.

766 Vgl. *Becker*, Parodie und Kommerz, S. 46.

767 So *Hess*, Urheberrechtsprobleme des Parodie, S. 46.

768 Vgl. *Hess*, Urheberrechtsprobleme des Parodie, S. 167; *Mauch*, Die rechtliche Beurteilung von Parodien in der EU, S. 73; *Ruijsenaars*, GRUR Int. 1993, 918 (929).

769 *Dustmann*, in: Fromm/Nordemann, UrhG, § 14 Rn. 15.

Interessengefährdung.[770] Die Wertung der Parodie als eine Beeinträchtigung, wenn nicht sogar als eine Entstellung des parodierten Werkes ist ein Indiz für die Gefährdung der Interessen des Parodierten.

Die Indizwirkung kann jedoch entfallen. Das ist insbesondere der Fall, wenn der Originalurheber zu erkennen gegeben hat, dass ihm an der Aufrechterhaltung des früheren Werkzustandes nichts mehr liegt.[771] Liegt beispielsweise eine Änderungsvereinbarung zwischen dem beeinträchtigten Urheber und demjenigen, der das Werk beeinträchtigt, vor, kann sich der Urheber nicht auf die Indizwirkung berufen.[772] Das gilt auch, wenn eine bloße ausdrückliche Zustimmung hinsichtlich der beeinträchtigenden Änderung gegeben wurde.[773] Der Parodierte wird i. d. R. aber nicht seine Zustimmung geben, sein Werk zu parodieren.[774] Aus diesem Grund wird die Indizwirkung bezüglich der Beeinträchtigung durch eine Parodie nicht entfallen.

Schließlich ist im Hinblick auf die Eignung zur Interessengefährdung erforderlich, dass die Beeinträchtigung des Werkes in der Öffentlichkeit geschieht, also von einem größeren Personenkreis wahrgenommen werden kann.[775] Sofern es sich um Parodien handelt, die lediglich im Rahmen der Privatsphäre des Parodisten geschaffen wurden und diese auch nicht verlassen, muss eine Interessengefährdung verneint werden.

---

770 OLG Stuttgart, GRUR-RR 2011, 56 (58) – Stuttgart 21; OLG München, GRUR Int. 1993, 332 (333) – Christoph Columbus; *Dietz/Peukert*, in: Schricker/Loewenheim, UrhG[5], § 14 Rn. 23; *Dustmann*, in: Fromm/Nordemann, UrhG, § 14 Rn. 15; *Hegemann*, in: FS Hertin, S. 95; *Paschke*, GRUR 1984, 858 (865); *Schack*, Urheber- und Urhebervertragsrecht, Rn. 386; *Schulze*, in: Dreier/Schulze, UrhG, § 14 Rn. 15; *Wallner*, Der Schutz von Urheberwerken gegen Entstellungen, S. 135.

771 Vgl. *Schilcher*, Der Schutz der Urhebers gegen Werkänderungen, S. 97. So auch OLG München, GRUR Int. 1993, 332 (333) – Christoph Columbus; *Hegemann*, in: FS Hertin, S. 95; *Dietz/Peukert*, in: Schricker/Loewenheim, Hdb. UrhR, § 16 Rn. 109; *Wallner*, Der Schutz von Urheberwerken gegen Entstellungen, S. 135.

772 OLG München, GRUR Int. 1993, 332 (333) – Christoph Columbus; *Hegemann*, in: FS Hertin, S. 95; *Honscheck*, GRUR 2007, 944 (946); *Schilcher*, Der Schutz der Urhebers gegen Werkänderungen, S. 97; *Wallner*, Der Schutz von Urheberwerken gegen Entstellungen, S. 135.

773 BGH, GRUR 1989, 106 (107) – Oberammergauer Passionsspiele II; *Dreyer*, in: Dreyer/Kotthoff/Meckel/Hentsch, UrhG[4], § 14 Rn. 51.

774 Siehe bereits unter Kapitel 1 B. I.

775 *Bullinger*, in: Wandtke/Bullinger, UrhG[5], § 14 Rn. 8; *Dustmann*, in: Fromm/Nordemann, UrhG, § 14 Rn. 16; *Honscheck*, GRUR 2007, 944 (946); *Schack*, Urheber- und Urhebervertragsrecht, Rn. 388; *Wallner*, Der Schutz von Urheberwerken gegen Entstellungen, S. 136. Nicht überzeugend ist der Ansatz, dass eine Beeinträchtigung im Rahmen des § 14 UrhG auch im privaten Bereich ausreichend sei. So etwa *Hegemann*, in: FS Hertin, S. 100.

3. Interessenabwägung

Die Parodie erfüllt grundsätzlich den Tatbestand des § 14 UrhG. Wesentliche Bedeutung hinsichtlich der Anwendbarkeit des § 14 UrhG auf die Parodien kommt aber der erforderlichen Interessenabwägung zu. Das gilt nicht nur für das Vorliegen einer Beeinträchtigung, sondern auch dann, wenn es sich um eine Entstellung handelt.[776]

Ausgangspunkt der Interessenabwägung ist das Bestands- und Integritätsinteresse des Urhebers.[777] Der Urheber hat grundsätzlich ein Interesse daran, zu bestimmen, in welcher Form sein Werk von der Öffentlichkeit wahrgenommen werden soll.[778] Übertriebene Empfindlichkeiten und eine übersteigerte Eitelkeit müssen jedoch bei der Interessenabwägung außer Betracht bleiben.[779] Es handelt sich nur dann um berechtigte Interessen, wenn sie objektiv schutzwürdig sind.[780] Die typischen und gleichzeitig wichtigsten Abwägungskriterien sind dabei Art und Intensität des Eingriffs,[781] die Gestaltungshöhe des Originalwerkes[782] und der Öffentlichkeitsbezug.[783]

776 *Bullinger*, in: Wandtke/Bullinger, UrhG[5], § 14 Rn. 11; *Hess*, Urheberrechtsprobleme der Parodie, S. 49, 164.

777 OLG Stuttgart, GRUR-RR 2011, 56 (58) – Stuttgart 21; *Dietz/Peukert*, in: Schricker/Loewenheim, UrhG[5], § 14 Rn. 26; *dies.*, in: Schricker/Loewenheim, Hdb. UrhR, § 16 Rn. 110; *Hegemann*, in: FS Hertin, S. 95; *Hess*, Urheberrechtsprobleme der Parodie, S. 49; *Schilcher*, Der Schutz des Urhebers gegen Werkveränderungen, S. 101; *Schulze*, in: Dreier/Schulze, UrhG, § 14 Rn. 16.

778 BGH, GRUR 1999, 230 (231) – Treppenhausgestaltung; BGH, GRUR 1971, 35 (37) – Maske in Blau; OLG München, GRUR Int. 1993, 332 (333) – Christoph Columbus; *Hegemann*, in: FS Hertin, S. 95; *Hess*, Urheberrechtsprobleme der Parodie, S. 49f.; *Wallner*, Der Schutz von Urheberwerken gegen Entstellungen, S. 137.

779 *Dietz/Peukert*, in: Schricker/Loewenheim, Hdb. UrhR, § 16 Rn. 110; *dies.*, in: Schricker/Loewenheim, UrhG[5], § 14 Rn. 27; *Schack*, Urheber- und Urhebervertragsrecht, Rn. 387; *Wallner*, Der Schutz von Urheberwerken gegen Entstellungen, S. 137; *Wiebe*, in: Spindler/Schuster, Recht der elektronischen Medien, § 14 UrhG Rn. 8.

780 So *Dreyer*, in: Dreyer/Kotthoff/Meckel/Hentsch, UrhG[4], § 14 Rn. 52; *Wallner*, Der Schutz von Urheberwerken gegen Entstellungen, S. 137.

781 BGH, GRUR 2008, 984 Rn. 28 – St. Gottfried; BGH, GRUR 1999, 230 (231f.) – Treppenhausgestaltung; BGH, GRUR 1974, 675 (676) – Schulerweiterung; OLG Hamm, ZUM-RD 2011, 343 (346); *Federle*, Werkintegrität, S. 52f.; *Hegemann*, in: FS Hertin, S. 98f.; *Schilcher*, Der Schutz des Urhebers gegen Werkänderungen, S. 105ff.; *Wallner*, Der Schutz von Urheberwerken gegen Entstellungen, S. 138.

782 BGH, GRUR 2008, 984 Rn. 27 – St. Gottfried; BGH, GRUR 1974, 675 (676f.) – Schulerweiterung; OLG Stuttgart, GRUR-RR 2011, 56 (58) – Stuttgart 21; *Becker*, Parodie und Kommerz, S. 45; *Dietz/Peukert*, in: Schricker/Loewenheim, UrhG[5], § 14 Rn. 29; *Federle*, Werkintegrität, S. 53f.; *Hegemann*, in: FS Hertin, S. 99f.; *Schulze*, in: Dreier/Schulze, UrhG, § 14 Rn. 31; *Steinbeck*, GRUR 2008, 988.

783 *Hegemann*, in: FS Hertin, S. 100f.; *Honscheck*, GRUR 2007, 944 (947).

Im Hinblick auf die Parodie stehen sich die Interessen des Parodierten und die des Parodisten gegenüber.[784] Der Parodist hat ein Interesse daran und ist darauf angewiesen, das Ausgangswerk uneingeschränkt zu nutzen. Zu beachten ist allerdings, dass die verändernde und teilweise sogar entstellende Wirkung der Parodie das Integritätsinteresse des Parodierten betrifft. Zudem wird die Parodie, um den Wiedererkennungseffekt zu gewährleisten, wohl eher die individuellen Elemente der Vorlage übernehmen, statt sich auf die nicht schutzwürdigen Teile zu beschränken.[785] Die wesentlichen Elemente des Originals werden also erkennbar wiedergegeben, was einen erheblichen Eingriff in die Rechte des Parodierten darstellt.[786] Die Übernahme der wesentlichen Elemente des parodierten Werkes wird zudem nicht vom Originalurheber gestattet werden, weshalb insbesondere zu beachten ist, dass der Parodist keine Nutzungsrechte an dem übernommenen Werk hat.[787] Um die hinter der Parodie stehende Aussage einer breiten Masse zugänglich machen zu können, wird sie im Regelfall einen Öffentlichkeitsbezug aufweisen. Auf den ersten Blick scheinen daher die besseren Argumente dem Parodierten zugute zu kommen.

a) Bisherige Auffassung zum Verhältnis zwischen § 14 UrhG und der Parodie

Sofern sich die Parodie antithematisch mit dem parodierten Werk auseinandersetzt und damit ein innerer Abstand zwischen dem Originalwerk und der Parodie besteht, war sie nach alter Rechtsprechung und herrschender Literaturmeinung als freie Benutzung i. S. d. § 24 Abs. 1 UrhG einzustufen.[788] Fraglich war hierbei, inwiefern sich das Vorliegen der freien Benutzung auf das Entstellungsverbot aus § 14 UrhG auswirkte.

Der BGH stellte in seiner »Alcolix«- Entscheidung dabei lediglich fest, dass die Verletzung des Urheberpersönlichkeitsrechts in Abhängigkeit vom Vorliegen einer freien Benutzung zu beurteilen sei.[789] Das kann dahingehend verstanden werden, dass § 24 UrhG und § 14 UrhG in einem Exklusivitätsverhältnis zueinander stehen. Für die Anwendbarkeit des § 14 UrhG würde dies bedeuten, dass § 14 UrhG regelmäßig ausscheidet, sofern eine freie Benutzung vorliegt. Ob die Rechtsprechung aber tatsächlich von einem solchen Verhältnis der beiden Normen zueinander ausgeht, kann mangels Begründung nur vermutet werden.[790]

784 Zu den sich gegenüberstehenden Interessen siehe im Einzelnen unter Kapitel 1 B.
785 *Hess*, Urheberrechtsprobleme der Parodie, S. 164.
786 *Hess*, Urheberrechtsprobleme der Parodie, S. 164; *Vlah*, Parodie, Pastiche und Karikatur, S. 96.
787 So auch *Vlah*, Parodie, Pastiche und Karikatur, S. 96.
788 Siehe hierzu unter Kapitel 3 A. II. 2. b).
789 BGH, GRUR 1994, 206 (209) – Alcolix. Ähnlich auch OLG München, ZUM-RD 2008, 149.
790 So *Specht/Koppermann*, ZUM 2016, 19f.

In der Literatur ist umstritten, ob das Vorliegen der freien Benutzung zum Ausschluss des § 14 UrhG führt. Ein Teil der Literatur geht davon aus, dass das Vorliegen einer freien Benutzung den Rückgriff auf § 14 UrhG ausschließe.[791] Andererseits wird wiederum vertreten, dass § 14 UrhG und § 24 Abs. 1 UrhG parallel anzuwenden seien, wobei die Erwägungen zur freien Benutzung im Rahmen der Interessenabwägung Berücksichtigung finden sollen.[792]

Übertragen auf die Parodie bedeutet das Folgendes: Folgt man der Ansicht, dass das Vorliegen der freien Benutzung dazu führt, dass § 14 UrhG unanwendbar ist, so ist die Parodie, sofern sie die Voraussetzungen des § 24 Abs. 1 UrhG erfüllt, stets vom Anwendungsbereich des Entstellungsverbots ausgeschlossen. Die Parodie kann demnach von vornherein nicht das Integritätsinteresse des Parodierten beeinträchtigen. Hinsichtlich der parallelen Anwendbarkeit sind die Wertungen des § 24 Abs. 1 UrhG bezüglich der Parodie im Rahmen der Interessenabwägung zu berücksichtigen. Hierbei ist allerdings zu beachten, dass das Vorliegen einer freien Benutzung die antithematische Auseinandersetzung mit dem Ausgangswerk erfordert. Die Auseinandersetzung verdeutlicht, dass es sich nicht um das Originalwerk handelt,[793] weshalb das Publikum keinen falschen Eindruck vom Schaffen des Originalurhebers erhält.[794] Es ist erkennbar, dass die Parodie nicht vom Originalurheber stammt.[795] Das Integritätsinteresse des Urhebers muss demnach gegenüber den Interessen des Parodisten zurücktreten, wenn die Parodie von § 24 Abs. 1 UrhG erfasst wird. Der Ausschluss des Entstellungsverbots steht somit in einem engen Zusammenhang mit dem Erfordernis der antithematischen Auseinandersetzung mit dem Ausgangswerk.[796]

Damit ist festzuhalten, dass sich der Parodierte aufgrund der Behandlung der Parodie im Wege des § 24 Abs. 1 UrhG in jedem Fall nicht auf das Entstel-

791 *Becker*, Parodie und Kommerz, S. 46; *Bonneß*, Der Schutz von Figuren, S. 149; *Chakraborty*, Freie Benutzung, S. 108 f.; *Dreyer*, in: Dreyer/Kotthoff/Meckel/Hentsch, UrhG[4], § 14 Rn. 25; *Grohmann*, Entstellungen und Änderungen, S. 67, 71; *Hess*, Urheberrechtsprobleme der Parodie, S. 165 f.; *Schilcher*, Der Schutz des Urhebers gegen Werkänderungen, S. 94.

792 *Diez/Peukert*, in: Schricker/Loewenheim, UrhG[5], § 14 Rn. 9; *Vlah*, Parodie, Pastiche und Karikatur, S. 93.

793 *Becker*, Parodie und Kommerz, S. 46; *Hess*, Urheberrechtsprobleme der Parodie, S. 167; *Vlah*, Parodie, Pastiche und Karikatur, S. 96.

794 *Becker*, Parodie und Kommerz, S. 46; *Hess*, Urheberrechtsprobleme der Parodie, S. 167; *Vlah*, Parodie, Pastiche und Karikatur, S. 96.

795 *Becker*, Parodie und Kommerz, S. 46; *Dustmann*, in: Fromm/Nordemann, UrhG, § 14 Rn. 50; *Schulze*, in: Dreier/Schulze, UrhG, § 14 Rn. 24; *Specht/Koppermann*, ZUM 2016, 19 (21); *Vlah*, Parodie, Pastiche und Karikatur, S. 96. Anders *Honscheck*, GRUR 2007, 944 (947), der davon ausgeht, dass es nicht darauf ankomme, ob der Betrachter Änderungen erkennen könne bzw. erkennen könne, ob das Werk vom Originalurheber stamme oder nicht.

796 *Haedicke*, GRUR Int 2015, 664 (667); *Lotte*, ZUM 2016, 991 (992); *Specht/Koppermann*, ZUM 2016, 19 (22).

lungsverbot aus § 14 UrhG berufen kann unabhängig von der Frage, ob § 24 Abs. 1 UrhG bereits die Anwendung des § 14 UrhG sperrt oder erst im Rahmen der Interessenabwägung zum Tragen kommt.

b) Beurteilung nach dem in der Arbeit vertretenen Standpunkt

Der enge Zusammenhang zwischen dem Erfordernis der antithematischen Behandlung im Rahmen des § 24 Abs. 1 UrhG im Hinblick auf die Parodie und dem Ausschluss des § 14 UrhG besteht angesichts des »Deckmyn«-Urteils des EuGH und des »auf fett getrimmt«-Urteils des BGH nicht mehr. Fraglich ist daher, ob dem Entstellungsverbot hinsichtlich der urheberrechtlichen Bewertung der Parodie nunmehr doch eine bedeutendere Rolle zukommt als zuvor und welchen Einfluss der Regelungsvorschlag des § 51a UrhG auf dieses Ergebnis hat.

Eine antithematische Auseinandersetzung mit dem Ausgangswerk ist aufgrund der »Deckmyn«-Entscheidung des EuGH nicht mehr als zwingende Voraussetzung einer Parodie anzusehen.[797] Dadurch werden die Anforderungen hinsichtlich des Abstands der Parodie zum Ausgangswerk gemindert, was dazu führen kann, dass die Öffentlichkeit die Parodie dem Originalurheber zuordnet.[798] Zwar mag bei einer verspottenden Parodie deutlich werden, dass sie nicht vom Urheber stammt.[799] Für das Publikum wird erkennbar sein, dass der Originalurheber sein Werk nicht selbst zum Gespött machen wird. Eine verspottende Darstellung ist durch zum Teil weitreichende Änderungen am Werk gekennzeichnet, sodass erkennbar ist, dass die Parodie nicht vom Urheber des Originalwerkes stammen wird. Auch der Ausdruck von Humor, der für die Annahme einer Parodie ausreicht, ist i. d. R. nicht geeignet, das geistige Band zwischen dem Urheber und seinem konkreten Werk zu trennen.[800] Da die humorvolle Parodie, die sich scherzhaft mit dem Ursprungswerk auseinandersetzt, bereits im Hinblick auf den inneren Abstand i. S. d. § 24 Abs. 1 UrhG ausreichte, ist auch hier anzuerkennen, dass die Parodie nicht dem Originalurheber zugerechnet wird. Auszuschließen ist das jedoch nicht, da auch angenommen werden kann, dass sich der Parodierte selbst einen Scherz erlaubt. Schließlich muss die Parodie auch nach den Vorgaben des EuGH gegenüber dem parodierten Werk wahrnehmbare Unterschiede aufweisen. »Wahrnehmbar« bedeutet im allgemeinen Sprachgebrauch so viel wie erkennbar, auffallend, eindeutig oder sichtbar. Schließlich soll die Parodie nur an das Ausgangswerk erinnern. Deshalb könnte man annehmen,

797 So auch BGH, GRUR 2016, 1157 Rn. 34 – auf fett getrimmt; *Haedicke*, GRUR Int. 2015, 664 (668); *Specht/Koppermann*, ZUM 2016, 19 (23). So bereits *Garbers-von Boehm*, GRUR-Prax 2014, 305 bezüglich der Schlussanträge des Generalanwalts Cruz Villalón zur Parodie. Anders aber *Ahlberg*, in: BeckOK, UrhG, § 24 Rn. 29.

798 So auch *Specht/Koppermann*, ZUM 2016, 19 (24).

799 So auch *Specht/Koppermann*, ZUM 2016, 19 (24).

800 So auch *Specht/Koppermann*, ZUM 2016, 19 (24).

dass eine Parodie gegenüber dem Ausgangswerk so weit abgewandelt werden muss, dass von der Öffentlichkeit bemerkt wird, dass das parodierte Werk nicht vom Originalurheber stamme. Gleichzeitig stellt der EuGH aber fest, dass es nicht erforderlich sei, die Parodie einem anderen Urheber als dem des Ausgangswerkes zuzuschreiben. Die Unterschiede zwischen Original und Parodie müssen demnach nicht so weit reichen, dass die Parodie einem anderen Urheber zugeordnet wird. Damit ist festzuhalten, dass die Parodie wegen der Verspottung oder des Ausdrucks von Humor im Regelfall nicht dem Originalurheber zuzurechnen ist. Zwingend ist dieses Ergebnis aufgrund der Vorgaben des EuGH aber nicht.

Jedoch erleichtert die vorgeschlagene Schrankenregelung des § 51a UrhG die Rechtslage bezüglich der Behandlung der Parodie im Rahmen des § 14 UrhG. Da der Regelungsvorschlag seinerseits eine Interessenabwägung vorsieht, in die auch urheberpersönlichkeitsrechtliche Interessen einfließen,[801] ist die Zulässigkeit der Parodie bereits das Ergebnis einer solchen. Ist eine Parodie nach der vorgeschlagenen Schrankenregelung zulässig, kann sich bezüglich der Behandlung der Parodie im Rahmen des § 14 UrhG nichts anderes ergeben. Schließlich soll die Auslegung der Schranke nicht durch das Urheberpersönlichkeitsrecht unterlaufen werden.

4. Schlussfolgerung

Liegen die Voraussetzungen der vorgeschlagenen Schrankenregelung des § 51a UrhG vor, so muss dieses Ergebnis auch im Rahmen des Entstellungsverbotes nach § 14 UrhG berücksichtigt werden. Das Entstellungsverbot gemäß § 14 UrhG wird daher nur dann relevant, wenn die Schranke des § 51a UrhG nicht einschlägig ist.

IV. Fazit zur Behandlung der Parodie im Urheberrecht

Insgesamt haben die Ausführungen gezeigt, dass die Einführung einer Parodieschranke – wie die des § 51a UrhG – im Rahmen der urheberrechtlichen Bewertung von Parodien notwendig ist. Dies gilt insbesondere für den Eingriff in die Verwertungsrechte des Parodierten, da es die Kommunikationsgrundrechte erfordern, eine Parodie zu ermöglichen. Andernfalls kann der Parodierte durch die Verweigerung seiner Einwilligung auch zulässige Parodien verhindern. Ist die Parodie von der Schrankenregelung gedeckt, so liegt zum einen kein Eingriff in die Verwertungsrechte des Parodierten vor. Zum anderen kann dieser auch nicht im Wege des Entstellungsverbotes gegen die Parodie vorgehen, da das Ergebnis

---

801 Siehe hierzu unter Kapitel 3 A. II. 7. b) bb) (3).

der Interessenabwägung im Rahmen des § 51a UrhG ebenfalls im Hinblick auf die erforderliche Interessenabwägung des § 14 UrhG zu berücksichtigen ist. Nur wenn eine Parodie nicht von § 51a UrhG erfasst wird und damit unzulässig ist, kann der Parodierte Abwehrrechte gemäß §§ 97ff. UrhG geltend machen.

B. Markenrecht

Sowohl im MarkenG als auch in der UMV finden sich – ähnlich wie im nationalen Urheberrecht – keine ausdrücklichen Regelungen hinsichtlich der Zulässigkeit des Gebrauchs von Markenparodien. Zwar wurde im Auftrag der Kommission im Rahmen der »Study on the Overall Functioning of the European Trade Mark System«, die vom Max Planck Institut in München durchgeführt wurde, der Vorschlag unterbreitet, eine eigene Parodieklausel in das Markenrecht einzuführen. Sie solle als »honest referential use«, also als Schutzschranke des redlichen Referenzgebrauchs,[802] berücksichtigt werden.[803] Der Vorschlag hat allerdings keine ausdrückliche Berücksichtigung gefunden.[804] Zu untersuchen ist demnach, ob das deutsche und europäische Markenrecht Normen bereithalten, die sowohl die Interessen des parodierten Markeninhabers als auch die des Parodisten berücksichtigen oder ob es – wie im nationalen Urheberrecht – erforderlich ist, eine Schrankenregelung zugunsten der Parodie einzuführen. Da das nationale MarkenG und die europäische UMV weitgehend übereinstimmen, können das nationale und europäische Markenrecht parallel betrachtet werden. Sofern Unterschiede bestehen, werden diese deutlich gemacht. Die Parallelität der Schutzsysteme ergibt sich vor allem daraus, dass das nationale MarkenG auf der Marken-RL beruht, die inhaltlich hinsichtlich des materiellen Rechts nahezu mit der UMV übereinstimmt.

I. Relevanz des »Deckmyn«-Urteils für die Behandlung der Parodie im Markenrecht

Für die Behandlung der Parodie im Markenrecht ist zunächst zu klären, welche Auswirkungen das »Deckmyn«-Urteil des EuGH zur Parodie im Urheberrecht auf das Markenrecht hat. Der EuGH hat für die Behandlung der Parodie im Urheberrecht verbindliche Vorgaben entwickelt. Dabei hat er festgestellt, dass die

802 So *Sosnitza*, MarkenR 2012, 436 (438).

803 *Max Planck Institute*, Study on the Overall Functioning of the European Trade Mark System, S. 122 Rn. 2.262.

804 Ansatzweise lässt sich dieser Gedanke jedoch in ErwG 27 S. 6, 7 Marken-RL, ErwG 21 S. 6, 7 UMV wiederfinden.

Parodie ein autonomer, unionsrechtlicher Begriff sei, der einheitlich auszulegen sei. Im Gegensatz zum Urheberrecht ist der Begriff der Parodie im Markenrecht jedoch nicht unionsrechtlich determiniert.[805] Das Markenrecht und das Urheberrecht unterscheiden sich in wesentlichen Punkten. Zum einen bezwecken beide Immaterialgüterrechte den Schutz eines völlig unterschiedlichen Schutzobjekts. Während im Urheberrecht nach § 1 UrhG das Werk als persönliche geistige Schöpfung i.S.d. § 2 Abs. 2 UrhG im Vordergrund steht, dient das Markenrecht[806] vorrangig dem Schutz der Marke als Herkunfts- und Unterscheidungsmerkmal. Das Markenrecht schützt demnach nicht die Marke an sich, sondern lediglich die Beziehung zwischen dem Kennzeichen und den Waren oder Dienstleistungen, dessen Identifizierung und Unterscheidung durch das Kennzeichen erreicht werden soll.[807] Die Nutzung des Zeichens kann nicht untersagt werden. Das Urheberrecht schützt hingegen das Werk als solches, wodurch der Urheber die Vervielfältigung und Verbreitung des Werkes an sich verbieten kann. Marken werden demnach nicht – anders als Werke im Urheberrecht – um ihrer selbst Willen geschützt, sondern ausschließlich in ihrer Funktion.[808] Zum anderen ist das Eingreifen der Parodieschranke nach Art. 5 Abs. 3 lit. k Info-RL davon abhängig, ob die Nachahmung des vorbestehenden Werkes als Parodie gewertet werden kann. Die zustimmungsfreie Benutzung der Parodie beruht darauf, ob die Nachahmung dem Parodiebegriff des EuGH entspricht. Ist dies zu bejahen, greift die Schranke ein, sofern sich aus der Interessenabwägung nicht etwas anderes ergibt. Anders verhält es sich jedoch im Markenrecht. Hier gibt es keine dem Urheberrecht gleichlaufende Regelung, weshalb der Parodiebegriff für die Behandlung der Markenparodie keine Rolle spielen kann. Vielmehr ist es im Rahmen des Markenrechtes erforderlich, die Zulässigkeit der Parodie anhand einer Gesamtschau der relevanten Normen zu untersuchen.[809] Die Bindungswirkung, wie sie im Urheberrecht besteht,[810] kann demnach nicht auf das Markenrecht übertragen werden. Auch der BGH weist in seinem Urteil »Springender Pudel« lediglich auf das Urteil des EuGH hin, ohne

805 In diesem Sinne auch *Apel/Fuchs*, WRP 2015, 1349 (1350).

806 EuGH, Urt. v. 15.12.2011 – Rs. C-119/10, Rn. 25 – Winters/Red Bull; EuGH, Urt. v. 14.9.2010 – Rs. C-48/09 P, Slg. 2010, I-8403 Rn. 38 – Lego; EuGH, Urt. v. 25.1.2007 – Rs. C-48/05, Slg. 2007, I-1017 Rn. 21 – Adam Opel; EuGH, Urt. v. 17.3.2005 – Rs. 228/03, Slg. 2005, I-2337 Rn. 26 – Gilette; EuGH, Urt. v. 12.11.2002 – Rs. C-206/01, Slg. 2002, I-10273 Rn. 48 – Arsenal Football Club; *Götting*, Gewerblicher Rechtsschutz, § 53 Rn. 1f., 17; *Hacker*, in: Ströbele/Hacker/Thiering, MarkenG, Einl Rn. 40; *Ingerl/Rohnke*, MarkenG, Einleitung zum Markengesetz Rn. 72.

807 *Jankowski*, Markenschutz für Kunstwerke, S. 57.

808 Vgl. *Kur*, in: BeckOK, MarkenR, Einl. MarkenR Rn. 118.

809 In diesem Sinne auch *Lötscher*, Die Markenparodie, S. 40, der sich mit der Übertragungen der Wertungen der Parodieschranke des schweizerischen Rechts nach Art. 11 Abs. 3 URG auf das Markenrecht auseinandersetzt.

810 Siehe unter Kapitel 3 A. II. 2. d) aa) (2).

davon auszugehen, dass dieser Parodiebegriff auch im Markenrecht zu beachten ist.[811]

II. Abwehransprüche des Parodierten gegen den Parodisten

Da auch die Markenparodie auf ein bereits bestehendes Zeichen zurückgreift, wird der Markeninhaber wiederum ein Interesse daran haben, die Nachahmung und deren kommerzielle Verwendung zu unterbinden. Hierfür werden ihm sowohl im nationalen[812] als auch im europäischen[813] Markenrecht Ansprüche zugestanden, um sich gegen die Benutzung zu wehren. Die Kollisionstatbestände des § 14 Abs. 2 MarkenG/Art. 9 Abs. 2 UMV haben jedenfalls gemeinsam, dass Dritte ohne Zustimmung des Markeninhabers die Marke im geschäftlichen Verkehr in Bezug auf Waren oder Dienstleistungen benutzen müssen. Zudem muss einer der drei Verletzungstatbestände – Identitätsschutz, Verwechslungsschutz oder Bekanntheitsschutz – einschlägig sein.

III. Gemeinsame Voraussetzungen

Die Kollisionstatbestände des § 14 Abs. 2 MarkenG/Art. 9 Abs. 2 UMV haben gemeinsam, dass Dritte ohne Zustimmung des Markeninhabers die Marke im geschäftlichen Verkehr in Bezug auf Waren oder Dienstleistungen benutzen müssen.

1. Handlung im geschäftlichen Verkehr

Der Markeninhaber kann sich nur auf die Verletzungstatbestände des § 14 Abs. 2 MarkenG/Art. 9 Abs. 2 UMV berufen, sofern eine Benutzung im geschäftlichen Verkehr vorliegt. Das setzt voraus, dass die Benutzung im Zusammenhang mit einer auf einen wirtschaftlichen Vorteil gerichteten kommerziellen Tätigkeit und

811 BGH, GRUR 2015, 1114 Rn. 47 – Springender Pudel.

812 Ihm stehen ein Unterlassungsanspruch (§ 14 Abs. 5 MarkenG), ein Schadensersatzanspruch (§ 14 Abs. 6 MarkenG), Vernichtungs- und Rückrufansprüche (§ 18 MarkenG), Auskunftsansprüche (§ 19 MarkenG) und Vorlage- und Beseitigungsansprüche (§ 19a MarkenG) zur Seite.

813 Während sich der Unterlassungsanspruch unmittelbar aus Art. 130 I UMV ergibt, wird bezüglich weiterer Ansprüche – wie dem Anspruch auf Schadensersatz, Auskunft oder Vernichtung – auf das nationale Recht verwiesen. Umstritten ist dabei, welche Verweisungsnorm anzuwenden ist. Siehe hierzu *Nowakowski*, Folgeansprüche bei der Verletzung einer Unionsmarke und ihre zwangsweise Durchsetzung, S. 31 ff.

nicht im privaten Bereich erfolgt.[814] Von dem Tatbestandsmerkmal erfasst sind daher auch ideell motivierte Handlungen, sofern sie zumindest auch auf die Förderung eines eigenen oder fremden Geschäftszwecks gerichtet sind.[815] Handlungen ohne wirtschaftliches Interesse, insbesondere im privaten, wissenschaftlichen oder politischen Bereich, sind von § 14 Abs. 2 MarkenG/Art. 9 Abs. 2 UMV generell ausgeschlossen.[816] Demnach fallen Markennutzungen heraus, die allein ideell motiviert sind.[817]

Sofern die Parodie ausschließlich ideelle Zwecke verfolgt, muss eine Handlung im geschäftlichen Verkehr danach abgelehnt werden.[818] Gleiches gilt für Markenparodien allein im privaten Bereich.[819] Treten jedoch neben die ideellen Ziele auch kommerzielle Zwecke, so verdrängt die kommerzielle Betätigung die ideelle Motivation.[820] Das ist dann der Fall, wenn mit der Markenparodie versehene Waren vertrieben werden.[821] Gleiches gilt, sofern mit der Parodie neben der kommerziellen, nicht über die reine Wirtschaftswerbung hinausgehenden Benutzung keine ideellen Zwecke verfolgt werden.[822]

Bereits im Rahmen dieses Tatbestandsmerkmals spielt die Art der Parodie eine entscheidende Rolle. Von einem Handeln im geschäftlichen Verkehr kann daher nicht *per se* ausgegangen werden. Ausschließlich ideelle Parodien werden

814 EuGH, Urt. v. 23.3.2010 – verb. Rs. C-236/08 bis C-238/08, Slg. 2010, I-2417 Rn. 50 – Google France; EuGH, Urt. v. 11.09.2007, Rs. C-17/06; Slg. 2007, I-7041 Rn. 17 – Céline; EuGH, Urt. v. 25.1.2007 – Rs. C-48/05, Slg. 2007, I-1017 Rn. 18 – Adam Opel; EuGH, Urt. v. 12.11.2002 – Rs. C-206/01, Slg. 2002, I-10273 Rn. 40 – Arsenal Football Club; BGH, GRUR 2018, 924 Rn. 27 – ORTLIEB; BGH, GRUR 2009, 871 Rn. 23 – Ohrclips; BGH, GRUR 2008, 1099 Rn. 12 – afilias.de; BGH, GRUR 2007, 708 Rn. 23 – Internet-Versteigerung II; *Fezer,* MarkenG, § 14 Rn. 24f.; *Mielke,* in: BeckOK, MarkenR, § 14 MarkenG Rn. 57.

815 BGH, GRUR 2004, 241 (242) – GeDIOS; OLG Köln, NJWE-WettbR 2000, 242 – Kampagne gegen die Jagd; *Hacker,* in: Ströbele/Hacker/Thiering, MarkenG, § 14 Rn. 48; *Ingerl/Rohnke,* MarkenG, § 14 Rn. 73; *Schneider,* Markenparodie, S. 33.

816 BGH, GRUR 2004, 241 (242) – GeDIOS; *Gietzelt/Grabrucker,* MarkenR 2015, 333 (334); *Ingerl/Rohnke,* MarkenG, § 14 Rn. 78ff.; *Mielke,* in: BeckOK, MarkenR, § 14 MarkenG Rn. 59; *Rohnke,* in: FS Schricker, S. 870; *Thiesen,* WRP 2016, 162 (163).

817 So auch *Thiesen,* WRP 2016, 162 (163). Siehe auch BGH, GRUR 1976, 379 (381) – KSB; KG, MMR 2002, 686 – oil-of-elf.

818 Siehe hierzu BGH, GRUR 1984, 684 (685) – Mordoro; OLG Köln, NJWE-WettbR 2000, 242 – Kampagne gegen die Jagd; KG, GRUR 1997, 295 (296) – Alles wird teurer; *Rohnke,* in: FS Schricker, S. 870; *Schack,* in: FS Rehbinder, S. 358; *Rohnke/Bott/Jonas/Asschenfeldt,* GRUR Int 2005, 419 (422); *Schneider,* Markenparodie, S. 34.

819 Siehe auch *Mielke,* in: BeckOK, MarkenR, § 14 MarkenG Rn. 199.

820 *Thiesen,* WRP 2016, 162 (163). Siehe auch *Schneider,* Markenparodie, S. 34.

821 *Prüfer-Kruse,* Interessenschwerpunkte im Markenrecht, S. 207; *Rohnke,* in: FS Schricker, S. 870; *Rohnke/Bott/Jonas/Asschenfeldt,* GRUR Int 2005, 419 (422); *Schricker,* in: FS Rehbinder, S. 358; *Thiesen,* WRP 2016, 162 (163).

822 So etwa bei BGH, GRUR 1995, 57ff. – Markenverunglimpfung II; BGH, GRUR 1994, 808ff. – Markenverunglimpfung I. In diese Richtung auch LG Hamburg, GRUR 2000, 514 (515) – Deutsche Pest.

bereits an dieser Stelle vom Anwendungsbereich des Markengesetzes ausgenommen. Sofern jedoch mit der Parodie zumindest auch kommerzielle Zwecke verfolgt werden, muss das Merkmal bejaht werden. Für die Behandlung von Markenparodien ist ein solches Ergebnis allerdings unschädlich, da mit der Bejahung lediglich der Anwendungsbereich des Markengesetzes eröffnet ist. Eine konkrete Entscheidung über die Zulässigkeit von Parodien wird noch nicht getroffen.[823]

2. Die Markenparodie als Benutzung als Marke

Nach § 14 Abs. 2 MarkenG/Art. 9 Abs. 2 UMV ist bei allen Kollisionstatbeständen eine Benutzung in Bezug auf Waren oder Dienstleistungen erforderlich. Hierfür bedarf es einer zweistufigen Prüfung.[824]

a) *Verwendung in Bezug auf/für Waren oder Dienstleistungen*

Für alle Verletzungshandlungen nach § 14 Abs. 2 MarkenG/Art. 9 Abs. 2 UMV gilt, dass das Zeichen in Bezug auf/für Waren oder Dienstleistungen benutzt werden muss.

aa) *Die Markenparodie als Verwendung für eigene Waren oder Dienstleistungen*

Nach der Rechtsprechung des EuGH ist auf der ersten Stufe zu prüfen, ob der Dritte das Zeichen für *eigene*[825] Waren oder Dienstleistungen nutzt.[826] Die rechtsverletzende Nutzung setzt daher voraus, dass es sich um eine Benutzung handelt, die jedenfalls auch der Unterscheidung von Waren oder Dienstleistungen eines Unternehmens von denen anderer Unternehmen dient.[827] Die be-

---

823 In diesem Sinne auch *Thiesen*, WRP 2016, 162 (163f.).

824 So *Gietzelt/Grabrucker*, MarkenR 2015, 333 (334f.); *Hillebrand*, Vom geschäftlichen Verkehr über die markenmäßige Benutzung bis zum Warentransit, S. 197ff.; *Ohly*, GRUR 2010, 776 (778).

825 Dass es sich um die Waren und Dienstleistungen des Dritten handeln muss, stellte der EuGH in der »Adam Opel«-Entscheidung fest. Siehe EuGH, Urt. v. 25.1.2007 – Rs. C-48/05, Slg. 2007, I-1017 Rn. 28f. – Adam Opel.

826 EuGH, Urt. v. 23.3.2010 – verb. Rs. C-236/08 bis C-238/08, Slg. 2010, I-2417 Rn. 60 – Google France. Siehe auch EuGH, Urt. v. 22.09.2011 – Rs. C-323/09, Slg. 2011, I-8625 Rn. 30 – Interflora; EuGH, Urt. v. 25.3.2010 – Rs. C-278/08, Slg. 2010, I-2517 Rn. 19 – Bergspechte/trekking.at Reisen.

827 EuGH, Urt. v. 12.11.2002 – Rs. C-206/01 Slg. 2002, I-10273 Rn. 38ff. – Arsenal Football Club; BGH, GRUR 2013, 1239 Rn. 20 – VOLKSWAGEN/Volks.Inspektion; BGH, GRUR 2012, 1040 Rn. 16 – pjur/pure; BGH, GRUR 2010, 1103 Rn. 25 – Pralinenform II. Siehe auch *Hillebrand;* Vom geschäftlichen Verkehr über die markenmäßige Benutzung bis zum Warentransit, S. 197; *Mielke*, in: BeckOK, MarkenR, § 14 MarkenG Rn. 88; *Müller*, in: BeckOK, UMV, Art. 9 Rn. 30; *Sosnitza*, Deutsches und europäisches Markenrecht, § 8 Rn. 33.

anstandete Bezeichnung muss demnach zur Unterscheidung der Waren oder Dienstleistungen nach ihrer kommerziellen Herkunft benutzt werden.[828]

Das ist bei einer Parodie keinesfalls ausgeschlossen. So wurde ein kennzeichenmäßiger Gebrauch der Parodie in der deutschen Rechtsprechung bereits als Hinweis auf die Herkunft der mit ihr versehenen Waren verstanden.[829] So stelle das OLG im Rahmen der Entscheidung »Springender Pudel« fest, dass der Verbraucher bei Verwendung des »Pudel«-Zeichens zwar erkennen mag, dass es sich um eine Veralberung des berühmten Vorbilds der Marke »Puma« handele. Das schließe aber nicht aus, dass er in dem Aufdruck des Zeichens auf der Schauseite eines Bekleidungsstückes zugleich einen Hinweis auf die Herkunft des Stückes sehe, nämlich aus dem Betrieb desjenigen, der sich die Parodie hat einfallen lassen oder der von diesem lizensiert worden ist. Das Zeichen werde daher nicht ausschließlich benutzt, um eine besondere Eigenschaft des Kleidungsstückes aufzuzeigen. Nach Ansicht des OLG Hamburg sei es vielmehr nicht auszuschließen, sondern überwiegend wahrscheinlich, dass relevante Anteile der Verbraucher in der Verwendung des Zeichens einen Hinweis auf die betriebliche Herkunft sehen werden.[830] Auch die Verwendung der künstlichen Wortschöpfung des Begriffs »eiPott« für einen Eierbecher erachtete das OLG Hamburg als nicht rein beschreibend, sondern als individuelle Bezeichnung des angebotenen Eierbechers, sodass ein herkunftshinweisender Gebrauch vorliege.[831] Parodien können daher durchaus als Unterscheidungsmerkmal verwendet werden, um die mit ihnen vertriebenen Produkte zu vermarkten.[832] Ein herkunftshinweisender Gebrauch kann auch in den Fällen angenommen werden, in denen der maßgebliche Verkehrskreis die Parodie gar nicht als solche erkennt und sie daher als herkunftshinweisendes Unterscheidungsmerkmal auffasst oder sie zwar als solche erkennt, aber fälschlicherweise als Parodie des parodierten Markeninhabers oder eines mit ihm wirtschaftlich verbundenen Unternehmens ansieht.[833]

bb) Bezugnahme auf die Waren oder Dienstleistungen des Markeninhabers

Im Regelfall nimmt die Parodie allerdings nicht auf die eigenen Waren oder Dienstleistungen Bezug. Vielmehr verdeutlicht die parodistische Darstellung die humorvolle, künstlerische oder kritische Bezugnahme auf die fremde Marke, weshalb der angesprochene Verkehrskreis erkennt, dass es sich bei dem Zeichen

828 *Mielke*, in: BeckOK, MarkenR, § 14 MarkenG Rn. 88.

829 Vgl. OLG Hamburg, GRUR-RR 2010, 382 – IPOD/eiPott; OLG Hamburg, GRUR-RR 2010, 201 – Springender Pudel; LG Nürnberg-Fürth, GRUR-RR 2010, 384 (385) – Storch Heinar.

830 Siehe hierzu OLG Hamburg, GRUR-RR 2010, 201 – Springender Pudel.

831 OLG Hamburg, GRUR-RR 2010, 382 – IPOD/eiPott.

832 Siehe hierzu *Lötscher*, Die Markenparodie, S. 166ff.

833 *Becker*, Parodie und Kommerz, S. 99, *Lötscher*, Die Markenparodie, S. 168f.; *Schneider*, Markenparodie, S. 64. Siehe hierzu näher unter Kapitel 3 B. IV. 2. d).

um eine Parodie handelt, die gerade nicht als Herkunftshinweis verwendet wird.[834] Das Publikum erkennt daher, dass die Parodie nicht als eine der Unterscheidung dienenende Bezeichnung der mit ihnen versehenen Produkte genutzt wird.[835] Allerdings kann in diesem Zusammenhang eine Bezugnahme auf die Waren oder Dienstleistungen des Markeninhabers vorliegen. Dies ist dann der Fall, wenn der Verkehr erkennt, dass das Zeichen nicht vom Inhaber der parodierten Marke als Herkunftshinweis seiner Produkte verwendet wird. Vielmehr wird sie von einem Dritten zur parodistischen Bezugnahme auf die fremden Produkte, das dahinter stehende Unternehmen, die zur Vermarktung eingesetzte Werbung oder die Produktion der Produkte verwendet.[836] Die Parodie wird deshalb als Unterfall der Markennennung eingestuft.[837] Aufgrund der parodistischen Auseinandersetzung wird zumindest mittelbar Bezug auf die Waren oder Dienstleistungen des Markeninhabers genommen. Fraglich ist dabei, ob die – zumindest mittelbare – Bezugnahme auf die Waren oder Dienstleistungen des Markeninhabers ausreicht, um eine Benutzung in Bezug auf/für Waren oder Dienstleistungen anzunehmen. Dabei fällt auf, dass die Rechtsprechung in Fällen, die eigentlich eine Benutzung für Waren oder Dienstleistungen des Markeninhabers darstellen, gleichzeitig auch eine Benutzung für die eigenen Waren oder Dienstleistungen des Verletzers sieht. So entschied der EuGH im Zusammenhang mit Ersatzteilen oder Zubehör, dass auch der Anbieter von Waren, die als Ersatzteil oder Zubehör zu den Produkten des Markeninhabers verwendet werden können, die fremde Marke für seine eigenen Produkte verwendet, wenn er unter Nennung der Marke auf den Verwendungszweck seiner Waren hinweist.[838] Nach der Rechtsprechung des EuGH stellt auch die Benutzung in der vergleichenden Werbung eine Benutzung in Bezug auf/für die Waren oder Dienstleistungen des Verletzers dar.[839] Eine Werbung, in welcher der Werbende die von ihm vermarkteten Waren oder Dienstleistungen mit denen eines Mitbewerbers vergleicht, ziele offensichtlich darauf ab, den Absatz der Waren oder Dienstleistungen dieses Werbenden zu fördern. Der Werbende wolle mit einer solchen Werbung seine Waren oder Dienstleistungen unterscheiden, indem er ihre Eigenschaften mit denen konkurrierender Waren oder Dienstleistungen vergleicht.[840] Auch bezüglich des Keyword-Advertising wird von einer Benutzung

834 *Schneider*, Markenparodie, S. 60.
835 *Lötscher*, Die Markenparodie, S. 165.
836 Ähnlich *Eichhammer*, Die markenmäßige Benutzung, S. 13; *Schneider*, Markenparodie, S. 63f.
837 *Cornelius-Schwartz*, Rufschädigung und Kritik im Wettbewerb, S. 54f.; *Paulus*, Markenfunktionen und referierende Benutzung, S. 8.
838 EuGH, Urt. v. 17.3.2005 – Rs. C-228/03, Slg. 2005, I-2337 Rn. 28ff. – Gillette Company/LA-Laboratories.
839 EuGH, Urt. v. 12.6.2008 – Rs. C-533/06, Slg. 2008, I-4231 Rn. 36 – O_2 und O_2 (UK)/H3G.
840 EuGH, Urt. v. 12.6.2008 – Rs. C-533/06, Slg. 2008, I-4231 Rn. 35 – O_2 und O_2 (UK)/H3G.

in Bezug auf/für Waren oder Dienstleistungen ausgegangen, weil die Benutzung der Marke der Förderung des Absatzes eigener Waren oder Dienstleistungen des Werbenden diene.[841] Jedenfalls lässt sich verallgemeinernd feststellen, dass es für die Annahme einer Benutzung in Bezug auf/für die Waren oder Dienstleistungen des Verletzers ausreicht, dass die Benutzung zwar primär dazu dient, die Waren oder Dienstleistungen des Markeninhabers zu identifizieren, dabei jedoch den Waren oder Dienstleistungen des Verletzers kommerziell zu Gute kommt.[842] Die Benutzung zur Unterscheidung der *eigenen* Produkte wird daher nur scheinbar eng ausgelegt. Es werden alle Fälle darunter subsumiert, in welchen der Benutzer die fremde Marke zur Förderung seines eigenen Absatzes und zu irgendeiner Unterscheidung der eigenen Produkte einsetzt, auch wenn eine referierende Benutzung vorliegt.[843]

Auch im Hinblick auf die Parodie als Unterfall der Markennennung kann daher eine Benutzung in Bezug auf/für Waren oder Dienstleistungen angenommen werden. So kann ein Dritter einen Werbespott des Markeninhabers parodieren, in welchem die Marke gezeigt wird, um sich mit den Waren oder Dienstleistungen des Markeninhabers, mit dem Markeninhaber selbst oder anderen Umständen auseinanderzusetzen. Diese Form der Parodie dient zumindest mittelbar der Identifizierung der Waren und Dienstleistungen des Markeninhabers. Die Bezugnahme allein auf die Waren oder Dienstleistungen des parodierten Markeninhabers genügt jedoch nicht. Eine Verwendung in Bezug auf Waren oder Dienstleistungen liegt nur dann vor, wenn sie den Waren oder Dienstleistungen des Parodisten kommerziell zugute kommt. Die Parodie muss demnach zu Zwecken des eigenen Produktabsatzes erfolgen.[844] Ein Bezug zu den eigenen Produkten des Parodisten ist daher stets zu prüfen. So verhält es sich etwa, wenn in parodistischer Weise auf die Waren oder Dienstleistungen des parodierten Markeninhabers Bezug genommen wird, um Aufmerksamkeit zu erlangen und damit mittelbar den Absatz seines eigenen Produktes zu fördern, was ohne die Anknüpfung nicht denkbar wäre. Die parodistische Darstellung der Marke wird dann als Blickfang genutzt, um den Verkauf der Waren zu steigern oder überhaupt zu ermöglichen.[845] Ebenfalls werden parodistische Darstellungen von Marken häufig in der Werbung eingesetzt, um sich gegenüber dem Mar-

---

841 EuGH, Urt. v. 23.3.2010 – verb. Rs. C-236/08 bis C-238/08, Slg. 2010, I-2417 Rn. 70 – Google France; BGH, GRUR 2019, 165 Rn. 60 – keine-vorwerk-vertretung; BGH, GRUR 2013, 290 Rn. 13ff. – MOST-Pralinen.

842 *Mielke*, in: BeckOK, MarkenR, § 14 MarkenG Rn. 118.

843 So zusammenfassend *Paulus*, Markenfunktionen und referierende Benutzung, S. 122f.

844 So geht auch *Hacker*, in: Ströbele/Hacker/Thiering, MarkenG, § 14 Rn. 259 davon aus, dass die parodistisch-verfremdende Benutzung zu Zwecken des eigenen Produktabsatzes erfolgen muss.

845 Zur Parodie als produktgestaltender Gebrauch siehe *Blankenburg*, Die Markennennung, S. 91; *Lötscher*, Die Markenparodie, S. 170.

keninhaber zu profilieren. Hierdurch können nicht nur die Vorteile der eigenen Produkte herausgestellt werden, sondern auch der Konkurrent und dessen Produkte dem Spott und der Lächerlichkeit ausgesetzt werden.[846] So wurden humorvolle Werbevergleiche v. a. im Festnetz- und Mobilfunkbereich genutzt.[847] Aber auch die kritisierende Parodie kann einen solchen mittelbaren Produktbezug herstellen, wenn anhand der Kritik verdeutlicht wird, dass der kritisierte Umstand nicht für die eigenen Produkte des Parodisten gelten soll. Ein Rückschluss auf die eigenen Waren oder Dienstleistungen ist jedenfalls erforderlich.

cc) *Zwischenfazit*

Damit stellen solche Parodien keine Verwendung in Bezug auf/für Waren oder Dienstleistungen dar, bei denen jeglicher Bezug zu den eigenen Produkten des Parodisten bzw. ein Produktbezug gänzlich fehlt, weil dieses nicht existiert. Parodien, die einen Unterfall der redaktionellen Nennung darstellen, sind daher vom Markenschutz ausgenommen und können vom Inhaber der parodierten Marke nicht untersagt werden.[848] Gleiches gilt für die Parodie eines Werbespots des Markeninhabers unter Verwendung der Marke ohne eigenen Produktbezug. Sofern aber die Benutzung der Marke zum Zwecke der Parodie zumindest mittelbar dem Absatz der eigenen Waren oder Dienstleistungen des Parodisten dienen kann, wird man die Verwendung in Bezug auf/für Waren oder Dienstleistungen annehmen müssen.[849]

b) *Funktionsbeeinträchtigende Benutzung*

Fraglich ist allerdings, ob hinsichtlich der in § 14 Abs. 2 MarkenG/Art. 9 Abs. 2 UMV genannten Verletzungstatbestände derselbe Benutzungsbegriff zugrunde zu legen ist, oder ob diesbezüglich inhaltliche Unterschiede bestehen.

---

846 *Lötscher*, Die Markenparodie, S. 174.

847 Siehe hierzu OLG Köln, MMR 2016, 604 (606), welches im konkreten Fall die Benutzung für eigene Waren oder Dienstleistungen des Benutzers bejahte.

848 Zum Ausschluss der redaktionellen Nennung im Allgemeinen siehe *Hacker*, in: Ströbele/Hacker/Thiering, MarkenG, § 14 Rn. 79. Zur Einstufung der Parodie als Form der redaktionellen Nennung siehe *Blankenburg*, Die Markennennung, S. 95; *Lötscher*, Die Markenparodie, S. 174ff.; *Schneider*, Markenparodie, S. 64.

849 Ähnlich auch *Kefferpütz/Wrage*, GRUR-Prax 2015, 451 (452).

aa) Funktionale Betrachtung durch den EuGH

(1) Identitäts- und Verwechslungsschutz, Art. 10 Abs. 2 lit. a und b Marken-RL

Ursprünglich ging der EuGH davon aus, dass ein rechtsverletzender Gebrauch voraussetze, dass die Marke als Unterscheidung von Waren oder Dienstleistungen eines bestimmten Unternehmens benutzt wird.[850] Allerdings handelt es sich hierbei lediglich um eine Einzelfallentscheidung,[851] die zur generellen Bestimmung des Benutzungsbegriffs nicht herangezogen werden kann. Später stellte der EuGH auf die von der Richtlinienbestimmung geschützten Interessen des jeweiligen Verletzungstatbestandes ab, die beeinträchtigt sein müssen, damit die Verletzungshandlung vorliege.[852] Welche Interessen davon erfasst sind, wird jedoch nicht näher beschrieben. Darüber gibt allerdings die »Arsenal Football Club«-Entscheidung des EuGH nähere Auskunft. In dieser Entscheidung stellt das Gericht fest, dass nicht jede Benutzung markenverletzend sei, sondern nur eine solche, die ein spezifisches Interesse des Markeninhabers beeinträchtige.[853] Das geschützte Interesse bestehe darin, die Hauptfunktion der Marke zu garantieren.[854] Es sei damit erforderlich, dass

> »die Benutzung des Zeichens durch einen Dritten die Funktionen der Marke und insbesondere ihre Hauptfunktion, d.h. die Gewährleistung der Herkunft der Ware gegenüber den Verbrauchern, beeinträchtigt oder beeinträchtigen könnte.«[855]

Eine Beeinträchtigung der Herkunftsfunktion liege insbesondere vor,

> »wenn die dem Dritten zur Last gelegte Nutzung des Zeichens den Eindruck aufkommen lässt, dass eine konkrete Verbindung im geschäftlichen Verkehr zwischen den Waren des Dritten und dem Unternehmen besteht, vom dem diese Waren herstammen.«[856]

Eine Benutzung liege aber auch dann vor, wenn der Dritte das Zeichen ohne Anbringung in der Weise benutzt, »dass eine Verbindung zwischen dem Zeichen [...] und den vom Dritten vertriebenen Waren oder den von ihm erbrachten Dienstleistungen hergestellt w[erde].«[857] Dagegen sei eine Beeinträchtigung der Herkunftsfunktion nicht gegeben, wenn die maßgeblichen Verkehrskreise ein identisches Zeichen, das auf bestimmten Waren angebracht ist, nicht als Angabe darüber verstünden, dass diese Waren vom Markeninhaber oder von einem mit

850 EuGH, Urt. v. 23.2.1999 – Rs. C-63/97, Slg. 1999, I-905 Rn. 38 – BMW/Deenik.
851 EuGH, Urt. v. 25.1.2007 – Rs. C-48/05, Slg. 2007, I-1017 Rn. 27 – Adam Opel.
852 EuGH, Urt. v. 14.5.2002 – Rs. C-2/00, Slg. 2002, I-4187 Rn. 16 – Hölterhoff/Freiesleben.
853 EuGH, Urt. v. 12.11.2002 – Rs. C-206/01 Slg. 2002, I-10273 Rn. 42 – Arsenal Football Club.
854 EuGH, Urt. v. 12.11.2002 – Rs. C-206/01 Slg. 2002, I-10273 Rn. 48 – Arsenal Football Club.
855 EuGH, Urt. v. 12.11.2002 – Rs. C-206/01 Slg. 2002, I-10273 Rn. 51 – Arsenal Football Club.
856 EuGH, Urt. v. 16.11.2004 – Rs. C-245/02, Slg. 2004, I-10989 Rn. 60 – Anheuser-Busch.
857 EuGH, Urt. v. 11.9.2007 – Rs. C-17/06; Slg. 2007, I-7041 Rn. 23 – Céline.

diesem wirtschaftlich verbundenen Unternehmen stammen würden.[858] Das verdeutlicht, dass der EuGH ursprünglich davon ausging, dass eine Benutzungshandlung nur dann vorliegt, wenn die Herkunftsfunktion der Marke beeinträchtigt wird. Demnach war bis dahin von einer ausschließlich herkunftshinweisenden Benutzung auszugehen.

Von diesem engen Verständnis des Benutzungsbegriffs ist der EuGH seit der »L'Oréal/Bellure«-Entscheidung[859] abgerückt. Zwar verweist er weiterhin darauf, dass das ausschließliche Recht das spezifische Interesse des Markeninhabers schützen solle.[860] Die Ausübung des Rechts sei jedoch auf Fälle zu beschränken,

> »in denen die Benutzung des Zeichens durch einen Dritten die Funktionen der Marke und insbesondere ihre Hauptfunktion, d. h. die Gewährleistung der Herkunft der Ware gegenüber den Verbrauchern, beeinträchtigt oder beeinträchtigen könnte.«[861]

Hierbei nimmt er Bezug auf die vorab geschilderte Rechtsprechung. Allerdings weist er im Anschluss daran darauf hin, dass zu den Funktionen nicht allein die Herkunftsfunktion gehöre, sondern auch die Qualitäts-, Kommunikations-, Investitions- und Werbefunktion rechtlich geschützte Funktionen seien.[862] Die Erweiterung der Funktionenlehre wurde mehrfach bestätigt.[863] Das Erfordernis der »Benutzung als Marke« wird vom EuGH nicht mehr vorausgesetzt.[864] Insoweit kann von einem Wandel von der markenmäßigen Benutzung hin zu einer funktionsverletzenden Benutzung gesprochen werden.[865] Zudem wurde im »L'Oréal/Bellure«-Urteil erstmals eine differenzierte Betrachtung zwischen dem Identitäts- und Verwechslungsschutz vorgenommen. Während für den Verwechslungsschutz ausschlaggebend sei, dass die Herkunftsfunktion der Marke beeinträchtigt werde,[866] genüge für den Identitätsschutz die Beeinträchtigung irgendeiner Markenfunktion.[867]

---

858 EuGH, Urt. v. 25. 1. 2007 – Rs. C-48/05, Slg. 2007, I-1017 Rn. 24 – Adam Opel.
859 EuGH, Urt. v. 18. 6. 2009 – Rs. C-487/07, Slg. 2009, I-5185 – L'Oréal/Bellure.
860 EuGH, Urt. v. 18. 6. 2009 – Rs. C-487/07, Slg. 2009, I-5185 Rn. 58 – L'Oréal/Bellure.
861 EuGH, Urt. v. 18. 6. 2009 – Rs. C-487/07, Slg. 2009, I-5185 Rn. 58 – L'Oréal/Bellure.
862 EuGH, Urt. v. 18. 6. 2009 – Rs. C-487/07, Slg. 2009, I-5185 Rn. 58 – L'Oréal/Bellure.
863 EuGH, Urt. v. 6. 2. 2014 – Rs. C-65/12, Rn. 30 – De Vries/Red Bull; EuGH, Urt. v. 19. 11. 2013 – Rs. C-661/11, Rn. 58 – Martin Y Paz/Gauquie; EuGH, Urt. v. 22. 09. 2011 – Rs. C-323/09, Slg. 2011, I-8625 Rn. 38 – Interflora; EuGH, Urt. v. 8. 7. 2010 – Rs. C-558/08, Slg. 2010, I-6963 Rn. 30 – Portakabin/Primakabin; EuGH, Urt. v. 25. 3. 2010 – Rs. C-278/08, Slg. 2010, I-2517 Rn. 31 – Bergspechte/trekking.at Reisen; EuGH, Urt. v. 23. 3. 2010 – verb. Rs. C-236/08 bis C-238/08, Slg. 2010, I-2417 Rn. 77 – Google France.
864 So noch etwa EuGH, Urt. v. 23. 2. 1999 – Rs. C-63/97, Slg. 1999, I-905 Rn. 38 – BMW/Deenik.
865 So auch *Hacker*, in: Ströbele/Hacker/Thiering, MarkenG, § 14 Rn. 102.
866 EuGH, Urt. v. 18. 6. 2009 – Rs. C-487/07, Slg. 2009, I-5185 Rn. 59 – L'Oréal/Bellure. So auch EuGH, Urt. v. 3. 3. 2016 – Rs. C-179/15, Rn. 27 – Daimler AG; EuGH, Urt. v. 15. 12. 2011 – Rs. C-119/10, Rn. 25 – Winters/Red Bull.
867 EuGH, Urt. v. 18. 6. 2009 – Rs. C-487/07, Slg. 2009, I-5185 Rn. 63 – L'Oréal/Bellure. Bestätigt durch EuGH, Urt. v. 22. 09. 2011 – Rs. C-323/09, Slg. 2011, I-8625 Rn. 34 – Interflora; EuGH,

(2) Bekanntheitsschutz, Art. 10 Abs. 2 lit. c Marken-RL

Auch die Bestimmung des markenrechtlichen Benutzungsbegriffs hinsichtlich des Bekanntheitsschutzes unterliegt mit Blick auf die Rechtsprechung des EuGH einem Wandel. Im »BMW/Deenik«-Urteil ließ der EuGH noch anklingen, dass es auch hinsichtlich des Schutzes bekannter Marken darauf ankomme,

> »ob die Marke zur Unterscheidung von Waren oder Dienstleistungen als solche eines bestimmten Unternehmens, also als Marke, benutzt wird, oder ob die Benutzung zu anderen Zwecken erfolg[e].«[868]

In seinem Urteil »Adidas/Fitnessworld« führte der EuGH dann aber aus, dass dem Bekanntheitsschutz nicht entgegenstehe, dass die beteiligten Verkehrskreise ein Zeichen als Verzierung verstehen, sofern der Ähnlichkeitsgrad so hoch sei, »dass die beteiligten Verkehrskreise das Zeichen und die Marke gedanklich miteinander verknüpfen.«[869] Wird das Zeichen aber allein als Verzierung aufgefasst, ohne dass eine gedankliche Verknüpfung zur bekannten Marke hergestellt wird, so müsse der Bekanntheitsschutz ausscheiden.[870] Ein herkunftshinweisender Gebrauch ist daher – wie bei beim Identitätsschutz – nicht mehr zwingend erforderlich.[871] Vielmehr wendet der EuGH die gleichen Maßstäbe wie beim Identitätsschutz an.[872]

bb) Benutzung der Marke nach nationalem Recht

Der BGH ging zunächst unter Bezugnahme auf die erläuterten EuGH-Urteile davon aus, dass ein markenmäßiger Gebrauch erforderlich sei. Dieser liege vor, wenn die Verwendung des Zeichens zumindest auch der Unterscheidung von Waren oder Dienstleistungen eines Unternehmens von einem anderen diene.[873] Für die Feststellung der kennzeichenmäßigen Benutzung stellte er darauf ab, ob

---

Urt. v. 8.7.2010 – Rs. C-558/08, Slg. 2010, I-6963 Rn. 29 – Portakabin/Primakabin; EuGH, Urt. v. 23.3.2010 – verb. Rs. C-236/08 bis C-238/08, Slg. 2010, I-2417 Rn. 77 – Google France.

868 EuGH, Urt. v. 23.2.1999 – Rs. C-63/97, Slg. 1999, I-905 Rn. 38 – BMW/Deenik.

869 EuGH, Urt. v. 23.10.2003 – Rs. C-408/01, Slg. 2003, I-12537 Rn. 39 – Adidas/Fitnessworld. Bestätigt durch EuGH, Urt. v. 18.6.2009 – Rs. C-487/07, Slg. 2009, I-5185 Rn. 36 – L'Oréal/Bellure.

870 EuGH, Urt. v. 23.10.2003 – Rs. C-408/01, Slg. 2003, I-12537 Rn. 40 – Adidas/Fitnessworld.

871 So auch *Lötscher*, Die Markenparodie, S. 193; *Mielke*, in: BeckOK, MarkenR, § 14 MarkenG Rn. 541.

872 Vgl. EuGH, Urt. v. 6.2.2014 – Rs. C-65/12, Rn. 30, 33 – De Vries/Red Bull. Siehe auch *Sosnitza*, Markenrecht, § 8 Rn. 35.

873 BGH, GRUR 2009, 871 Rn. 20 – Ohrclips; BGH, GRUR 2009, 766 Rn. 45 – Stofffähnchen; BGH, GRUR 2008, 793 Rn. 15 – Rillenkoffer; BGH, GRUR 2007, 780 Rn. 22 – Pralinenform; BGH, GRUR 2005,162 – SodaStream; BGH, GRUR 2002, 812 (813) – FRÜHSTÜCKS-DRINK II; BGH, GRUR 2002, 809 (811) – FRÜHSTÜCKS-DRINK I.

das angegriffene Zeichen als Herkunftshinweis verstanden werde.[874] Der BGH hat sich auch der Neuausrichtung des Benutzungsbegriffs durch den EuGH angeschlossen. Im Anschluss an das »L'Oréal/Bellure«-Urteil erkennt nun auch der BGH im Rahmen des Identitätsschutzes gemäß § 14 Abs. 2 Nr. 1 MarkenG über die Herkunftsfunktion hinausgehende Funktionen der Marke an.[875] Hinsichtlich des Verwechslungsschutzes nach § 14 Abs. 2 Nr. 2 MarkenG komme es jedoch weiterhin auf die Beeinträchtigung der Herkunftsfunktion an.[876] Auch bezüglich des Bekanntheitsschutzes nach § 14 Abs. 2 Nr. 3 MarkenG folgt der BGH der Rechtsprechung des EuGH. Der BGH geht nun davon aus, dass § 14 Abs. 2 Nr. 3 MarkenG zur Anwendung gelange, wenn es aufgrund der hochgradigen Ähnlichkeit zu einer gedanklichen Verknüpfung des angegriffenen Zeichens mit der bekannten Marke komme.[877]

cc) Zusammenfassung

Damit ist festzuhalten, dass es nicht mehr erforderlich ist, die markenmäßige Benutzung gesondert zu prüfen. Vielmehr kommt es darauf an, ob im Rahmen des Identitäts-, Verwechslungs- und Bekanntheitsschutzes eine der geschützten Markenfunktionen beeinträchtigt ist. Zwar erwähnt der BGH das Erfordernis der markenmäßigen Benutzung weiterhin in seinen Urteilen. Allerdings setzt er dieses mit der Funktionsbeeinträchtigung gleich.[878] Während hinsichtlich des Identitäts- und Bekanntheitsschutzes[879] irgendeine Markenfunktion – neben der Herkunftsfunktion die Qualitäts-, Kommunikations-, Investitions- oder Werbefunktion – verletzt werden muss, kommt es beim Verwechslungsschutz allein auf die Beeinträchtigung der Herkunftsfunktion an. Im Fall des Bekanntheitsschutzes ist zusätzlich zu untersuchen, ob das Zeichen mit der bekannten Marke gedanklich verknüpft wird. Der Rückgriff auf die Herkunftsfunktion im Rahmen des Verwechslungsschutzes ist nicht darauf zurückzuführen, dass die Benutzung

874 BGH, GRUR 2008, 793 Rn. 15 – Rillenkoffer; BGH, GRUR 2008, 702 Rn. 60 – Internet-Versteigerung III; BGH, GRUR 2005, 414 (415) – Russisches Schaumgebäck; BGH, GRUR 2004, 151 (153) – Farbmarkenverletzung I.

875 BGH, GRUR 2018, 924 Rn. 25 – ORTLIEB; BGH, GRUR 2011, 1135 Rn. 11 – GROSSE INSPEKTION FÜR ALLE; BGH, GRUR 2011, 828 Rn. 29 – Bananabay II; BGH, GRUR 2010, 726 Rn. 16 – Opel-Blitz II.

876 BGH, GRUR 2017, 730 Rn. 21 – Sierpinski-Dreieck; BGH, GRUR 2016, 1300 Rn. 34 – Kinderstube; BGH, GRUR 2016, 197 Rn. 27 – Bounty; BGH, GRUR 2015, 1201 Rn. 68 – Sparkassen-Rot/Santander-Rot; BGH, GRUR 2013, 1239 Rn. 20 – VOLKSWAGEN/Volks.Inspektion; BGH, GRUR 2011, 1135 Rn. 11 – GROSSE INSPEKTION FÜR ALLE; BGH, GRUR 2010, 726 Rn. 16 – Opel-Blitz II.

877 BGH, GRUR 2005, 583 (584) – Lila-Postkarte.

878 BGH, GRUR 2018, 924 Rn. 25 – ORTLIEB; BGH, GRUR 2017, 730 Rn. 21 – Sierpinski-Dreieck; BGH, GRUR 2011, 1135 Rn. 11 – GROSSE INSPEKTION FÜR ALLE. So auch *Sosnitza*, Markenrecht, § 8 Rn. 35.

879 Siehe EuGH, Urt. v. 6.2.2014 – Rs. C-65/12, Rn. 30, 33 – De Vries/Red Bull.

im Rahmen des Verwechslungstatbestandes einem anderen Verständnis unterworfen wäre als bei den anderen Verletzungshandlungen. Die unterschiedliche Bewertung ist lediglich dem Umstand geschuldet, dass über die Benutzung hinaus zusätzlich eine Verwechslungsgefahr als spezifische Schutzvoraussetzung vorliegen muss.[880] Das ist jedoch nur dann der Fall, wenn es zu einer Zuordnungsverwirrung kommt.[881] Allein aus diesem Grund wird ausschließlich auf die Herkunftsfunktion abgestellt, ohne dass es des gesonderten Erfordernisses der markenmäßigen Benutzung noch bedarf.[882] Die Herkunftsfunktion geht daher in dem Tatbestandsmerkmal der Verwechslungsgefahr auf. Dies verdeutlicht auch die einheitliche Auslegung der Verwechslungsgefahr und der Beeinträchtigung der Herkunftsfunktion durch den EuGH.[883] Ähnlich verhält es sich hinsichtlich des Bekanntheitsschutzes, bei dem vor allem der Schutz der Werbe-, Kommunikations- und Investitionsfunktion im Vordergrund steht.[884] Auch diese Markenfunktionen werden von den einzelnen Voraussetzungen des Verletzungstatbestandes erfasst, weshalb eine gesonderte Prüfung der Funktionsbeeinträchtigung unterbleiben kann.[885] Lediglich hinsichtlich des Identitätsschutzes tritt neben die Prüfung der spezifischen Tatbestandsvoraussetzungen die Frage, ob darüber hinaus auch eine der Markenfunktionen beeinträchtigt wird.

880 ErwG 19 der Marken-RL. Siehe EuGH, Urt. v. 18.6.2009 – Rs. C-487/07, Slg. 2009, I-5185 Rn. 59 – L'Oréal/Bellure; EuGH, Urt. v. 16.11.2004 – Rs. C-245/02, Slg. 2004, I-10989 Rn. 63 – Anheuser-Busch; EuGH, Urt. v. 9.1.2003 – Rs. C-292/00, Slg. 2002, I-389 Rn. 28 – Davidoff/Gofkid. So auch *Speitler*, Rechtsverletzende Benutzung, S. 112.

881 EuGH, Urt. v. 8.7.2010 – Rs. C-558/08, Slg. 2010, I-6963 Rn. 51 – Portakabin/Primakabin m.w.N. Siehe auch *Rubusch*, MarkenR 2012, 240 (242).

882 So auch *Gietzelt/Grabrucker*, MarkenR 2015, 333 (334); *Rubusch*, MarkenR 2012, 240 (242). Ähnlich *Fezer*, WRP 2010, 168 (180); *Sack*, WRP 2010, 198 (211). *Ludwig*, WRP 2012, 813 (816f.) will hingegen am Begriff der markenmäßigen Benutzung festhalten. *Ohly*, GRUR 2010, 776 (779) steht der Aufgabe des Erfordernisses einer markenmäßigen Benutzung kritisch gegenüber.

883 Vgl. EuGH, Urt. v. 23.3.2010 – verb. Rs. C-236/08 bis C-238/08, Slg. 2010, I-2417 Rn. 84 – Google France. So auch *Speitler*, Rechtsverletzende Benutzung S. 99. Ähnlich auch *Hillebrand*, Vom geschäftlichen Verkehr über die markenmäßige Benutzung bis zum Warentransit, S. 200.

884 *Abegg*, Der Gebrauch fremder Marken im Geschäftsverkehr, S. 27; *Fezer*, GRUR 2010, 953 (958); *Paulus*, Markenfunktionen und referierende Benutzung, S. 171.

885 *Ohly*, GRUR 2010, 776 (778); *Paulus*, Markenfunktionen und referierende Benutzung, S. 171. Auch *Gietzelt/Grabrucker*, MarkenR 2015, 333 (335) gehen davon aus, dass es ausreichend sei, lediglich die Tatbestandsvarianten des Bekanntheitsschutzes zu prüfen. Ähnlich auch *Hillebrand*, Vom geschäftlichen Verkehr über die markenmäßige Benutzung bis zum Warentransit, S. 200f.

c) Konsequenz für die Beurteilung der Markenparodie

Während die Gerichte früher aufgrund des Erfordernisses der markenmäßigen Benutzung stets die Beeinträchtigung der Herkunftsfunktion verlangt haben, musste für die Markenparodie festgehalten werden, dass sie die Herkunftsfunktion im Regelfall nicht verletzen kann.[886] Da die Parodie gerade eine verfremdende Nachahmung bezweckt, ist sie regelmäßig als solche erkennbar. Der Verkehr wird die Parodie daher nicht dem Markeninhaber zuordnen.[887]

Die Entwicklung der Rechtsprechung von der Herkunftsbeeinträchtigung hin zur Funktionsbeeinträchtigung führt jedoch zu einer erheblichen Ausweitung des Schutzumfangs der Marke.[888] Die Ausweitung hat auch Einfluss auf die Behandlung der Parodie im Markenrecht. Da nun insbesondere im Rahmen des Identitäts- und Bekanntheitsschutzes nicht mehr ausschließlich die Herkunftsfunktion beeinträchtigt werden muss, kann die Parodie diese Verletzungstatbestände grundsätzlich erfüllen. Die Behandlung der Parodie im Markenrecht kann daher nicht mehr pauschal mangels Beeinträchtigung der herkunftshinweisenden Funktion abgelehnt werden, wie es zuvor der Fall war. Zu beachten ist dabei jedoch, dass eine Markenparodie stets in Bezug auf die eigenen Waren oder Dienstleistungen verwendet werden muss. Auszuschließen ist das lediglich im Hinblick auf Parodien bei denen jeglicher Bezug zu den eigenen Produkten des Parodisten fehlt bzw. ein Produkt nicht existiert.

IV. Vorliegen der Verletzungstatbestände des § 14 Abs. 2 Nr. 1 bis 3 MarkenG/Art. 9 Abs. 2 lit. a bis c UMV

Zudem muss einer der drei Verletzungstatbestände einschlägig sein. Zu untersuchen ist daher vor allem, ob die Parodie den Tatbestand des Identitätsschutzes gemäß § 14 Abs. 2 Nr. 1 MarkenG/Art. 9 Abs. 2 lit. a UMV, den Tatbestand des Verwechslungsschutzes gemäß § 14 Abs. 2 Nr. 2 MarkenG/Art. 9 Abs. 2 lit. b UMV oder den Tatbestand des Bekanntheitsschutzes nach § 14 Abs. 2 Nr. 3 MarkenG/Art. 9 Abs. 2 lit. c UMV erfüllt.

886 BGH, GRUR 1986, 759 (760) – BMW; BGH, GRUR 1984, 684 – Mordoro; OLG Hamburg, GRUR-RR 2006, 231 (232) – Bildmarke AOL; OLG Hamburg, NJW-RR 1999, 1060 (1061) – Bild dir keine Meinung; KG, GRUR 1997, 295 (296) – Alles wird teurer; OLG Frankfurt, GRUR 1982, 319 – Lusthansa. Eine Beeinträchtigung der Herkunftsfunktion bejahend: BGH, GRUR 1994, 808ff. – Markenverunglimpfung I.

887 BGH, GRUR 1995, 57 – Markenverunglimpfung II; OLG Hamburg, NJW-RR 1999, 1060 – Bild dir keine Meinung.

888 *Speitler*, Rechtsverletzende Benutzung, S. 134.

1. Identitätsschutz, § 14 Abs. 2 Nr. 1 MarkenG/Art. 9 Abs. 2 lit. a UMV

Nach § 14 Abs. 2 Nr. 1 MarkenG/Art. 9 Abs. 2 lit. a UMV begeht eine Markenverletzung, wer ein mit der älteren Marke identisches Zeichen für Waren oder Dienstleistungen benutzt, die mit denjenigen identisch sind, für die sie Schutz genießt. Der Verletzungstatbestand ist demnach durch eine Doppelidentität gekennzeichnet - die Identität der Zeichen und die Identität der Waren oder Dienstleistungen. Sofern eine Doppelidentität bejaht werden kann, ist in einem weiteren Schritt zu prüfen, ob das Vorliegen der Doppelidentität eine der Markenfunktionen beeinträchtigt.

a) Doppelidentität

aa) Zeichenidentität

Zeichenidentität ist dann anzunehmen, wenn ein Zeichen alle Elemente der geschützten Marke - ohne Änderung oder Hinzufügung - wiedergibt, welche die Marke bilden.[889]

(1) Regelfall: Keine Zeichenidentität im Fall der Parodie

Die strengen Anforderungen an den Identitätsbegriff kann eine Parodie jedoch i. d. R. nicht erfüllen. Die Parodie lebt zwar davon, dass die wesentlichen Elemente des parodierten Zeichens erkennbar bleiben, um den Bezug zur Originalmarke herzustellen. Allerdings ist eine Verfremdung der Originalmarke für die Parodie kennzeichnend.[890] Sie will nicht als Kopie der Originalmarke verstanden werden, sondern sich mit ihr kritisch oder humorvoll auseinandersetzen.[891] Das setzt gerade voraus, dass Elemente zum parodierten Zeichen hinzugefügt, weggelassen oder verändert werden, sodass eine andere Wahrnehmung entsteht.[892] Das Zeichen wird daher verändert übernommen, sodass das Originalzeichen nicht identisch wiedergegeben wird und eine Zeichenidentität im Regelfall verneint werden muss.

---

889 EuGH, Urt. v. 8.7.2010 - Rs. C-558/08, Slg. 2010, I-6963 Rn. 47 - Portakabin/Primakabin; EuGH, Urt. v. 25.3.2010 - Rs. C-278/08, Slg. 2010, I-2517 Rn. 25 - Bergspechte/trekking.at Reisen; EuGH, Urt. v. 20.3.2003 - Rs. C-291/00, Slg. 2003, I-2799 Rn. 54 - Arthur/Arthur et Félicie; BGH, GRUR 2014, 182 Rn. 12 - Fleurop.

890 *Abegg,* Der Gebrauch fremder Marken im Geschäftsverkehr, S. 58f.; *Gietzelt/Grabucker,* MarkenR 2015, 333 (335); *Koch,* Markenverunglimpfung, S. 44; *Mielke,* in: BeckOK, MarkenR, § 14 MarkenG Rn. 202; *Schurgacz,* Die Sloganparodie, S. 176; *Thiesen,* WRP 2016, 162 (163).

891 So auch *Gärtner,* Was die Satire darf, S. 292.

892 *Blankenburg,* Die Markennennung, S. 395; *Lötscher,* Die Markenparodie, S. 258.

(2) Ausnahme: Vorliegen der Zeichenidentität im Fall der Parodie unter Verwendung einer Marke

Etwas anderes kann aber dann gelten, wenn eine Marke anlässlich einer Parodie verwendet wird. In diesen Fällen wird die Marke etwa unverändert übernommen, wie ein Fall des OLG Köln zeigt.[893] Im konkreten Fall warb ein TK-Unternehmen auf humorvolle Weise mit dem Slogan »Wenn 1&1 sich streiten, freut sich der Schnellste«. Hierdurch griff das Unternehmen die werbliche Auseinandersetzung zwischen 1&1 und der Telekom unter kreativer Nutzung der Marken an. Um die beiden Konkurrenten, die sich im Streit befanden, zu verdeutlichen, übernahm das Unternehmen die Zeichen unverändert,[894] sodass alle Elemente der geschützten Marke wiedergegeben wurden. In derartigen Konstellationen ist von einer Zeichenidentität auszugehen. Gleiches gilt, wenn ein Werbespot des Markeninhabers selbst parodiert wird. Auch hier wird das Zeichen identisch übernommen, um das Bezugsobjekt der Parodie kenntlich zu machen. Die parodistische Wirkung ergibt sich dann nicht aus der Änderung des Zeichens selbst, sondern aus der verzerrenden Darstellung der Werbung. Die Zeichenidentität kann hinsichtlich der Markenparodie demnach grundsätzlich nur dann in Betracht kommen, wenn die Marke identisch übernommen wird und sich die Parodie aus dem sonstigen Kontext ergibt.[895]

(3) Erweiterung des Identitätsbegriffs

Allerdings sind auch Fälle denkbar, in denen der Parodist das Originalzeichen identisch übernimmt, sich die Parodie aber aus einem anderen Kontext ergibt. Zu denken ist beispielsweise an die Hinzufügung eines lustigen, kritischen oder verspottenden Slogans zu dem identischen Zeichen,[896] sodass etwa das Original als Bildmarke zu einer Wort-/Bildmarke umgestaltet wird. Fraglich ist dabei insbesondere, ob in den Fällen der identischen Übernahme unter Hinzufügung eines weiteren Elementes wie eines Slogans noch von einer Zeichenidentität gesprochen werden kann.

Zunächst ist festzuhalten, dass grundsätzlich von einem strengen, restriktiven Identitätsbegriff ausgegangen wird. Das ist dem Umstand geschuldet, dass eine zu weite Auslegung des Identitätsschutzes nach § 14 Abs. 2 Nr. 1 MarkenG/Art. 9 Abs. 2 lit. a UMV den Anwendungsbereich des Verwechslungsschutzes nach § 14

893 Siehe hierzu OLG Köln, MMR 2016, 604ff.

894 OLG Köln, MMR 2016, 604 (606).

895 In diesem Sinne auch *Kefferpütz/Wrage*, GRUR-Prax 2015, 451 (452).

896 So bereits *Ohly*, in: FS Loschelder, S. 274f., der sich jedoch nicht mit der Frage auseinandersetzt, ob dabei tatsächlich noch von einer Zeichenidentität ausgegangen werden kann.

Abs. 2 Nr. 2 MarkenG/Art. 9 Abs. 2 lit. b UMV einengen würde.[897] Eine Abweichung von diesem Grundsatz sei lediglich möglich, wenn es sich um so unbedeutende Unterschiede handele, die einem Durchschnittsverbraucher entgehen könnten.[898] Die Parodie kann allerdings nur dann ihre Wirkung entfalten, wenn sie für das Publikum auch tatsächlich erkennbar ist. Das setzt voraus, dass die Hinzufügung des Slogans dem Durchschnittsverbraucher sofort ins Auge springt. Ein hinzugefügter Slogan wird dem Durchschnittsverbraucher daher im Regelfall auffallen, weshalb Zeichenidentität nach diesem strengen Maßstab verneint werden müsste.

Die restriktive Auslegung des Identitätsbegriffs im Sinne einer vollständigen Übereinstimmung war vor allem vor dem Hintergrund geboten, dass es bis zur »L'Oréal/Bellure«-Entscheidung des EuGH hinsichtlich des Benutzungsbegriffes ausschließlich auf die Beeinträchtigung der Herkunftsfunktion ankam. Sofern geringfügige Unterschiede bestanden, musste demnach zwar die Identität abgelehnt werden. Allerdings blieb dann der Rückgriff auf den ebenfalls auf die Herkunftsfunktion bezogenen Verwechslungstatbestand, der seinem Wortlaut nach auch den Identitätsfall erfasst.[899] Alle Zeichen, die aufgrund geringer Abänderungen und Hinzufügungen als nicht identisch eingestuft werden konnten, wurden daher vom Verwechslungsschutz nach § 14 Abs. 2 Nr. 2 MarkenG/Art. 9 Abs. 2 lit. b UMV durch das Erfordernis der Zeichenähnlichkeit aufgefangen. Beiden Tatbeständen war dabei gemeinsam, dass eine Beeinträchtigung der Herkunftsfunktion erforderlich war.

Seit dem »L'Oréal/Bellure«-Urteil geht der EuGH jedoch einen anderen Weg. Im Rahmen des Identitätsschutzes nach § 14 Abs. 2 Nr. 1 MarkenG/Art. 9 Abs. 2 lit. a UMV kommt es nun nicht mehr ausschließlich auf die Beeinträchtigung der Herkunftsfunktion an. Auch andere Markenfunktionen können berücksichtigt werden.[900] Der Verwechslungsschutz beschränkt sich demgegenüber weiterhin auf die Herkunftsfunktion. Die Auslegung des Identitätsbegriffs entscheidet heute daher darüber, ob der Schutz anderer Funktionsbeeinträchtigungen eröffnet ist oder ob nur eine Markenfunktion – die Herkunftsfunktion – geschützt

897 EuGH, Urt. v. 20.3.2003 – Rs. C-291/00, Slg. 2003, I-2799 Rn. 55 – Arthur/Arthur et Félicie; *Hacker*, in: Ströbele/Hacker/Thiering, MarkenG, § 14 Rn. 331; *Ingerl/Rohnke*, MarkenG, § 14 Rn. 277.

898 EuGH, Urt. v. 8.7.2010 – Rs. C-558/08, Slg. 2010, I-6963 Rn. 47 – Portakabin/Primakabin; EuGH, Urt. v. 25.3.2010 – Rs. C-278/08, Slg. 2010, I-2517 Rn. 25 – Bergspechte/trekking.at Reisen; EuGH, Urt. v. 20.3.2003 – Rs. C-291/00, Slg. 2003, I-2799 Rn. 53f. – Arthur/Arthur et Félicie; BGH, GRUR 2016, 1300 Rn. 61 – Kinderstube; BGH, GRUR 2016, 705 Rn. 30 – ConText.

899 *Ingerl/Rohnke*, MarkenG, § 14 Rn. 275; *Thalmaier*, in: BeckOK, MarkenR, § 14 MarkenG Rn. 261.

900 Siehe hierzu unter Kapitel 3. B. III. b) aa) (1).

wird.[901] Führt eine enge Auslegung des Identitätsbegriffs zur Verneinung des Schutzes weiterer Markenfunktionen, werden sie erst nach Erlangung des Status einer bekannten Marke wieder relevant. Dabei ist jedoch zu beachten, dass der Bekanntheitsschutz gegenüber dem Identitätsschutz höhere Anforderungen stellt.[902] Damit die neue, funktionale Betrachtungsweise des EuGH nicht ins Leere läuft, sollten die strengen Anforderungen an die neue Funktion des Identitätsbegriffs angepasst werden.[903] Eine solche Tendenz lässt auch der EuGH erkennen, indem er eine Lockerung der Anforderungen an die Zeichenidentität vornimmt, wonach unbedeutende Unterschiede auch dann vorlägen, wenn es zu bemerkenswerten Zeichenunterschieden kommt. So schloss der EuGH nicht aus, dass zwischen den Zeichen »PORTAKABIN« und »Partakabin«, »Portacabin«, »Portokabin« und »Portocabin« Identität vorliegen könne.[904] Darüber hinaus ist nach Ansicht des EuGH eine Zeichenidentität nicht ausgeschlossen, wenn der neben einem Bildelement hervorgehobene Begriff »BergSpechte« mit einem darunter angebrachten Schriftzug »Outdoor-Reisen und Alpinschule Edi Koblmüller« dem Wort »Bergspechte« gegenübersteht. Er hält demnach eine Zeichenidentität bei identischer Benutzung eines Wortbestandteils einer Wort-Bild-Marke für möglich.[905] Aus diesen Urteilen lässt sich schließlich schlussfolgern, dass nicht jede Abänderung der Originalmarke zum Verlust des Schutzes über § 14 Abs. 2 Nr. 1 MarkenG/Art. 9 Abs. 2 lit. a UMV führen darf.[906]

Die Lockerung des Identitätsbegriffs hat Auswirkungen auf die Behandlung der Parodie im Markenrecht, sofern ein identisches Zeichen unter Hinzufügung weiterer Elemente übernommen wird. Da der EuGH eine Zeichenidentität für möglich hält, wenn ein Element aus einer Kombinationsmarke entlehnt wird, kann in einem umgekehrten Fall, in dem die Originalmarke als wesentliches Element einer Kombinationsmarke auftritt, nichts anderes gelten. Im »Bergspechte«-Fall wurde der im Mittelpunkt stehende Bestandteil der Kombinationsmarke übernommen. Im Fall der Markenparodie, bei der die Originalmarke übernommen und lediglich ein parodistischer Slogan hinzugefügt wird, steht ebenfalls weiterhin das Originalzeichen im Vordergrund. Zwar muss der Slogan für den Durchschnittsverbraucher erkennbar bleiben, damit die Parodie als

901 So auch *Ingerl/Rohnke*, MarkenG, § 14 Rn. 275; *Hackbarth*, GRUR-Prax 2012, 499 (501); *Thalmaier*, in: BeckOK, MarkenR, § 14 MarkenG Rn. 261. Ähnlich auch *Steinbeck*, WRP 2015, 1.

902 *Ingerl/Rohnke*, MarkenG, § 14 Rn. 275.

903 *Hacker*, in: Ströbele/Hacker/Thiering, MarkenG, § 14 Rn. 334; *Ingerl/Rohnke*, MarkenG, § 14 Rn. 276.

904 EuGH, Urt. v. 8.7.2010 – Rs. C-558/08, Slg. 2010, I-6963 Rn. 48 i.V.m. Rn. 25, 46 – Portakabin/Primakabin.

905 Siehe EuGH, Urt. v. 25.3.2010 – Rs. C-278/08, Slg. 2010, I-2517 Rn. 27 – Bergspechte/trekking.at Reisen.

906 Kritisch hierzu *Hennigs*, BeckOK, MarkenR, Art. 8 UMV Rn 10.1.

solche wahrgenommen wird. Der Fokus dieser Kombinationsmarke liegt jedoch deutlich auf der identisch übernommenen Marke als Bezugsobjekt für das hinzugefügte Element. Vor diesem Hintergrund sind durchaus Fälle denkbar, in denen die Markenparodie den Tatbestand des § 14 Abs. 2 Nr. 1 MarkenG/Art. 9 Abs. 2 lit. a UMV erfüllen kann, wenn das Zeichen nicht unverändert übernommen wird.

bb) Waren- oder Dienstleistungsidentität

Hinzutreten muss daneben die Identität der Waren oder Dienstleistungen. Identität bedeutet dabei, dass die sich gegenüberstehenden Waren oder Dienstleistungen hinsichtlich der Art übereinstimmen müssen.[907] Sofern eine eingetragene Marke parodiert wird, bestimmt sich die Identität nach den im Markenregister eingetragenen Waren oder Dienstleistungen.[908] Wird an Benutzungsmarken oder notorisch bekannte Marken angeknüpft, so bemisst sich die Bestimmung der Identität nach den Waren oder Dienstleistungen, für die Verkehrsgeltung oder notorische Bekanntheit erlangt wurde.[909] Waren- oder Dienstleistungsidentität liegt aber nicht nur dann vor, wenn sich diese vollständig oder teilweise decken, sondern auch dann, wenn die mit dem in Frage stehenden Zeichen bestückten Waren oder Dienstleistungen unter einen breiteren Oberbegriff der älteren Marke fallen[910] oder wenn ein Waren- oder Dienstleistungsoberbegriff des jüngeren Zeichens Waren oder Dienstleistungen der älteren Marke erfasst.[911]

In Bezug auf Markenparodien ist zunächst festzuhalten, dass sie i.d.R. auf Scherzartikeln oder Merchandising-Produkten – wie Aufklebern,[912] T-Shirts,[913] Postkarten,[914] Kondomverpackungen[915] u.Ä.[916] – angebracht sind. Sofern der

907 *Büscher/Kochendörfer,* in: BeckOK, UMV, Art. 8 Rn. 19; *Ingerl/Rohnke,* MarkenG, § 14 Rn. 288; *Thalmaier,* in: BeckOK, MarkenR, § 14 MarkenG Rn. 263.

908 *Büscher,* in: Büscher/Dittmer/Schiwy, § 14 MarkenG Rn. 165; *Fezer,* MarkenG, § 14 Rn. 218; *Hacker,* in: Ströbele/Hacker/Thiering, MarkenG, § 14 Rn. 329.

909 *Ingerl/Rohnke,* MarkenG, § 14 Rn. 288.

910 Vgl. EuG, Urt. v. 9.9.2008 – Rs. T-363/06, Slg. 2008, II-2217 Rn. 22 – MAGIC SEAT; EuG, Urt. v. 7.9.2006 – Rs. T-133/05, Slg. 2006, II-2737 Rn. 29 – PAM-PIM'S BABY-PROP; BGH, GRUR 2009, 1055 Rn. 64 – airdsl; BGH, GRUR 2009, 484 Rn. 45 – Metrobus.

911 Vgl. EuG, Urt. v. 7.9.2006 – Rs. T-133/05, Slg. 2006, II-2737 Rn. 29 – PAM-PIM'S BABY-PROP; BGH, GRUR 2008, 909 Rn. 14 – Pantogast; BGH, GRUR 2008, 905 Rn. 13 – Pantohexal; BGH, GRUR 2008, 903 Rn. 11 – SIERRA ANTIGUO.

912 BGH, GRUR 1986, 759ff. – BMW; OLG Frankfurt, GRUR 1982, 319ff. – Lusthansa.

913 OLG Hamburg, GRUR-RR 2006, 231ff. – Bildmarke AOL; OLG Hamburg, GRUR-RR 2006, 224ff. – Trabi 03; OLG Hamburg, NJW-RR 1998, 1121ff. – Shell-Totenkopf; OLG Hamburg, GRUR 1992, 58 – adihash.

914 BGH, GRUR 2005, 583ff. – Lila-Postkarte; OLG Hamburg, NJWE-WettbR 2000, 83ff. – fit for fun; OLG Hamburg, NJW-RR 1999, 1060ff. – Bild dir keine Meinung.

915 BGH, GRUR 1995, 57ff. – Markenverunglimpfung II; BGH, GRUR 1994, 808ff. – Markenverunglimpfung I.

parodistische Effekt durch einen abweichenden Produktbezug hergestellt werden soll, muss die Identität demnach verneint werden. Die Produkte werden sich im Regelfall nicht mit den Waren oder Dienstleistungen des Markeninhabers decken.[917] Jedoch ist eine Waren- und Dienstleistungsidentität nicht von vornherein ausgeschlossen, wie der Fall »Springender Pudel« verdeutlicht.[918] Unternehmen, die Inhaber einer Marke sind, erweitern stetig ihre Produktpaletten. Da lediglich eine Identität bezüglich der Waren- oder Dienstleistungsoberbegriffe vorliegen muss, ist es daher nicht abwegig, eine Waren- oder Dienstleistungsidentität zu bejahen. Gleiches gilt, wenn unter parodistischer Verwendung der Marke – beispielsweise bei der Parodie in einem Werbesport – Leistungen beworben werden, die auch vom Markeninhaber unter seiner Marke angeboten werden.[919] Ebenfalls ist dies für die Parodie einer Werbung selbst zu bejahen, wenn im Rahmen der parodistischen Werbung ein Bezug zu identischen Waren oder Dienstleistungen des Parodisten hergestellt wird.

b) Markenfunktionsbeeinträchtigung

Da eine Doppelidentität bezüglich der Markenparodie in Einzelfällen denkbar ist, ist weiterhin zu beurteilen, inwiefern die Parodie in der Lage ist, die Markenfunktionen zu beeinträchtigen. Neben der Herkunftsfunktion, die weiterhin als Hauptfunktion der Marke gewertet wird, kommen die Qualitäts-, Kommunikations-, Investitions- und Werbefunktion in Betracht. Dabei ist zu beachten, dass die neben der Hauptfunktion bestehenden Markenfunktionen unabhängig von der Beeinträchtigung der Herkunftsfunktion eigenständig rechtlich zu schützen sind.[920] Alle Markenfunktionen stehen daher im Rahmen des § 14 Abs. 2 Nr. 1 MarkenG/Art. 9 Abs. 2 lit. a UMV gleichberechtigt nebeneinander.[921]

aa) Herkunftsfunktion

Kennzeichnend für die Herkunftsfunktion als Hauptfunktion der parodierten Marke ist es, dem Verbraucher oder Endabnehmer die Ursprungsidentität der gekennzeichneten Produkte zu garantieren, indem ihnen ermöglicht wird, diese Produkte von denjenigen anderer Herkunft zu unterscheiden.[922] Eine Beein-

916 Siehe hierzu vor allem BGH, GRUR 2015, 1114 – Springender Pudel.
917 In diesem Sinne auch *Lötscher,* Die Markenparodie, S. 261f.; *Schurgacz,* Die Sloganparodie, S. 184.
918 Vgl. BGH, GRUR 2015, 1114ff. – Springender Pudel. Siehe hierzu bereits das Eingangsbeispiel unter Kapitel 1 A. V. 2.
919 So im Fall des OLG Köln, MMR 2016, 604 (606).
920 *Hacker,* in: Ströbele/Hacker/Thiering, MarkenG, Einl Rn. 42ff.
921 *Völker/Elskamp,* WRP 2010, 64 (71).
922 EuGH, Urt. v. 23.3.2010 – verb. Rs. C-236/08 bis C-238/08, Slg. 2010, I-2417 Rn. 82 – Google France; EuGH, Urt. v. 6.10.2005 – Rs. 120/04, Slg. 2005, I-8551 Rn. 23 – Medion; EuGH, Urt. v.

trächtigung der Funktion ist dann gegeben, wenn es einem normal informierten und angemessen aufmerksamen Verbraucher nicht mehr oder nur schwer möglich ist, zu erkennen, ob die gekennzeichneten Waren oder Dienstleistungen von dem Inhaber der Marke oder einem mit diesem wirtschaftlich verbundenen Unternehmen stammen oder vielmehr von einem Dritten.[923]

Zwar könne man zunächst annehmen, eine identische Übernahme des Zeichens führe dazu, dass der Durchschnittsverbraucher die mit der Parodie gekennzeichneten Produkte dem Inhaber der Originalmarke oder einem damit wirtschaftlich verbundenen Unternehmen zuordne. Schließlich steht das identische Zeichen im Mittelpunkt der Darstellung. Allerdings wird dem Originalzeichen ein parodistisches Element hinzugefügt. Die komische, kritische oder verspottende Wirkung dieses Elements verdeutlicht die Abweichung zur parodierten Vorlage. Auch im Hinblick auf die Verwendung der Marke anlässlich einer Parodier ergibt sich aus dem Kontext heraus, dass es sich nicht um eine Verwendung des Markeninhabers selbst handelt. Die Parodie grenzt sich von der Originalmarke ab, sodass für den Durchschnittsverbraucher erkennbar ist, dass es sich nicht um ein Produkt des Inhabers der Originalmarke oder eines mit ihm wirtschaftlich verbundenen Unternehmens handelt. Vielmehr erkennt das Publikum, dass die Originalmarke lediglich als Blickfang genutzt wird, um die bezweckte Aussage zu verbreiten. Das mit der Parodie gekennzeichnete Produkt wird daher nicht dem Inhaber der Originalmarke zugeordnet.[924] Eine die Doppelidentität erfüllende Markenparodie ist deshalb regelmäßig nicht in der Lage, die Herkunftsfunktion zu beeinträchtigen.

bb) Qualitätsfunktion

Die Qualitätsfunktion ist dadurch gekennzeichnet, dass der Markeninhaber bei den angesprochenen Verkehrskreisen im Hinblick auf die Waren oder Dienstleistungen Erwartungen weckt, sodass sie beim Erwerb der Produkte mit einer bestimmten gleichbleibenden Qualität rechnen können.[925] Aufgrund jener Erwartungen gibt der Verbraucher dem Unternehmer einen Vertrauensvorschuss. Je länger der Verbraucher die Marke kennt und je bekannter diese ist, desto mehr

---

12.11.2002 – Rs. C-206/01, Slg. 2002, I-10273 Rn. 48 – Arsenal Football Club; EuGH, Urt. v. 22.9.1998 – Rs. C-39/97, Slg. 1998, I-5507 Rn. 28 – Canon.

923 EuGH, Beschl. v. 26.3.2010 – Rs. C-91/09, Slg. 2010, I-43 Rn. 24 – Bananabay; EuGH, Urt. v. 25.3.2010 – Rs. C-278/08, Slg. 2010, I-2517 Rn. 35 – Bergspechte/trekking.at Reisen; EuGH, Urt. v. 23.3.2010 – verb. Rs. C-236/08 bis C-238/08, Slg. 2010, I-2417 Rn. 84 – Google France; EuGH, Urt. v. 11.09.2007, Rs. C-17/06; Slg. 2007, I-7041 Rn. 27 – Céline. So auch BGH, GRUR 2018, 924 Rn. 45 – ORTLIEB.

924 In diesem Sinne auch *Lötscher,* Die Markenparodie, S. 136; *Schneider,* Markenparodie, S. 25.

925 *Blankenburg,* Die Markennennung, S. 158; *Lötscher,* Die Markenparodie, S. 139; *Sambuc,* WRP 2000, 985 (986); *Speitler,* Rechtsverletzende Benutzung, S. 16; *Winkhaus,* Der Begriff der Zeichenähnlichkeit beim Sonderschutz bekannter Marken, S. 145.

erlangt die Qualitätsfunktion an Bedeutung.[926] Sie ist vor allem dann beeinträchtigt, wenn ein Dritter das identische Zeichen auf identischen Warengattungen vertreibt, diese jedoch nicht den Anforderungen des Markeninhabers entsprechen.[927] Das kann etwa dann der Fall sein, wenn das Zeichen auf minderwertigen Produkten angebracht ist.[928]

Zwar werden Parodien häufig in Zusammenhang mit Scherzartikeln o.Ä. verwendet, die nicht mit dem Produktangebot des parodierten Markeninhabers übereinstimmen. Da jedoch auch Identität bezüglich der Waren und Dienstleistungen vorliegen muss, um den Tatbestand des § 14 Abs. 2 Nr. 1 MarkenG/ Art. 9 Abs. 2 lit. a UMV zu bejahen, werden die Produkte in diesem speziellen Fall häufig nicht allzu weit auseinander liegen. Das ändert allerdings nichts daran, dass es sich dennoch um minderwertige Produkte seitens des Parodisten handeln kann. Schließlich geht es ihm nicht darum, hochwertige Produkte anzubieten und mit dem Markeninhaber in Konkurrenz zu treten. Primär zielt er darauf ab, die hinter der Parodie stehende Aussage möglichst kostengünstig einer breiten Masse zugänglich zu machen. Die Verwendung minderwertiger Produkte könnte daher darauf schließen lassen, dass eine Markenparodie die Qualitätsfunktion der Marke beeinträchtigt. Allerdings wird dieser Situation durch den parodistischen Kontext entgegen gewirkt. Die Produkte grenzen sich deutlich von den Originalprodukten ab. Es wird erkenntlich, dass die qualitativ minderwertigen Produkte nicht vom parodierten Markeninhaber stammen. Die Parodie hat daher keinen Einfluss auf die gleichbleibende Qualität der Waren oder Dienstleistungen des Markeninhabers.

Mit der hinter der Parodie stehenden Aussage könnte jedoch eine Beeinträchtigung der Qualitätsfunktion einhergehen, da es sich dabei teilweise um imageschädigende Botschaften handelt. Eine Störung der Vorstellung der Verbraucher über die Qualität der Produkte ist daher nicht ausgeschlossen.[929] Allerdings richtet sich die Aussage der Parodie häufig nicht gegen die Qualität der Waren oder Dienstleistungen an sich, sondern gegen die zur Vermarktung eingesetzte Werbung[930] oder die Produktion der Produkte.[931] Die Erwartung der Konsumenten an die Qualität der Originalprodukte wird im Regelfall nicht enttäuscht. Es ist daher fernliegend, dass die Markenparodie im Falle der Doppelidentität die Qualitätsfunktion der Originalmarke beeinträchtigt.

926 *Keim*, Der markenrechtliche Tatbestand der Verwechslungsgefahr, S. 44.
927 GA *Kokott*, Schlussanträge im Fall »Viking Gas A/S« v. 7.4.2011 – Rs. C-46/10 Rn. 45. Siehe auch *Völker/Elskamp*, WRP 2010, 64 (67).
928 *Keim*, Der markenrechtliche Tatbestand der Verwechslungsgefahr, S. 44.
929 In diesem Sinne *Schneider*, Markenparodie, S. 26.
930 Vgl. BGH, GRUR 1984, 684ff. – Mordoro. Hier wurde die Parodie nicht dazu eingesetzt, die Tabakwaren zu kritisieren. Es ging vielmehr um die Kritik an der Zigarettenwerbung.
931 So auch *Lötscher*, Die Markenparodie, S. 140.

cc) Kommunikationsfunktion

Die Kommunikationsfunktion umfasst die Fähigkeit einer Marke, vom Markeninhaber als vielseitiger Informationsträger eingesetzt zu werden.[932] Die Marke eröffnet zwischen dem Anbieter und den Verbrauchern einen Kommunikationskanal für den Austausch verschiedener Informationen.[933] Hierbei kann es sich um eine Vielzahl von Informationen handeln. Sie können unmittelbar transportiert werden, indem beispielsweise beschreibende Bestandteile einer komplexen Marke über Eigenschaften von Produkten informieren. Die Marke kann aber auch durch von der Werbung vermittelte Botschaften aufgeladen sein und damit verbundene Informationen übermitteln. Dabei kann es sich um Informationen über das Image des Produkts oder des Unternehmens handeln wie Qualität, Verlässlichkeit und Seriosität, aber auch bezüglich eines gewissen Stils oder Luxus.[934]

Indem der Parodist die identische Marke verwendet, um eine parodistische Aussage zu treffen, nutzt er den Kommunikationskanal der identischen älteren Marke aus. Da Parodien die Originalmarke häufig kritisieren oder verspotten, wird der Kommunikationskanal mit den hinter der Parodie stehenden Aussagen aufgeladen. Die Benutzung der identischen Originalmarke in kritischer oder verspottender Weise übermittelt Botschaften, die der Inhaber der Marke nicht beabsichtigt oder nicht erwünscht. Der intensiv aufgebaute Kommunikationskanal wird daher gestört, weshalb eine Markenparodie die Kommunikationsfunktion beeinträchtigen kann.[935]

dd) Werbefunktion

Der Inhaber einer Marke kennzeichnet seine Produkte mit ihr nicht nur, um auf ihre Herkunft hinzuweisen. Darüber hinaus möchte er sie zum Zwecke der Werbung nutzen, um den Verbraucher über sein Produktangebot zu informieren und ihn von diesem zu überzeugen.[936] Eine Marke gibt nicht nur Auskunft über die Herkunft der damit gekennzeichneten Produkte. Sie ermöglicht es den Verbrauchern auch, sich diese als Schlagwort für die Produkte einzuprägen,

---

932 *Paulus,* Markenfunktionen und referierende Benutzung, S. 34.

933 *Blankenburg,* Die Markennennung, S. 159; *Fezer,* MarkenG, Einl. D. Rn. 10; *Henning-Bodewig/Kur,* Marke und Verbraucher, Band I, S. 7; *Keim,* Der markenrechtliche Tatbestand der Verwechslungsgefahr, S. 46; *Speitler,* Rechtsverletzende Benutzung, S. 16. Ähnlich auch GA *Ruíz-Jarobo Colomer,* Schlussanträge im Fall »Sieckmann« v. 6.11.2001 – Rs. C-273/00 Rn. 19.

934 Siehe hierzu GA *Mengozzi,* Schlussanträge im Fall »LÒréal/Bellure« v. 10.2.2009 – Rs. C-487/07 Rn. 54. Ähnlich auch *Schneider,* Markenparodie, S. 26.

935 Siehe hierzu *Lötscher,* Die Markenparodie, S. 146; *Schneider,* Markenparodie, S. 27.

936 EuGH, Urt. v. 23.3.2010 – verb. Rs. C-236/08 bis C-238/08, Slg. 2010, I-2417 Rn. 91 – Google France. Siehe auch GA *Ruíz-Jarobo Colomer,* Schlussanträge im Fall »Arsenal Football Club« v. 13.6.2002 – Rs. C-206/01 Rn. 43.

sodass mit der Verwendung der Marke die Aufmerksamkeit des Publikums gewonnen und Informationen transportiert werden können.[937] Mit der Werbefunktion ist daher nicht lediglich der Einsatz in der Werbung gemeint, sondern auch die werbliche Wirkung selbst als ihr innewohnende Eigenschaft.[938] Der Werbewert macht oftmals einen großen Teil des Wertes des hinter der Marke stehenden Unternehmens aus.[939] Es geht schließlich um die von den gekennzeichneten Waren oder Dienstleistungen losgelöste Suggestiv- und Attraktionskraft der Marke und die damit verbundenen positiven Assoziationen auf die Verbraucher.[940] Eine Beeinträchtigung der Werbefunktion liegt dann vor, wenn die Benutzung den Markeninhaber darin beeinträchtigt, die Marke als Element der Verkaufsförderung oder als Instrument der Handelsstrategie einzusetzen.[941] Sofern es sich um eine bekannte Originalmarke handelt, die durch einen Dritten identisch benutzt wird, um sich in den Bereich der Sogwirkung der Marke zu begeben, nutzt er die Unterscheidungskraft und die Wertschätzung der bekannten Marke aus. Damit wird zugleich bewirkt, dass die Kennzeichnungskraft der bekannten älteren Marke geschwächt wird, womit eine Beeinträchtigung der Werbefunktion einhergeht.[942]

Durch den steigenden Werbewert einer Marke und der mit ihr verbundenen Bekanntheit wird sie auch für Dritte attraktiv, um die Marke für eigene Zwecke zu nutzen. Das gilt auch für den Parodisten, der an die Bekanntheit der Marke anknüpft, um seine Parodie einem möglichst breiten Adressatenkreis zugänglich zu machen. Handelt es sich um eine verspottende, obszöne oder verunglimpfende Parodie, so wird das Markenimage, das sich der Inhaber mit großem Aufwand aufgebaut hat, beeinträchtigt. Die Parodie wird beim Adressatenkreis mit der parodierten Marke assoziiert. In Bezug auf die Parodie unter Verwendung einer Marke – beispielsweise im Fall parodistischer Werbung – ist es nicht ausgeschlossen, dass die Werbung den Eindruck erweckt, das Produkt des Parodierten sei dem Produkt des Parodisten unterlegen.[943] Die mit ihr vermittelte

937 *Steinbeck*, WRP 2015, 1 (2). Ähnlich auch *Blankenburg*, Die Markennennung, S. 158; *Paulus*, Markenfunktionen und referierende Benutzung, S. 28.

938 *Völker/Elskamp*, WRP 2010, 64 (67f.); *Steinbeck*, WRP 2015, 1 (2).

939 *Bamert*, Markenwert, S. 107; *Lötscher*, Die Markenparodie, S. 143.

940 *Keim*, Der markenrechtliche Tatbestand der Verwechslungsgefahr, S. 44; *Paulus*, Markenfunktionen und referierende Benutzung, S. 28; *Sambuc*, WRP 2000, 985 (986); *Speitler*, Rechtsverletzende Benutzung, S. 17; *Winkhaus*, Der Begriff der Zeichenähnlichkeit beim Sonderschutz bekannter Marken, S. 146.

941 EuGH, Urt. v. 23.3.2010 – verb. Rs. C-236/08 bis C-238/08, Slg. 2010, I-2417 Rn. 92 – Google France; BGH, GRUR 2011, 1135 Rn. 15 – GROSSE INSPEKTION FÜR ALLE.

942 BGH, GRUR 2011, 1135 Rn. 15 – GROSSE INSPEKTION FÜR ALLE; *Mielke*, in: BeckOK, MarkenR, § 14 MarkenG Rn. 129. Siehe auch *Völker/Elskamp*, WRP 2010, 64 (68).

943 So erweckt der in der Werbung verwendete Slogan »Wenn 1&1 sich streiten, freut sich der Schnellere« einen solchen Eindruck. Vgl. OLG Köln, MMR 2016, 604 (606).

Aussage bleibt daher in den Hinterköpfen der Konsumenten.[944] Wird die Marke von der Parodie verspottet oder herabgewürdigt, kann die Suggestiv- und Attraktionskraft der Marke vermindert werden.[945] Dies erschwert es dem Markeninhaber, die Marke als Element der Verkaufsförderung oder Instrument der Handelsstrategie einzusetzen. Mithin ist eine Markenparodie geeignet, die Werbefunktion der parodierten Marke zu beeinträchtigen.

ee) Investitionsfunktion

Schließlich kann eine Marke auch dazu eingesetzt werden, einen Ruf zu erwerben oder aufrechtzuerhalten, der geeignet ist, den Verbraucher anzuziehen oder zu binden. Zwar sind Überschneidungen mit der Werbefunktion möglich. Allerdings wird der gute Ruf nicht lediglich durch Werbung erworben oder aufrechterhalten, sondern aufgrund vieler verschiedener Geschäftsmethoden.[946] Die Investitionsfunktion ist daher verglichen mit der Werbefunktion als umfassendere Funktion zu verstehen, die sich stärker auf den guten Ruf bezieht.[947] Um sich einen guten Ruf zu erarbeiten, investiert der Markeninhaber mit dem Ziel der Produktverbesserung in Marketing, Forschung und Entwicklung.[948] Die Investitionsfunktion ist dann beeinträchtigt, wenn es dem Inhaber der parodierten Marke wesentlich erschwert wird, seine Marke zum Erwerb oder zur Wahrung seines guten Rufes einzusetzen, der geeignet ist, den Verbraucher anzuziehen oder zu binden.[949]

Die Investitionsfunktion umfasst die Werbefunktion gewissermaßen, da auch durch Werbung ein guter Ruf erworben werden kann. Sofern die Markenparodie die Werbefunktion beeinträchtigt, liegt mithin zugleich eine Beeinträchtigung der Investitionsfunktion vor. Eine verspottende oder das Unternehmen ins schlechte Licht rückende Parodie kann sich, wie aufgezeigt, auf die Wahrnehmung des Konsumenten hinsichtlich der Originalmarke auswirken. Insbesondere das Markenimage, also der gute Ruf, der auf erhebliche Investitionen in Werbung und Produktkontrolle zurückzuführen ist, wird in Folge dessen beeinträchtigt.[950] Das ist vor allem dann der Fall, wenn die Markenparodie wirt-

---

944 In diesem Sinne auch *Lötscher,* Die Markenparodie, S. 144.

945 *Deutsch,* GRUR 1995, 319 (320); *Koch,* Markenverunglimpfung, S. 17; *Lötscher,* Die Markenparodie, S. 145; *Schulz,* Die relevante Benutzungshandlung im deutschen Markenrecht, S. 268.

946 EuGH, Urt. v. 22.09.2011 – Rs. C-323/09, Slg. 2011, I-8625 Rn. 60f. – Interflora.

947 *Paulus,* Markenfunktionen und referierende Benutzung, S. 35.

948 *Völker/Elskamp,* WRP 2010, 64 (70). Ähnlich auch GA *Maduro,* Schlussanträge im Fall »Google France« v. 22.9.2009 – verb. Rs. C-236/08 bis C-238/08 Rn. 96.

949 Siehe hierzu EuGH, Urt. v. 22.09.2011 – Rs. C-323/09, Slg. 2011, I-8625 Rn. 62 – Interflora.

950 *Senftleben,* Overprotection, S. 29. Siehe auch *Lötscher,* Die Markenparodie, S. 145.

schaftlich intensiv genutzt und massenhaft verbreitet wird.[951] Von daher ist die Markenparodie in der Lage, die Investitionsfunktion zu beeinträchtigen.

c) *Zusammenfassung*

Im Regelfall wird eine Parodie den Tatbestand der Doppelidentität gemäß § 14 Abs. 2 Nr. 1 MarkenG/Art. 9 Abs. 2 lit. a UMV nicht erfüllen, da die parodistische Aussage durch die Abwandlung des Originalzeichens oder die Benutzung konträrer Waren oder Dienstleistungen erreicht wird. Es sind jedoch Gestaltungen denkbar, in denen eine Doppelidentität bejaht werden kann, wie im Hinblick auf die Parodie unter Verwendung einer Marke aufgezeigt wurde. Zudem ist es aufgrund der neuen Funktion des Identitätsbegriffs im Hinblick auf die Markenfunktionen, wie der EuGH andeutet, notwendig, den Begriff der Zeichenidentität weiter auszulegen als zuvor. Im Anschluss an die Rechtsprechung genügt es daher, wenn das identische Zeichen übernommen wird. Ob ein weiteres Element hinzugefügt oder weggelassen wird, ist irrelevant, solange das identische Zeichen im Mittelpunkt der Übernahme steht. So verhält es sich etwa bei einer Parodie, welche die Originalmarke identisch übernimmt, jedoch Elemente, wie ein Slogan, hinzugefügt werden, um den parodistischen Effekt der Verfremdung durch Kritik, Belustigung oder Verspottung zu erreichen. Sofern das Zeichen auf identischen Produkten angebracht ist, liegt eine Doppelidentität vor. Darüber hinaus beeinträchtigt eine die Doppelidentität erfüllende Markenparodie verschiedene Markenfunktionen – insbesondere die Kommunikations-, Werbe- und Investitionsfunktion – der Originalmarke. Damit kann eine Markenparodie in speziellen Ausnahmefällen den Tatbestand des § 14 Abs. 2 Nr. 1 MarkenG/ Art. 9 Abs. 2 lit. a UMV erfüllen.

2. Verwechslungsschutz, § 14 Abs. 2 Nr. 2 MarkenG/Art. 9 Abs. 2 lit. b UMV

Der Verwechslungsschutz nach § 14 Abs. 2 Nr. 2 MarkenG/Art. 9 Abs. 2 lit. b UMV ist einschlägig, wenn eine identische oder ähnliche Marke für identische oder ähnliche Waren oder Dienstleistungen benutzt wird. Zusätzlich muss für das Publikum eine Verwechslungsgefahr bestehen. Dabei ist es erforderlich, den Begriff der Ähnlichkeit im Hinblick auf die Verwechslungsgefahr auszulegen.[952] Eine Verwechslungsgefahr ist dann gegeben, wenn das Publikum annehmen könnte, die betreffenden Waren oder Dienstleistungen stammen aus demselben oder aus wirtschaftlich miteinander verbundenen Unternehmen.[953] Es muss sich

951 *Lötscher*, Die Markenparodie, S. 145; *Schmidt*, GRUR-Prax 2010, 51.
952 ErwG 16 Marken-RL.
953 EuGH, Urt. v. 8.7.2010 – Rs. C-558/08, Slg. 2010, I-6963 Rn. 51 – Portakabin/Primakabin; EuGH, Urt. v. 25.3.2010 – Rs. C-278/08, Slg. 2010, I-2517 Rn. 38 – Bergspechte/trekking.at

demnach um eine Verwendung handeln, welche die Hauptfunktion der Marke, die Herkunftsfunktion, beeinträchtigt.[954] Es wird deutlich, dass die herkunftshinweisende Funktion im Tatbestandsmerkmal der Verwechslungsgefahr aufgeht.[955] Ob eine Verwechslungsgefahr vorliegt, ist anhand aller Umstände des Einzelfalles zu bestimmen.[956] Dabei ist zu beachten, dass zwischen den in Betracht zu ziehenden Faktoren eine Wechselwirkung besteht. Entscheidende Faktoren sind der Grad der Ähnlichkeit der sich gegenüberstehenden Zeichen, der Grad der Ähnlichkeit der sich gegenüberstehenden Waren oder Dienstleistungen und die Kennzeichnungskraft des älteren Zeichens, wobei ein geringerer Grad des einen durch einen höheren Grad des anderen Faktors ausgeglichen werden kann.[957] Abzustellen ist auf den hervorgerufenen Gesamteindruck der Zeichen.[958] Dabei kommt es entscheidend – je nach Art der betreffenden Waren oder Dienstleistungen – auf die Sichtweise eines normal informierten und angemessen aufmerksamen und verständigen Durchschnittsverbrauchers an.[959]

Reisen; EuGH, Urt. v. 10.4.2008 – Rs. C-102/07, Slg. 2008, I-2439 Rn. 28 – adidas/Marca Mode; EuGH, Urt. v. 6.10.2005 – Rs. 120/04, Slg. 2005, I-8551 Rn. 26 – Medion; EuGH, Urt. v. 22.6.1999 – Rs. C-342/97, Slg. 1999, I-3819 Rn. 17 – Lloyd Schuhfabrik Meyer; EuGH, Urt. v. 22.9.1998 – Rs. C-39/97, Slg. 1998, I-5507 Rn. 29 – Canon.

954 EuGH, Urt. v. 18.6.2009 – Rs. C-487/07, Slg. 2009, I-5185 Rn. 59 – L'Oréal/Bellure; BGH, GRUR 2010, 835, Rn. 23 – POWER BALL m.w.N.

955 So bereits unter Kapitel 3 B. III. 2. b) cc).

956 St. Rspr. des EuGH und BGH, vgl. EuGH, Urt. v. 24.6.2010 – Rs. C-51/09 P, Slg. 2010, I-5805 Rn. 32 –Barbara Becker; EuGH, Urt. v. 10.4.2008 – Rs. C-102/07, Slg. 2008, I-2439 Rn. 29 – adidas/Marca Mode; EuGH, Urt. v. 22.9.1998 – Rs. C-39/97, Slg. 1998, I-5507 Rn. 16 – Canon; EuGH, Urt. v. 11.11.1997 – Rs. C-251/95, Slg. 1997, I-6191 Rn. 22 – Sabèl/Puma; BGH, GRUR 2010, 729 Rn. 23 – MIXI; BGH, GRUR 2009, 484 Rn. 23 – Metrobus; BGH, GRUR 2008, 719 Rn. 18 – idw Informationsdienst Wissenschaft.

957 EuGH, Urt. v. 24.3.2011 – Rs. C-552/09 P, Slg. 2011, I-2063 Rn. 64f. – Ferrero/HABM; EuGH, Urt. v. 13.9.2007 – Rs. C-234/06 P, Slg. 2007, I-7333 Rn. 48 – Ponte Finanziaria/HABM; EuGH, Urt. v. 22.9.1998 – Rs. C-39/97, Slg. 1998, I-5507 Rn. 17ff. – Canon; BGH, GRUR 2017, 75 Rn. 16 – Wunderbaum II; BGH, GRUR 2014, 488 Rn. 9 – DESPERADOS/DESPERADO; BGH, GRUR 2013, 1239 Rn. 24 – VOLKSWAGEN/Volks.Inspektion; BGH, GRUR 2012, 930 Rn. 22 – Bogner B/Barbie B; BGH, GRUR 2010, 1103 Rn. 37 – Pralinenform II; BGH, GRUR 2011 826 Rn. 11 – Enzymax/Enzymix.

958 EuGH, Urt. v. 8.5.2014 – Rs. C-591/12 P, Rn. 21 – Bimbo/HABM; EuGH, Beschl. v. 30.1.2014 – Rs. C-422/12 P, Rn. 42 – CLORALEX; EuGH, Urt. v. 3.9.2009 – Rs. C-498/07 P, Slg. 2009, I-7371 Rn. 60 – Aceites del Sur-Coosur/Koipe; EuGH, Urt. v. 12.6.2007 – Rs. C-334/05 P, Slg. 2007, I-4529 Rn. 35 – HABM/Shaker; BGH, GRUR 2014, 382 Rn. 14 – REAL-Chips; BGH, GRUR 2008, 1002 Rn. 23 – Schuhpark.

959 EuGH, Urt. v. 23.3.2010 – verb. Rs. C-236/08 bis C-238/08, Slg. 2010, I-2417 Rn. 84 – Google France; EuGH, Urt. v. 16.9.2004 – Rs. C-329/02 P, Slg. 2004, I-8317 Rn. 24 – SAT.1/HABM; EuGH, Urt. v. 22.6.1999 – Rs. C-342/97, Slg. 1999, I-3819 Rn. 26 – Lloyd Schuhfabrik Meyer; BGH, GRUR 2000, 506 (508f.) – ATTACHÉ/TISSERAND.

a) Zeichenidentität oder -ähnlichkeit

Da Zeichenidentität bei einer Markenparodie i. d. R. – ausgenommen sind die aufgezeigten Einzelfälle – abzulehnen ist, kommt es im Rahmen des Verletzungstatbestandes vor allem auf den Ähnlichkeitsbereich an.[960] Die Zeichenähnlichkeit ist in klanglicher, bildlicher oder begrifflicher Hinsicht zu bestimmen, sodass die Ähnlichkeit bejaht werden kann, wenn einer der Faktoren gegeben ist.[961] Der EuGH geht darüber hinaus davon aus, dass die klanglichen, bildlichen und begrifflichen Aspekte zusammenhängend betrachtet werden müssen und sich daher gegenseitig neutralisieren können.[962]

Die Parodie lebt gerade von der Wiedererkennbarkeit der Originalmarke,[963] da die parodistische Aussage ansonsten nicht vom Publikum erfasst werden kann. Deshalb ist es notwendig, die wesentlichen Elemente der Originalmarke zu übernehmen. Um eine Verfremdung zu erreichen, ist es aber auch erforderlich, die Originalmarke umzugestalten oder in einen anderen Kontext zu setzen. Isoliert betrachtet könnte man demnach davon ausgehen, dass aufgrund der Übernahme wesentlicher Elemente eine Zeichenähnlichkeit zwischen der Originalmarke und der Markenparodie besteht. Da jedoch auch bezüglich der Feststellung der Zeichenähnlichkeit der Gesamteindruck entscheidend ist, der dem verständigen Durchschnittsverbraucher durch die Gegenüberstellung der Zeichen vermittelt wird,[964] dürfen nicht nur die einzelnen Elemente der Parodie gewertet werden. Vielmehr ist sie als Ganzes zu betrachten. Im Regelfall kann das angesprochene Publikum wegen der verfremdenden Darstellung jedoch erkennen, dass es sich lediglich um eine Parodie der älteren Marke handelt.[965] Das Hinzufügen weiterer Elemente ermöglicht daher eine deutliche Abgrenzung zum älteren Zeichen.[966]

---

960 So auch *Schultze,* WRP 1997, 536.

961 EuGH, Urt. v. 3.9.2009 – Rs. C-498/07 P, Slg. 2009, I-7371 Rn. 60 – Aceites del Sur-Coosur/Koipe; EuGH, Urt. v. 12.6.2007 – Rs. C-334/05 P, Slg. 2007, I-4529 Rn. 35 – HABM/Shaker; EuGH, Urt. v. 22.6.1999 – Rs. C-342/97, Slg. 1999, I-3819 Rn. 27 – Lloyd Schuhfabrik Meyer; EuGH, Urt. v. 11.11.1997 – Rs. C-251/95, Slg. 1997, I-6191 Rn. 22 – Sabèl/Puma; BGH, GRUR 2015, 1004 Rn. 22 – IPS/ISP; BGH, GRUR 2014, 382 Rn. 25 – REAL-Chips; BGH, GRUR 2011, 824 Rn. 25 f. – Kappa.

962 EuGH, Urt. v. 18.12.2008 – Rs. C-16/06 P, Slg. 2008, I-10053 Rn. 98 – OBELIX/MOBELIX; EuGH, Urt. v. 13.9.2007 – Rs. C-234/06 P, Slg. 2007, I-7333 Rn. 34 – Ponte Finanziaria/HABM; EuGH, Urt. v. 23.3.2006 – Rs. C-206/04 P, Slg. 2006, I-2717 Rn. 35 –Muelhens/HABM; EuGH, Urt. v. 12.1.2006 – Rs. C-361/04 P, Slg. 2006, I-643 Rn. 20 – Ruiz-Picasso/HABM.

963 Siehe auch *Blankenburg,* Die Markennennung, S. 395; *Koch,* Markenverunglimpfung, S. 62; *Matthes/Ziegenaus,* Markenartikel 2011, 62; *Thiesen,* WRP 2016, 162 (166).

964 Siehe hierzu EuGH, Urt. v. 18.7.2013 – Rs. C-252/12, Rn. 35 – Specsavers; EuGH, Beschl. v. 28.4.2004 – Rs. C-3/03 P, Slg. 2003, I-3657 Rn. 29 – Matratzen Concord/HABM; BGH, GRUR 2010, 729 Rn. 23, 31 – MIXI; BGH, GRUR 2004, 779 (782) – Zwilling/Zweibrüder.

965 So auch *Lötscher,* Die Markenparodie, S. 264.

966 BGH, GRUR 2015, 1114 Rn. 47 – Springender Pudel; *Gietzelt/Grabrucker,* MarkenR 2015, 333 (335); *Thiesen,* WRP 2016, 162 (166).

b) Waren- oder Dienstleistungsidentität oder -ähnlichkeit

Daneben muss zudem die Waren- oder Dienstleistungsidentität oder -ähnlichkeit gegeben sein. Wie im Rahmen des Identitätsschutzes bereits festgestellt,[967] ist es nicht ausgeschlossen, dass eine Parodie für mit der Originalmarke identische Waren oder Dienstleistungen benutzt wird. Fraglich ist deshalb lediglich, wann von einer Ähnlichkeit gesprochen werden kann, sofern eine Identität zu verneinen ist.

Ähnlichkeit der Waren oder Dienstleistungen ist dann anzunehmen, wenn sie unter Berücksichtigung aller erheblichen Faktoren so enge Berührungspunkte aufweisen, dass die beteiligten Verkehrskreise der Auffassung sind, dass die sich gegenüberstehenden Waren oder Dienstleistungen aus demselben oder einem wirtschaftlich verbundenen Unternehmen stammen. Zu den erheblichen Faktoren zählen solche, die das Verhältnis der Waren oder Dienstleistungen zueinander kennzeichnen, wie die Art der Waren oder Dienstleistungen, deren Beschaffenheit, ihr Verwendungszweck, ihre Nutzung, ihre wirtschaftliche Bedeutung und ihre Eigenart als miteinander konkurrierende oder sich ergänzende Waren oder Dienstleistungen.[968]

Da Markenparodien häufig auf Scherzartikeln oder Merchandising-Produkten angebracht sind, wird es selten zu Überschneidungen der wesentlichen Faktoren kommen. Zum einen sind die – die Markenparodie betreffenden – Waren oder Dienstleistungen aufgrund ihrer unterschiedlichen Eigenschaften und Preise nicht vergleichbar mit denen der Originalmarke.[969] Die mit einer Markenparodie verzierten Produkte sprechen häufig andere Abnehmerkreise an als die der Originalmarke,[970] weshalb die Produkte selten miteinander konkurrieren oder sich ergänzen. Aus diesem Grund werden die Waren oder Dienstleistungen, die mit der Markenparodie verziert sind, i. d. R. kaum Berührungspunkte mit denen der Originalmarke aufweisen. Eine Waren- oder Dienstleistungsähnlichkeit ist regelmäßig zu verneinen.[971] Auch hiervon kann allerdings nicht pauschal ausgegangen werden, da Fälle denkbar sind, in denen eine Waren- oder Dienstleistungsähnlichkeit bestehen kann. Viele Markeninhaber erweitern

---

967 Siehe Kapitel 3 B. IV. 1. a) bb).

968 EuGH, Urt. v. 18.12.2008 – Rs. C-16/06 P, Slg. 2008, I-10053 Rn. 65 – OBELIX/MOBELIX; EuGH, Urt. v. 11.5.2006 – Rs. C-416/04 P, Slg. 2006, I-4237 Rn. 85 – VITAFRUIT; EuGH, Urt. v. 22.9.1998 – Rs. C-39/97, Slg. 1998, I-5507 Rn. 22 ff. – Canon; BGH, GRUR 2014, 488 Rn. 14 – DESPERADOS/DESPERADO; BGH, GRUR 2012, 1145 Rn. 34 – Pelikan; BGH, GRUR 2009, 484 Rn. 25 – Metrobus; BGH, GRUR 2007, 1066 Rn. 23 – Kinderzeit; BGH, GRUR 2003, 241 (243) – GeDIOS; BGH, GRUR 2001, 507 (508) – EVIAN/REVIAN; BGH, GRUR 1999, 245 (246) – LIBERO.

969 So auch *Lötscher,* Die Markenparodie, S. 262.

970 *Lötscher,* Die Markenparodie, S. 262.

971 In diesem Sinne auch *Gärtner,* Was die Satire darf, S. 292; *Koch,* Markenverunglimpfung, S. 64.

ihre Produktpalette stetig, weshalb sie nicht immer nur Produkte, die zu ihrer Kerntätigkeit gehören, schützen lassen, sondern darüber hinaus auch Merchandising-Produkte.[972] Sofern der Inhaber der Originalmarke Merchandising-Produkte vertreibt, kann es zur Folge haben, dass ihm alle möglichen Arten dieser Produkte – auch solche, die mit einer Parodie verziert sind – zugeschrieben werden können. So verhält es sich etwa im Fall »Springender Pudel«, wobei die Marke neben Sportartikeln auch Schutz für Waren aus Papier und Pappe, Schreibwaren, Druckerzeugnisse, Taschen, Beutel u. Ä. genießt.[973]

c) Kennzeichnungskraft

Schließlich kommt es für die Bestimmung der Verwechslungsgefahr auf die Kennzeichnungskraft des parodierten Zeichens an. Die Verwechslungsgefahr besteht dabei umso eher, je größer die Kennzeichnungskraft des älteren Zeichens ist.[974] Zeichen, die von Haus aus oder aufgrund ihrer Bekanntheit eine große Kennzeichnungskraft besitzen, genießen höheren Schutz im Hinblick auf die Verwechslungsgefahr als Zeichen mit schwacher Kennzeichnungskraft.[975] Die Zulässigkeit der Markenparodie hängt demnach auch von der Kennzeichnungskraft des parodierten Zeichens ab. Je größer sie ist, desto eher ist davon auszugehen, dass eine Verwechslungsgefahr besteht, sofern die weiteren Voraussetzungen vorliegen. Eine hohe Kennzeichnungskraft der parodierten Marke allein begründet noch keine Verwechslungsgefahr.[976] Im Rahmen der Gesamtabwägung ist im Einzelfall zu berücksichtigen, welcher Kennzeichnungsgrad der Originalmarke zukommt. Parodierte Marken, die medial weniger präsent sind, besitzen daher eine geringere Kennzeichnungskraft. Das gilt auch für Marken mit einem geringen Unterscheidungsgrad. Der erforderliche Wiedererkennungseffekt führt jedoch im Regelfall dazu, dass nur solche Marken parodiert werden, die einen hohen Bekanntheitsgrad aufweisen. Deshalb kann von einem erhöhten Kennzeichnungsgrad ausgegangen werden.

972 *Blankenburg,* Die Markennennung, S. 395; *Lötscher,* Die Markenparodie, S. 262.

973 Vgl. BGH, GRUR 2015, 1114 – Springender Pudel.

974 EuGH, Urt. v. 18.7.2013 – Rs. C-252/12, Rn. 36 – Specsavers; EuGH, Urt. v. 22.9.1998 – Rs. C-39/97, Slg. 1998, I-5507 Rn. 18 – Canon; EuGH, Urt. v. 11.11.1997 – Rs. C-251/95, Slg. 1997, I-6191 Rn. 26 – Sabèl/Puma; BGH, GRUR 2012, 621 Rn. 42 – OSCAR; BGH, GRUR 2002, 171 (175) – Marlboro-Dach.

975 EuGH, Urt. v. 17.4.2008 – Rs. C-108/07 P, Slg. 2008, I-61 Rn. 32 – Ferrero Deutschland; EuGH, Urt. v. 22.6.1999 – Rs. C-342/97, Slg. 1999, I-3819 Rn. 20 – Lloyd Schuhfabrik Meyer; EuGH, Urt. v. 22.9.1998 – Rs. C-39/97, Slg. 1998, I-5507 Rn. 18 – Canon; BGH, GRUR 2006, 60 Rn. 14 – coccodrillo; BGH, GRUR 2004, 779 (781) – Zwilling/Zweibrüder; BGH, GRUR 2002, 171 (175) – Marlboro-Dach.

976 *Thalmaier,* in: BeckOK, MarkenR, § 14 MarkenG Rn. 275.

d) Verwechslungsgefahr

Fraglich ist schließlich, ob eine Verwechslungsgefahr zwischen der Originalmarke und der Markenparodie angenommen werden kann. Hierbei ist zwischen den verschiedenen Formen der Verwechslungsgefahr zu differenzieren.

aa) Unmittelbare Verwechslungsgefahr

Eine unmittelbare Verwechslungsgefahr liegt vor, wenn die Gefahr besteht, dass die beiden sich gegenüberstehenden Zeichen miteinander verwechselt werden, weil bestehende Unterschiede nicht erkannt werden, sodass die eine Marke für die andere gehalten wird.[977] Es muss daher ein Irrtum über die Identität des Unternehmens vorliegen.[978]

(1) Regelfall: Keine unmittelbare Verwechslungsgefahr im Fall der Parodie

Indem wesentliche Elemente hinzugefügt oder weggelassen werden, wird die bezweckte Verfremdung erreicht. Deshalb grenzt sich die Parodie deutlich von der Originalmarke ab. Man sieht der Parodie an, dass es sich um eine Verfremdung handelt, weshalb sie nicht für die Originalmarke gehalten wird.[979] Hinsichtlich einer kritischen Markenparodie ist für das Publikum aufgrund der kritischen Auseinandersetzung mit der Originalmarke oft erkennbar, dass es sich nicht um die Originalmarke handelt.[980] Gleiches gilt für obszöne Parodien. Auch hier wird der angesprochene Verkehrskreis erkennen, dass der Inhaber der älteren Marke sein Image nicht zerstören möchte, sondern dass es sich vielmehr um eine Verfremdung in Form der Parodie handelt.[981] Schließlich ist der Verkehr durch die Vielzahl von Parodien einer Marke bereits daran gewöhnt, das Original von der Parodie zu unterscheiden.[982] Je deutlicher die Parodie für den angesprochenen Verkehrskreis erkennbar ist, desto fernliegender ist die Annahme einer Verwechslungsgefahr.[983] Grundsätzlich kann daher davon ausgegangen werden, dass die Parodie die Herkunftsfunktion einer Marke nicht beeinträchtigt,[984] weil die Markenparodie nicht für die Originalmarke gehalten wird. Im Regelfall muss daher eine unmittelbare Verwechslungsgefahr ausscheiden.

---

977 BGH, GRUR 2002, 171 (175) – Marlboro-Dach; *Fezer,* MarkenG, § 14 Rn. 328; *Hacker,* in: Ströbele/Hacker/Thiering, MarkenG, § 9 Rn. 46; *Thalmaier,* in: BeckOK, MarkenR, § 14 MarkenG Rn. 272.

978 *Berlit,* Markenrecht, Rn. 171.

979 *Kefferpütz/Wrage,* GRUR-Prax 2015, 451 (452); *Matthes/Ziegenaus,* Markenartikel 2011, 62; *Thiesen,* GRUR 2015, 1119 (1120).

980 So auch *Lötscher,* Die Markenparodie, S. 264.

981 Vgl. *Matthes/Ziegenaus,* Markenartikel 2011, 62; *Thiesen,* WRP 2016, 162 (166).

982 *Apel/Fuchs,* WRP 2015, 1349 (1350).

983 *Gietzelt/Grabrucker,* MarkenR 2015, 333 (335).

984 So bereits unter Kapitel 3 B. IV. 1. b) aa).

(2) Vorliegen der unmittelbaren Verwechslungsgefahr in Ausnahmefällen

Allerdings darf nicht übersehen werden, dass Fallgestaltungen denkbar sind, in denen es zu einer unmittelbaren Verwechslungsgefahr kommen kann. Das ist dann der Fall, wenn die Parodie für das Publikum überhaupt nicht erkennbar ist.[985] Zwar liegt trotz der Parodie immanenten Veränderung keine Identität der Zeichen vor. Jedoch wird die Verfremdung so gering sein, dass eine Ähnlichkeit der beiden Zeichen nicht von der Hand zu weisen ist.[986] Darüber hinaus muss auch Waren- oder Dienstleistungsidentität oder zumindest -ähnlichkeit gegeben sein, was nicht undenkbar ist. Die fehlende offenkundige Verfremdung führt im Rahmen dieser Fallkonstellation seitens des angesprochenen Verkehrskreises zu der irrtümlichen Annahme, die Parodie stamme vom Markeninhaber.[987] Es besteht die Gefahr, dass die Markenparodie für die Originalmarke gehalten wird. Eine Verwechslungsgefahr muss damit bejaht werden. Dabei ist jedoch zu beachten, dass diese Fälle die Ausnahme von dem Regelfall – keine Beeinträchtigung der Herkunftsfunktion – darstellen. Sofern eine Parodie von einem normal informierten und angemessen aufmerksamen und verständigen Durchschnittsverbraucher nicht als solche erkannt wird, stellt sich ohnehin die Frage, ob sie überhaupt noch als Parodie eingestuft werden kann.[988]

bb) Mittelbare Verwechslungsgefahr und Verwechslungsgefahr im weiteren Sinn

Muss eine unmittelbare Verwechslungsgefahr abgelehnt werden, weil der angesprochene Verkehrskreis erkennt, dass es sich um unterschiedliche Marken handelt, so ist darüber hinaus die Gefahr des gedanklichen Inverbindungbringens in Gestalt der mittelbaren Verwechslungsgefahr oder der Verwechslungsgefahr im weiteren Sinn in Betracht zu ziehen.[989] Mittelbare Verwechslungsgefahr liegt vor, wenn die sich gegenüberstehenden Zeichen zwar als unterschiedlich erkannt, aber beide dem gleichen Unternehmen zugeordnet werden.[990] Bei der Verwechslungsgefahr im weiteren Sinn werden die Zeichen ebenfalls als verschieden erkannt. Sie werden jedoch nicht dem gleichen Unternehmen zugerechnet. Vielmehr wird aufgrund besonderer Umstände der Eindruck erweckt, dass die Waren oder Dienstleistungen aus wirtschaftlich miteinander verbun-

985 *Lerach*, jurisPR-WettbR 11/2015 Anm. 1 D.; *Mielke*, in: BeckOK, MarkenR, § 14 MarkenG Rn. 200.

986 Ähnlich *Becker*, Parodie und Kommerz, S. 94, der eine Verwechslungsgefahr für möglich hält, wenn es sich um annährend identische Zeichen handelt.

987 *Grünberger*, Schutz geschäftlicher Kennzeichen gegen Parodie, S. 112; *Koch*, Markenverunglimpfung, S. 46; *Schneider*, Markenparodie, S. 192.

988 Zur Erkennbarkeit als wesentliches Element einer Parodie siehe unter Kapitel 1 A. III.

989 Dieser Unterscheidung folgt im Wesentlichen auch der EuGH. Vgl. hierzu bereits einführend unter Kapitel 3 B. IV. 2.

990 *Schurgacz*, Die Sloganparodie, S. 177; *Sosnitza*, Markenrecht, § 8 Rn. 48, 83; *Thalmaier*, in: BeckOK, MarkenR, § 14 MarkenG Rn. 272.

denen Unternehmen stammen.[991] Es reicht aber nicht aus, bloße Assoziationen zwischen den gegenüberstehenden Zeichen hervorzurufen.[992]

Aufgrund der verfremdenden Darstellung einer Markenparodie scheidet auch eine solche Fehlzurechnung der Unternehmen grundsätzlich aus. Je deutlicher die mit der Parodie bezweckte Aussage erkennbar ist, desto geringer ist die Wahrscheinlichkeit, dass die Markenparodie dem Unternehmen des Inhabers der Originalmarke oder einem damit verbundenen Unternehmen zugeschrieben wird. Anders verhält es sich lediglich, wenn die Unterschiede aufgrund des Wesens der Parodie zwar erkannt werden, allerdings fälschlicherweise angenommen wird, dass der Inhaber der Originalmarke oder ein mit ihm wirtschaftlich verbundenes Unternehmen die Parodie als Werbegag nutzt, um für eigene Waren oder Dienstleistungen zu werben.[993]

(1) In der Rechtsprechung behandelte Fälle zur Parodie

So hielt der BGH in der Entscheidung »Markenverunglimpfung I«[994] eine Zuordnung der mit der Parodie der Marke »MARS«, welche insbesondere in Bezug auf Schokolade und andere Süßwaren geschützt wird, versehenen Kondomverpackungen als Werbegeschenk zum Betrieb des Markeninhabers für naheliegend.[995] Das begründete er damit, dass vom Parodisten der Werbespruch »Mars macht mobil…« in einer nur geringfügig verfremdeten Weise mit der zusätzlichen Anspielung auf Sex verwendet werde. Zudem war der Herkunftshinweis auf das Unternehmen des Parodisten lediglich auf der Rückseite als Hinweis angebracht. Schließlich habe sich die Verpackung aufgrund ihrer Aufmachung wie ein kleines Werbegeschenk präsentiert.

Weiterhin führte der BGH in seinem »Markenverunglimpfung II«-Urteil[996] aus, dass der angesprochene Verkehrskreis die mit der Parodie der Marke »Nivea« versehenen Kondomverpackungen nicht lediglich als reine Scherzartikel betrachte, sondern – im Hinblick auf die Aids-Vorsorge – als gebrauchsfähige

---

991 BGH GRUR 2018, 79 Rn. 43 – OXFORD/Oxford Club; BGH, GRUR 2013, 883 Rn. 69 – Culinaria/Villa Culinaria; BGH, GRUR 2010, 729 Rn. 43 – MIXI; BGH, GRUR 2009, 772 Rn. 69 – Augsburger Puppenkiste; *Berlit,* Markenrecht, Rn. 181; *Thalmaier,* in: BeckOK, MarkenR, § 14 MarkenG Rn. 272.

992 EuGH, Urt. v. 11.11.1997 – Rs. C-251/95, Slg. 1997, I-6191 Rn. 26 – Sabèl/Puma; BGH, GRUR 2013, 883 Rn. 69 – Culinaria/Villa Culinaria; BGH, GRUR 2010, 729 Rn. 43 – MIXI; BGH, GRUR 2009, 772 Rn. 69 – Augsburger Puppenkiste; BGH, GRUR 2008, 903 Rn. 31 – SIERRA ANTIGUO.

993 *Assaf,* GRUR Int 2009, 1 (11); *Grünberger,* Schutz geschäftlicher Kennzeichen gegen Parodie, S. 112; *Ingerl/Rohnke,* MarkenG, § 14 Rn. 218; *Kefferpütz/Wrage,* GRUR-Prax 2015, 451 (452); *Koch,* Markenverunglimpfung, S. 46; *Mielke,* in: BeckOK, MarkenR, § 14 MarkenG Rn. 200; *Schneider,* Markenparodie, S. 64.

994 BGH, GRUR 1994, 808ff. – Markenverunglimpfung I.

995 Siehe hierzu und zum Folgenden BGH, GRUR 1994, 808 (812) – Markenverunglimpfung I.

996 BGH, GRUR 1995, 57ff. – Markenverunglimpfung II.

Kondome ansehe.[997] Weiterhin sei die Herstellung oder der Vertrieb von Kondomen durch einen großen Hersteller vielseitiger Kosmetikartikel nicht fernliegend. Die verfremdende Darstellung durch die Produkte mit der Aufschrift »NIVEAU milk« und »Es tut NIVEA als das erste mal« würde ungeachtet ihrer Geschmacklosigkeit keinen Obszönitätsgrad erreichen, der nicht von vornherein ausschließen würde, dass es sich um einen im Zusammenhang mit dem Vertrieb heikler Artikel gewählten Gag des Markeninhabers selbst handele. Es mache daher nicht den Eindruck, als würde es sich nicht um Maßnahmen des Zeicheninhabers handeln.

In diesen beiden vom BGH entschiedenen Urteilen ging das Gericht davon aus, dass es nicht auszuschließen sei, dass es sich um einen Werbegag des Markeninhabers handelt. Anders verhielt es sich jedoch in der Entscheidung »Bild dir keine Meinung«[998] des OLG Hamburg. Das OLG führt diesbezüglich aus, dass der angesprochene Verkehrskreis nicht lediglich die Marke »BILD« auf der Postkarte wahrnehme, sondern den darauf befindlichen gesamten Werbeslogan. Es sei daher davon auszugehen, dass es sich aufgrund der deutlich negativen geäußerten Kritik nicht um eine Werbemaßnahme der Bildzeitung handele, sondern um eine auf einer Postkarte wiedergegebene Meinungsäußerung.[999] Ebenso entschied das OLG über den auf einer Postkarte abgedruckten Slogan »fick for fun«. Auch hier werde die Postkarte nicht als Werbemaßnahme dem Verleger der Zeitschrift »fit for fun« zugerechnet, weil das schockierende Anfangswort deutlich mache, dass es sich vielmehr um eine kritische Stellungnahme handele.[1000]

(2) *Konsequenzen für das Vorliegen einer mittelbaren Verwechslungsgefahr und der Verwechslungsgefahr im weiteren Sinn im Fall der Parodie*

Verallgemeinernd lässt sich zusammenfassen, dass Markenparodien mit einer kritischen oder obszönen Aussage vom Verkehr nicht dem Unternehmen der Originalmarke zugewiesen oder für ein mit diesem verbundenes Unternehmen gehalten werden.[1001] Das liegt zum einen daran, dass obszöne Aussagen meist mit dem Image der Originalmarke kollidieren, sodass im Regelfall nicht davon ausgegangen wird, dass die Parodie mit der Originalmarke zusammenhängt.[1002] Zum anderen wird man vermuten können, dass sich der Markeninhaber nicht

---

997 Siehe hierzu und zum Folgenden BGH, GRUR 1995, 57 (60) – Markenverunglimpfung II.
998 OLG Hamburg, NJW-RR 1999, 1060ff. – Bild dir keine Meinung.
999 OLG Hamburg, NJW-RR 1999, 1060 (1061) – Bild dir keine Meinung.
1000 OLG Hamburg, NJWE-WettbR 2000, 83 (84) – fit for fun.
1001 In diesem Sinne auch *Schurgacz,* Die Sloganparodie, S. 184.
1002 *Blankenburg,* Die Markennennung, S. 395f.; *Büttner,* in: FS Ullmann, S. 162; *Lötscher,* Die Markenparodie, S. 269.

einer Markenparodie bedient, um seine eigenen Waren oder Dienstleistungen zu kritisieren oder anzuprangern.[1003]

Eine Zuordnungsverwirrung kann jedoch dann angenommen werden, wenn es sich um eine wohlwollend scherzhafte Parodie handelt.[1004] Nur in diesem Fall kann der angesprochene Verkehrskreis noch davon ausgehen, dass sich der Inhaber der Originalmarke einer Parodie bedient, um in kreativer Weise auf sich aufmerksam zu machen und einen neuen Kundenkreis anzusprechen. In diesen Fällen hat die Parodie keine negativen Auswirkungen auf das Image des Markeninhabers.[1005] Um zu bestimmen, ob eine Zurechnung der Markenparodie zum Unternehmen des Inhabers der Originalmarke oder zu einem damit verbundenen Unternehmen vorliegt, kommt es aber letzten Endes auf das Vorverhalten des Markeninhabers an. Hat er bereits in humorvoller, kritischer oder obszöner Weise für seine eigene Marke geworben, so ist es wahrscheinlicher, dass der angesprochene Verkehrskreis eine Parodie dem Markeninhaber oder einem mit ihm wirtschaftlich verbundenen Unternehmen zurechnet.[1006] Zudem muss berücksichtigt werden, ob in dem Waren- oder Dienstleistungsbereich, in dem der Inhaber der älteren Marke tätig ist, Merchandising üblich ist und ein Lizenzverhältnis vermutet werden kann.[1007] Dann ist es wahrscheinlicher, dass hierunter fallende Waren oder Dienstleistungen, die mit der Parodie versehen sind, als dem Markeninhaber zugehörig angesehen werden.

e) Zusammenfassung

Damit eine Verwechslungsgefahr angenommen werden kann, müssen sowohl Zeichenidentität oder -ähnlichkeit als auch Waren- oder Dienstleistungsidentität oder -ähnlichkeit vorliegen. Im Regelfall ist eine Verwechslungsgefahr auszuschließen, da mindestens eine der Voraussetzungen nicht gegeben ist. Die erkennbare Veränderung des Zeichens oder die bewusst gewählten unterschiedlichen Waren oder Dienstleistungen führen sogar zum Ausschluss der Ähnlichkeit der Parodie im Vergleich zur Originalmarke. Zwar werden die wesentlichen Elemente der Originalmarke übernommen, um den Bezug zu ihr herzustellen. Die verfremdende Darstellung verändert allerdings das Gesamtbild,

---

1003 *Blankenburg,* Die Markennennung, S. 395f.; *Büttner,* in: FS Ullmann, S. 162; *Lötscher,* Die Markenparodie, S. 269. Ähnlich auch *Keim,* Der markenrechtliche Tatbestand der Verwechslungsgefahr, S. 384, der eine Zuordnungsverwirrung beim Vorliegen einer Rufbeeinträchtigung ausschließt.

1004 *Büttner,* in: FS Ullmann, S. 162; *Lötscher,* Die Markenparodie, S. 269. Ähnlich *Grünberger,* Schutz geschäftlicher Kennzeichen, S. 112.

1005 So auch *Kefferpütz/Wrage,* GRUR-Prax 2015, 451 (452).

1006 Vgl. *Kefferpütz/Wrage,* GRUR-Prax 2015, 451 (452); *Lötscher,* Die Markenparodie, S. 268; *Schneider,* Markenparodie, S. 65.

1007 *Becker,* Parodie und Kommerz, S. 95; *Koch,* Markenverunglimpfung, S. 47; *Lötscher,* Die Markenparodie, S. 268.

weshalb der Verwechslungsschutz nach § 14 Abs. 2 Nr. 2 MarkenG/Art. 9 Abs. 2 lit. b UMV nicht eingreifen wird. Von diesem Regelfall sind jedoch Ausnahmen denkbar, weshalb es nicht *per se* auszuschließen ist, dass eine Parodie Verwechslungsgefahr begründet. Zum einen ist das dann der Fall, wenn die Parodie nicht als solche vom Publikum erkannt wird und zudem für mit denen der älteren Marke identische oder ähnliche Waren oder Dienstleistungen benutzt wird. Zum anderen ist der Tatbestand des § 14 Abs. 2 Nr. 2 MarkenG/Art. 9 Abs. 2 lit. b UMV auch dann erfüllt, wenn die mit der Parodie verzierten Produkte trotz der vorliegenden Zeichenunähnlichkeit dem Unternehmen des Inhabers der parodierten Marke oder einem mit ihm verbundenen Unternehmen zugerechnet werden. Eine solche Zurechnung erfolgt nur, wenn es sich um eine wohlwollend scherzhafte Parodie handelt.

3. Bekanntheitsschutz, § 14 Abs. 2 Nr. 3 MarkenG/Art. 9 Abs. 2 lit. c UMV

Schließlich muss untersucht werden, ob die Markenparodie den Verletzungstatbestand des § 14 Abs. 2 Nr. 3 MarkenG/Art. 9 Abs. 2 lit. c UMV erfüllt. Der Schutz bekannter Marken spielt für die Beurteilung der Zulässigkeit einer Parodie im Markenrecht eine besondere Rolle. Da der Parodist auf die Wiedererkennung der parodierten Marke angewiesen ist,[1008] sind bekannte Marken eine attraktive Vorlage.

a) Bekanntheit einer Marke

Vom Anwendungsbereich des Verletzungstatbestandes sind nur bekannte Marken erfasst. Eine Markenparodie kann den Tatbestand des § 14 Abs. 2 Nr. 3 MarkenG/Art. 9 Abs. 2 lit. c UMV daher nur erfüllen, wenn die Originalmarke einem bedeutenden Teil des Publikums, das durch die Waren und Dienstleistungen des Inhabers der parodierten Marke angesprochen wird, bekannt ist.[1009] Ob das der Fall ist, ist allein nach quantitativen, also empirisch messbaren Merkmalen, zu bestimmen,[1010] wie bezifferbare Investitionen, der bezifferbare Marktanteil der Marke, die messbare räumliche oder zeitliche Ausdehnung der

---

1008 *Schneider,* Markenparodie, S. 139.

1009 Zu diesem Kriterium siehe EuGH, Urt. v. 6.10.2009 – Rs. C-301/07, Slg. 2009, I-9429 Rn. 24 – PAGO; EuGH, Urt. v. 27.11.2008 – Rs. C-252/07, Slg. 2008, I-8823 Rn. 47 – Intel; EuGH, Urt. v. 14.9.1999 – Rs. C-375/97, Slg. 1999, I-5421 Rn. 26 – General Motors; BGH, GRUR 2014, 378 Rn. 22 – OTTO CAP; BGH, GRUR 2011, 1043 Rn. 42 – TÜV II; BGH, GRUR 2003, 428 (432) – BIG BERTHA.

1010 *Büscher,* in: Büscher/Dittmer/Schiwy, § 14 MarkenG Rn. 519; *Dissmann,* Der Schutz bekannter Marken, S. 113; *Dorndorf,* Schutz vor Herkunftstäuschung und Rufausbeutung, S. 123; *Hacker,* in: Ströbele/Hacker/Thiering, MarkenG, § 14 Rn. 366; *Ingerl/Rohnke,* MarkenG, § 14 Rn. 1338; *Piper,* GRUR 1996, 429 (433); *Schneider,* Markenparodie, S. 141.

Benutzung der Marke.[1011] Qualitative Merkmale der parodierten Marke wie der gute Ruf, die Beliebtheit, Qualitäts- und Gütevorstellungen spielen an dieser Stelle indes noch keine Rolle.[1012] Erst wenn der Anwendungsbereich des § 14 Abs. 2 Nr. 3 MarkenG/Art. 9 Abs. 2 lit. c UMV durch das Vorliegen einer bekannten Marke eröffnet ist, kann auf die weiteren Voraussetzungen des Bekanntheitsschutzes eingegangen werden.

b) Zeichenidentität oder -ähnlichkeit

§ 14 Abs. 2 Nr. 3 MarkenG/Art. 9 Abs. 2 lit. c UMV setzt wie § 14 Abs. 2 Nr. 2 MarkenG/Art. 9 Abs. 2 lit. b UMV eine Zeichenidentität oder -ähnlichkeit voraus. Da die Zeichenidentität bei einer Markenparodie i. d. R. nicht vorliegt,[1013] kommt es auf die Zeichenähnlichkeit an. Die klangliche, bildliche oder begriffliche Ähnlichkeit ist ausschlaggebend.[1014] Allerdings ist im Rahmen des Bekanntheitsschutzes die Zeichenähnlichkeit nicht im Hinblick auf die Verwechslungsgefahr, wie es § 14 Abs. 2 Nr. 2 MarkenG/Art. 9 Abs. 2 lit. b UMV voraussetzt,[1015] auszulegen. An den Grad der Ähnlichkeit sind geringere Anforderungen zu stellen. Sie ist bereits dann gegeben, wenn eine gedankliche Verknüpfung zwischen den beiden Zeichen besteht.[1016]

Zwar weicht die Parodie aufgrund der Verfremdung meist erheblich von dem parodierten Zeichen ab, weshalb keine Verwechslungsgefahr vorliegt. Allerdings muss sie gleichzeitig so gestaltet sein, dass das Publikum die parodierte Marke mit der Parodie assoziieren kann.[1017] Für das Publikum muss daher erkennbar sein, welche Marke parodiert wird, damit es die hinter der Parodie stehende

1011 EuGH, Urt. v. 6. 10. 2009 – Rs. C-301/07, Slg. 2009, I-9429 Rn. 25 – PAGO; EuGH, Urt. v. 14. 9. 1999 – Rs. C-375/97, Slg. 1999, I-5421 Rn. 27 – General Motors; BGH, GRUR 2014, 378 Rn. 22 – OTTO CAP; BGH, GRUR 2011, 1043 Rn. 42 – TÜV II; BGH, GRUR 2003, 428 (432) – BIG BERTHA; *Dissmann,* Der Schutz bekannter Marken, S. 114.

1012 So aber BTDrs. 12/6581, S. 72; *Fezer,* MarkenG, § 14 Rn. 767; *Kur,* GRUR 1994, 330 (333); *Mielke,* in: BeckOK, MarkenR, § 14 MarkenG Rn. 529; *Rößler,* GRUR 1994, 559 (562); *Sack,* GRUR 1995, 81 (86); *Schweer,* Die erste Markenrechts-Richtlinie, S. 115. Anders möchte *Eichmann,* GRUR 1998, 201 (205) die qualitativen Merkmale nur dann heranziehen, wenn die Fallgruppe der Ausnutzung oder Beeinträchtigung der Wertschätzung einschlägig ist.

1013 Vgl. unter Kapitel 3 B. IV. 1. a) aa) (1).

1014 EuGH, Urt. v. 23. 10. 2003 – Rs. C-408/01, Slg. 2003, I-12537 Rn. 28 – Adidas/Fitnessworld; BGH, GRUR 2014, 378 Rn. 30 – OTTO CAP.

1015 Vgl. ErwG 16 S. 3 Marken-RL. So auch EuGH, Urt. v. 23. 10. 2003 – Rs. C-408/01, Slg. 2003, I-12537 Rn. 31 – Adidas/Fitnessworld.

1016 EuGH, Urt. v. 18. 6. 2009 – Rs. C-487/07, Slg. 2009, I-5185 Rn. 36 – L'Oréal/Bellure; EuGH, Urt. v. 10. 4. 2008 – Rs. C-102/07, Slg. 2008, I-2439 Rn. 41 – adidas/Marca Mode; EuGH, Urt. v. 23. 10. 2003 – Rs. C-408/01, Slg. 2003, I-12537 Rn. 28, 31 – Adidas/Fitnessworld. So auch BGH, GRUR 2015, 1114 Rn. 29 – Springender Pudel; BGH, GRUR 2011, 1043 Rn. 54 – TÜV II; BGH, GRUR 2005, 583 (584) – Lila-Postkarte.

1017 *Lötscher,* Die Markenparodie, S. 220.

Aussage erfassen kann.[1018] Um den Wiedererkennungseffekt zu erreichen, wird der Parodist die prägenden Elemente der Originalmarke übernehmen.[1019] Selbst wenn die Originalmarke in stark verfremdeter Weise wiedergegeben wird oder lediglich einzelne kennzeichnungskräftige Bestandteile übernommen werden, kann eine gedankliche Verbindung noch bejaht werden. Auch diese Parodien sind letztendlich so ausgestaltet, dass es dem Publikum noch möglich ist, die Vorlage zu erkennen und die Aussage hinter der Parodie zu verstehen, ohne dass ein erläuternder Hinweis notwendig wäre.[1020] Der für die Markenparodie erforderliche Wiedererkennungseffekt führt daher dazu, dass die Parodie stets gedanklich mit der parodierten Marke in Verbindung gebracht wird.[1021]

Jedoch geht der EuGH davon aus, dass die Verwirklichung der Verletzungshandlungen im Rahmen des Bekanntheitsschutzes bereits ausreicht, um eine Zeichenähnlichkeit anzunehmen, da die genannten Beeinträchtigungen nur dann einträten, wenn ein bestimmter Grad an Ähnlichkeit zwischen den Zeichen vorläge.[1022] Zudem kann das Vorliegen einer gedanklichen Verknüpfung allein nicht dazu führen, dass die hinsichtlich des Bekanntheitsschutzes erforderlichen Beeinträchtigungen gegeben sind.[1023] Deren spezifische Voraussetzungen müssen stets gesondert geprüft werden. Deshalb kommt dem Tatbestandsmerkmal der Zeichenähnlichkeit in Form der gedanklichen Verknüpfung nur eine untergeordnete Rolle zu.[1024]

c) *Waren- oder Dienstleistungsidentität, -ähnlichkeit oder -unähnlichkeit*

Nach § 14 Abs. 2 Nr. 3 MarkenG a.F./Art. 9 Abs. 2 lit. c GMV[1025] war der Bekanntheitsschutz seinem Wortlaut nach lediglich auf unähnliche Waren oder Dienstleistungen anzuwenden. Nun wurde § 14 Abs. 2 Nr. 3 MarkenG dahingehend geändert, dass eine Benutzung für Waren oder Dienstleistungen vorliegen muss. Welchen Bezug die vom Verletzer benutzten Waren oder Dienstleistungen aber zu den Waren oder Dienstleistungen des Inhabers der bekannten Marke haben müssen, wird nicht aus dem Wortlaut der Neufassung erkenntlich. Zieht

---

1018 *Kefferpütz/Wrage,* GRUR-Prax 2015, 451 (452); *Rohnke,* in: FS Schricker, S. 870; *Schneider,* Markenparodie, S. 144f.

1019 *Schneider,* Markenparodie, S. 145.

1020 *Lötscher,* Die Markenparodie, S. 221; *Schneider,* Markenparodie, S. 144f.

1021 In diesem Sinne auch *Gietzelt/Grabrucker,* MarkenR 2015, 333 (335); *Kefferpütz//Wrage,* GRUR-Prax 2015, 451 (452); *Lötscher,* Die Markenparodie, S. 221; *Schneider,* Markenparodie, S. 144f.; *Schurgacz,* Die Sloganparodie, S. 186f.; *Thiesen,* GRUR 2015, 1119 (1120).

1022 EuGH, Urt. v. 18.6.2009 – Rs. C-487/07, Slg. 2009, I-5185 Rn. 36 – L'Oréal/Bellure; EuGH, Urt. v. 23.10.2003 – Rs. C-408/01, Slg. 2003, I-12537 Rn. 29 – Adidas/Fitnessworld.

1023 EuGH, Urt. v. 27.11.2008 – Rs. C-252/07, Slg. 2008, I-8823 Rn. 32 – Intel.

1024 *Abegg,* Der Gebrauch fremder Marken im Geschäftsverkehr, S. 83; *Gietzelt/Grabrucker,* MarkenR 2015, 333 (336); *Speitler,* Rechtsverletzende Benutzung S. 52.

1025 Verordnung (EG) Nr. 207/2009 des Rates vom 26. Februar 2009 über die Gemeinschaftsmarke.

man jedoch Art. 10 Abs. 2 lit. c Marken-RL heran, auf den § 14 Abs. 2 Nr. 3 MarkenG zurückzuführen ist, wird deutlich, dass sowohl die Benutzung identischer als auch ähnlicher oder unähnlicher Waren oder Dienstleistungen vom Bekanntheitsschutz erfasst werden.[1026] Gleiches gilt nach Art. 9 Abs. 2 lit. c UMV. Der Schutz bekannter Marken besteht daher unabhängig von der Waren- oder Dienstleistungsunabhängigkeit.

Im Rahmen des Bekanntheitsschutzes nach § 14 Abs. 2 Nr. 3 MarkenG/Art. 9 Abs. 2 lit. c UMV genügt es daher, dass die Markenparodie für sämtliche Produkte benutzt wird unabhängig von deren Ähnlichkeit oder Unähnlichkeit – in Bezug auf die Waren und Dienstleistungen des Zeicheninhabers sowohl für identische als auch für ähnliche oder unähnliche Produkte, sofern eine Benutzung in Bezug auf Waren oder Dienstleistungen vorliegt.[1027]

d) Verletzungshandlungen

Schließlich muss zumindest eine der in § 14 Abs. 2 Nr. 3 MarkenG/Art. 9 Abs. 2 lit. c UMV geregelten Verletzungshandlungen vorliegen. Hierzu zählen die Ausnutzung oder Beeinträchtigung der Unterscheidungskraft oder Wertschätzung der bekannten Marke. Insgesamt umfasst der Bekanntheitsschutz daher vier Eingriffstatbestände: das Ausnutzen der Wertschätzung (Rufausbeutung), das Ausnutzen der Unterscheidungskraft (Aufmerksamkeitsausbeutung), die Beeinträchtigung der Wertschätzung (Rufschädigung) und die Beeinträchtigung der Unterscheidungskraft (Verwässerung).[1028] Während mit der Unterscheidungskraft die Werbe- oder Kennzeichnungskraft[1029] der bekannten Marke gemeint ist, bezieht sich die Wertschätzung auf den guten Ruf[1030] der bekannten Marke als Folge ihres positiven Images.

1026 Siehe auch BTDrs. 19/2898, S. 65.

1027 Zur Benutzung in Bezug auf die Waren oder Dienstleistungen siehe unter Kapitel 3 B. III. 2. a).

1028 *Fezer*, MarkenG, § 14 Rn. 798; *Ingerl/Rohnke*, MarkenG, § 14 Rn. 1354. Der EuGH geht hingegen von lediglich drei Eingriffstatbeständen aus. Er betrachtet das Ausnutzen der Wertschätzung und der Unterscheidungskraft als einen Tatbestand. Siehe hierzu EuGH, Urt. v. 22.09.2011 – Rs. C-323/09, Slg. 2011, I-8625 Rn. 72 – Interflora; EuGH, Urt. v. 18.6. 2009 – Rs. C-487/07, Slg. 2009, I-5185 Rn. 38 – L'Oréal/Bellure; EuGH, Urt. v. 27.11.2008 – Rs. C-252/07, Slg. 2008, I-8823 Rn. 27 – Intel.

1029 *Dissmann*, Der Schutz der bekannten Marken, S. 180; *Hacker*, in: Ströbele/Hacker/Thiering, MarkenG, § 14 Rn. 385; *Ingerl/Rohnke*, MarkenG, § 14 Rn. 1367; *Mielke*, in: BeckOK, MarkenR, § 14 MarkenG Rn. 542; *Schurgacz*, Die Sloganparodie, S. 188.

1030 *Dissmann*, Der Schutz der bekannten Marken, S. 180; *Hacker*, in: Ströbele/Hacker/Thiering, MarkenG, § 14 Rn. 386; *Mielke*, in: BeckOK, MarkenR, § 14 MarkenG Rn. 547; *Schurgacz*, Die Sloganparodie, S. 188.

aa) Beeinträchtigung der Unterscheidungskraft

Die Markenparodie beeinträchtigt die Unterscheidungskraft, wenn sie die Kennzeichnungskraft der Originalmarke mindert. Das ist dann der Fall, wenn die Eignung der bekannten Marke, die Waren oder Dienstleistungen, für die sie eingetragen ist, zu identifizieren, geschwächt wird, weil die Benutzung eines identischen oder ähnlichen Zeichens durch Dritte zur Auflösung der Identität der Marke und ihrer Bekanntheit beim Publikum führt.[1031] Davon ist vor allem dann auszugehen, wenn die Marke keine unmittelbare Verbindung mit den von ihr erfassten Waren oder Dienstleistungen bewirken kann.[1032] Das wirtschaftliche Verhalten des Durchschnittsverbrauchers bezogen auf die Waren oder Dienstleistungen, für welche die Originalmarke eingetragen ist, muss sich aufgrund der Benutzung der jüngeren Marke geändert haben oder es muss zumindest die ernsthafte Gefahr einer künftigen Änderung dieses Verhaltens bestehen.[1033] Ob die jüngere Marke einen wirtschaftlichen Vorteil daraus zieht, ist unerheblich.[1034]

Zwar ist eine Parodie auf den Wiedererkennungseffekt der Originalmarke angewiesen, sodass sie stets im Rahmen der Parodie erkennbar bleiben muss. Allerdings wird der parodistische Effekt nur dann erreicht, wenn das Publikum in der Lage ist, die Parodie von der Originalmarke als Vorlage abzugrenzen.[1035] Nur so kann die humorvolle oder kritische Aussage, die sich hinter der Parodie verbirgt, verstanden werden. Eine Parodie entfaltet ausschließlich dann ihre Wirkung, wenn sie vom angesprochenen Verkehrskreis erkannt wird.[1036] Solange das der Fall ist, kann sich eine Parodie stets von der Originalmarke abgrenzen. Die Kennzeichnungskraft des parodierten Zeichens wird dann nicht beeinträchtigt. Diese Fälle verdeutlichen, dass die Parodie und die damit versehenen Waren oder Dienstleistungen nicht vom Inhaber der Originalmarke stammen. Das gilt insbesondere für kritische und obszöne Parodien.[1037] Dass solche Parodien negative Assoziationen hervorrufen können, beeinträchtigt die Eignung der bekannten Marke, auf das ursprüngliche Unternehmen hinzuweisen, grundsätzlich nicht. Im Rahmen der Frage der Beeinträchtigung der Unterscheidungskraft kommt es nämlich allein auf den Wert des Zeichens als Herkunfts-

---

1031 EuGH, Urt. v. 22.09.2011 – Rs. C-323/09, Slg. 2011, I-8625 Rn. 73 – Interflora; EuGH, Urt. v. 18.6.2009 – Rs. C-487/07, Slg. 2009, I-5185 Rn. 39 – L'Oréal/Bellure; EuGH, Urt. v. 27.11.2008 – Rs. C-252/07, Slg. 2008, I-8823 Rn. 29, 76 – Intel; BGH, GRUR 2013, 1239 Rn. 60 – VOLKSWAGEN/Volks.Inspektion.

1032 EuGH, Urt. v. 18.6.2009 – Rs. C-487/07, Slg. 2009, I-5185 Rn. 39 – L'Oréal/Bellure; EuGH, Urt. v. 27.11.2008 – Rs. C-252/07, Slg. 2008, I-8823 Rn. 29 – Intel.

1033 EuGH, Urt. v. 27.11.2008 – Rs. C-252/07, Slg. 2008, I-8823 Rn. 77 – Intel.

1034 EuGH, Urt. v. 27.11.2008 – Rs. C-252/07, Slg. 2008, I-8823 Rn. 78 – Intel.

1035 *Gietzelt/Grabrucker,* MarkenR 2015, 333 (336); *Lötscher,* Die Markenparodie, S. 254.

1036 Zum Kriterium der Erkennbarkeit siehe unter Kapitel 1 A. III.

1037 Vgl. bereits unter Kapitel 3 B. IV. 2. d) aa) (1).

hinweis und nicht auf den des guten Rufes an. Die Frage spielt allein im Hinblick auf die Beeinträchtigung der Wertschätzung eine Rolle.[1038]

Es ist daher davon auszugehen, dass eine Markenparodie die Unterscheidungskraft nicht beeinträchtigt, da sie oft kurzlebig und nicht intensiv genug ist, um die starke Bindung zwischen der bekannten Marke und den damit verbundenen Waren oder Dienstleistungen aufzulösen.[1039] Doch auch hier ist stets eine Einzelfallbetrachtung notwendig. Unter Umständen kann das Merkmal bejaht werden, sofern eine Parodie nicht von der parodierten Marke unterschieden werden kann. Dabei wird es sich jedoch nur um Ausnahmefälle handeln.

bb) Beeinträchtigung der Wertschätzung

Eine Markenparodie beeinträchtigt die Wertschätzung einer Marke, wenn sie die Anziehungskraft der parodierten Marke schmälert.[1040] Das ist insbesondere dann zu bejahen, wenn die vom Parodisten angebotenen Waren oder Dienstleistungen Merkmale oder Eigenschaften aufweisen, die sich auf das Bild der bekannten parodierten Marke negativ auswirken.[1041] Es geht im Rahmen dieser Verletzungshandlung um den Schutz vor negativen Einflüssen auf das positive Markenimage.[1042] Die Übertragung solcher Vorstellungen kann auf unterschiedliche Umstände zurückgeführt werden:

Der Ruf der bekannten Marke kann zum einen durch die Verwendung des Zeichens für qualitativ minderwertige Produkte beeinträchtigt werden.[1043] Von der Beeinträchtigung der Wertschätzung kann aber auch ausgegangen werden, wenn die Markenparodie für Waren oder Dienstleistungen verwendet wird, die nach Art und Güte im Widerspruch zum Image der bekannten Marke stehen.[1044]

1038 So auch *Gietzelt/Grabrucker*, MarkenR 2015, 333 (336). Für das schweizerische Recht siehe *Lötscher*, Die Markenparodie, S. 255. Unzutreffend sind daher die Ausführungen von *Schurgacz*, Die Sloganparodie, S. 191, der das Hervorrufen von negativen Assoziationen im Rahmen der Beeinträchtigung der Unterscheidungskraft berücksichtigen will.

1039 *Thiesen*, WRP 2016, 162 (166).

1040 EuGH, Urt. v. 22.09.2011 – Rs. C-323/09, Slg. 2011, I-8625 Rn. 73 – Interflora; EuGH, Urt. v. 18.6.2009 – Rs. C-487/07, Slg. 2009, I-5185 Rn. 40 – L'Oréal/Bellure.

1041 EuGH, Urt. v. 18.6.2009 – Rs. C-487/07, Slg. 2009, I-5185 Rn. 40 – L'Oréal/Bellure.

1042 *Hacker*, in: Ströbele/Hacker/Thiering, MarkenG, § 14 Rn. 404; *Schurgacz*, Die Sloganparodie, S. 193.

1043 So etwa bei EuGH, Urt. v. 18.6.2009 – Rs. C-487/07, Slg. 2009, I-5185 Rn. 40ff. – L'Oréal/Bellure. *Ingerl/Rohnke*, MarkenG, § 14 Rn. 1380; *Mielke*, in: BeckOK, MarkenR, § 14 MarkenG Rn. 549.1; *Sack*, GRUR 1995, 81 (83).

1044 Sog. inkompatibler Zweitgebrauch. Siehe hierzu *Dissmann*, Der Schutz der bekannten Marken, S. 184; *Hacker*, in: Ströbele/Hacker/Thiering, MarkenG, § 14 Rn. 406; *Ingerl/Rohnke*, MarkenG, § 14 Rn. 1380; *Mielke*, in: BeckOK, MarkenR, § 14 MarkenG Rn. 549.1; *Sack*, GRUR 1995, 81 (84).

Schließlich liegt die Beeinträchtigung der Wertschätzung auch dann vor, wenn die bekannte Marke in herabsetzender Weise benutzt wird.[1045]

(1) Verwendung qualitativ minderwertiger Produkte

Werden – im Vergleich zu den von der Originalmarke erfassten Waren oder Dienstleistungen – minderwertige Produkte benutzt, besteht die Gefahr, dass die angesprochenen Verkehrskreise die schlechteren Produkte und die damit verbundenen negativen Erfahrungen dem Markeninhaber zuschreiben oder sogar künftig auf den Kauf der vom Inhaber der bekannten Marke angebotenen Waren oder Dienstleistungen verzichten.[1046] Häufig werden Markenparodien auf Scherzartikeln angebracht, die sich qualitativ von den Waren und Dienstleistungen der Originalmarke unterscheiden. Das ist dem Umstand geschuldet, dass die Parodisten nicht primär darauf abzielen, hochwertige Produkte zu vertreiben. Vielmehr kommt es ihnen darauf an, die hinter der Parodie stehenden Aussagen einer breiten Masse zugänglich zu machen und die bekannte Marke als Blickfang dafür zu nutzen. Scherzartikel, die günstig hergestellt werden, bieten zudem die Möglichkeit einen im Vergleich zum Einkaufspreis höheren Gewinn zu erzielen.[1047]

Aufgrund der humorvollen oder kritischen Gestaltung des auf den Scherzartikeln angebrachten Zeichens werden die angesprochenen Verkehrskreise aber im Regelfall erkennen, dass es sich nicht um Produkte des Inhabers der Originalmarke handelt. Die mit den Billigprodukten des Parodisten verbundenen negativen Erfahrungen werden wegen der deutlichen Abgrenzung zum Originalmarkeninhaber nicht diesem zugerechnet. Die angesprochenen Verkehrskreise werden deshalb wohl kaum auf den Konsum der Originalwaren verzichten. Eine Beeinträchtigung der Wertschätzung durch die Benutzung minderwertiger Waren oder Dienstleistungen an sich kann damit verneint werden.[1048]

(2) Inkompatibler Zweitgebrauch

Der inkompatible Zweitgebrauch ist dadurch gekennzeichnet, dass der Gebrauch eines zumindest mit dem Original ähnlichen Zeichens unpassende Assoziationen beim angesprochenen Verkehrskreis hervorruft.[1049] Eine Parodie fällt demnach dann unter die Fallgruppe, wenn sie beim angesprochenen Verkehrskreis nega-

1045 *Ingerl/Rohnke*, MarkenG, § 14 Rn. 1380; *Mielke*, in: BeckOK, MarkenR, § 14 MarkenG Rn. 549.1.

1046 *Lötscher*, Die Markenparodie, S. 233; *Sack*, GRUR 1995, 81 (83).

1047 *Lötscher*, Die Markenparodie, S. 234.

1048 Vgl. *Lötscher*, Die Markenparodie, S. 234. Siehe dazu bereits im Hinblick auf die Beeinträchtigung der Qualitätsfunktion unter Kapitel 3 B. IV. 1. b) bb).

1049 Siehe auch *Dissmann*, Der Schutz der bekannten Marken, S. 184; *Gietzelt/Grabrucker*, MarkenR 2015, 333 (336); *Sack*, GRUR 1995, 81 (84).

tive Assoziationen hervorruft, die dem Image der parodierten Marke widersprechen. Denkbar ist eine solche negative Assoziation deshalb, weil Parodisten grundsätzlich nicht bestrebt sind, ihre Waren und Dienstleistungen, die mit der Markenparodie versehen sind, dem Image der Originalprodukte anzupassen. Primäres Ziel ist es, die Bekanntheit der Marken auszunutzen, um einen möglichst hohen Adressatenkreis zu erreichen und so die mit der Parodie verbundene Aussage einer breiten Masse zugänglich machen zu können.[1050]

Eine Markenparodie kann eine unerwünschte Gedankenverbindung und damit einen negativen Imagetransfer erreichen, indem unpassende Waren oder Dienstleistungen benutzt werden. Negative Assoziationen können aber auch durch die parodistische Darstellung an sich und die damit verbundene inhaltliche Aussage hervorgerufen werden. Zu beachten ist dabei jedoch, dass es – anders als bei der Benutzung minderwertiger Produkte – nicht darauf ankommen kann, dass der angesprochene Verkehrskreis grundsätzlich erkennen kann, dass es sich um eine Markenparodie handelt. Negative Assoziationen können nämlich auch dann beim Publikum hervorgerufen werden, wenn es die parodistische Aussage bewusst wahrnimmt.[1051]

(a) Negative Assoziationen aufgrund der Benutzung unpassender Waren

Sofern die Markenparodie Waren oder Dienstleistungen benutzt, die dem Image der parodierten Marke widersprechen, wodurch negative Assoziationen zu der Originalmarke hervorgerufen werden, liegt ein inkompatibler Zweitgebrauch vor.[1052] Für die Beurteilung kommt es auf den jeweiligen Einzelfall an. Entscheidend ist insbesondere, bezüglich welcher Waren ein guter Ruf begründet worden ist und ob diesen Waren ein hoher Werbewert zukommt. Sofern die mit der Markenparodie vertriebenen Produkte Gedankeninhalte begründen, die negative Auswirkungen auf das erworbene Image der Originalmarke haben, liegt eine Beeinträchtigung der Wertschätzung vor.

So entschied etwa der BGH in seinem »Markenverunglimpfung I«-Urteil, dass die Verwendung von Kondomverpackungen unter Bezugnahme auf die Marke »MARS« dazu führe, dass die angesprochenen Verkehrskreise durch die Benutzung solcher Produkte eine Assoziation zu Geschlechtsverkehr oder Aidsverhütung herstellen, womit Süßwarenhersteller nicht in Verbindung gebracht werden wollen.[1053] Der BGH nahm eine negative Beeinträchtigung des Werbewertes der Originalmarke auch in dem Fall »Markenverunglimpfung II« an. Hierbei wurden Kondomverpackungen mit der Marke »NIVEA« in Verbindung

---

1050 In diesem Sinne auch *Lötscher,* Die Markenparodie, S. 227.

1051 *Becker,* Parodie und Kommerz, S. 97; *Koch,* Markenverunglimpfung, S. 125; *Lötscher,* Die Markenparodie, S. 227.

1052 *Becker,* Parodie und Kommerz, S. 97; *Lötscher,* Die Markenparodie, S. 228.

1053 BGH, GRUR 1994, 808 (811) – Markenverunglimpfung I.

gebracht. Begründet wurde das Hervorrufen negativer Assoziationen damit, dass die Marke »NIVEA« ihr gutes Image im Zusammenhang mit einem Warensortiment erworben habe, das vom Verkehr als uneingeschränkt seriös betrachtet worden sei und Artikel wie Kondome nicht erfasse und auch nicht erfassen solle. Gestützt wurde das Argument darauf, dass der Markeninhaber selbst Kondome vertreibe, jedoch unter einer anderen Marke, sodass keine Verbindung zu der Marke »NIVEA« hergestellt werden könne.[1054]

(b) Negative Assoziationen aufgrund der parodistischen Darstellung und der damit verbundenen Aussage

Neben der Benutzung von unpassenden Produkten können die parodistische Darstellung und die dahinter stehende Aussage selbst negative Assoziationen zur parodierten Marke herstellen und das Image beeinträchtigen. Das ist insbesondere dann zu bejahen, wenn die parodierte Marke aufgrund der parodistischen Darstellung in einen anderen Zusammenhang gebracht wird, mit dem der Inhaber der Originalmarke nicht in Verbindung gebracht werden will, weil negative Assoziationen beim Publikum hervorgerufen werden.[1055] Hierzu zählen vor allem solche Markenparodien, welche die Originalmarke in Verbindung mit Tod und Krankheiten,[1056] Drogen[1057] oder sexuellen und obszönen Gedankeninhalten[1058] bringen. Auch eine kritische Auseinandersetzung im Rahmen einer Markenparodie kann dazu führen, dass die geäußerte Kritik dauerhaft mit der parodierten Marke assoziiert wird und damit negativen Einfluss auf das Image hat.[1059] In all diesen Fällen wird die mit der Originalmarke verbundene Gütevorstellung geschmälert, da sie mit den durch die Parodie bezweckten Aussagen dauerhaft in Verbindung gebracht wird.

(3) Benutzung in herabsetzender Weise

Eine Parodie kann schließlich die Wertschätzung einer Marke beeinträchtigen, indem sie die parodierte Marke in herabsetzender Weise benutzt. Das ist vor allem dann der Fall, wenn die parodistische Darstellung oder die dahinter stehende Aussage die Originalmarke in ihrem Ansehen aufgrund des hervorgeru-

1054 BGH, GRUR 1995, 57 (59) – Markenverunglimpfung II.

1055 *Lötscher,* Die Markenparodie S. 230 m.w.N.

1056 Vgl. LG Hamburg, GRUR 2000, 514 (515) – Deutsche Pest.

1057 Vgl. OLG Hamburg, GRUR 1992, 58 – adihash. Zwar nahm das OLG Hamburg in diesem konkreten Fall eine Verwechslungsgefahr an. Es kann jedoch auch eine Beeinträchtigung der Wertschätzung im Zusammenhang mit dem inkompatiblen Zweitgebrauch bejaht werden.

1058 Vgl. BGH, GRUR 1995, 57ff. – Markenverunglimpfung II; BGH, GRUR 1994, 808ff. – Markenverunglimpfung I; BGH, GRUR 1986, 759ff. – BMW; OLG Frankfurt, GRUR 1982, 319 – Lusthansa.

1059 So auch *Gietzelt/Grabrucker,* MarkenR 2015, 333 (336).

fenen Spottes oder der Lächerlichkeit beeinträchtigt.[1060] Im Unterschied zum inkompatiblen Zweitgebrauch müssen nicht zwingend negative Assoziationen mit dem Inhaber der Originalmarke verbunden werden. Es genügt die Bewertung des Inhalts der Aussage als herabsetzend. Auch in diesem Fall führen parodistische Gestaltungen, welche die Originalmarke in Verbindung mit Tod, Krankheiten, Drogen oder obszönen Inhalten bringen, zu einer Herabsetzung.

Davon kann etwa ausgegangen werden, wenn die muschelförmige Gestaltung des Unternehmens Shell durch einen Totenkopf ersetzt wird. Dieser Verfremdung kann die Aussage entnommen werden, dass das Unternehmen Tod und Verderben über Umwelt und Menschheit bringt.[1061] Gleichermaßen kann argumentiert werden, wenn ein gelb lackiertes Auto mit den Worten »Deutsche Pest« beschriftet ist. Die Aussage beinhaltet keinerlei Sachkritik, sondern lediglich eine Schmähung. Der soziale Geltungsanspruch der Deutschen Post wird herabgesetzt, weil die Pest letztendlich, wie aus den Geschichtsbüchern bekannt ist, ein Übel der Menschheitsgeschichte darstellt, mit dem die Post nun in Zusammenhang gebracht wird. Es handelt sich daher nicht um eine Sachkritik, sondern um eine völlig überzogene pauschale Herabwürdigung.[1062] Diese Aussagen haben Einfluss auf den guten Ruf der betroffenen Originalmarken, weshalb sie als Beeinträchtigung der Wertschätzung gewertet werden können.

Ebenso verhält es sich bei obszönen Parodien. Hier muss jedoch insbesondere darauf geachtet werden, ob die obszöne Verwendung der Originalmarke als Scherz aufgefasst wird oder nicht. Sofern die obszöne Parodie als Scherz erkannt wird, verbindet der angesprochene Verkehr damit keine herabwürdigende Aussage. Deshalb kann eine Parodie zumindest dann nicht zur Beeinträchtigung des guten Rufes der parodierten Marke führen.[1063] Erreicht die Markenparodie allerdings einen Grad der Obszönität, der über den bloßen Scherzeffekt hinausgeht, muss eine Rufbeeinträchtigung angenommen werden.

Insgesamt muss jedoch hinsichtlich der herabsetzenden Benutzung bedacht werden, dass Parodien typischerweise einen provozierenden, übertreibenden oder verzerrenden Charakter haben. Es kann daher nicht jede Parodie als Beeinträchtigung des Ansehens der parodierten Marke eingestuft werden. Sofern die Parodie lediglich ein Schmunzeln beim angesprochenen Verkehrskreis her-

---

1060 *Becker*, Parodie und Kommerz, S. 97; *Lötscher*, Die Markenparodie, S. 223. Vgl. auch BGH, GRUR 1995, 57 (59) – Markenverunglimpfung II; BGH, GRUR 1994, 808 (811) – Markenverunglimpfung I.

1061 Vgl. OLG Hamburg, NJW-RR 1998, 1121 (1122) – Shell-Totenkopf. Zwar beschäftigt sich das OLG in diesem Fall mit § 1 UWG a.F. Allerdings können diese Wertungen auch bezüglich der Beeinträchtigung der Wertschätzung aufgrund der Benutzung in herabsetzender Weise im Rahmen des § 14 Abs. 2 Nr. 3 MarkenG berücksichtigt werden.

1062 Siehe hierzu LG Hamburg, GRUR 2000, 514 (515) – Deutsche Pest. Vgl. auch *Gärtner*, Was die Satire darf, S. 293.

1063 Vgl. dazu BGH, GRUR 1986, 759 (761) – BMW.

vorruft, ohne wörtlich und ernst genommen zu werden und ohne den Markeninhaber Spott und Lächerlichkeit auszusetzen, muss eine Herabsetzung des guten Rufes verneint werden.[1064]

(4) Zusammenfassung

Eine Markenparodie ist damit geeignet, die Anziehungskraft – also den guten Ruf oder auch das positive Image – der parodierten Marke zu schmälern. Das ist dann der Fall, wenn die Benutzung unpassender Waren – wie für Parodien üblich bei billigen Scherzartikeln – negative Assoziationen mit der bekannten Marke hergestellt. Zum anderen aber auch dann, wenn die parodistische Darstellung oder auch die mit der Parodie verbundene Aussage zu einer Herabwürdigung der Originalmarke führt – insbesondere wenn die herabwürdigende Benutzung negative Assoziationen mit dieser hervorruft. Allerdings sind alle Umstände des Einzelfalles zu betrachten – vor allem das Wesen der Parodie an sich, weshalb nicht jede Markenparodie pauschal als Beeinträchtigung der Wertschätzung eingestuft werden kann.

cc) Ausnutzung der Unterscheidungskraft und der Wertschätzung

Beim Ausnutzen der Unterscheidungskraft und der Wertschätzung steht letztlich der Versuch des Benutzers der Originalmarke im Vordergrund,

> »sich in den Bereich der Sogwirkung dieser Marke zu begeben, um von ihrer Anziehungskraft, ihrem Ruf und ihrem Ansehen zu profitieren, und ohne jede finanzielle Gegenleistung und ohne dafür eigene Anstrengungen machen zu müssen, die wirtschaftlichen Anstrengungen des Markeninhabers zur Schaffung und Aufrechterhaltung des Images dieser Marke auszunutzen«.[1065]

(1) Ausnutzung der Unterscheidungskraft

Die Markenparodie nutzt die Unterscheidungskraft aus, wenn es zu einer Aufmerksamkeitsausbeutung der parodierten Marke kommt.[1066] Die Ausbeutung ist immer dann zu bejahen, wenn durch die Bekanntheit der Originalmarke und den

1064 So auch *Lötscher,* Die Markenparodie, S. 225.

1065 EuGH, Urt. v. 23.3.2010 – verb. Rs. C-236/08 bis C-238/08, Slg. 2010, I-2417 Rn. 102 – Google France; EuGH, Urt. v. 18.6.2009 – Rs. C-487/07, Slg. 2009, I-5185 Rn. 49 – L'Oréal/Bellure. Siehe auch EuGH, Urt. v. 22.09.2011 – Rs. C-323/09, Slg. 2011, I-8625 Rn. 73f. – Interflora. Hier bezieht sich der EuGH zwar allein auf die Ausnutzung der Wertschätzung. Da er jedoch beide Ausnutzungsalternativen als eine Verletzungshandlung zusammenfasst, ist damit auch die Ausnutzung der Unterscheidungskraft erfasst.

1066 BGH, GRUR 2011, 1043 Rn. 63 – TÜV II; BGH, GRUR 2005, 583 (584) – Lila-Postkarte; OLG Köln, GRUR-RR 2005, 339 (341) – Kleiner Feigling II; OLG Hamburg, GRUR-RR 2002, 100 (102) – derrick.de; LG Hamburg, GRUR-RS 2018, 21934 Rn. 27 – verleiht keine flügel, wozu auch?; *Hacker,* in: Ströbele/Hacker/Thiering, MarkenG, § 14 Rn. 387; *Ingerl/Rohnke,* MarkenG, § 14 Rn. 1391; *Mielke,* in: BeckOK, MarkenR, § 14 MarkenG Rn. 543.

damit verbundenen Wiedererkennungswert ein Kommunikationsvorsprung erreicht wird.[1067]

Eine Parodie zeichnet sich dadurch aus, dass sie stets an eine bereits bestehende Vorlage anknüpft. Damit sie ihre Wirkung bestmöglich entfalten kann, ist es für den Parodisten von Vorteil, eine bekannte Marke aufzugreifen. Das ist gerade deshalb nützlich, weil der Wiedererkennungseffekt, auf den die Parodie angewiesen ist, gegeben ist und durch die Bekanntheit ein größeres Publikum angesprochen wird. Die hinter der Parodie stehende Aussage hat mithin eine hohe Reichweite. Aufgrund der Bekanntheit assoziiert das Publikum die Parodie und die vermittelte Aussage mit der parodierten Marke. Diese Assoziation erzeugt in Anbetracht der kritischen, obszönen, verunglimpfenden oder scherzhaften Aussage der Parodie ein Kontrasteffekt, der schließlich nur durch den Aufmerksamkeitswert der Originalmarke zu begründen ist. Demnach wird eine Markenparodie regelmäßig die Aufmerksamkeit, die der Originalmarke zukommt, ausbeuten, weshalb sie die Unterscheidungskraft ausnutzt.[1068]

(2) Ausnutzung der Wertschätzung

Die Wertschätzung wird ausgenutzt, wenn die mit der bekannten Marke verknüpften positiven Assoziationen oder Gütevorstellungen auf die Waren oder Dienstleistungen des Verletzers übertragen werden.[1069] Letztlich geht es im Rahmen der Ausnutzung der Wertschätzung um einen Imagetransfer.[1070] Dieser ist allerdings nur dann gegeben, wenn die Originalmarke bei den angesprochenen Verkehrskreisen des jüngeren Zeichens bekannt ist[1071] und die Waren oder Dienstleistungen sowie deren Abnehmer keinen zu großen Abstand voneinander haben.[1072]

1067 OLG Koblenz, GRUR-RR 2009, 230 (234) – Fadenkreuz »Tatort«; LG Hamburg, GRUR-RS 2018, 21934 Rn. 27 – verleiht keine flügel, wozu auch?; *Mielke,* in: BeckOK, MarkenR, § 14 MarkenG Rn. 543.

1068 In diesem Sinne auch *Born,* GRUR 2006, 192 (193); *Gärtner,* Was die Satire darf, S. 294; *Gietzelt/Grabrucker,* MarkenR 2015, 333 (337); *Ingerl/Rohnke,* MarkenG, § 14 Rn. 1391; *Mielke,* in: BeckOK, MarkenR, § 14 MarkenG Rn. 543.1; *Thiesen,* WRP 2016, 162 (167f.); *Schurgacz,* Die Sloganparodie, S. 189. Vgl. die Ausnutzung der Unterscheidungskraft bejahend: BGH, GRUR 2005, 583 (584) – Lila-Postkarte; OLG Hamburg, GRUR-RR 2006, 231 (232) – Bildmarke AOL; OLG Hamburg, GRUR-RR 2006, 224 (225) – Trabi 03.

1069 EuGH, Urt. v. 18.6.2009 – Rs. C-487/07, Slg. 2009, I-5185 Rn. 41 – L'Oréal/Bellure; BGH, GRUR 2010, 161 Rn. 33 – Gib mal Zeitung; BGH, GRUR 2005, 583 (584) – Lila-Postkarte; LG Berlin, GRUR-RR 2007, 40 (41) – Stiftung Gentest; *Blankenburg,* Die Markennennung, S. 398; *Dissmann,* Der Schutz der bekannten Marken, S. 183; *Ingerl/Rohnke,* MarkenG, § 14 Rn. 1383; *Lötscher,* Die Markenparodie, S. 237.

1070 *Hacker,* in: Ströbele/Hacker/Thiering, MarkenG, § 14 Rn. 399.

1071 *Ingerl/Rohnke,* MarkenG, § 14 Rn. 1385; *Mielke,* in: BeckOK, MarkenR, § 14 MarkenG Rn. 548.

1072 *Ingerl/Rohnke,* MarkenG, § 14 Rn. 1385; *Mielke,* in: BeckOK, MarkenR, § 14 MarkenG Rn. 548; *Schurgacz,* Die Sloganparodie, S. 192.

Hinsichtlich der Markenparodie wird es an solchen Berührungspunkten mit der Originalmarke häufig fehlen, weshalb ein Imagetransfer nicht gegeben sein wird. Das lässt sich zum einen daraus schließen, dass sich die Parodie durch die kritische, obszöne, scherzhafte oder verunglimpfende Aussage bewusst von der parodierten Marke abgrenzen will.[1073] Allein der Sache nach kann es bei Parodien mit einem negativen Aussagegehalt nicht zu einer Übertragung des guten Rufes kommen.[1074] Zudem wird häufig die Nähe zu den Produkten fehlen.[1075] Das ist insbesondere dem Umstand geschuldet, dass Parodien auf solchen Produkten angebracht sind, die sich für einen Imagetransfer nicht eignen, da sie vor allem im Hinblick auf die Qualität nicht mit den Produkten des Inhabers der parodierten Marke vereinbar sind. Zudem werden bewusst Produkte gewählt, die zu den Originalprodukten grundverschieden sind. Dies ermöglicht es dem Parodisten, den daraus resultierenden Kontrasteffekt auszunutzen, um die hinter der Parodie stehende Aussage deutlich werden zu lassen und die Aufmerksamkeit des Publikums zu gewinnen.[1076] Mit einer Übertragung des guten Rufes auf die eigenen Produkte hat das allerdings nichts zu tun.[1077] Es ist aber nicht undenkbar, dass eine Imageübertragung bei Markenparodien in Betracht kommen kann, wie der vom BGH zu beurteilende Fall »Springender Pudel«[1078] zeigt. Wird die Marke des Sportwarenherstellers »Puma« parodiert, indem auf T-Shirts statt der springenden Raubkatze ein springender Pudel abgebildet wird, so ist ein Imagetransfer eher zu bejahen, als wenn die Parodie auf Scherzartikeln abgebracht wird.[1079] Selbst wenn gleichartige Waren oder Dienstleistungen vorliegen, darf jedoch nicht pauschal auf das Ausnutzen der Wertschätzung und einen damit verbundenen Imagetransfer geschlossen werden. Ein T-Shirt ist schließlich nicht gleich luxuriös, nur weil eine Luxusmarke parodiert wird.[1080]

(3) Zusammenfassung

Wie der Fall »Springender Pudel« zeigt, ist es nicht ausgeschlossen, dass die Verletzungshandlungen der Ausnutzung von Unterscheidungskraft und Wertschätzung zusammen vorliegen können.[1081] Zwingend ist das allerdings nicht. Bezogen auf die Markenparodien wird regelmäßig nur eine Aufmerksamkeits-

1073 *Gietzelt/Grabrucker,* MarkenR 2015, 333 (337); *Schurgacz,* Die Sloganparodie, S. 193.
1074 BGH, GRUR 2010, 161 (166) – Gib mal Zeitung; *Blankenburg,* Die Markennennung, S. 399; *Lötscher,* Die Markenparodie, S. 245; *Schurgacz,* Die Sloganparodie, S. 193.
1075 Vgl. OLG Hamburg, GRUR-RR 2010, 382 (383) – IPOD/eiPott.
1076 In diesem Sinne auch *Lötscher,* Die Markenparodie, S. 246.
1077 So aber noch BGH, GRUR 1994, 808 (811) – Markenverunglimpfung I.
1078 Vgl. BGH, GRUR 2015, 1114 Rn. 39 – Springender Pudel. In diesem Fall wurde die Ausnutzung der Wertschätzung bejaht.
1079 *Lötscher,* Die Markenparodie, S. 246; *Ohly,* in: FS Griss, S. 538 f.
1080 So *Blankenburg,* Die Markennennung, S. 399.
1081 BGH, GRUR 2015, 1114 Rn. 39 – Springender Pudel.

ausbeutung bezweckt sein. Ein Imagetransfer ist damit nicht gewollt. Allein der mit der bekannten Marke verbundene Aufmerksamkeitseffekt ist für den Parodisten interessant, da dadurch eine große Reichweite der hinter der Parodie stehenden Aussage gewährleistet ist. In jedem Fall nutzt eine Markenparodie daher die Unterscheidungskraft der bekannten Marke aus.[1082]

dd) Zusammenfassung

Es ist mithin davon auszugehen, dass die Markenparodie regelmäßig zumindest eine der in § 14 Abs. 2 Nr. 3 MarkenG/Art. 9 Abs. 2 lit. c UMV geregelten Verletzungshandlungen erfüllt. Am ehesten wird sie die Wertschätzung der bekannten Marke beeinträchtigen oder deren Unterscheidungskraft ausnutzen.

c) In unlauterer Weise ohne rechtfertigenden Grund

Die Unterscheidungskraft oder die Wertschätzung müssen schließlich in unlauterer Weise ohne rechtfertigenden Grund ausgenutzt oder beeinträchtigt werden. Die wertungsoffenen Begriffe »in unlauterer Weise ohne rechtfertigenden Grund« eröffnen dabei die Möglichkeit, auch die Interessen des Parodisten zu berücksichtigen.[1083] An dieser Stelle bietet das Markenrecht daher ein Einfallstor, die beiderseitigen Interessen des Parodisten und des Parodierten in Einklang zu bringen und damit einen gerechten Interessenausgleich zu schaffen im Hinblick auf die Zulässigkeit der Markenparodie bekannter Marken.[1084] Aufgrund der generalklauselartigen Formulierung des Verletzungstatbestandes können die sich gegenüber stehenden Grundrechtspositionen[1085] berücksichtigt werden. § 14 Abs. 2 Nr. 3 MarkenG/Art. 9 Abs. 2 lit. c UMV bietet daher einen geeigneten Anknüpfungspunkt für die Behandlung der Parodie im Markenrecht.

4. Zusammenfassung

Damit ist festzuhalten, dass die Markenparodie alle Verletzungstatbestände des § 14 Abs. 2 MarkenG/Art. 9 Abs. 2 UMV erfüllen kann. Während der Tatbestand der Doppelidentität i. S. d. § 14 Abs. 2 Nr. 1 MarkenG/Art. 9 Abs. 2 lit. a UMV und der Verwechslungsgefahr gemäß § 14 Abs. 2 Nr. 2 MarkenG/Art. 9 Abs. 2 lit. b

---

1082 So i.E. auch *Gietzelt/Grabrucker,* MarkenR 2015, 333 (337); *Schneider,* Markenparodie, S. 148; *Schurgacz,* Die Sloganparodie, S. 193.

1083 So auch *Thiesen,* WRP 2016, 162 (167). Anders *Büttner,* in: FS Ullmann, S. 163 ff., der bereits den »Benutzungsbegriff« verfassungskonform auslegen will.

1084 Vgl. *Hacker,* in: Ströbele/Hacker/Thiering, MarkenG, § 14 Rn. 260; *Mahr,* WRP 2006, 1083 (1087); *Thiesen,* WRP 2016, 162 (167).

1085 BGH, GRUR 2015, 1114 Rn. 41 ff. – Springender Pudel; BGH, GRUR 2005, 583 (584) – Lila-Postkarte; OLG Hamburg, GRUR-RR 2010, 382 (383) – IPOD/eiPott; *Hacker,* in: Ströbele/Hacker/Thiering, MarkenG, § 14 Rn. 415; *Ingerl/Rohnke,* MarkenG, § 14 Rn. 1361; *Mielke,* in: BeckOK, MarkenR, § 14 MarkenG Rn. 553.

UMV nur in Ausnahmefällen vorliegt, spielt im Zusammenhang mit der Markenparodie insbesondere der Bekanntheitsschutz gemäß § 14 Abs. 2 Nr. 3 MarkenG/Art. 9 Abs. 2 lit. c UMV eine entscheidende Rolle. Bekannte Marken sind eine beliebte Vorlage für Markenparodien, da diese einen hohen Wiedererkennungseffekt haben, weshalb der Parodist seine mit der Parodie verbundene Aussage einer breiten Masse zugänglich machen kann.

V. Beschränkungen der Rechte aus der Marke gemäß § 23 MarkenG/Art. 14 UMV

Da eine Markenparodie eine rechtsverletzende Benutzung i. S. d. § 14 II MarkenG/Art. 9 Abs. 2 UMV darstellen kann, stellt sich die Frage, ob der Schutzumfang der parodierten Marke aufgrund des Vorliegens einer Schrankenbestimmung nach § 23 MarkenG/Art. 14 UMV begrenzt werden kann. In Betracht kommt in Bezug auf die Markenparodie dabei allenfalls die Schranke im Hinblick auf die Benutzung der Marke zu Zwecken der Identifizierung gemäß § 23 Abs. 1 Nr. 3 MarkenG/Art. 14 Abs. 1 lit. c UMV.[1086] Danach gewährt eine Marke ihrem Inhaber nicht das Recht, einem Dritten zu verbieten, die Marke im geschäftlichen Verkehr zu Zwecken der Identifizierung oder zum Verweis auf Waren oder Dienstleistungen als die des Inhabers dieser Marke zu benutzen, insbesondere wenn die Benutzung der Marke als Hinweis auf die Bestimmung einer Ware insbesondere als Zubehör oder Ersatzteil, oder einer Dienstleistung erforderlich ist. Eine solche Benutzung soll nach § 23 Abs. 2 MarkenG/ Art. 14 Abs. 2 UMV aber nur dann von der Schrankenregelung erfasst werden, wenn sie den anständigen Gepflogenheiten in Gewerbe oder Handel entspricht. Fraglich ist nun, inwieweit die Schrankenregelung Einfluss auf die Behandlung der Markenparodie hat.

1. Zweck der Identifizierung

Zunächst erfordert die Schrankenregelung des § 23 Abs. 1 Nr. 3 MarkenG/Art. 14 Abs. 1 lit. c UMV, dass die Marke zu Zwecken der Identifizierung benutzt wird.

1086 Die Vorgängervorschriften erfassten die Benutzung der Marke zu Zwecken der Identifizierung oder zum Verweis auf Waren oder Dienstleistungen als die des Inhabers der Originalmarke nicht.

a) Allgemeines Verständnis

Die Erweiterung der Schrankenbestimmung auf die Benutzung der Marke zum Zwecke der Identifizierung oder als Bezugnahme auf Waren oder Dienstleistungen als solche des Markeninhabers stellt die referierende Benutzung als Benutzungshandlung frei.[1087] Hierbei wird ein fremdes Zeichen zur offenen Bezeichnung von – aus einem fremden Unternehmen stammenden – Produkten genutzt. Es wird demnach das richtige Produkt mit der richtigen Marke benannt.[1088] Oftmals soll durch die offene Bezugnahme eine Aussage über die fremden Produkte getroffen oder die eigenen Produkte des Bezugnehmenden sollen beschrieben werden.[1089] Die referierende Benutzung zeichnet sich letztendlich dadurch aus, dass eine Benutzung der Originalmarke in dieser Weise keine Produkte kennzeichnet, sondern gekennzeichnete Produkte identifiziert.[1090] Grundsätzlich handelt es sich dabei um markenfunktional neutrale Benutzungen, es sei denn, dass die konkrete Art und Weise der Benutzung eine Beeinträchtigung von Markenfunktionen darstellt. In diesem Fall greifen die Verletzungstatbestände des § 14 Abs. 2 MarkenG/Art. 9 Abs. 2 UMV ein.[1091]

b) Die Markenparodie als Identifizierung von Waren oder Dienstleistungen des Markeninhabers

Fraglich ist, ob die Markenparodie der Identifizierung von Waren oder Dienstleistungen als die des Inhabers der Originalmarke dient. Dabei ist zu untersuchen, ob sie einen Unterfall der referierenden Benutzung bildet und damit deren Eigenschaften erfüllt.

aa) Vorrangige Identifizierung des Markeninhabers

Das Wesen der Markenparodie liegt grundsätzlich darin, die parodierte Marke in abgewandelter, verfremdender Form zu benutzen. Im Regelfall wird bei der Parodie damit bereits nicht die richtige Marke benutzt.[1092] Die Parodie ist aber insoweit mit der referierenden Benutzung vergleichbar, als die Originalmarke weiterhin erkennbar ist, weil ansonsten das Bezugsobjekt der Parodie nicht ausgemacht werden kann. Grundsätzlich dient die Parodie daher nicht der Kennzeichnung von Produkten, da die Verfremdung verdeutlicht, dass sich der Parodist die Marke nicht zu eigen macht. Die Benutzung der identischen oder

---

1087 *Fezer,* MarkenR 2017, 141 (151); *Kur,* in: BeckOK, MarkenR, Einl. Rn. 91; *dies.,* in: FS Fezer, S. 655ff.

1088 *Ingerl/Rohnke,* MarkenG, § 14 Rn. 310; *Ohly,* in: FS Loschelder, S. 268.

1089 *Eichhammer,* Die markenmäßige Benutzung, S. 7; *Kur,* GRUR Int 2008, 1 (8); *Paulus,* Markenfunktionen und referierende Benutzung, S. 7.

1090 *Fezer,* MarkenR 2017, 141 (150).

1091 *Fezer,* MarkenR 2017, 141 (151).

1092 In diesem Sinne auch *Schneider,* Markenparodie, S. 63.

abgewandelten aber dennoch erkennbaren Originalmarke dient im Rahmen der Markenparodie vielmehr dazu, den Inhaber der Originalmarke zu identifizieren und damit verbundene Botschaften zu übermitteln.[1093] Nur wenn der Inhaber der Originalmarke für den angesprochenen Verkehr erkenntlich ist, wird die Parodie als solche wahrgenommen. Ansonsten verfehlt sie ihren Zweck. Der Parodist benutzt daher offen – also ohne Anmaßung der Markeninhaberschaft – die fremde Marke. Die Parodie ist stets so ausgestaltet, dass das Publikum die Originalmarke identifizieren kann.

Problematisch ist dabei, ob die Markenidentifizierung für das Eingreifen der Schrankenbestimmung ausreicht oder ob Waren oder Dienstleistungen des Markeninhabers identifiziert werden müssen. Sowohl nach Art. 14 Abs. 1 lit. c Marken-RL als auch nach § 23 Abs. 1 Nr. 3 MarkenG/Art. 14 Abs. 1 lit. c UMV könnte man unter Heranziehung der Formulierung der Normen annehmen, dass sich lediglich der Verweis bzw. der Hinweis auf Waren oder Dienstleistungen beziehen muss. Die Identifizierung steht eigenständig neben der anderen Alternative des Verweises bzw. Hinweises auf Waren oder Dienstleistungen. ErwG 27 S. 4 Marken-RL/ErwG 21 S. 4 UMV formuliert jedoch ausdrücklich, dass der Markeninhaber nicht berechtigt sein solle, die Benutzung der Marke zum Zwecke der Identifizierung der Waren oder Dienstleistungen als die des Markeninhabers zu untersagen. Der ErwG verdeutlicht demnach, dass Waren oder Dienstleistungen des Markeninhabers identifiziert werden müssen. Zwar sind Erwägungsgründe rechtlich nicht verbindlich.[1094] Sie können allerdings zur Auslegung herangezogen werden.[1095] Angesichts des Erwägungsgrundes muss Art. 14 Abs. 1 lit. c Marken-RL/Art. 14 Abs. 1 lit. c UMV dahingehend ausgelegt werden, dass durch die Benutzung des Zeichens Waren oder Dienstleistungen des Markeninhabers identifiziert werden müssen. Aufgrund des Gebotes der richtlinienkonformen Auslegung muss dies auch für § 23 Abs. 1 Nr. 3 MarkenG gelten. Damit eine Markenparodie von § 23 Abs. 1 Nr. 3 MarkenG/Art. 14 Abs. 1 lit. c UMV erfasst werden kann, muss sie mithin der Identifizierung von Waren oder Dienstleistungen dienen und nicht allein der Markenidentifizierung. Eine Markenparodie nimmt allerdings vorrangig Bezug auf das Zeichen an sich. Dieses wird regelmäßig in der Weise benutzt, dass das Original für das angesprochene

---

1093 In diesem Sinne auch *Kur*, in: FS Fezer, S. 658f.; *Thiering*, in: Ströbele/Hacker/Thiering, MarkenG, § 23 Rn. 154.

1094 EuGH, Urt. v. 19.6.2014 – Rs. C-345/13, Rn. 31 – Karen Millen Fashions; EuGH, Urt. v. 24.11.2005 – Rs. C-136/04, Slg. 2005, I-10095 Rn. 32 – Deutsches Milch-Kontor; EuGH, Urt. v. 19.11.1998 – Rs. C-162/97, Slg. 1998, I-7577 Rn. 54 – Nilsson.

1095 EuGH, Urt. v. 19.11.2009 – verb. Rs. C-402/07 und C-432/07, Slg. 2009, I-10923 Rn. 41f. – Sturgeon; *Gaitanides*, in: von der Groeben/Schwarze/Hatje, Europäisches Unionsrecht, Art. 19 EUV Rn. 45; *Köndgen*, in: Riesenhuber, Europäische Methodenlehre, § 6 Rn. 51; *Wegener*, in: Calliess/Ruffert, EUV/AEUV, Art. 19 EUV Rn. 15.

Publikum erkennbar bleibt. Demnach verfolgt die Markenparodie vorrangig das Ziel, die parodierte Marke an sich für das Publikum erkennbar zu machen – sie zu identifizieren.

bb) *Mittelbare Identifizierung von Waren oder Dienstleistungen des Markeninhabers durch die Parodie*

Die hinter der Parodie stehende Aussage nimmt jedoch regelmäßig Bezug auf das hinter dem Zeichen stehende Unternehmen und damit zumindest auch mittelbar auf die hinter dem Unternehmen stehenden Waren oder Dienstleistungen.[1096] Insoweit ist allerdings fraglich, ob der Wortlaut der Schrankenregelung weit genug ist, um auch diese Fälle der Parodie zu erfassen.[1097]

Der Wortlaut von § 23 Abs. 1 Nr. 3 MarkenG/Art. 14 Abs. 1 lit. c UMV sowie von Art. 14 Abs. 1 lit. c Marken-RL sprechen lediglich davon, dass eine Benutzungshandlung, die der Identifizierung von Waren oder Dienstleistungen als solche des Markeninhabers dient, nicht vom Markeninhaber verboten werden darf. Ob ausschließlich die unmittelbare oder auch die mittelbare Identifizierung von dem Schrankentatbestand erfasst ist, verdeutlicht der Wortlaut der Norm nicht. Der Zweck der Erweiterung der Norm könnte jedoch gegen die Erfassung der mittelbaren Produktidentifizierung sprechen. Vorrangig dient die Erweiterung der Begünstigung den Fällen der referierenden Benutzung, die durch eine unmittelbare Produktidentifikation gekennzeichnet sind. Dieses Kriterium kann die Markenparodie allerdings nur schwer erfüllen, da die Markenidentifikation im Vordergrund steht.

Weiterhin spricht gegen die Einbeziehung der mittelbaren Produktidentifikation, dass vom Europäischen Parlament in seinem Parlamentsbeschluss vom 25. Februar 2014 gefordert wurde, eine klarstellende Erweiterung des Schrankentatbestandes bezüglich der prinzipiellen Zulässigkeit der Markenbenutzung zum Zwecke der Parodie, künstlerischer Darstellung, der Kritik oder des Kommentars einzuführen.[1098] Aus der Formulierung der vorgeschlagenen Schrankenregelung geht hervor, dass die Parodie als Regelbeispiel für die Identifizierung von Waren oder Dienstleistungen anzusehen ist. Die Änderung ist jedoch in die Endfassung der Schrankenregelung des Art. 14 Marken-RL/Art. 14 UMV nicht eingeflossen. Demnach könnte davon ausgegangen werden, dass sich der europäische Gesetzgeber bewusst gegen die Begünstigung der Parodie im Rahmen der Schrankentatbestände entschieden oder zumindest dafür keinen Bedarf gesehen hat.

1096 Siehe hierzu bereits unter Kapitel 3 B. III. 2. a) bb).

1097 In diesem Sinne auch *Kur*, in: FS Fezer, S. 659. *Fezer*, MarkenR 2017, 141 (152) geht hingegen davon aus, dass die Parodie unter den Schrankentatbestand zu fassen sei.

1098 Parlamentsbeschluss vom 25.2.2014, ABl. der EU, C 285/262, P7_TA(2014)0119, Änderungsvorschlag Nr. 33.

Allerdings lässt ErwG 27 S. 6, 7 Marken-RL/ErwG 21 S. 6, 7 UMV einen anderen Schluss zu. Danach soll eine Benutzung einer Marke durch Dritte zu künstlerischen Zwecken als rechtmäßig betrachtet werden, sofern die Benutzung gleichzeitig den anständigen Gepflogenheiten in Gewerbe oder Handel entspricht. Außerdem solle die Marken-RL/UMV so angewendet werden, dass den Grundrechten und Grundfreiheiten, vor allem dem Recht auf freie Meinungsäußerung, in vollem Umfang Rechnung getragen wird. Zwar geht hieraus nicht unmittelbar hervor, dass die Markenparodie von einem der Schrankentatbestände – insbesondere der Produktidentifikation – erfasst werden soll, da lediglich davon gesprochen wird, Benutzungen zu künstlerischen Zwecken als rechtmäßig zu betrachten und der Meinungsfreiheit in vollem Umfang Rechnung zu tragen. Allerdings wird dies im Zusammenhang mit der Schrankenregelung des Art. 14 Marken-RL/Art. 14 UMV erwogen, weshalb grundsätzlich davon auszugehen ist, dass diese Erwägungen auch im Rahmen der Schrankentatbestände zu beachten sind. Demnach kann bezüglich der Auslegung der Schrankenbestimmungen festgehalten werden, dass sie insgesamt im Lichte der Grundrechte – insbesondere der Meinungs- und Kunstfreiheit – dahingehend auszulegen sind, dass die davon erfassten Benutzungshandlungen unter den Tatbestand der Schrankenregelungen fallen. Das muss demnach auch für die Frage gelten, inwiefern die Parodie von § 23 Abs. 1 Nr. 3 MarkenG/Art. 14 Abs. 1 lit. c UMV erfasst wird. Die angedeutete Begünstigung durch die Meinungs- und Kunstfreiheit gebietet eine weite Auslegung des Begriffs der Produktidentifizierung. Demnach sind nicht nur unmittelbare, sondern auch mittelbare Produktidentifizierungen – wie sie von einer Parodie bezweckt sind – von dem Schrankentatbestand erfasst.

c) *Zwischenfazit*

Damit dient eine Markenparodie zumindest mittelbar der Identifizierung der Waren oder Dienstleistungen des Markeninhabers, was im Hinblick auf die Voraussetzung des § 23 Abs. 1 Nr. 3 MarkenG/Art. 14 Abs. 1 lit. c UMV in Bezug auf die Parodie ausreichend ist.

2. Benutzung entsprechend der anständigen Gepflogenheiten in Gewerbe oder Handel

Des Weiteren muss die Markenparodie, die vom Schrankentatbestand gemäß § 23 Abs. 1 Nr. 3 MarkenG/Art. 14 Abs. 1 lit. c UMV erfasst wird, nach § 23 Abs. 2 MarkenG/Art. 14 Abs. 2 UMV den anständigen Gepflogenheiten in Gewerbe oder Handel entsprechen. Die generalklauselartige Formulierung ermöglicht es, im Rahmen der Frage des Vorliegens des Schrankentatbestandes eine Abwägung der Interessen des Parodierten und des Parodisten vorzunehmen, sodass an dieser Stelle die sich gegenüberstehenden Grundrechtspositionen berücksichtigt werden können. Damit gewährleistet die Schrankenregelung des § 23 MarkenG/ Art. 14 UMV einen geeigneten Anknüpfungspunkt, um einen gerechten Interessenausgleich zu schaffen, sofern die Markenparodie eine rechtsverletzende Benutzung i. S. d. § 14 Abs. 2 MarkenG/Art. 9 Abs. 2 UMV darstellt.

3. Eingreifen der Schranke bei Vorliegen der Verletzungstatbestände

Nachdem festgestellt wurde, dass die Markenparodie allgemein zumindest auch der mittelbaren Produktidentifizierung dienen kann, stellt sich die Frage, ob auch eine Parodie, die einem der Verletzungstatbestände des § 14 Abs. 2 MarkenG/Art. 9 Abs. 2 UMV unterfällt, von der Schrankenregelung des § 23 Abs. 1 Nr. 3 MarkenG/Art. 14 Abs. 1 lit. c UMV erfasst wird.

a) Eingreifen der Schranke bei Vorliegen des Tatbestandes der Doppelidentität nach § 14 Abs. 2 Nr. 1 MarkenG/Art. 9 Abs. 2 lit. a UMV

Eine Markenparodie, die den Tatbestand des § 14 Abs. 2 Nr. 1 MarkenG/Art. 9 Abs. 2 lit. a UMV erfüllt, ist dadurch gekennzeichnet, dass die identische Originalmarke an sich oder unter Hinzufügung eines weiteren Elementes übernommen und auf identischen Produkten angebracht wird. Das richtige Zeichen wird demnach für die richtigen Produkte benutzt, da die Doppelidentität zu bejahen ist. Das Hinzufügen eines parodistischen Elementes verdeutlicht zudem, dass sich der Parodist nicht als Inhaber dieser Marke ausgeben möchte. Es ist erkennbar, dass ein Dritter Bezug auf die Marke nimmt. Eine Herkunftstäuschung wird demnach seitens des Parodisten nicht bewirkt, weshalb die Fälle der Markenparodie mit denen der referierenden Benutzung vergleichbar sind. Problematisch hierbei ist, dass es dem Parodisten primär nicht darauf ankommen wird, fremde Produkte zu identifizieren. Die Parodie zielt vielmehr darauf ab, das Zeichen zu benutzen, um sich mit dem dahinter stehenden Unternehmen auseinanderzusetzen. Das Zeichen wird identisch übernommen, um die hinter der Parodie stehende Aussage zu untermauern und den Anknüpfungspunkt der parodistischen Aussage zu verdeutlichen. Daher dient die Übernahme des Zeichens auch hier lediglich der Markenidentifizierung. Wenn sich die Parodie mit dem Unternehmen, dessen Produktion oder der zur Vermarktung eingesetzten Werbung kritisch, humorvoll oder verspottend auseinandersetzt, wird aber stets mittelbar auf die hinter dem Unternehmen stehenden Waren oder Dienstleistungen Bezug genommen. Sofern die Marke identifiziert wird, werden zugleich auch die hinter der Marke stehenden Waren oder Dienstleistungen identifiziert, mit denen der Verbraucher die Marke verbindet. Da die mittelbare Produktidentifizierung hinsichtlich einer Markenparodie ausreicht, kann davon ausgegangen werden, dass die den Tatbestand der Doppelidentität erfüllende Parodie von der Beschränkung des § 23 Abs. 1 Nr. 3 MarkenG/Art. 14 Abs. 1 lit. c UMV erfasst wird.

b) Eingreifen der Schranke bei Vorliegen des Tatbestandes der Verwechslungsgefahr nach § 14 Abs. 2 Nr. 2 MarkenG/Art. 9 Abs. 2 lit. b UMV

Eine Markenparodie erzeugt zum einen dann Verwechslungsgefahr, wenn sie für den Adressaten nicht erkennbar ist, weshalb ein Irrtum über die Identität des Unternehmens erzeugt wird.[1099] Andererseits muss sie auch bei wohlwollend scherzhaften Parodien bejaht werden, hinsichtlich derer vom angesprochenen Verkehrskreis zwar erkannt wird, dass unterschiedliche Marken vorliegen, dieser aber davon ausgeht, dass es sich um das gleiche oder ein wirtschaftlich verbundenes Unternehmen handelt.[1100]

Anders als bei der Doppelidentität nach § 14 Abs. 2 Nr. 1 MarkenG/Art. 9 Abs. 2 lit. a UMV erkennt der Verbraucher im Rahmen des Verwechslungstatbestandes nicht, dass ein Dritter die richtige Marke für die richtigen Produkte benutzt. Vielmehr kommt es zu einer Herkunftstäuschung, sodass die mit der Parodie verzierten Produkte dem Inhaber der Marke oder einem mit ihm wirtschaftlich verbundenen Unternehmen zugerechnet werden. Von einer Identifizierung, so wie sie § 23 Abs. 1 Nr. 3 MarkenG/Art. 14 Abs. 1 lit. c UMV voraussetzt, kann jedoch nur dann ausgegangen werden, wenn erkennbar ist, dass ein Dritter sich dem Markeninhaber gegenüberstellt und ihn erkennbar macht. Dafür spricht auch, dass § 23 Abs. 1 MarkenG/Art. 14 Abs. 1 UMV regelt, dass der Markeninhaber *einem Dritten* nicht verbieten darf, die Marke zur Identifizierung seiner Waren oder Dienstleistungen zu benutzen. Sofern das Publikum annimmt, es handele sich um die Marke des parodierten Markeninhabers oder zumindest um Produkte seines oder eines wirtschaftlich mit ihm verbundenen Unternehmens, erkennt es nicht, dass ein Dritter die Marke identifizieren, also erkenntlich machen möchte. Da das Publikum Produkte des Markeninhabers vermutet, ist es zudem nicht notwendig, dessen Waren oder Dienstleistungen zu identifizieren. Die mit der Verwechslungsgefahr einhergehende Zuordnungsverwirrung schließt mithin eine Identifizierung aus. Eine Parodie, die den Tatbestand des § 14 Abs. 2 Nr. 2 MarkenG/Art. 9 Abs. 2 lit. b UMV erfüllt, wird daher nicht von der Schrankenbestimmung des § 23 Abs. 1 Nr. 3 MarkenG/Art. 14 Abs. 1 lit. c UMV erfasst.

1099 Siehe unter Kapitel 3 B. IV. 2. d) aa) (2).
1100 Siehe unter Kapitel 3 B. IV. 2. d) bb) (2).

c) *Eingreifen der Schranke bei Vorliegen des Tatbestandes des Bekanntheitsschutzes nach § 14 Abs. 2 Nr. 3 MarkenG/Art. 9 Abs. 2 lit. c UMV*

Auch hinsichtlich des Bekanntheitsschutzes ist die Schrankenbestimmung des § 23 Abs. 1 Nr. 3 MarkenG/Art. 14 Abs. 1 lit. c UMV nicht anzuwenden. Das liegt jedoch nicht daran, dass eine Parodie, die den Verletzungstatbestand des § 14 Abs. 2 Nr. 3 MarkenG/Art. 9 Abs. 2 lit. c UMV erfüllt, nicht der Identifizierung von Waren oder Dienstleistungen des parodierten Markeninhabers dient. Vielmehr verfügt der Tatbestand über eine eigene, tatbestandsimmanente Schrankenregelung, welche die Anwendung des § 23 MarkenG/Art. 14 UMV überflüssig macht.[1101]

d) *Zwischenfazit*

Während der Bekanntheitsschutz nach § 14 Abs. 2 Nr. 3 MarkenG/Art. 9 Abs. 2 lit. c UMV bereits auf Tatbestandsebene aufgrund der wertungsoffenen Formulierung eine Möglichkeit für die erforderliche Interessenabwägung schafft, besteht diese seitens der Doppelidentität und des Verwechslungsschutzes nicht. Der Wortlaut des § 14 Abs. 2 Nr. 1 und 2 MarkenG/Art. 9 Abs. 2 lit. a und b UMV hält keine wertungsoffenen Begriffe bereit, die es ermöglichen, die Interessen des Parodisten zu berücksichtigen. Konsequenz dessen wäre, dass sich der parodierte Markeninhaber stets gegen die Markenparodie zur Wehr setzen kann, ohne dass die Interessen des Parodisten berücksichtigt werden. Abhilfe schafft im Zusammenhang mit der Markenparodie jedoch die Schrankenbestimmung gemäß § 23 Abs. 1 Nr. 3 MarkenG/Art. 14 Abs. 2 lit. c UMV, die aufgrund der wertungsoffenen Formulierung des § 23 Abs. 2 MarkenG/Art. 14 Abs. 2 UMV einen ausreichenden Spielraum belässt, um die Interessen des Parodisten und des Parodierten zu berücksichtigen. Jedoch dient nur eine Markenparodie, die den Tatbestand der Doppelidentität nach § 14 Abs. 2 Nr. 1 MarkenG/Art. 9 Abs. 2 lit. a UMV erfüllt, dem Zweck der Identifizierung der Waren oder Dienstleistungen des Markeninhabers, sodass nur sie von § 23 Abs. 1 Nr. 3 MarkenG/Art. 14 Abs. 1 lit. c UMV erfasst wird. Aufgrund der mit der Parodie, die den Tatbestand der Verwechslungsgefahr gemäß § 14 Abs. 2 Nr. 2 MarkenG/Art. 9 Abs. 2 lit. b UMV erfüllt, zusammenhängenden Zuordnungsverwirrung muss eine Identifizierung der Waren oder Dienstleistungen des Markeninhabers abgelehnt werden. Eine derartige Markenparodie wird nicht von der Schrankenbestimmung erfasst. Im Gegensatz zu der den Tatbestand der Doppelidentität und des Bekanntheitsschutzes erfüllenden Markenparodie können die Interessen des Parodisten daher nicht ausreichend berücksichtigt werden. Ein gerechter Interessenausgleich ist nicht möglich. Fraglich ist daher, ob die fehlende Möglichkeit einer

1101 *Kretschmar*, in: BeckOK, MarkenR, § 23 MarkenG Rn. 6.

Interessenabwägung die Einführung einer eigenen Parodieschranke für die Fallkonstellation der Markenparodie, die dem Verwechslungstatbestand unterfällt, erfordert. Eine solche Einführung wurde bereits erwogen.[1102] Hierfür würde zudem der zuvor erläuterte ErwG 27 S. 6, 7 Marken-RL/ErwG 21 S. 6, 7 UMV sprechen. Eine entsprechende Regelung der Parodieschranke wäre jedoch nur dann sinnvoll, wenn Parodien, die den § 14 Abs. 2 Nr. 2 MarkenG/Art. 9 Abs. 2 lit. b UMV erfüllen, tatsächlich schützenswert wären. Eine solche Markenparodie ist allerdings dadurch gekennzeichnet, dass sie gar nicht als Parodie eines Dritten wahrgenommen wird. Die von dem Parodisten bezweckte Aussage wird von dem Publikum nicht erkannt, da es die mit der Parodie versehenen Produkte dem Markeninhaber oder einem mit ihm verbundenen Unternehmen zuschreibt. Die mit der Parodie bezweckte Wirkung ist fehlgeschlagen. Sie ist daher grundrechtlich nicht besonders schützenswert. Dass keine Berücksichtigung der Interessen des Parodisten möglich ist, erscheint in diesen Fällen interessengerecht, da die Eigentumsfreiheit des parodierten Markeninhabers ohnehin überwiegen wird.[1103] Deshalb ist davon auszugehen, dass der Gesetzgeber in dieser Fallgestaltung eine gesetzliche Wertung zugunsten des Parodierten getroffen hat.

4. Verhältnis zwischen § 14 Abs. 2 Nr. 3 MarkenG/Art. 9 Abs. 2 lit. c UMV und § 23 Abs. 1 Nr. 3 MarkenG/Art. 14 Abs. 1 lit. c UMV

Insgesamt ist jedoch fraglich, welche Relevanz der Schrankenregelung des § 23 Abs. 1 Nr. 3 MarkenG/Art. 14 Abs. 1 lit. c UMV für die Behandlung der Parodie im Markenrecht zukommt. Diese Frage stellt sich vor allem vor dem Hintergrund, dass eine Parodie am ehesten an eine bekannte Marke anknüpft, weil dadurch ein großer Adressatenkreis erreicht wird. In diesem Zusammenhang ist deshalb häufig nur der Bekanntheitsschutz nach § 14 Abs. 2 Nr. 3 MarkenG/Art. 9 Abs. 2 lit. c UMV relevant.[1104] Der Tatbestand der Doppelidentität nach § 14 Abs. 2 Nr. 1 MarkenG/Art. 9 Abs. 2 lit. a UMV wird im Regelfall nur eine untergeordnete Rolle spielen. Da § 14 Abs. 2 Nr. 3 MarkenG/Art. 9 Abs. 2 lit. c UMV bereits auf Tatbestandsebene einen gerechten Interessenausgleich schafft, ist ein Rückgriff auf § 23 Abs. 1 Nr. 3 MarkenG/Art. 14 Abs. 1 lit. c UMV nicht notwendig. Ist § 14 Abs. 2 Nr. 3 MarkenG/Art. 9 Abs. 2 lit. c UMV einschlägig, so kommt dem Schrankentatbestand des § 23 Abs. 1 Nr. 3 MarkenG/Art. 14 Abs. 1 lit. c UMV kein eigener Anwendungsbereich zu.[1105] Fraglich ist daher, wann § 23 Abs. 1 Nr. 3

1102 Siehe bereits einleitend unter Kapitel 3 B.

1103 So i.E. auch *Blankenburg*, Die Markennennung, S. 398.

1104 In diesem Sinne auch *Keim*, Der markenrechtliche Tatbestand der Verwechslungsgefahr, S. 387.

1105 *Mielke*, in: BeckOK, MarkenR, § 14 MarkenG Rn. 553; *Kretschmar*, in: BeckOK, MarkenR, § 23 MarkenG Rn. 6. So bereits zum Verhältnis des § 23 MarkenG a. F. zu § 14 Abs. 2 Nr. 3

MarkenG/Art. 14 Abs. 1 lit. c UMV in Bezug auf Parodien überhaupt anzuwenden ist. Da auch der Bekanntheitsschutz nach § 14 Abs. 2 Nr. 3 MarkenG/Art. 9 Abs. 2 lit. c UMV unter anderem die Benutzung einer identischen Marke für identische Waren oder Dienstleistungen erfasst, kann dies letztendlich nur dann der Fall sein, wenn es sich nicht um eine bekannte Marke i. S. d. § 14 Abs. 2 Nr. 3 MarkenG/Art. 9 Abs. 2 lit. c UMV handelt.

a) *Bekanntheit einer Marke*

Eine Marke ist dann bekannt, wenn sie in wesentlichen Teilen des Mitgliedstaats[1106] oder in einem wesentlichen Gebiet der Union[1107] Bekanntheit genießt. Eine regionale Bekanntheit bezüglich einer eingetragenen Marke i. S. d. § 4 Nr. 1 MarkenG, die sich lediglich auf eine Stadt oder deren Umland bezieht, wird daher gerade nicht vom Schutz des § 14 Abs. 2 Nr. 3 MarkenG erfasst, sofern die Gebiete keinen wesentlichen Teil des Mitgliedstaats darstellen.[1108] Bezogen auf Unionsmarkenverletzungen in Deutschland bedeutet dies, dass eine Unionsmarke als bekannt i. S. d. Art. 9 Abs. 2 lit. c UMV anzusehen ist, wenn sie mindestens in dem gesamten Bundesgebiet bekannt ist. Ist das nicht der Fall, muss eine Bekanntheit auch hinsichtlich einer Unionsmarke abgelehnt werden. Etwas anderes muss jedoch dann gelten, wenn es sich um eine nationale Benutzungsmarke nach § 4 Nr. 2 MarkenG mit örtlich beschränkter Verkehrsgeltung[1109] handelt. In diesem Fall ist die nationale Marke von § 14 Abs. 2 Nr. 3 MarkenG erfasst, auch wenn sie nur örtlich bekannt ist. Der Schutz beschränkt sich dann allerdings ausschließ-

---

MarkenG: BGH, GRUR 2009, 1162 Rn. 37 – DAX; BGH, GRUR 2009, 678 Rn. 34 – POST/RegioPost; BGH, GRUR 2005, 163 (165) – Aluminiumräder; BGH, GRUR 2002, 622 (625) – shell.de; *Thiering,* in: Ströbele/Hacker/Thiering, MarkenG, § 23 Rn. 6; *Ingerl/Rohnke,* MarkenG, § 14 Rn. 1363, § 23 Rn. 7; *Traumann,* Beschränkungen des Schutzes von Kennzeichen gemäß § 23 MarkenG. A. A. *Fezer,* MarkenG, § 23 Rn. 31.

1106 So im Hinblick auf § 14 Abs. 2 Nr. 3 MarkenG. Siehe hierzu EuGH, Urt. v. 6. 10. 2009 – Rs. C-301/07, Slg. 2009, I-9429 Rn. 28 – PAGO; EuGH, Urt. v. 14. 9. 1999 – Rs. C-375/97, Slg. 1999, I-5421 Rn. 28 – General Motors.

1107 So im Hinblick auf Art. 9 Abs. 2 lit. c UMV, wobei auch das Gebiet eines Mitgliedstaats ausreichend sein kann. Siehe hierzu EuGH, Urt. v. 3. 9. 2015 – Rs. C-125/14, Rn. 19 – be impulsive/Impulse; EuGH, Urt. v. 6. 10. 2009 – Rs. C-301/07, Slg. 2009, I-9429 Rn. 27 ff. – PAGO; *Grundmann,* in: BeckOK MarkenR, Art. 9 UMV Rn. 40 f.; *Müller,* in: BeckOK, UMV, Art. 9 Rn. 48.

1108 EuGH, Urt. v. 22. 11. 2007 – Rs. C-328/06, Slg. 2007, I-10093 Rn. 18 – Nuño/Franquet; OLG Köln, GRUR-RR 2011, 459 f. – DUMONT/Dumont Kölsch; OLG Hamburg, GRUR-RR 2004, 299 (303) – BB Radio.

1109 Im Hinblick auf die Benutzungsmarke ist eine örtlich begrenzte Verkehrsgeltung ausreichend. Siehe hierzu BGH, GRUR 1992, 865 – Volksbank; OLG Köln, GRUR 2008, 79 – Zeichen 4E; OLG Köln, GRUR-RR 2007, 272–4 DSL; OLG Dresden, GRUR-RR 2002, 257 – Halberstädter Würstchen; *Fezer,* MarkenG, § 4 Rn. 129; *Hacker,* in: Ströbele/Hacker/Thiering, MarkenG, § 4 Rn. 40; *Ingerl/Rohnke,* MarkenG, § 4 Rn. 24.

lich auf das Gebiet, in dem die Marke Bekanntheit genießt.[1110] Für eingetragene nationale Marken nach § 4 Nr. 1 MarkenG kann dies jedoch nicht gelten. Sie müssen weiterhin in einem wesentlichen Teil des Bundesgebiets bekannt sein.

Denkbar ist es daher, dass § 23 Abs. 1 Nr. 3 MarkenG/Art. 14 Abs. 1 lit. c UMV dann zur Anwendung gelangt, wenn die parodierte, eingetragene Marke lediglich regional – nicht in einem wesentlichen Teil des Bundesgebiets oder in einem wesentlich Gebiet der Union – bekannt ist und den Verletzungstatbestand des § 14 Abs. 2 Nr. 1 MarkenG/Art. 9 Abs. 2 lit. a UMV erfüllt. Zwar könne man annehmen, dass die nationalen Registermarken gegenüber den nationalen Benutzungsmarken benachteiligt wären.[1111] Allerdings wird die Registermarke i. d. R. zugleich für das örtlich beschränkte Gebiet als Benutzungsmarke aufgrund der Verkehrsgeltung Schutz genießen, weshalb ihr über Umwege dennoch ein örtlicher beschränkter Schutz nach § 14 Abs. 2 Nr. 3 MarkenG zusteht, wenn die regionale Bekanntheit bejaht werden kann.[1112] Gleiches gilt für die Unionsmarke aufgrund des Gebots der Koexistenz,[1113] sofern die Markenverletzung auf deutschem Territorium begangen wird. Selbst wenn die Unionsmarke nicht auch als nationale Marke eingetragen ist, kann sie über § 4 Nr. 2 MarkenG für das Gebiet, in dem die Verkehrsgeltung zu bejahen ist, Schutz über § 14 Abs. 2 Nr. 3 MarkenG erhalten.

b) *Zwischenfazit*

Damit ist hinsichtlich des Anwendungsbereichs des § 23 Abs. 1 Nr. 3 MarkenG/Art. 14 Abs. 1 lit. c UMV festzuhalten, dass der Schrankentatbestand im Zusammenhang mit der Markenparodie kaum relevant ist. Er wird nur dann eine Rolle spielen, wenn eine gänzlich unbekannte, nicht unter den Bekanntheitsschutz fallende Marke parodiert wird, die dem Verletzungstatbestand des § 14 Abs. 2 Nr. 1 MarkenG/Art. 9 Abs. 2 lit. a UMV unterfällt. Zum einen erfüllt eine Markenparodie nur in Ausnahmefällen den Tatbestand der Doppelidentität. Zum anderen ist der Parodist immer bestrebt, eine zumindest regional bekannte Marke für seine Zwecke zu nutzen, um die hinter der Parodie stehende Aussage erkennbar zu machen und ein möglichst großes Publikum zu erreichen. Deshalb ist vorrangig § 14 Abs. 2 Nr. 3 MarkenG/Art. 9 Abs. 2 lit. c UMV einschlägig. Ein Rückgriff auf § 23 Abs. 1 Nr. 3 MarkenG/Art. 14 Abs. 1 lit. c UMV ist selten notwendig. Sollte dies jedoch der Fall sein, so sind an die Interessenabwägung im

---

1110 Siehe hierzu *Hacker*, in: Ströbele/Hacker/Thiering, MarkenG, § 14 Rn. 369; *Ingerl/Rohnke*, MarkenG, § 14 Rn. 1362; *Piper*, GRUR 1996, 429 (433).

1111 So vor allem *Dissmann*, Der Schutz der bekannten Marken, S. 118ff.

1112 *Hacker*, in: Ströbele/Hacker/Thiering, MarkenG, § 14 Rn. 369; *Ingerl/Rohnke*, MarkenG, § 14 Rn. 1362. Dagegen *Dissmann*, Der Schutz der bekannten Marken, S. 119f.

1113 Zum Gebot der Koexistenz siehe *Bomhard*, in: BeckOK, MarkenR, Art. 1 UMV Rn. 5; *Schennen*, in: Eisenführ/Schennen, UMV, Art. 1 Rn. 46f.; *Sosnitza*, Markenrecht, § 12 Rn. 8.

Rahmen von § 14 Abs. 2 Nr. 3 MarkenG/Art. 9 Abs. 2 lit. c UMV und § 23 Abs. 1 Nr. 3/Art. 14 Abs. 1 lit. c UMV die gleichen Maßstäbe anzusetzen,[1114] weshalb sich an der Bewertung der Interessen des Parodisten und des Parodierten keine Unterschiede ergeben. Im Rahmen beider Normen hat eine Grundrechtsabwägung stattzufinden.

5. Zusammenfassung

Während die Schrankenregelungen gemäß § 23 Abs. 1 MarkenG/Art. 14 Abs. 1 UMV nicht auf Markenparodien anwendbar ist, die dem Bekanntheitsschutz unterfallen, da dieser seinerseits eine eigene, tatbestandsimmanente Schrankenregelung enthält, spielt die Begrenzung des Schutzumfangs der parodierten Marke aufgrund des Vorliegens einer Schrankenbestimmung im Hinblick auf den Tatbestand der Doppelidentität und der Verwechslungsgefahr eine entscheidende Rolle. Insbesondere ermöglicht es die Schrankenregelung aufgrund der wertungsoffenen Formulierung von § 23 Abs. 2 MarkenG/Art. 14 Abs. 2 UMV die sich gegenüberstehenden Interessen des Parodisten und des Parodierten ausreichend zu berücksichtigen. Jedoch dient nur die Parodie, die ein identisches Zeichen für identische Waren oder Dienstleistungen benutzt, der Identifizierung der Waren oder Dienstleistungen des Markeninhabers i. S. d. § 23 Abs. 1 Nr. 3 MarkenG/Art. 14 Abs. 1 lit. c UMV. Für die Parodie, welche eine Verwechslungsgefahr begründet, gilt das jedoch nicht. Diese Fälle sind dadurch gekennzeichnet, dass das Publikum nicht erkennt, dass ein Dritter die parodierte Marke benutzt. Eine Identifizierung fremder Waren oder Dienstleistungen geht damit nicht einher. Eine Parodie, die nicht als solche erkannt wird, ist jedoch nicht schützenswerter als die Interessen des Markeninhabers, weshalb es gerechtfertigt ist, in diesem Fall durch das Gesetz keine Berücksichtigung der Interessen des Parodisten vorzusehen.

VI. Fazit zur Behandlung der Parodie im Markenrecht

Die Ausführungen haben gezeigt, dass eine Markenparodie im Rahmen des Verletzungsverfahrens eine entscheidende Rolle spielen kann, sofern sie nicht allein ideell motiviert ist. Insbesondere der Bekanntheitsschutz nach § 14 Abs. 2 Nr. 3 MarkenG/Art. 9 Abs. 2 lit. c UMV ist für den parodierten Markeninhaber von Bedeutung, da sich der Parodist häufig einer bekannten Marke bedient, um

---

1114 So bereits zum Verhältnis zwischen § 14 Abs. 2 Nr. 3 MarkenG und § 23 MarkenG aF.: BGH, GRUR 2009, 1162 Rn. 37 – DAX; BGH, GRUR 2008, 798 Rn. 26 – POST I; BGH, GRUR 1999, 992 (994) – BIG PACK.

seine Parodie dem Publikum zugänglich zu machen. Sofern daher die im Rahmen des § 14 Abs. 2 Nr. 3 MarkenG/Art. 9 Abs. 2 lit. c UMV erforderliche Interessenabwägung zugunsten des Parodierten ausfällt, kann er gegen den Parodisten die ihm zustehenden Ansprüche geltend machen. Neben dem Bekanntheitsschutz als Hauptanwendungsfall der Markenparodie können in Ausnahmefällen aber auch der Identitäts- und der Verwechslungsschutz eine Rolle spielen. Da diese Tatbestände keine wertoffenen, einer Interessenabwägung zugänglichen Begriffe enthalten, kann bezüglich der Frage der Berücksichtigung der beiderseitigen Interessen lediglich auf die Schrankenbestimmung des § 23 Abs. 1 Nr. 3, Abs. 2 MarkenG/Art. 14 Abs. 1 lit. c, Abs. 2 UMV zurückgegriffen werden. Dabei erfüllt lediglich die Markenparodie die Voraussetzungen des Schrankentatbestandes, die unter den Tatbestand der Doppelidentität nach § 14 Abs. 2 Nr. 1 MarkenG/Art. 9 Abs. 2 lit. a UMV fällt. Hinsichtlich des Bekanntheitsschutzes und der Doppelidentität können die widerstreitenden Interessen des Parodisten und des Parodierten daher anhand der Auslegung des bestehenden Rechts berücksichtigt werden. Die Einführung einer Parodieschranke ist lediglich im Hinblick auf die den Verwechslungstatbestand erfüllende Markenparodie zu überdenken. Jedoch erfüllt eine Markenparodie nur dann den Tatbestand des § 14 Abs. 2 Nr. 2 MarkenG/Art. 9 Abs. 2 lit. b UMV, wenn diese nicht als Parodie erkannt wird. Ein schützenswertes Interesse des Parodisten, welches gegenüber den Interessen des Parodierten überwiegt, besteht in diesem Fall nicht, sodass auf die Einführung einer Parodieschranke verzichtet werden kann.

C. Designrecht

Das Eingangsbeispiel zur Designparodie verdeutlicht, dass es im Designrecht nicht abwegig ist, auf vorbestehende Designs zurückzugreifen, um bestimmte Aussagen – ob kritisch, humorvoll oder verspottend – zu vermitteln. Auch hier wird der parodierte Inhaber des Designs kein Interesse daran haben, dass sein geistiges Gut mit einer solchen Aussage in Verbindung gebracht und schon gar nicht zustimmungsfrei genutzt wird. Deshalb besteht ein gesteigertes Interesse daran, die Nachahmung in Form einer Designparodie und deren Verwendung zu unterbinden. Wie im nationalen Urheber- und Markenrecht fehlt auch im Designrecht eine Regelung, die sich ausdrücklich mit der rechtlichen Behandlung einer Parodie auseinandersetzt. Fraglich ist daher, ob das Designrecht – wie das Markenrecht – mittels der bestehenden Normen einen geeigneten Anknüpfungspunkt im Hinblick auf einen gerechten Ausgleich der sich gegenüberstehenden Interessen des Parodisten und des Parodierten bietet oder ob die Einführung einer eigenständigen Parodieschranke – wie im Urheberrecht – erforderlich ist. Im Rahmen dessen sollen sowohl das nationale Designrecht als auch das europäische Gemeinschaftsgeschmacksmusterrecht[1115] betrachtet werden. Da das nationale DesignG und die europäische GGV weitgehend übereinstimmen, können das nationale und europäische Designrecht parallel betrachtet werden. Sofern Unterschiede bestehen, werden diese deutlich gemacht. Die Parallelität der Schutzsysteme ergibt sich vor allem daraus, dass das nationale DesignG auf der GMR beruht. Ebendiese Richtlinie war Vorlage für die materiellen Bestimmungen der GGV.[1116]

I. Relevanz des »Deckmyn«-Urteils für die Behandlung der Parodie im Designrecht

Bevor auf die spezifischen Voraussetzungen des Designschutzes in Bezug auf eine Parodie eingegangen wird, ist zunächst zu betrachten, ob die Wertungen des sich mit der Parodie im Urheberrecht auseinandersetzenden »Deckmyn«-Urteils des EuGH für die Designparodie relevant sind. Konkret stellt sich die Frage, ob Art. 5 Abs. 3 lit. k Info-RL auf das Designrecht analog angewendet werden kann. Das hängt entscheidend davon ab, in welchem Verhältnis das Urheberrecht und das Designrecht zueinander stehen.

Bei dem Designrecht handelt es sich um ein eigenständiges gewerbliches Schutzrecht.[1117] Das Designrecht und das Urheberrecht weisen dabei insgesamt unterschiedliche Schutzrichtungen, Schutzvoraussetzungen und Rechtsfolgen auf.[1118] Wie im Hinblick auf das Markenrecht dargestellt,[1119] gibt es auch im Designrecht keine dem Urheberrecht gleichlaufende Regelung, weshalb der Parodiebegriff für die Behandlung der Parodie im Designrecht keine Rolle spielen kann. Die Zulässigkeit der Parodie muss daher anhand einer Gesamt-

1115 Dem europäischen Geschmacksmusterrecht ist die begriffliche Bezeichnung »Design« fremd. Vielmehr wird von einem Gemeinschaftsgeschmacksmuster gesprochen. Inhaltlich unterscheiden sich diese Begriffe jedoch nicht, weshalb beide Begriffe synonym verwendet werden. Geht es allerdings ausschließlich um das europäische Geschmacksmusterrecht, soll der Begriff des Gemeinschaftsgeschmacksmusters beibehalten werden.

1116 Nach ErwG 9 GGV sollen die materiellen Bestimmung an die GMR angepasst werden.

1117 BTDrs. 15/1075, S. 29; BGH, GRUR 2014, 175 Rn. 33ff. – Geburtstagszug; *Ahlberg*, in: BeckOK, UrhG, § 2 Rn. 107; *Bullinger*, in: Wandtke/Bullinger, UrhG[5], § 2 Rn. 98; *Koschtial*, GRUR 2004, 555 (556f.); *Loewenheim*, in: Schricker/Loewenheim, UrhG[5], § 2 Rn. 182; *Velz*, Die Prüfung von Eigenart und Verletzung sowie die Bestimmung des Schutzumfangs im deutschen und europäischen Designrecht, S. 15; *Zentek*, WRP 2010, 73 (75ff.). Anders vor der Geschmacksmusterreform im Jahr 2004. Zuvor wurde das Geschmacksmusterrecht als »kleines Urheberrecht« gesehen. Siehe zum historischen Hintergrund des GeschmMG von 1876 siehe BTDrs. 15/1075, S. 29. Vgl. auch BGH, GRUR 1995, 581 (582) – Silberdistel; *Erdmann*, in: FS Gamm, S. 403; *ders./Bornkamm*, GRUR 1991, 877 (878).

1118 BGH, GRUR 2014, 175 Rn. 39 – Geburtstagszug.

1119 Vgl. unter Kapitel 3 B. I.

schau der einschlägigen Normen untersucht werden. Das Gleiche gilt für das europäische Gemeinschaftsgeschmacksmusterrecht. Auch das europäische Geschmacksmusterrecht ist als selbstständiges gewerbliches Schutzrecht ausgestaltet, was sich vor allem aus ErwG 32 GGV ergibt, der von einem kumulativen Schutz nach dem Gemeinschaftsgeschmacksmusterrecht und dem Urheberrecht spricht.[1120] Deshalb ist es auch im Designrecht nicht angebracht, die urheberrechtliche Parodieschranke auf die Designparodie zu übertragen.

II. Abwehransprüche des Parodierten gegen den Parodisten

Sowohl das nationale DesignG als auch die GGV gewähren dem Parodierten zahlreiche Ansprüche, um gegen die Benutzung des Designs vorzugehen. Im nationalen Designrecht werden dem Inhaber des eingetragenen Designs durch die §§ 42ff. DesignG[1121] eine Reihe von Möglichkeiten zur Seite gestellt, um gegen die Benutzung des geschützten Designs vorzugehen. Auch das europäische Gemeinschaftsgeschmacksmusterrecht gibt dem Inhaber eines Gemeinschaftsgeschmacksmusters Ansprüche im Falle einer Rechtsverletzung an die Hand.[1122] Entscheidende Voraussetzung im Rahmen des Designverletzungsverfahrens ist dabei stets eine Benutzung entgegen § 38 Abs. 1 S. 1 DesignG/Art. 19 Abs. 1 S. 1 GGV. Danach gewährt das eingetragene Design seinem Rechtsinhaber das ausschließliche Recht, es zu benutzen und Dritten zu verbieten, es ohne seine Zustimmung zu benutzen. Zu untersuchen ist daher, ob die Designparodie eine Benutzung i.S.d. § 38 Abs. 1 S. 1 DesignG/Art. 19 Abs. 1 S. 1GGV darstellt. Hinsichtlich des nicht eingetragenen Gemeinschaftsgeschmacksmusters sind jedoch die Besonderheiten des Art. 19 Abs. 2 GGV zu beachten.

1120 Bestätigt durch EuGH, Urt. v. 12.9.2019 – Rs. C-683/17 Rn. 40ff. – Cofomel/G-Star.

1121 Er kann Beseitigungs-, Unterlassungs- und Schadensersatzansprüche gemäß § 42 DesignG, Vernichtungs-, Rückruf- und Überlassungsansprüche aus § 43 DesignG, ein Auskunftsanspruch nach § 46 DesignG und Ansprüche auf Vorlage und Beseitigung nach § 46a DesignG geltend machen.

1122 Gemäß Art. 89 Abs. 1 lit. a GGV kann eine unionsweite Unterlassungsanordnung getroffen werden. Gemäß Art. 89 Abs. 1 lit. b, c GGV können Anordnungen bezüglich der Beschlagnahme von Erzeugnissen oder von Materialen und Werkzeugen erfolgen. Darüber hinaus können gemäß Art. 89 Abs. 1 lit. d GGV Anordnungen wie der Vernichtungsanspruch erlassen werden. Vgl. hierzu EuGH, Urt. v. 13.2.2014 – Rs. C-479/12, Rn. 52 – Gartenpavillon. Da es sich bei den Schadensersatz- und Auskunftsansprüchen nicht um Sanktionen i.S.d. Art. 89 Abs. 1 lit. d GGV handelt, ist das nationale Recht des Mitgliedstaats, in welchem die Rechtsverletzung begangen wurde, über Art. 88 Abs. 2 GGV anzuwenden. So EuGH, Urt. v. 13.2.2014 – Rs. C-479/12, Rn. 54f. – Gartenpavillon; BGH, GRUR 2017, 397 Rn. 104f. – World of Warcraft II. A.A. *Buchmüller,* Das nicht eingetragene Gemeinschaftsgeschmacksmuster, S. 176; *Ortner,* WRP 2006, 189 (192).

III. Die Designparodie als Benutzung i. S. d. § 38 Abs. 1, 2 DesignG/Art. 19 Abs. 1 GGV i. V. m. Art. 10 GGV

Damit der Parodist ein eingetragenes Design entgegen § 38 Abs. 1 S. 1 DesignG/Art. 19 Abs. 1 S. 1 GGV benutzt, muss zunächst eine verbotene Benutzungshandlung vorliegen. Ist das der Fall, so stellt sich in einem weiteren Schritt die Frage, ob eine Designparodie nach § 38 Abs. 2 DesignG/Art. 10 GGV noch vom Schutzumfang des eingetragenen Designs erfasst wird.

1. Verbotene Benutzungshandlung

§ 38 Abs. 1 S. 1 DesignG/Art. 19 Abs. 1 S. 1 GGV gewährt dem Inhaber des eingetragenen Designs ein Verbotsrecht gegenüber Dritten, das § 38 Abs. 1 S. 2 DesignG/Art. 19 Abs. 1 S. 2 GGV konkretisiert. Danach schließt eine Benutzung insbesondere die Herstellung, das Anbieten, das Inverkehrbringen, die Einfuhr, die Ausfuhr, den Gebrauch eines Erzeugnisses, in welches das eingetragene Design aufgenommen oder bei dem es verwendet wird, und den Besitz eines solchen Erzeugnisses zu den genannten Zwecken ein. Ein Erzeugnis ist nach § 1 Nr. 2 DesignG/Art. 3 lit. b GGV jeder industrielle oder handwerkliche Gegenstand, einschließlich Verpackung, Ausstattung, grafischer Symbole und typografischer Schriftzeichen sowie von Einzelteilen, die zu einem komplexen Erzeugnis zusammengebaut werden sollen. Auffällig ist, dass sich all diese Handlungen auf Erzeugnisse beziehen,[1123] sodass der Anschein entsteht, nur körperliche Benutzungshandlungen seien von der Norm erfasst. Jedoch ist die Aufzählung des § 38 Abs. 1 S. 2 DesignG/Art. 19 Abs. 1 S. 2 GGV zum einen nicht abschließend.[1124] Zum anderen ist die Handlung der Wiedergabe Regelungsgegenstand der Schrankenregelung des § 40 Nr. 3 DesignG/Art. 20 Abs. 1 lit. c GGV. Da jede Ausnahmeregelung eine Grundnorm zur Voraussetzung hat, muss die Wiedergabe als Benutzungshandlung qualifiziert werden.[1125] Auch die Wiedergabe als zweidimensionale Abbildung eines dreidimensionalen oder zweidimensionalen Erzeugnisses[1126] ist daher als Benutzung von § 38 Abs. 1 DesignG/Art. 19 Abs. 1 GGV erfasst, obwohl sie nicht in § 38 Abs. 1 S. 2 DesignG/Art. 19

1123 *Cornels,* Die Schranken des Designrechts, S. 80.

1124 *Cornels,* Die Schranken des Designrechts, S. 80; *Spintig,* in: Hasselblatt, Community Design Regulation, Art. 19 Rn. 10; *Starcke,* GRUR 2018, 1102.

1125 BGH, GRUR 2011, 1117 Rn. 30 – ICE; *Eichmann/Jestaedt,* in: Eichmann/Jestaedt/Fink/Meiser, DesignG/GGV, § 38 DesignG Rn. 87. So auch *Cornels,* Die Schranken des Designrechts, S. 80.

1126 Zur Definition der Wiedergabe siehe LG Berlin, BeckRS 2008, 10582 – ICE-Frontseite. So auch *Eichmann,* in: Eichmann/Kur, Designrecht, § 11 Rn. 35.

Abs. 1 S. 2 GGV als Benutzungshandlung aufgezählt ist.[1127] Somit sind nicht nur körperliche, sondern auch unkörperliche Benutzungshandlungen dem Rechtsinhaber zugewiesen.[1128]

Da die Parodie von einem Wiedererkennungseffekt lebt, wird sie stets das Design unverändert oder in abgewandelter Form übernehmen. Ziel des Parodisten ist es, seine hinter der Parodie stehende Aussage einer breiten Masse zugänglich zu machen. Dafür ist es erforderlich, die Parodie greifbar zu machen. Das geschieht i. d. R. dadurch, dass eine Designparodie auf Scherzartikeln oder Merchandisingprodukten angebracht ist. Dabei reicht es nach der Definition des § 1 Nr. 2 DesignG/Art. 3 lit. b GGV bereits aus, wenn die Verpackung das parodierte Design enthält. Die parodistische Wirkung wird dadurch erzielt, dass das parodierte Design als dreidimensionale Form ins Lächerliche gezogen oder kritisiert wird, wie es im beschrieben Beispiel »IPOD/eiPott«[1129] der Fall ist. Das Design wird daher im Rahmen der Parodie wiederkehren, indem es in ein Erzeugnis aufgenommen oder in einem solchen verwendet wird. Daneben kann die Parodie aber auch die Benutzungshandlung der Wiedergabe erfüllen, indem das zwei- oder dreidimensionale Originaldesign in parodistischer Art und Weise unverändert oder durch Hinzufügung weiterer Elemente abgebildet wird. So ist es in diesem Zusammenhang möglich, auch die Werbung des Inhabers eines Designs zu parodieren, da in diesem Fall stets das Design wiederkehren wird, um den Bezugspunkt der Parodie zu verdeutlichen. Gleiches gilt für die bloße Abbildung auf Fotos oder in Filmen. Jedenfalls benutzt der Parodist das Design nach § 38 Abs. 1 DesignG/Art. 19 Abs. 1 GGV, um eine parodistische Aussage zu vermitteln.

2. Eingriff in den Schutzumfang

Zu untersuchen ist darüber hinaus, ob die Parodie in den Schutzumfang des parodierten Designs eingreift. Nach § 38 Abs. 2 S. 1 DesignG/Art. 10 Abs. 1 GGV erstreckt sich der Schutz des eingetragenen Designs auf jedes Design, das beim informierten Benutzer keinen anderen Gesamteindruck erweckt. Ausgangspunkt für die Beurteilung ist der Schutzgegenstand des eingetragenen Designs.[1130] Nach § 37 Abs. 1 DesignG[1131] wird der Schutz nur für solche Merkmale

1127 EuGH, Urt. v. 27.9.2017 – verb. Rs. C-24/16 und C-25/16, Rn. 69 – Nintendo/BigBen; BGH, GRUR 2011, 1117 Rn. 30 – ICE; *Eichmann/Jestaedt*, in: Eichmann/Jestaedt/Fink/Meiser, DesignG/GGV, § 38 DesignG Rn. 87.

1128 *Cornels*, Die Schranken des Designrechts, S. 80.

1129 OLG Hamburg, GRUR-RR 2010, 382 ff. – IPOD/eiPott. Siehe näher unter Kapitel 1 A. V. 3.

1130 *Eichmann/Jestaedt*, in: Eichmann/Jestaedt/Fink/Meiser, DesignG/GGV, § 38 DesignG Rn. 20; *Fischoeder*, in: Stöckel, Handbuch Marken- und Designrecht, Teil 6 D VIII 2.

begründet, die in der Anmeldung sichtbar[1132] wiedergegeben sind. Bei der Beurteilung des Schutzumfangs ist gemäß § 38 Abs. 2 S. 2 DesignG/Art. 10 Abs. 2 GGV der Grad der Gestaltungsfreiheit des Entwerfers bei der Entwicklung seines Designs zu berücksichtigen. Die Anknüpfung an den Gesamteindruck verdeutlicht, dass vom Schutzumfang nicht nur exakte Übereinstimmungen erfasst werden, sondern auch Abwandlungen, die im Rahmen des Schutzumfangs liegen.[1133] Damit können sowohl Parodien, die das eingetragene Design identisch übernehmen, als auch solche, die das eingetragene Design abwandeln, vom Schutzumfang erfasst werden. Erforderlich ist aber, dass die Designparodie gegenüber dem Originaldesign beim informierten Benutzer keinen anderen Gesamteindruck erweckt. Dafür müssen der Schutzumfang des eingetragenen Designs bestimmt, dessen Gesamteindruck und der der angegriffenen Gestaltung ermittelt und diese miteinander verglichen werden.[1134] Ausgangspunkt ist dabei der informierte Benutzer.

a) *Informierter Benutzer*

Der informierte Benutzer ist eine fiktive Figur.[1135] Er ist eine Person, die zwischen dem im Markenrecht anwendbaren Begriff des Durchschnittsverbrauchers, von dem keine speziellen Kenntnisse verlangt werden und der im Allgemeinen keinen direkten Vergleich zwischen den einander gegenüberstehenden Marken anstellt, und dem Fachmann als Sachkundigen mit profunden technischen Fähigkeiten

---

1131 Im europäischen Geschmacksmusterrecht existiert eine entsprechende Norm nicht. Allerdings ergibt sich aus ErwG 11 GMR, dass es sich dabei auch ohne ausdrückliche Regelung um einen anerkannten Grundsatz des europäischen Designrechts handelt. In diesem Sinne auch BGH, GRUR 2018, 832 Rn. 33 – Ballerinaschuh; BGH, GRUR 2012, 1139 Rn. 16 – Weinkaraffe; *Christof*, Schutzumfang, S. 44; *Eichmann/Jestaedt*, in: Eichmann/Jestaedt/Fink/Meiser, DesignG/GGV, § 37 DesignG Rn. 2.

1132 Zum Kriterium der Sichtbarkeit siehe *Beyerlein*, in: Günther/Beyerlein, DesignG, § 37 Rn. 4; *Christof*, Schutzumfang, S. 43f.; *Eichmann*, in: Eichmann/Kur, Designrecht, § 2 Rn. 12; *Eichmann/Jestaedt*, in: Eichmann/Jestaedt/Fink/Meiser, DesignG/GGV, § 37 DesignG Rn. 5.

1133 OLG Hamburg, BeckRS 2016, 3004 Rn. 22 – Bettendesign.

1134 BGH, GRUR 2018, 832 Rn. 19 – Ballerinaschuh; BGH, GRUR 2016, 333 Rn. 29 – Armbanduhr; BGH, GRUR 2011, 1117 Rn. 34 – ICE; OLG Hamburg, GRUR-RS 2017, 144710 Rn. 44 – Armbanduhr; LG Düsseldorf, BeckRS 2017, 147914 Rn. 64 – Fassaden- und Dacheindeckungsplatten; *Beyerlein*, in: Günther/Beyerlein, DesignG, § 38 Rn. 28ff.; *Eichmann/Jestaedt*, in: Eichmann/Jestaedt/Fink/Meiser, DesignG/GGV, § 38 DesignG Rn. 16ff.; *Gerlach*, in: Hasselblatt, MAH Gewerblicher Rechtsschutz, § 45 Rn. 97; *Hartwig*, GRUR 2012, 769 (771); *Jestaedt*, GRUR 2008, 19 (20).

1135 *Becker*, GRUR Int 2012, 312 (320); *Eichmann/Jestaedt*, in: Eichmann/Jestaedt/Fink/Meiser, DesignG/GGV, § 2 DesignG Rn. 45; *Jestaedt*, GRUR 2008, 19 (21); *Klawitter*, GRUR-Prax 2011, 337 (338); *Velz*, Die Prüfung von Eigenart und die Verletzung sowie die Bestimmung des Schutzumfangs im deutschen und europäischen Designrecht, S. 77. Ähnlich OLG Düsseldorf, GRUR-RR 2009, 16 (17) – Plastik-Untersetzer. Hier wird von einer »normativen Figur auf Grundlage einer typisierten Betrachtung« gesprochen.

liegt.[1136] Er ist daher ein Benutzer, dem keine durchschnittliche Aufmerksamkeit, aber eine besondere Wachsamkeit zukommt aufgrund persönlicher Erfahrungen oder umfangreicher Kenntnisse im betreffenden Bereich.[1137] Er kennt damit, ohne Designer oder technischer Sachverständiger zu sein, die verschiedenen Geschmacksmuster, die es in dem betreffenden Wirtschaftszweig gibt. Er besitzt zudem gewisse Kenntnisse in Bezug auf die Elemente, die diese Geschmacksmuster für gewöhnlich aufweisen, und benutzt die fraglichen Produkte aufgrund seines Interesses an ihnen mit verhältnismäßig großer Aufmerksamkeit.[1138] Anders als der Durchschnittsverbraucher im Markenrecht, der auf ein verschwommenes Erinnerungsbild zurückgreifen muss, nimmt der informierte Benutzer so weit wie möglich einen direkten Mustervergleich vor.[1139]

b) Bestimmung des Schutzumfangs

Zunächst ist der Schutzumfang des eingetragenen Designs zu bestimmen. Das ist erforderlich, um feststellen zu können, wie nah ein anderes Design dem eingetragenen Design kommen darf, ohne es zu verletzen.[1140] Entscheidende Kriterien sind die Gestaltungsfreiheit des Entwerfers und der Abstand zum vorbekannten Formenschatz.

1136 EuGH, Urt. v. 18.10.2012 – verb. Rs. C-101/11 P und C-102/11 P, Rn. 53 – Baena Grupo; EuGH, Urt. v. 20.10.2011 – Rs. C-281/10 P, Slg. 2010, I-10151 Rn. 53 – PepsiCo; BGH, GRUR 2016, 803 Rn. 34 – Armbanduhr; BGH, GRUR 2013, 285 Rn. 55 – Kinderwagen II.

1137 EuGH, Urt. v. 21.9.2017 – verb. Rs. C-361/15 P und C-405/15 P, Rn. 124 – Duschabflussrinne.

1138 EuGH, Urt. v. 21.9.2017 – verb. Rs. C-361/15 P und C-405/15 P, Rn. 125 – Duschabflussrinne; EuGH, Urt. v. 20.10.2011 – Rs. C-281/10 P, Slg. 2010, I-10151 Rn. 59 – PepsiCo; EuG, Urt. v. 10.9.2015 – verb. Rs. T-525/13 und T-526/13, Rn. 25 – H&M/Yves Saint Laurent; EuG, Urt. v. 21.11.2013 – Rs. T-337/12, Rn. 23 – Korkenzieher; EuG, Urt. v. 13.11.2012 – verb. Rs. T-83/11 und 84/11, Rn. 38 – Thermosiphons; EuG, Urt. v. 22.6.2010 – Rs. T-153/08, Slg. 2010, II-2517 Rn. 47 – Fernmeldegeräte; BGH, GRUR 2018, 832 Rn. 33 – Ballerinaschuh; BGH, GRUR 2016, 803 Rn. 34 – Armbanduhr; BGH, GRUR 2013, 285 Rn. 55 – Kinderwagen II; *Eichmann/Jestaedt*, in: Eichmann/Jestaedt/Fink/Meiser, DesignG/GGV, § 2 DesignG Rn. 49; *Jestaedt*, GRUR 2008, 19 (20).

1139 EuGH, Urt. v. 19.6.2014 – Rs. C-345/13, Rn. 26 – KMF/Dunnes; EuGH, Urt. v. 18.10.2012 – verb. Rs. C-101/11 P und C-102/11 P, Rn. 54 – Baena Grupo; EuGH, Urt. v. 20.10.2011 – Rs. C-281/10 P, Slg. 2010, I-10151 Rn. 55 – PepsiCo; BGH, GRUR 2018, 832 Rn. 33 – Ballerinaschuh; BGH, GRUR 2016, 803 Rn. 34 – Armbanduhr; *Becker*, GRUR Int 2012, 312 (320); *Velz*, Die Prüfung von Eigenart und die Verletzung sowie die Bestimmung des Schutzumfangs im deutschen und europäischen Designrecht, S. 77. Siehe hierzu eingehend *Christof*, Schutzumfang, S. 106ff.

1140 *Velz*, Die Prüfung von Eigenart und die Verletzung sowie die Bestimmung des Schutzumfangs im deutschen und europäischen Designrecht, S. 84.

aa) *Gestaltungsfreiheit des Entwerfers*

Nach § 38 Abs. 2 S. 2 DesignG/Art. 10 Abs. 2 GGV ist im Hinblick auf die Bestimmung des Schutzumfangs eines Designs die Gestaltungsfreiheit des Entwerfers bei der Entwicklung seines Designs zu berücksichtigen. Hierbei ist zu ermitteln, welcher Spielraum dem Entwerfer bei der Gestaltung seines Designs zukommt. Der Schutzumfang und der Gestaltungsspielraum stehen dabei in einer Wechselwirkung zueinander. Eine geringe Musterdichte[1141] führt dazu, dass dem Entwerfer ein großer Gestaltungsspielraum zukommt. Das wiederum führt zu einem weiten Schutzumfang des eingetragenen Designs. Wird ein Design mit weitem Schutzumfang benutzt, so folgt daraus, dass selbst größere Gestaltungsunterschiede beim informierten Benutzer möglicherweise keinen anderen Gesamteindruck hervorrufen.[1142] Andersherum verhält es sich, wenn eine hohe Musterdichte gegeben ist. Ein enger Schutzumfang und hat einen kleinen Gestaltungsspielraum des eingetragenen Designs zur Folge, sodass bereits geringe Gestaltungsunterschiede beim informierten Benutzer einen anderen Gesamteindruck hervorrufen können.[1143] Insbesondere kann die Gestaltungsfreiheit des Entwerfers durch technische, funktionelle oder gesetzliche Vorgaben eingeschränkt werden.[1144] Als Entwerfer i. S. d. § 38 Abs. 2 S. 2 DesignG/Art. 10 Abs. 2

1141 Musterdichte ist im Sinne von Mustervielfalt, also qualitativ, zu verstehen. Siehe hierzu BGH, GRUR-RR 2012, 277 Rn. 22 – Milla; OLG Frankfurt a.M., BeckRS 2015, 7909 – Sportbrille; *Hartwig*, GRUR 2012, 769 (770); *ders.*, GRUR 2015, 845 (846ff.); *Velz*, Die Prüfung von Eigenart und die Verletzung sowie die Bestimmung des Schutzumfangs im deutschen und europäischen Designrecht, S. 55.

1142 BTDrs. 15/1075, S. 52; BGH, GRUR 2016, 803 Rn. 29, 31 – Armbanduhr; BGH, GRUR 2013, 285 Rn. 31 – Kinderwagen II; BGH, GRUR 2012, 512 Rn. 24 – Kinderwagen I; BGH, GRUR 2011, 1117 Rn. 35 – ICE; *Beyerlein*, in: Günther/Beyerlein, DesignG, § 38 Rn. 31; *Bullinger/Langöhrig/Hellwig/Müller*, Designschutz, Rn. 144; *Eichmann/Jestaedt*, in: Eichmann/Jestaedt/Fink/Meiser, DesignG/GGV, § 38 DesignG Rn. 43, 45; *Hartwig*, GRUR 2012, 769; *Jestaedt*, GRUR 2008, 19 (22). Ähnlich auch der EuG, wobei eine direkte Bezugnahme auf den Schutzumfang fehlt. Vgl. EuG, Urt. v. 10.9.2015 – verb. Rs. T-525/13 und T-526/13, Rn. 29 – H&M/Yves Saint Laurent; EuG, Urt. v. 21.11.2013 – Rs. T-337/12, Rn. 33 – Korkenzieher; EuG, Urt. v. 13.11.2012 – verb. Rs. T-83/11 und 84/11, Rn. 45 – Thermosiphons.

1143 BTDrs. 15/1075, S. 52; BGH, GRUR 2013, 285 Rn. 31 – Kinderwagen II; BGH, GRUR 2012, 512 Rn. 24 – Kinderwagen I; BGH, GRUR 2011, 1117 Rn. 35 – ICE; BGH, GRUR 2011, 1112 Rn. 42 – Schreibgeräte, BGH, GRUR 2011, 142 Rn. 17 – Untersetzer; *Eichmann/Jestaedt*, in: Eichmann/Jestaedt/Fink/Meiser, DesignG/GGV, § 38 DesignG Rn. 39f., 46; *Hartwig*, GRUR 2012, 769; *Ruhl*, in: Ruhl/Tolkmitt, GGV, Art. 10 Rn. 40.

1144 EuG, Urt. v. 10.9.2015 – verb. Rs. T-525/13 und T-526/13, Rn. 28 – H&M/Yves Saint Laurent; EuG, Urt. v. 21.11.2013 – Rs. T-337/12, Rn. 32 – Korkenzieher; EuG, Urt. v. 13.11.2012 – verb. Rs. T-83/11 und 84/11, Rn. 44 – Thermosiphons; EuG, Urt. v. 18.3.2010 – Rs. T-9/07, Rn. 67 – Grupo Promer; LG Frankfurt a.M., BeckRS 2016, 13647; *Bartel*, GB 2014, 57 (60); *Beyerlein*, in: Günther/Beyerlein, DesignG, § 38 Rn. 31; *Christof*, Schutzumfang, S. 163ff.; *Eichmann*, in: Eichmann/Kur, Designrecht, § 2 Rn. 134ff.; *Eichmann/Jestaedt*, in: Eichmann/Jestaedt/Fink/Meiser, DesignG/GGV, § 38 DesignG Rn. 36ff.; *Jestaedt*, GRUR 2018,

GGV ist der Entwerfer des Klagedesigns gemeint, weshalb bezüglich der Bestimmung der Gestaltungshöhe auf den Formenschatz zum Anmelde- bzw. Prioritätstag des eingetragenen Designs abzustellen ist.[1145]

bb) *Abstand zum vorbekannten Formenschatz*

Darüber hinaus kommt es hinsichtlich der Bestimmung des Schutzumfangs auch auf den Abstand des eingetragenen Designs zum vorbekannten Formenschatz an.[1146] Während in den vorherigen Entscheidungen die Gestaltungsfreiheit und der Abstand zum vorbekannten Formenschatz zusammen geprüft wurden,[1147] differenziert der BGH seit der »Kinderwagen-II«-Entscheidung[1148] zwischen der Gestaltungsfreiheit und dem Abstand zum vorbekannten Formenschatz.[1149] Der Abstand zum vorbekannten Formenschatz ist daher neben der Gestaltungsfreiheit des Entwerfers ein eigenständiges Kriterium zur Bestimmung des Schutzumfangs.[1150] Je größer der Abstand des eingetragenen Designs zum vorbekannten Formenschatz ist, desto größer ist der Schutzumfang zu bemessen.[1151] Entscheidend ist, inwieweit der Entwerfer den ihm zur Verfügung stehenden Ge-

---

441; *Velz,* Die Prüfung von Eigenart und die Verletzung sowie die Bestimmung des Schutzumfangs im deutschen und europäischen Designrecht, S. 77.

1145 So auch BGH, GRUR 2018, 832 Rn. 26 – Ballerinaschuh; BGH, GRUR-RR 2012, 277 Rn. 19 – Milla; BGH, GRUR 2011, 142 Rn. 18 – Untersetzer; *Becker,* Zur Konkurrenz von Marken- und Geschmacksmusterschutz, S. 78; *ders.,* GRUR Int 2012, 312 (324); *Eichmann/Jestaedt,* in: Eichmann/Jestaedt/Fink/Meiser, DesignG/GGV, § 38 DesignG Rn. 28; *Fischoeder,* in: Stöckel, Handbuch Marken- und Designrecht, Teil 6 D VIII 2 b) dd); *Hartwig,* GRUR-RR 2009, 201 (203). A. A. *Velz,* Die Prüfung von Eigenart und die Verletzung sowie die Bestimmung des Schutzumfangs im deutschen und europäischen Designrecht, S. 64, welche auf den Entwerfer des Verletzungsdesigns abstellt.

1146 Zur methodischen Einordnung dieses Kriteriums siehe *Christof,* Schutzumfang, S. 194ff. Kritisch zur Anwendbarkeit dieses Kriteriums auf Art. 10 GGV *Christof,* Schutzumfang, S. 196ff.

1147 BGH, GRUR 2012, 512 Rn. 24 – Kinderwagen I; BGH, GRUR 2011, 1117 Rn. 35 – ICE; BGH, GRUR 2011, 1112 Rn. 42 – Schreibgeräte; BGH, GRUR 2011, 142 Rn. 17 – Untersetzer. Siehe auch *Hartwig,* GRUR 2012, 769 (770).

1148 BGH, GRUR 2013, 285ff. – Kinderwagen II.

1149 BGH, GRUR 2018, 832 Rn. 21 – Ballerinaschuh; BGH, GRUR 2013, 285 Rn. 32 – Kinderwagen II. Warum der BGH in seinem Urteil BGH, GRUR 2016, 803 Rn. 31 – Armbanduhr von dieser Differenzierung abrückt, ist unklar. Siehe auch OLG Düsseldorf, GRUR-RS 2015, 18614 Rn. 16 – Royal Oak; LG Köln, Beck-RS 2018, 8668 Rn. 23 – Dacheindeckung; *Bulling/Langöhrig/Hellwig/Müller,* Designschutz, Rn. 144; *Christof,* Schutzumfang, S. 191.

1150 *Christof,* Schutzumfang, S. 191; *Hartwig,* GRUR-RR 2013, 421 (423); *Künzel,* GRUR-Prax 2013, 66; *Lazaridis,* GB 2013, 99f.

1151 BGH, GRUR 2018, 832 Rn. 21 – Ballerinaschuh; BGH, GRUR 2013, 285 Rn. 32 – Kinderwagen II; OLG Düsseldorf, GRUR-RS 2015, 18614 Rn. 16 – Royal Oak; LG Köln, Beck-RS 2018, 8668 Rn. 23 – Dacheindeckung; *Bulling/Langöhrig/Hellwig/Müller,* Designschutz, Rn. 144; *Götting,* Gewerblicher Rechtsschutz, § 43 Rn. 5.

staltungsspielraum ausgenutzt hat.[1152] Das Kriterium dient letztlich dazu, einen variierenden Schutzumfang zu vermeiden.[1153]

cc) Abstrakte Bestimmung des Schutzumfangs

Anhand der Gestaltungsfreiheit des Entwerfers und des Abstands des eingetragenen Designs zum vorbekannten Formenschatz kann der Gesamteindruck des eingetragenen Designs bestimmt werden. Hierfür müssen die prägenden Merkmale des eingetragenen Designs herausgearbeitet werden.[1154] Dabei sind als prägende Merkmale solche Merkmale überzugewichten, die nicht gängig sind und damit einen verhältnismäßig großen Abstand zum vorbekannten Formenschatz aufweisen.[1155] Im Anschluss daran müssen die prägenden Merkmale des eingetragenen Designs mit jedem Design aus dem vorbekannten Formenschatz, der sich nach § 5 DesignG/Art. 7 GGV bemisst, verglichen werden. Auch hier ist es erforderlich, die prägenden Merkmale des Designs aus dem vorbekannten Formenschatz herauszuarbeiten.[1156] Es genügt dabei, auf das vorbekannte Design abzustellen, das dem eingetragenen Design am nächsten kommt.[1157] Zu beachten ist, dass nicht nur die einzelnen Merkmale an sich, sondern der jeweilige Gesamteindruck der sich gegenüberstehenden Muster verglichen wird.[1158] Anhand der Vorgehensweise kann ermittelt werden, ob ein eindeutiger oder weniger deutlicher Gesamteindruck besteht. Daraus folgt die abstrakte Bestimmung des

---

1152 BGH, GRUR 2013, 285 Rn. 32 – Kinderwagen II; *Bulling/Langöhrig/Hellwig/Müller*, Designschutz, Rn. 144; *Eichmann*, in: Eichmann/Kur, Designrecht, § 2 Rn. 146; *Velz*, Die Prüfung von Eigenart und die Verletzung sowie die Bestimmung des Schutzumfangs im deutschen und europäischen Designrecht, S. 77.

1153 *Fischoeder*, in: Stöckel, Handbuch Marken- und Designrecht, Teil 6 D VIII 2 b) bb).

1154 BGH, GRUR 2013, 285 Rn. 33ff. – Kinderwagen II; BGH, GRUR 2012, 512 Rn. 25, 29ff. – Kinderwagen I; *Hartwig*, GRUR 2012, 769 (771); *Velz*, Die Prüfung von Eigenart und die Verletzung sowie die Bestimmung des Schutzumfangs im deutschen und europäischen Designrecht, S. 79, 81.

1155 *Christof*, Schutzumfang, S. 91; *Lazaridis*, GB 2012, 1 (7); *Ruhl*, in: Ruhl/Tolkmitt, GGV, Art. 10 Rn. 36.

1156 BGH, GRUR 2018, 832 Rn. 22ff. – Ballerinaschuh; BGH, GRUR 2013, 285 Rn. 42ff. – Kinderwagen II; BGH, GRUR 2012, 512 Rn. 28ff. – Kinderwagen I; *Eichmann/Jestaedt*, in: Eichmann/Jestaedt/Fink/Meiser, DesignG/GGV, § 38 DesignG Rn. 48; *Hartwig*, GRUR 2012, 769 (771); *Velz*, Die Prüfung von Eigenart und die Verletzung sowie die Bestimmung des Schutzumfangs im deutschen und europäischen Designrecht, S. 79.

1157 *Christof*, Schutzumfang, S. 194.

1158 BGH, GRUR 2018, 832 Rn. 21 – Ballerinaschuh; BGH, GRUR 2013, 285 Rn. 34 – Kinderwagen II; BGH, GRUR 2012, 512 Rn. 26 – Kinderwagen I; *Eichmann/Jestaedt*, in: Eichmann/Jestaedt/Fink/Meiser, DesignG/GGV, § 38 DesignG Rn. 48; *Hartwig*, GRUR 2012, 769 (771); *Jestaedt*, GRUR 2008, 19 (20); *Velz*, Die Prüfung von Eigenart und die Verletzung sowie die Bestimmung des Schutzumfangs im deutschen und europäischen Designrecht, S. 79, 81.

Grades des Schutzumfangs des Designs.[1159] Sind im vorbekannten Formenschatz keine vergleichbaren Gestaltungen zu finden, so kommt dem eingetragenen Design ein weiter Schutzumfang zu[1160] und umgekehrt.

Bevor geprüft werden kann, ob eine Parodie in den Schutzumfang der Vorlage eingreift und damit eine relevante Benutzung i. S. d. § 38 DesignG/Art. 19 GGV darstellt, muss daher zwingend herausgearbeitet werden, ob dem parodierten Design ein weiter oder geringer Schutzumfang zukommt. Der damit zusammenhängende Gesamteindruck der Vorlage ist nämlich Ausgangspunkt für die entscheidende Frage, ob die Parodie einen anderen Gesamteindruck erweckt als das parodierte Design.

c) Eingriff

Steht der Schutzumfang des eingetragenen Designs fest, so stellt sich die Frage, ob die angegriffene Gestaltung in Form der Parodie in diesen eingreift.

aa) Allgemeine Kriterien für die Bestimmung des Eingriffs

Im Gegensatz zur Bestimmung des Schutzumfangs ist für die Bestimmung des Vorliegens eines Eingriffs in diesen ein konkreter Vergleich des Gesamteindrucks zwischen dem eingetragenen Design und der angegriffenen Gestaltung erforderlich.[1161] Die Prüfung des Eingriffs in den Schutzumfang eines eingetragenen Designs erfolgt daher, wie eingangs erläutert, in einer dreigliedrigen Prüfung. Zunächst ist der Gesamteindruck des eingetragenen Designs zu bestimmen. Im Anschluss daran gilt es, den Gesamteindruck der angegriffenen Gestaltung zu ermitteln. Schließlich sind die Gesamteindrücke miteinander zu vergleichen.[1162] Dabei kann hinsichtlich der Bestimmung des Gesamteindrucks des eingetragenen Designs auf die Ausführungen zur Bestimmung des Schutzumfangs zurückgegriffen werden. Da sich der Schutzumfang lediglich abstrakt in Bezug auf den gesamten Formenschatz bestimmt, muss jedoch der Gesamteindruck der

---

1159 *Christof,* Schutzumfang, S. 214; *Hartwig,* GRUR 2012, 769 (771); *Velz,* Die Prüfung von Eigenart und die Verletzung sowie die Bestimmung des Schutzumfangs im deutschen und europäischen Designrecht, S. 81.

1160 BGH, GRUR 2018, 832 Rn. 21 – Ballerinaschuh; BGH, GRUR 2013, 285 Rn. 32 – Kinderwagen II; OLG Frankfurt a.M., GRUR-RR 2011, 66 – Stiefelette; *Eichmann/Jestaedt,* in: Eichmann/Jestaedt/Fink/Meiser, DesignG/GGV, § 38 DesignG Rn. 48.

1161 *Hartwig,* GRUR 2012, 769 (771); *Velz,* Die Prüfung von Eigenart und die Verletzung sowie die Bestimmung des Schutzumfangs im deutschen und europäischen Designrecht, S. 85.

1162 BGH, GRUR 2018, 832 Rn. 19 – Ballerinaschuh; BGH, GRUR 2016, 333 Rn. 29 – Armbanduhr; BGH, GRUR 2011, 1117 Rn. 34 – ICE; OLG Hamburg, GRUR-RS 2017, 144710 Rn. 44 – Armbanduhr; LG Düsseldorf, BeckRS 2017, 147914 Rn. 64 – Fassaden- und Dacheindeckungsplatten; *Beyerlein,* in: Günther/Beyerlein, DesignG, § 38 Rn. 28ff.; *Christof,* Schutzumfang, S. 214; *Eichmann/Jestaedt,* in: Eichmann/Jestaedt/Fink/Meiser, DesignG/GGV, § 38 DesignG Rn. 16ff.; *Gerlach,* in: Hasselblatt, MAH Gewerblicher Rechtsschutz, § 45 Rn. 97; *Hartwig,* GRUR 2012, 769 (771); *Jestaedt,* GRUR 2008, 19 (20).

angegriffenen Gestaltung gesondert geprüft werden. Auch hier kommt es entscheidend auf die prägenden Merkmale an, die herauszuarbeiten sind.[1163]

Entscheidendes Kriterium ist jedoch der Vergleich beider Gesamteindrücke. Sofern sie übereinstimmen, muss der Eingriffstatbestand bejaht werden. Hierbei ist zu beachten, dass die Übereinstimmung des Gesamteindrucks nicht aus übereinstimmenden allgemeinen Gestaltungsideen, die gemeinfrei bleiben müssen, hergeleitet werden darf. Vielmehr müssen die konkreten Gestaltungsmerkmale übereinstimmen.[1164] Allerdings dürfen die Bestimmung der Gesamteindrücke und der daran anknüpfende Vergleich nicht ausschließlich auf deren Übereinstimmung gestützt werden. Auch die Unterschiede der Muster sind in ihrem Gewicht und Umfang in den Vergleich einzubeziehen.[1165] Eine Gewichtung der Gemeinsamkeiten und Unterschiede ist danach vorzunehmen, ob sie aus Sicht eines informierten Benutzers für die Bestimmung des Gesamteindrucks bedeutsam sind oder in den Hintergrund treten.[1166] Einzelne Erscheinungsmerkmale können daher für den Gesamteindruck überdurchschnittliche und andere Merkmale nur durchschnittliche Bedeutung haben.[1167] Dabei führen Gemeinsamkeiten in prägenden Elementen eher zu einem gleichen und Unterschiede in prägenden Elementen zu einem anderen Gesamteindruck.[1168] In diesem Zusammenhang ist zu beachten, dass bei einem weiten Schutzumfang des eingetragenen Designs auch größere Gestaltungsunterschiede möglicherweise dazu führen können, dass die angegriffene Gestaltung keinen anderen Gesamteindruck erweckt. Sofern dem eingetragenen Design jedoch ein enger Schutzumfang zukommt, können geringe Gestaltungsunterschiede beim informierten Benutzer einen anderen Gesamteindruck hervorrufen. Bei einem großen Gestaltungsspielraum kommt es demnach eher auf die Gemeinsamkeiten an, wohingegen bei einem kleinen Gestaltungsspielraum die Unterschiede in den Vordergrund zu rücken sind.[1169]

1163 Die Prüfung des Gesamteindrucks des Verletzungsdesigns erfolgt im Wesentlichen wie beim Klagedesign, vgl. *Christof,* Schutzumfang, S. 105, 226. Deshalb kann hier auf die Bestimmung des Schutzumfangs des Klagedesigns als eingetragenes Design verwiesen werden.

1164 BGH, GRUR 2011, 142 Rn. 23 – Untersetzer; *Hartwig,* GRUR 2012, 769 (772).

1165 BGH, GRUR 2018, 832 Rn. 41 – Ballerinaschuh; BGH, GRUR 2016, 333 Rn. 35 – Armbanduhr; BGH, GRUR 2013, 285 Rn. 30 – Kinderwagen II; BGH, GRUR 2011, 1117 Rn. 36 f. – ICE; BGH, GRUR 2011, 1112 Rn. 42 – Schreibgeräte; BGH, GRUR 2011, 142 Rn. 20 – Untersetzer; *Eichmann/Jestaedt,* in: Eichmann/Jestaedt/Fink/Meiser, DesignG/GGV, § 38 DesignG Rn. 22; *Hartwig,* GRUR 2012, 769 (772).

1166 BGH, GRUR 2016, 333 Rn. 35 – Armbanduhr m. w. N.; *Eichmann/Jestaedt,* in: Eichmann/Jestaedt/Fink/Meiser, DesignG/GGV, § 38 DesignG Rn. 25.

1167 Vgl. etwa BGH, GRUR 2013, 285 Rn. 71 – Kinderwagen II. So auch *Eichmann/Jestaedt,* in: Eichmann/Jestaedt/Fink/Meiser, DesignG/GGV, § 38 DesignG Rn. 25.

1168 *Christof,* Schutzumfang, S. 131 f.

1169 *Fischoeder,* in: Stöckel, Handbuch Marken- und Designrecht, Teil 6 D VIII 2 c.

bb) Probleme bei der Anwendung auf die Designparodie

Wie im Urheber- und Markenrecht lebt auch die Designparodie davon, dass das als Vorlage dienende Design wiedererkannt wird. Die Parodie und die damit verbundene Aussage sind daher für den angesprochenen Adressatenkreis nur dann ersichtlich, wenn das entlehnte Design noch erkennbar ist. Das setzt jedoch voraus, dass die Parodie die prägenden Merkmale des als Vorlage dienenden Designs übernimmt.

So werden die prägenden Merkmale des IPODs – die rechteckige Form, der Display und die runde Bedienungsfläche – im Fall »IPOD/eiPott« auf den Eierbecher gleichermaßen übertragen, um sich mit dem Design selbst in parodistischer Weise auseinanderzusetzen. Der Gesamteindruck der Gestaltung bleibt jedoch unverändert, da eindeutig die Form des IPODs erkennbar ist. Gleiches gilt in den Fällen, in denen das Design identisch übernommen wird, sich die parodistische Wirkung aber aus einem anderen Kontext ergibt. Zu denken ist etwa an das Hinzufügen eines weiteren Elements, welches die komische, künstlerische oder kritische Wirkung erzeugt. Auch in diesem Fall stehen die prägenden Merkmale der Vorlage im Mittelpunkt. Ein anderer Gesamteindruck wird nicht erweckt.

Andererseits kann das entlehnte Design aber auch unverändert übernommen werden, sodass nicht das Design selbst Gegenstand der parodistischen Auseinandersetzung ist, sondern ein anderer Umstand wie beispielsweise das dahinter stehende Unternehmen. Es handelt sich dann um eine Parodie unter Verwendung eines Designs. So verhält es sich etwa in einem Fall, mit welchem sich ein niederländisches Gericht auseinandergesetzt hat.[1170] Hierbei griff eine dänische Künstlerin auf das von dem Modehaus Louis Vuitton auf Handtaschen mit dem Namen »Audra« verwendete Design zurück. Im Mittelpunkt steht dabei ein afrikanischer Junge, der in seiner rechten Hand einen Chihuahua und in seiner linken Hand besagte Handtasche mit entsprechendem Design hält.[1171] Das Motiv ist daneben auf T-Shirts und Postkarten zu finden, welche die Künstlerin verkauft. Eine Parodie unter Verwendung eines Designs liegt aber auch dann vor, wenn ein Werbespot[1172] für das fragliche Erzeugnis, in welchem das Design wiederkehrt, parodiert wird. Jedenfalls kehrt in diesen Fallgestaltungen das geschützte Design unverändert wieder, sodass die prägenden Merkmale dessen übernommen werden. Ein anderer Gesamteindruck entsteht nicht.

Grundsätzlich hat dies zur Folge, dass die übereinstimmenden prägenden Merkmale beim informierten Benutzer keinen anderen Gesamteindruck erwe-

1170 Vgl. Rechtbank Den Haag, BeckRS 2011, 14833, wobei sich das Verfahren auf die Verletzung eines Gemeinschaftsgeschmacksmusters bezog. Vgl. auch *Sujecki*, GRUR-Prax 2011, 271, der den Sachverhalt zusammenfasst.

1171 Das Gemälde ist im Urteil der Rechtbank Den Haag, BeckRS 2011, 14833 abgebildet.

1172 Zur Werbung mit fremden Bildern siehe *Klawitter*, GRUR-Prax 2012, 1 ff.

cken. Dieser kann auch nicht durch die Verwendung eines anderen Erzeugnisses verändert werden, wie es im Fall »IPOD/eiPott« der Fall ist. Nach § 11 Abs. 6 DesignG/Art. 36 Abs. 6 GGV muss nämlich im Hinblick auf die Bestimmung des Schutzumfangs beachtet werden, dass die Erzeugnisangabe nach § 11 Abs. 3 DesignG/Art. 36 Abs. 2 GGV und das Verzeichnis der Warenklasse, in welches das Design nach § 11 Abs. 5 Nr. 3 DesignG/Art. 36 Abs. 3 lit. d GGV eingetragen werden kann, keinen Einfluss auf den Schutzumfang des eingetragenen Designs haben.[1173] Das eingetragene Design gewährt seinem Inhaber deshalb für jede Art von Erzeugnis und nicht nur für das in der Anmeldung angegebene Erzeugnis das ausschließliche Recht, es zu benutzen und andere von dessen Benutzung auszuschließen.[1174] Diese auf die Produktkategorie bezogenen Angaben können den Schutz des Designs daher nicht beschränken.[1175]

Nach den aufgezeigten Grundsätzen, wonach es entscheidend auf den äußeren Gesamteindruck ankommt, wäre eine Benutzung eines geschützten Designs zum Zweck der Parodie daher von der Zustimmung des parodierten Rechtsinhabers abhängig. Er wird jedoch kaum in eine solche Benutzung einwilligen. Stellt man allein auf die äußeren prägenden Merkmale ab, so wird dieses Kriterium dem Wesen der Parodie nicht gerecht. Sie ist schließlich auf die Verwendung der Vorlage angewiesen.

cc) *Abschwächung des Kriteriums des Gesamteindrucks*

Der Begriff »Gesamteindruck« ist allerdings ein unbestimmter Rechtsbegriff. Es ist nicht erkennbar, dass die Bestimmung des Gesamteindrucks ausschließlich auf den Vergleich der äußeren Merkmale gestützt werden muss. Vielmehr erfasst der Begriff alle Vorstellungen, die sich aus sämtlichen Details einer Darstellung ergeben. Hätten allein die äußeren Merkmale Einfluss auf die Bestimmung des Schutzumfangs haben sollen, wäre eine deutlichere Normierung durch den Gesetzgeber erforderlich gewesen. Da die Anwendung des einfachen Rechts unter der Prämisse der Beachtung der Grundrechte steht,[1176] ist es – wie auch im

1173 Gemäß Art. 36 Abs. 6 GGV haben im europäischen Geschmacksmusterrecht auch Beschreibungen mit einer Erläuterung der Wiedergabe oder die Probe i. S. d. Art. 36 Abs. 3 lit. a GGV keinen Einfluss auf die Bestimmung des Schutzumfangs.

1174 So auch EuGH, Urt. v. 21.9.2017 – verb. Rs. C-361/15 P und C-405/15 P, Rn. 93 – Duschabflussrinne zu Art. 36 Abs. 6 GGV, der mit dem Wortlaut des § 11 Abs. 6 DesignG nahezu übereinstimmt. Siehe auch *Becker,* GRUR Int 2012, 312 (323), der dahingehend argumentiert, dass es nicht mit dem Sinn des Schutzes eines Geschmacksmusters vereinbar wäre, sich von vornherein auf die Benutzung dessen für lediglich bestimmte Erzeugnisarten festzulegen.

1175 In diesem Sinne auch *Hartwig,* GRUR-RR 2018, 321 (323); *ders.*, GRUR 2016, 882ff.; *Ruhl,* in: Ruhl/Tolkmitt, GGV, Art. 10 Rn. 64. A. A. *Jestaedt,* GRUR 2018, 441 (442f.), der jedoch nicht auf § 11 Abs. 6 DesignG eingeht, der klar gegen eine Einbeziehung der Erzeugnisangabe bei der Bestimmung des Schutzumfangs spricht.

1176 Siehe unter Kapitel 2 A. IV.

Urheberrecht bezüglich der Selbstständigkeit des Werkes dargestellt – notwendig, den unbestimmten Rechtsbegriff vor dem Hintergrund der Meinungs- und Kunstfreiheit auszulegen. Hinsichtlich der rechtlichen Behandlung der Designparodie bedeutet dies, dass das Kriterium der Bestimmung des Gesamteindrucks angepasst werden muss. Vergleicht man die Bestimmung des Eingriffs in den Schutzumfang des eingetragenen Designs mit der der Selbstständigkeit des neuen Werkes im Rahmen des § 24 Abs. 1 UrhG,[1177] so fällt auf, dass im Hinblick auf die Prüfung ähnlich vorgegangen wird. Der Gesamteindruck spielt für den Vergleich des Originals mit der Parodie eine entscheidende Rolle. Aufgrund der ähnlichen Vorgehensweise können die Wertungen in Bezug auf die Auslegung von § 24 Abs. 1 UrhG auf das Designrecht übertragen werden. In Anlehnung an die Behandlung der Parodie im Rahmen des § 24 Abs. 1 UrhG kann ein anderer Gesamteindruck auch durch einen inneren Abstand zur Vorlage geschaffen werden, um der Auseinandersetzung mit etwas Vorbestehenden keine zu engen Grenzen zu setzen.[1178] Dieser innere Abstand kann in Bezug auf die Parodie durch eine antithematische Auseinandersetzung mit dem als Vorlage dienenden Design erreicht werden. Hierfür muss sich die Parodie inhaltlich vom Original distanzieren, indem es sich kritisch, künstlerisch oder humorvoll mit diesem auseinandersetzt. Eine bloße Verfremdung ohne Auseinandersetzung mit der Vorlage genügt jedoch nicht. Je mehr sich die Parodie an das Original anlehnt, desto strenger ist die Voraussetzung der geistigen Auseinandersetzung zu prüfen. Wie auch im Zusammenhang mit der Parodie im Urheberrecht hinsichtlich des inneren Abstandes festgestellt, muss sich die Parodie mit der Vorlage selbst auseinandersetzen. Im Hinblick auf die Auslegung des unbestimmten Rechtsbegriffs »Gesamteindruck« sind daher die Meinungs- und Kunstfreiheit des Parodisten und die grundrechtlich geschützten Belange des Parodierten in Einklang zu bringen. Zur Herstellung der praktischen Konkordanz sind die kollidierenden Grundrechte gegeneinander abzuwägen. Voraussetzung für die Änderung des Gesamteindrucks durch die grundrechtskonforme Auslegung ist demnach, dass die Meinungs- und Kunstfreiheit des Parodisten gegenüber der Eigentumsfreiheit des Parodierten überwiegen.[1179]

Überträgt man diese Wertungen auf die oben genannten Beispiele – die Parodie des Designs und die Parodie unter Verwendung des Designs, so fällt auf, dass hiervon ausschließlich die Parodie des Designs selbst erfasst wird. Allein in dieser Fallgestaltung setzt sich die Parodie mit der Vorlage selbst kritisch, künstlerisch oder humorvoll auseinander. So wird im Fall »IPOD/eiPott« das Design des IPODs in humoristischer Weise in einen Eierbecher umgewandelt.

1177 Siehe hierzu unter Kapitel 3 A. II. 2. b) bb).
1178 Vgl. hierzu ausführlich unter Kapitel 3 A. II 2. b) dd).
1179 Siehe zu den Kriterien für die Interessenabwägung ausführlich unter Kapitel 2 C.

Gleiches gilt für die identische Übernahme unter Hinzufügung eines weiteren Elements, sofern das als Vorlage dienende Design der Bezugspunkt der mit der Hinzufügung des Elements bezweckten Auseinandersetzung ist. Voraussetzung ist in diesem Zusammenhang aber stets, dass die Parodie auch als solche erkannt wird. Andernfalls nimmt der informierte Benutzer die antithematische Auseinandersetzung mit dem Design nicht wahr. Wird die Parodie nicht erkannt, erblickt der informierte Benutzer lediglich das Originaldesign, sodass kein anderer Gesamteindruck entsteht.[1180] Erkennt der informierte Benutzer die Parodie, kommt es entscheidend auf die Frage der Zulässigkeit der Parodie unter Abwägung der sich gegenüberstehenden Interessen an. Nur wenn die Parodie unter Berücksichtigung der herausgearbeiteten Kriterien zulässig ist, wird ein anderer Gesamteindruck erweckt. Im Fall der Parodie unter Verwendung des Designs setzt sich der Parodist demgegenüber nicht mit dem Design selbst in antithematischer Weise auseinander, sondern mit Umständen, die außerhalb der Vorlage liegen. Diese Auseinandersetzung kann sich dabei etwa auf das hinter dem Design stehende Unternehmen oder auf gänzlich außerhalb des Einflussbereichs liegende Umstände – wie der oben geschilderte Fall »Louis Vuitton« verdeutlicht – beziehen. Da das Design selbst aber nicht Bezugspunkt der Auseinandersetzung ist, sondern vielmehr identisch übernommen wird, um lediglich den Anknüpfungspunkt der Auseinandersetzung zu verdeutlichen, wird beim informierten Benutzer kein anderer Gesamteindruck erweckt.

d) *Zwischenfazit*

Ob die Designparodie in den Schutzumfang des parodierten Designs eingreift, ist davon abhängig, ob sie gegenüber diesem einen anderen Gesamteindruck aufweist. Die Verwendung des unbestimmten Rechtsbegriffs »Gesamteindruck« lässt es zu, nicht ausschließlich auf die äußeren Merkmale abzustellen, sondern – in Anlehnung an die Auslegung des § 24 Abs. 1 UrhG – auch einen inneren Abstand ausreichen zu lassen, um den Gesamteindruck zu ändern. Im Hinblick auf die Auslegung des unbestimmten Rechtsbegriffs »Gesamteindruck« sind zum einen die Meinungs- und Kunstfreiheit des Parodisten und zum anderen die grundrechtlich geschützten Belange des Parodierten heranzuziehen. Voraussetzung für die Änderung des Gesamteindrucks durch die grundrechtskonforme Auslegung ist demnach, dass die Meinungs- und Kunstfreiheit des Parodisten gegenüber der Eigentumsfreiheit des Parodierten überwiegen. Andernfalls muss die Abänderung des Gesamteindrucks zugunsten des Inhabers des parodierten Designs verneint werden, sodass der Verletzungstatbestand erfüllt ist. Jedenfalls schaffen das DesignG/die GGV, indem ein wertungsoffener Begriff verwendet

---

1180 Ähnlich bereits bezüglich der unmittelbaren Verwechslungsgefahr im Rahmen des Markenrechts. Siehe unter Kapitel 3 B. IV. 2. d) aa) (2).

wird, die Möglichkeit, auch die Interessen des Parodisten zu berücksichtigen. Deshalb können die sich gegenüberstehenden Interessen an dieser Stelle gegeneinander abgewogen werden. Einen anderen Gesamteindruck erweckt daher nur eine Parodie des Designs selbst, welche i. S. d. herausgearbeiteten Kriterien als zulässig eingestuft werden kann. Wird die Parodie nicht als solche erkannt, fällt die Interessenabwägung zugunsten des Parodierten aus oder handelt es sich um eine Parodie unter Verwendung eines Designs, wird kein anderer Gesamteindruck erweckt.

3. Die Designparodie als Nachahmung eines nicht eingetragenen Gemeinschaftsgeschmacksmusters, Art. 19 Abs. 2 GGV i. V. m. Art. 10 GGV

Das nicht eingetragene Gemeinschaftsgeschmacksmuster gewährt seinem Inhaber im Gegensatz zum eingetragenen Design/Geschmacksmuster kein Ausschließlichkeitsrecht. Nach Art. 19 Abs. 2 GGV kann er die in Art. 19 Abs. 1 GGV genannten Handlungen nur dann verbieten, wenn die angefochtene Benutzung das Ergebnis einer Nachahmung des geschützten Musters ist. Im Gegensatz zum eingetragenen Gemeinschaftsgeschmacksmuster bedarf es daher eines zusätzlichen Kriteriums für die Bestimmung des Eingriffs in den Schutzumfang. Dieses ist erforderlich, da ein nicht eingetragenes Gemeinschaftsgeschmacksmuster mangels Eintragung in das Register nicht recherchierbar ist, sodass Parallelschöpfungen möglich sind.[1181] Eine Verletzung und damit zusammenhängende Ansprüche sind daher nur zu bejahen, wenn der Benutzer das nicht eingetragene Gemeinschaftsgeschmacksmuster nachgeahmt hat. Das setzt nicht nur voraus, dass objektiv eine Nachahmung gegeben ist. Darüber hinaus muss der Nachahmende auch Kenntnis von dem Original haben.[1182] Die Benutzung wird nach Art. 19 Abs. 2 UA 2 GGV daher dann nicht als Nachahmung betrachtet, wenn sie das Ergebnis eines selbstständigen Entwurfs eines Entwerfers ist, von dem berechtigterweise angenommen werden kann, dass er das von dem Inhaber offenbarte Muster nicht kannte. Da der Parodist bewusst auf ein vorbestehendes Design zurückgreift, um seine hinter der Parodie stehende Aussage zu vermitteln, ist die subjektive Nachahmungskomponente stets erfüllt. Fraglich ist jedoch,

1181 *Buchmüller,* Das nicht eingetragene Gemeinschaftsgeschmacksmuster, S. 143; *Gottschalk,* Der Schutz des Designs, S. 89; *Reinisch,* Das nicht eingetragene Gemeinschaftsgeschmacksmuster, S. 35; *Ruhl,* in: Ruhl/Tolkmitt, GGV, Art. 19 Rn. 72.

1182 *Fischoeder,* in: Stöckel, Handbuch Marken- und Designrecht, Teil 6 E. III. 4. b); *Nägele,* IPRB 2011, 183 (184); *Reinisch,* Das nicht eingetragene Gemeinschaftsgeschmacksmuster, S. 34; *Rother,* in: FS Eisenführ, S. 94; *Ruhl,* in: Ruhl/Tolkmitt, GGV, Art. 19 Rn. 73; *Veit,* Die Durchsetzung des Gemeinschaftsgeschmacksmusters, S. 34; *Zwanzger,* Das Gemeinschaftsgeschmacksmuster, S. 78.

ob die Designparodie auch objektiv eine Nachahmung darstellt, da u. U. Änderungen am Original vorgenommen werden. Dabei kann es auf eine identische Übernahme des vorbestehenden Gemeinschaftsgeschmacksmusters nicht ankommen.[1183] Das ergibt sich bereits aus dem Zusammenhang mit Art. 10 GGV. Danach ist lediglich darauf abzustellen, ob ein anderer Gesamteindruck zwischen der Benutzung und dem benutzten Gemeinschaftsgeschmacksmuster entsteht. Da es bezüglich des Schutzumfangs nicht auf eine Identität ankommt, sondern auch ähnliche Muster erfasst sind, muss dies auch für die Nachahmung gelten.[1184] Damit sind sowohl solche Parodien, die das Design in unveränderter Form übernehmen, als auch solche, die den parodistischen Effekt durch Abwandlungen des Originals erreichen, von Art. 19 Abs. 2 GGV erfasst. Die Parodie muss, damit der Parodierte gegen eine Verletzung seines nicht eingetragenen parodierten Geschmacksmusters vorgehen kann, nicht nur in den Schutzumfang nach Art. 10 GGV fallen, sondern darüber hinaus auch eine Nachahmung darstellen.

Eine Designparodie fällt aber nur dann in den Schutzbereich des nicht eingetragenen Gemeinschaftsgeschmacksmusters, wenn sie gegenüber diesem keinen anderen Gesamteindruck erweckt. Auch hier muss ein Eingriff in den Schutzumfang nach Art. 10 GGV vorliegen. Deshalb ergeben sich keine Änderungen zu den obigen Ausführungen.[1185] Eine Verletzung ist demnach nur dann zu bejahen, wenn die Abwägung der Interessen ergibt, dass die Belange des Parodierten gegenüber der Meinungs- und Kunstfreiheit des Parodisten überwiegen. Fällt die Abwägung zugunsten des Parodierten aus, was etwa dann der Fall ist, wenn die Parodie als solche nicht erkannt wird, so geht damit die Bejahung der Nachahmung einher. Demgegenüber ist im Hinblick auf die Parodie unter Verwendung eines Designs von einem Eingriff in den Schutzumfang auszugehen. In diesem Fall entsteht von vornherein kein anderer Gesamteindruck, da sich der Parodist nicht mit dem Design selbst auseinandersetzt.

IV. Beschränkungen der Rechte aus dem Design nach § 40 DesignG / Art. 20 GGV

Fraglich ist, wie mit den Designparodien zu verfahren ist, die keinen anderen Gesamteindruck beim informierten Benutzer hervorrufen. Da diese in den Schutzumfang der Vorlage eingreifen und damit grundsätzlich den Tatbestand

1183 *Buchmüller,* Das nicht eingetragene Gemeinschaftsgeschmacksmuster, S. 144.
1184 So auch *Ruhl,* in: Ruhl/Tolkmitt, GGV, Art. 19 Rn. 73; *Zwanzger,* Das Gemeinschaftsgeschmacksmuster, S. 78.
1185 Siehe unter Kapitel 3 C. III. 2. c).

des § 38 DesignG/Art. 19 GGV erfüllen, ist zu untersuchen, ob eine Beschränkung der Rechte aus dem Design i. S. d. § 40 DesignG/Art. 20 GGV vorliegt. In Betracht kommen in diesem Zusammenhang v. a. Handlungen im privaten Bereich gemäß § 40 Nr. 1 DesignG/Art. 20 Abs. 1 lit. a GGV und Wiedergaben zur Zitierung gemäß § 40 Nr. 3 DesignG/Art. 20 Abs. 1 lit. c GGV.

1. Handlungen im privaten Bereich gemäß § 40 Nr. 1 DesignG/Art. 20 Abs. 1 lit. a GGV

Gemäß § 40 Nr. 1 DesignG/Art. 20 Abs. 1 lit. a GGV können die Rechte aus dem Design nicht geltend gemacht werden gegenüber Handlungen, die im privaten Bereich zu nichtgewerblichen Zwecken vorgenommen werden.

Dabei ist zu berücksichtigen, dass nur natürliche Personen im privaten Bereich handeln können,[1186] sodass Parodien, die von juristischen Personen angefertigt werden, nicht von dieser Beschränkung erfasst werden.[1187] Darüber hinaus darf nicht zu gewerblichen Zwecken gehandelt werden. Eine Handlung dient dann gewerblichen Zwecken, wenn sie auf einen wirtschaftlichen Vorteil gerichtet ist und im geschäftlichen Verkehr stattfindet.[1188]

So ging das niederländische Gericht im oben geschilderten Fall »Louis Vuitton« davon aus, dass eine Nutzung im geschäftlichen Verkehr abzulehnen sei, da die Rechte der Künstlerin auf Meinungs- und Kunstfreiheit schwerer als das Eigentumsrecht von Louis Vuitton wiegen würden.[1189] Die Künstlerin habe nicht beabsichtigt, den Ruf des Unternehmens für eigene gewerbsmäßige Handlungen kommerziell zu nutzen.[1190] Vielmehr habe sie die Bekanntheit genutzt, um ihre sozialkritischen Äußerungen zu transportieren.[1191] Die Handtasche diene lediglich als Blickfang für die geäußerte gesellschaftliche Kritik und werde nicht durch ihre Verwendung als Blickfang zu einem Ausdruck rein kommerzieller Natur.[1192]

Hieraus schlussfolgert *Sujecki,* dass im Falle des Verkaufs noch keine gewerbliche Nutzung vorliege, wenn nicht die Erzielung eines wirtschaftlichen

1186 *Auler,* in: Büscher/Dittmer/Schiw, Art. 20 GGV Rn. 2; *Eichmann/Jestaedt,* in: Eichmann/Jestaedt/Fink/Meiser, DesignG/GGV, § 40 DesignG Rn. 2; *Jestaedt,* in: Eichmann/Jestaedt/Fink/Meiser, DesignG/GGV, Art. 20 GGV Rn. 2.

1187 Zum Ausschluss juristischer Personen siehe *Cornels,* Die Schranken des Designrechts, S. 83; *Eichmann,* in: Eichmann/Kur, Designrecht, § 2 Rn. 158.

1188 *Eichmann/Jestaedt,* in: Eichmann/Jestaedt/Fink/Meiser, DesignG/GGV, § 40 DesignG Rn. 3; *Jestaedt,* in: Eichmann/Jestaedt/Fink/Meiser, DesignG/GGV, Art. 20 GGV Rn. 3.

1189 Vgl. Rechtbank Den Haag, BeckRS 2011, 14833 Rn. 4.7. ff. So auch zusammenfassend *Sujecki,* GRUR-Prax 2011, 271.

1190 Rechtbank Den Haag, BeckRS 2011, 14833 Rn. 4.8.

1191 Rechtbank Den Haag, BeckRS 2011, 14833 Rn. 4.8.

1192 Rechtbank Den Haag, BeckRS 2011, 14833 Rn. 4.9.

Gewinnes im Vordergrund stehe, sondern die Kritik an der Gesellschaft.[1193] Zwar fehlt hinsichtlich seiner Argumentation der Bezug zu einer konkreten Norm. Jedoch lassen sich seine Erwägungen im Rahmen des § 40 Nr. 1 DesignG/Art. 20 Abs. 1 lit. a GGV verorten, sodass man zu dem Ergebnis kommen müsste, dass die Beschränkung in derartigen Fällen einschlägig sein könnte. Hiergegen spricht jedoch, dass das Kriterium »zu nicht gewerblichen Zwecken« sachlich betrachtet keinen Unterschied zum Kriterium des geschäftlichen Verkehrs i. S. d. § 14 Abs. 2 MarkenG/Art. 9 Abs. 2 UMV aufweist.[1194] Von § 14 Abs. 2 MarkenG/Art. 9 Abs. 2 UMV werden alle ideell motivierten Handlungen erfasst, sofern sie zumindest auch auf die Förderung eines eigenen oder fremden Geschäftszwecks gerichtet sind.[1195] Die Tatsache allein, dass nicht der kommerzielle Zweck der Handlung im Vordergrund steht, kann demnach nicht dazu führen, dass ein Handeln zu gewerblichen Zwecken zu verneinen ist. Treten neben die ideellen Ziele auch kommerzielle Zwecke, so verdrängt die kommerzielle Betätigung die ideelle Motivation. Die Designparodie, die den Tatbestand des § 38 DesignG/Art. 19 GGV i. V. m. Art. 10 GGV erfüllt, wird daher nur dann von der Beschränkung gemäß § 40 Nr. 1 DesignG/Art. 20 Abs. 1 lit. a GGV erfasst, wenn der Parodist eine natürliche Person ist und ausschließlich ideelle Zwecke verfolgt.

2. Wiedergabe zur Zitierung gemäß § 40 Nr. 3 DesignG/Art. 20 Abs. 1 lit. c GGV

Verfolgt der Parodist auch kommerzielle Ziele, so kommt lediglich § 40 Nr. 3 DesignG/Art. 20 Abs. 1 lit. c GGV in Betracht.[1196] Voraussetzung ist, dass die Parodie eine Wiedergabe zum Zwecke der Zitierung darstellen muss. Darüber hinaus muss die Wiedergabe mit den Gepflogenheiten des redlichen Geschäftsverkehrs vereinbar sein. Sie darf die normale Verwertung des Designs nicht über Gebühr beeinträchtigen und muss die Quelle angeben.

1193 Siehe hierzu *Sujecki*, GRUR-Prax 2011, 271.

1194 So *Eichmann*, in: Eichmann/Kur, Designrecht, § 2 Rn. 159; *Eichmann/Jestaedt*, in: Eichmann/Jestaedt/Fink/Meiser, DesignG/GGV, § 40 DesignG Rn. 3; *Jestaedt*, in: Eichmann/Jestaedt/Fink/Meiser, DesignG/GGV, Art. 20 GGV Rn. 3. So auch *Cornels*, Die Schranken des Designrechts S. 83.

1195 Siehe hierzu näher unter Kapitel 3 B. III. 1.

1196 So geht auch der EuGH davon aus, dass die Wiedergabe im Kontext einer geschäftlichen Tätigkeit erfolgen muss. Vgl. EuGH, Urt. v. 27.9.2017 – verb. Rs. C-24/16 und C-25/16, Rn. 75 – Nintendo/BigBen.

a) Wiedergabe

Zu beachten ist in diesem Zusammenhang, dass die Schranke allein auf die Benutzungshandlung der Wiedergabe anzuwenden ist. Die Parodie wird daher nur von § 40 Nr. 3 DesignG/Art. 20 Abs. 1 lit. c GGV erfasst, wenn sie das Originaldesign wiedergibt. Da im Zusammenhang mit den Parodien, welche den Tatbestand des § 38 DesignG/Art. 19 GGV erfüllen, kein anderer Gesamteindruck hervorgerufen wird, werden zumindest die prägenden Merkmale des Originaldesigns unverändert wiedergegeben. Erfasst sind davon lediglich Parodien als zweidimensionale Abbildung eines zwei- oder dreidimensionalen Erzeugnisses.[1197]

b) Handeln zum Zwecke der Zitierung

Die Designparodie muss auch dem Zweck der Zitierung dienen. Fraglich ist, unter welchen Voraussetzungen ein solches Handeln bejaht werden kann.

aa) Bestimmung des Handelns zum Zwecke der Zitierung

Dass der Begriff »Zitierung« nicht lediglich im Zusammenhang mit Textzitaten zu verstehen ist, verdeutlichen das »ICE«-Urteil des BGH[1198] und die »Nintendo/BigBen«-Entscheidung[1199] des EuGH, welche die Anwendung der Beschränkung des § 40 Nr. 3 DesignG/Art. 20 Abs. 1 lit. c GGV im Zusammenhang mit der Wiedergabe von Gegenständen diskutieren. Fraglich ist jedoch, wie der Begriff der »Zitierung« konkret auszulegen ist.

In seiner »ICE«-Entscheidung stellte der BGH fest, dass eine Wiedergabe zum Zwecke der Zitierung in Anlehnung an eine Nutzung dem Zwecke des Zitats i. S. d. § 51 UrhG auszulegen sei.[1200] Es komme deshalb auf eine innere Verbindung zwischen dem zitierten Design und den eigenen Gedanken der Zitierenden an. Das Design müsse daher als Belegstelle oder Erörterungsgrundlage für eigene Ausführungen des Zitierenden dienen. Gegen eine derartige Übertragung der urheberrechtlichen Wertungen spricht jedoch, dass das Designrecht nicht mehr als »kleines Urheberrecht« anzusehen ist, sondern vielmehr ein eigenständiges gewerbliches Schutzrecht darstellt.[1201] Für die Bestimmung, wann ein Handeln zum Zwecke der Zitierung vorliegt, kann es daher nicht auf die urheberrechtlichen Wertungen ankommen. Vielmehr sind die Kriterien anhand designrechtlicher Wertungen aufgrund der Eigenständigkeit des Schutzrechts zu konkreti-

1197 Zur Wiedergabe als Benutzungshandlung siehe bereits unter Kapitel 3 C. III. 1.
1198 BGH, GRUR 2011, 1117ff. – ICE.
1199 EuGH, Urt. v. 27.9.2017 – verb. Rs. C-24/16 und C-25/16 – Nintendo/BigBen.
1200 Siehe hierzu BGH, GRUR 2011, 1117 Rn. 44ff. – ICE. Zu dem Zitatzweck im Rahmen des § 51 UrhG siehe bereits unter Kapitel 3 A. II. 4. c).
1201 Siehe hierzu bereits unter Kapitel 3 C. I.

sieren.[1202] So geht auch der EuGH im Hinblick auf Art. 20 Abs. 1 lit. c GGV davon aus, dass aus den Erfordernissen der einheitlichen Anwendung des Unionsrechts und des Gleichheitssatzes folge,

> »dass die Begriffe einer Vorschrift des Unionsrechts, die für die Ermittlung ihres Sinnes und ihrer Bedeutung nicht ausdrücklich auf das Recht der Mitgliedstaaten verweist, in der Regel in der gesamten Union eine autonome und einheitliche Auslegung erhalten müssen, die unter Berücksichtigung nicht nur des Wortlauts der Vorschrift gefunden werden [müsse], sondern auch ihres Zusammenhangs oder der Ziele, die mit der Reglung, zu der sie gehört, verfolgt werden«.[1203]

Zwar sei demnach die Zitierung in Bezug auf solche Wiedergaben zulässig, die als Grundlage für Erläuterungen und Kommentierung dienen.[1204] Das Ziel des Designschutzes sei dabei aber zu berücksichtigen. Unter Bezugnahme auf ErwG 6 und 7 GGV werde ein umfassender Schutz eingeführt, der auch zur Innovation und zur Entwicklung neuer Erzeugnisse sowie zur Investition für ihre Herstellung ermutigen solle.[1205]

Der EuGH verlangt daher ebenso wie der BGH eine innere Verbindung zwischen den Erläuterungen und einem Design.[1206] Das Maß der inneren Auseinandersetzung ist jedoch niedriger als im Urheberrecht.[1207] Dies wird vor allem dadurch deutlich, dass der EuGH die Verwendung und Abbildung designrechtlich geschützter Gestaltungen als Kompatibilitätshinweis als Handlung zum Zwecke der Zitierung ansieht.[1208] Der EuGH verfolgt daher einen liberaleren Ansatz.[1209]

bb) *Anwendung auf die Designparodie*

Fraglich ist daher, ob eine Designparodie diese Anforderungen erfüllen kann. Sie muss demnach als Grundlage für Erläuterungen oder Kommentare dienen.

1202 So auch *Cornels,* Die Schranken des Designrechts, S. 91 ff. Siehe zur Kritik bezüglich des Rückgriffs auf die urheberrechtliche Vorschrift des § 51 UrhG *Klawitter,* GRUR-Prax 2012, 1 (2). Auch *Eichmann,* in: Eichmann/Kur, Designrecht, § 2 Rn. 161 spricht sich für eine autonome Auslegung aus.

1203 EuGH, Urt. v. 27.9.2017 – verb. Rs. C-24/16 und C-25/16, Rn. 70 – Nintendo/BigBen.

1204 EuGH, Urt. v. 27.9.2017 – verb. Rs. C-24/16 und C-25/16, Rn. 76 – Nintendo/BigBen.

1205 EuGH, Urt. v. 27.9.2017 – verb. Rs. C-24/16 und C-25/16, Rn. 73 – Nintendo/BigBen.

1206 So auch *Eichmann/Jestaedt,* in: Eichmann/Jestaedt/Fink/Meiser, DesignG/GGV, § 40 DesignG Rn. 9; *Jestaedt,* in: Eichmann/Jestaedt/Fink/Meiser, DesignG/GGV, Art. 20 GGV Rn. 9; *Tolkmitt,* in: Ruhl/Tolkmitt, GGV, Art. 20 Rn. 15.

1207 So auch *Cornels,* Die Schranken des Designrechts, S. 93 f.

1208 EuGH, Urt. v. 27.9.2017 – verb. Rs. C-24/16 und C-25/16, Rn. 76 – Nintendo/BigBen.

1209 *Eichmann/Jestaedt,* in: Eichmann/Jestaedt/Fink/Meiser, DesignG/GGV, § 40 DesignG Rn. 9; *Jestaedt,* in: Eichmann/Jestaedt/Fink/Meiser, DesignG/GGV, Art. 20 GGV Rn. 9.

(1) Die Parodie des Designs

Indem der Parodist das Design selbst in parodistischer Weise aufgreift, dient die Wiedergabe dessen als Grundlage der Auseinandersetzung. Dies gilt jedenfalls für die Fälle, in denen die Parodie tatsächlich als solche erkannt wird, da nur dann die Intention des Parodisten wahrgenommen werden kann.

Wird die Parodie jedoch nicht erkannt, ist nicht ersichtlich, dass die Wiedergabe des Designs als Grundlage der Auseinandersetzung dient. Vielmehr wird die Parodie für das Original gehalten. Erläuterungen oder Kommentare in Bezug auf das Original werden nicht wahrgenommen, sodass der Zitatzweck nicht erfüllt wird.

(2) Die Parodie unter Verwendung des Designs

Fraglich ist, ob die Parodie unter Verwendung des Designs ein Handeln zum Zwecke der Zitierung darstellt. Indem die Künstlerin im Fall »Louis Vuitton« auf das Design des Modeherstellers in ihrer Gestaltung zurückgriff, hat sie das Design bewusst gewählt, um sich mit den Assoziationen, die sich aus dem Design ergeben, auseinanderzusetzen. Die Wahl des Designs hob ihre gesellschaftskritische Sicht besonders hervor. Durch die Übernahme der Tasche hat sie verdeutlicht, dass in den Medien und der Öffentlichkeit der glamourösen Welt zu viel und der beunruhigenden Situation in Darfur zu wenig Aufmerksamkeit geschenkt wird.[1210] Zwar findet lediglich eine mittelbare Auseinandersetzung mit dem Design statt, da es vorranging um die mit dem Design verbundenen Assoziationen geht. Es verdeutlicht den Zusammenhang mit der Welt der Prominenten, mit der dieses Design stets in Verbindung gebracht wird. Auch wenn sich die Künstlerin in diesem Fall nicht unmittelbar mit dem Design selbst auseinandergesetzt hat, ist das übernommene Original dennoch zentrale Grundlage der bezweckten Erläuterung und Kommentierung.[1211]

Gleiches gilt für den Fall, in dem ein Werbespot für das fragliche Erzeugnis, in welchem das Design wiederkehrt, parodiert wird. Auch in diesem Fall dient das wiederkehrende Design als Grundlage der Auseinandersetzung, da andernfalls nicht erkennbar ist, womit sich der Parodist auseinandersetzen will. Zwar ist der Bezugspunkt der Auseinandersetzung wiederum nicht unmittelbar das Design selbst, jedoch das hinter dem Design stehende Unternehmen, dessen Produkte, Produktion o.Ä. Es handelt sich dabei um Gedankeninhalte, die stets durch das Design hervorgerufen werden. Das Design dient daher der Identifizierung des hinter dem Design stehenden Unternehmens, sodass zumindest mittelbar eine Auseinandersetzung mit dem Design stattfindet. Eine innere Verbindung ist in den Fällen der Parodie unter Verwendung eines Designs daher zu bejahen.

1210 Vgl. Rechtbank Den Haag, BeckRS 2011, 14833 Rn. 4.4.

1211 So i.E. auch *Starcke*, GRUR 2018, 1102 (1105), welcher auf diesen Fall Bezug nimmt.

cc) Zwischenfazit

Eine innere Verbindung i. S. d. § 40 Nr. 3 DesignG/Art. 20 Abs. 1 lit. c GGV kann nur in Bezug auf die Parodie des Designs, welche als solche erkannt wird und hinsichtlich der Parodie unter Verwendung eines Designs angenommen werden. Nur in diesem Zusammenhang wird deutlich, dass die Bezugnahme auf das Design als Grundlage der Auseinandersetzung dient. Wird die Parodie nicht als solche erkannt, wird sie nicht als Grundlage für die Auseinandersetzung mit dem Design wahrgenommen, sondern für das Original gehalten. Ein Handeln zum Zwecke der Zitierung muss in diesem Fall abgelehnt werden.

c) Vereinbarkeit mit den Gepflogenheiten des redlichen Geschäftsverkehrs

Darüber hinaus muss die Designparodie, die dem Zweck der Zitierung dient, mit den Gepflogenheiten des redlichen Geschäftsverkehrs vereinbar sein. Das ist insbesondere dann der Fall, wenn rechtswidrige Handlungen vorliegen oder solche, die geeignet sind, die Wertschätzung des Rechtsinhabers in unlauterer Weise auszunutzen.[1212] Ob die Handlung den Gepflogenheiten des redlichen Geschäftsverkehrs entspricht, ist in Anlehnung an den markenrechtlichen Begriff der anständigen Gepflogenheiten in Handel und Gewerbe i. S. d. § 23 Abs. 2 MarkenG/Art. 14 Abs. 2 UMV zu bestimmen, sodass eine Gesamtabwägung aller Umstände des Einzelfalles erforderlich ist.[1213] Wie im Hinblick auf § 23 Abs. 2 MarkenG/Art. 14 Abs. 2 UMV festgestellt,[1214] ermöglicht die wertungsoffene Formulierung, die Interessen des Parodierten und des Parodisten gegeneinander abzuwägen, sodass an dieser Stelle die sich gegenüberstehenden Grundrechtspositionen berücksichtigt werden können.

Bezogen auf die Parodie des Designs selbst ist in diesem Zusammenhang jedoch zu berücksichtigen, dass hinsichtlich der Bestimmung des Gesamteindrucks die Interessenabwägung schon einmal zugunsten des Parodierten ausgefallen ist. Andernfalls wäre in diesem Zusammenhang § 40 Nr. 3 DesignG/Art. 20 Abs. 1 lit. c GGV für den Parodisten nicht relevant. Das Abwägungsergebnis muss berücksichtigt werden. Auch an dieser Stelle muss die Parodie als unzulässig eingestuft werden, sodass sie nicht mit den Gepflogenheiten des redlichen Geschäftsverkehrs vereinbar ist.

Etwas anderes gilt für die Parodie unter Verwendung des Designs. Für diese Fallgruppe wird die Interessenabwägung erstmals relevant. Sie entspricht nur

---

1212 EuGH, Urt. v. 27.9.2017 – verb. Rs. C-24/16 und C-25/16, Rn. 80 – Nintendo/BigBen; *Tolkmitt,* in: Ruhl/Tolkmitt, GGV, Art. 20 Rn. 18.

1213 EuGH, Urt. v. 27.9.2017 – verb. Rs. C-24/16 und C-25/16, Rn. 79 – Nintendo/BigBen; *Eichmann/Jestaedt,* in: Eichmann/Jestaedt/Fink/Meiser, DesignG/GGV, § 40 DesignG Rn. 11; *Jestaedt,* in: Eichmann/Jestaedt/Fink/Meiser, DesignG/GGV, Art. 20 GGV Rn. 11; *Tolkmitt,* in: Ruhl/Tolkmitt, GGV, Art. 20 Rn. 18.

1214 Siehe unter Kapitel 3 B. V. 2.

dann den Gepflogenheiten des redlichen Geschäftsverkehrs, wenn sie nach den herausgearbeiteten Kriterien[1215] als zulässig eingestuft werden kann. Damit gewährleistet die Beschränkung des § 40 Nr. 3 DesignG/Art. 20 Abs. 1 lit. c GGV einen geeigneten Anknüpfungspunkt, um einen gerechten Interessenausgleich zu schaffen, für den Fall der Parodie unter Verwendung eines Designs, die den Verletzungstatbestand des § 38 DesignG/Art. 19 GGV erfüllt.

d) Keine Beeinträchtigung der normalen Verwertung des eingetragenen Designs

Die zulässige Designparodie[1216] darf die Verwertung des geschützten Designs nicht über Gebühr beschränken. Dies ist zumindest dann der Fall, wenn das Zitat ein Substitut für die Verwertungshandlung des Rechtsinhabers ist.[1217] Hierbei fällt auf, dass eine entsprechende Regelung im Rahmen der zweiten Stufen des urheberrechtlichen Dreistufentests nach Art. 5 Abs. 5 Info-RL zu finden ist.[1218] Demnach kann auf die zum Dreistufentest getroffenen Wertungen im Zusammenhang mit der Parodie verwiesen werden.[1219] Auch im Fall der zulässigen Parodie unter Verwendung eines Designs kommt es nicht darauf an, das Original zu ersetzen, sondern sich mit diesem auseinanderzusetzen. Die Parodie spricht ein anderes Publikum und damit zusammenhängend einen anderen Markt an. Sie steht deshalb nicht im Wettbewerb mit dem Original, sodass eine Substitution und damit einhergehend die ungebührliche Beeinträchtigung der normalen Verwertung abzulehnen ist.

e) Quellenangabe

Schließlich setzt die Beschränkung des § 40 Nr. 3 DesignG/Art. 20 Abs. 1 lit. c GGV eine Quellenangabe voraus. Da die Zitatschranke des § 51 UrhG ebenfalls eine Quellenangabe nach § 63 UrhG erfordert, kann bezüglich der mit der Parodie zusammenhängenden Probleme auf diese Ausführungen verwiesen werden.[1220] Das Gebot der Quellenangabe widerspricht grundsätzlich dem Wesen der Parodie. Jedoch genügt es im Rahmen des § 40 Nr. 3 DesignG/Art. 20 Abs. 1 lit. c GGV,

1215 Siehe unter Kapitel 2 C.

1216 Hierzu zählt im Rahmen der Schrankenbestimmung lediglich die Parodie unter Verwendung eines Designs, die einen gerechten Ausgleich zwischen den Interessen des Parodisten und des Parodierten herstellt. Die Parodie des Designs selbst ist hiervon – wie dargestellt – nicht umfasst.

1217 *Cornels,* Die Schranken des Designrechts, S. 102; *Tolkmitt,* in: Ruhl/Tolkmitt, GGV, Art. 20 Rn. 19.

1218 So auch *Tolkmitt,* in: Ruhl/Tolkmitt, GGV, Art. 20 Rn. 19.

1219 Siehe unter Kapitel 3 A. II. 7. c) bb).

1220 Vgl. unter Kapitel 3 A. II. 4. e) aa).

»dass es einem normal informierten, angemessen aufmerksamen und verständigen Verbraucher aufgrund der hierbei gewählten Art der Angabe leicht möglich ist, zu bestimmen, von welchem Unternehmen die dem [Design] entsprechende Ware stammt«.[1221]

Dies erfordert zumindest die Nennung des Herstellers, der nicht zwingend mit dem Rechtsinhaber identisch sein muss.[1222] § 40 Nr. 3 DesignG/Art. 20 Abs. 1 lit. c GGV schreibt allerdings nicht vor, auf welche Weise die Angabe der Quelle zu erfolgen hat.[1223]

Ähnlich, wie im Zusammenhang mit der Erkennbarkeit des fremden Werkes im Rahmen des Zitatzwecks bzgl. § 51 UrhG dargestellt,[1224] verwendet der Parodist im Regelfall ein bekanntes Design, um ein möglichst breites Publikum mit der hinter der Parodie stehenden Aussage zu erreichen. Ist ein Design bekannt, ist davon auszugehen, dass ein normal informierter, angemessen aufmerksamer und verständiger Verbraucher auch das hinter dem Design stehende Unternehmen und daher zumindest den Hersteller des verwendeten Erzeugnisses bestimmen kann. Aufgrund der Übernahme des Designs, durch welche die Parodie unter Verwendung eines Designs gekennzeichnet ist, kann der Adressat der Parodie das Unternehmen bestimmen. Diese Art der Angabe muss daher für eine Quellenangabe ausreichen, da die Beschränkung selbst keine näheren Anforderungen an die Quellenangabe stellt. So ist im Fall »Louis Vuitton« für den normal informierten, verständigen Verbraucher ersichtlich, dass die abgebildete Tasche mit dem darauf befindlichen, für Louis Vuitton bekannten Design dem entsprechenden Unternehmen zugeordnet werden kann. Eine konkrete Angabe der Quelle erübrigt sich daher.

f) *Zwischenfazit*

Lediglich die Parodie des Designs, die als solche erkannt wird und die Parodie unter Verwendung eines Designs dienen dem Zwecke der Zitierung. Wird die Parodie des Designs nicht als solche erkannt, scheidet eine Begünstigung über § 40 Nr. 3 DesignG/Art. 20 Abs. 1 lit. c GGV aus. Dieses Ergebnis ist gerechtfertigt, da sie für das Original gehalten wird und deshalb nicht besonders schützenswert ist. Die Interessen des Parodisten überwiegen in diesem Fall.

Jedoch müssen Parodien, die dem Zweck der Zitierung dienen, auch die übrigen Anforderungen der Beschränkung erfüllen. Dabei ist die Parodie des Designs, die als solche erkannt wird, nicht mit den Gepflogenheiten des redlichen Geschäftsverkehrs vereinbar. Zwar handelt es sich in diesem Zusammenhang

---

1221 EuGH, Urt. v. 27.9.2017 – verb. Rs. C-24/16 und C-25/16, Rn. 84 – Nintendo/BigBen.

1222 So *Eichmann/Jestaedt*, in: Eichmann/Jestaedt/Fink/Meiser, DesignG/GGV, § 40 DesignG Rn. 13; *Jestaedt*, in: Eichmann/Jestaedt/Fink/Meiser, DesignG/GGV, Art. 20 GGV Rn. 13; *Starcke*, GRUR 2018, 1102 (1107).

1223 EuGH, Urt. v. 27.9.2017 – verb. Rs. C-24/16 und C-25/16, Rn. 83 – Nintendo/BigBen.

1224 Siehe unter Kapitel 3 A. II. 4. c) aa).

um einen unbestimmten Rechtsbegriff, der es ermöglicht, die Interessen des Parodisten und des Parodierten gegeneinander abzuwägen. Da die Interessenabwägung aber schon einmal im Rahmen der Prüfung des veränderten Gesamteindrucks zuungunsten des Parodisten ausgefallen ist, muss dies auch im Zusammenhang mit der Beschränkung gelten, um Wertungswidersprüche zu vermeiden. Etwas anders gilt hinsichtlich der Parodie unter Verwendung eines Designs. Hier wird die Interessenabwägung erstmals relevant, sodass dem Tatbestandsmerkmal im Hinblick auf die sich gegenüberstehenden Interessen eine entscheidende Bedeutung zukommt. Ist die Parodie als zulässig einzustufen, so beeinträchtigt sie regelmäßig nicht die normale Verwertung des Originaldesigns über Gebühr und gibt die Quelle an, sofern ein bekanntes Design parodiert wird. Insgesamt ist daher festzuhalten, dass die Beschränkung zum Zwecke der Zitierung gemäß § 40 Nr. 3 DesignG/Art. 20 Abs. 1 lit. c GGV lediglich der zulässigen Parodie unter Verwendung des Designs zugute kommt. Das Ergebnis entspricht einem gerechten Ausgleich der sich gegenüberstehenden Interessen des Parodierten und des Parodisten.

3. Zusammenfassung

Ansprüche gegen den Parodisten können dann nicht geltend gemacht werden, wenn die Parodie gemäß § 40 Nr. 1 DesignG/Art. 20 Abs. 1 lit. a GGV im privaten Bereich zu nicht gewerblichen Zwecken verwendet wird. Dies gilt für alle Formen der Parodie, die den Verletzungstatbestand des § 38 Abs. 1 DesignG/Art. 19 GGV erfüllen. Verfolgt der Parodierte jedoch kommerzielle Ziele, so kommt ihm lediglich die Beschränkung zum Zwecke der Zitierung gemäß § 40 Nr. 3 DesignG/Art. 20 Abs. 1 lit. c GGV zugute. Sie erfasst insgesamt aber nur zulässige Parodien unter Verwendung des Designs. Jedenfalls ermöglichen die Beschränkungen der Rechte aus dem Design einen gerechten Ausgleich der sich gegenüberstehenden Interessen des Parodierten und des Parodisten.

V. Fazit zur Behandlung der Parodie im Designrecht

Sowohl die Parodie des Designs selbst als auch die Parodie unter Verwendung eines Designs stellen eine Benutzung i. S. d. § 38 Abs. 1 DesignG/Art. 19 GGV dar. Ansprüche stehen dem Inhaber des parodierten Designs aber nur dann zu, wenn die Designparodie i. S. d. § 38 Abs. 2 DesignG/Art. 10 GGV in den Schutzumfang des parodierten Designs eingreift. Entscheidendes Kriterium hierfür ist, dass die Parodie gegenüber dem Original keinen anderen Gesamteindruck hervorruft. Stellt man ausschließlich auf den äußeren Gesamteindruck ab, muss festgestellt werden, dass es der Parodie immanent ist, die prägenden Merkmale des parodierten Designs zu übernehmen, um den Wiedererkennungseffekt zu ermöglichen. Eine solche Interpretation führt jedoch dazu, dass die Belange des Parodierten einseitig begünstigt werden. Da es sich bei dem Begriff »Gesamteindruck« aber um einen unbestimmten Rechtsbegriff handelt, ist es möglich, diesen grundrechtskonform auszulegen. In Anlehnung an die Behandlung der Parodie im Rahmen des § 24 Abs. 1 UrhG ist ein innerer Abstand in Form der antithematischen Auseinandersetzung ausreichend. Damit ein anderer Gesamteindruck gegenüber dem eingetragenen Design hergestellt wird, muss sich die antithematische Auseinandersetzung aber auf das Design selbst beziehen. Daher kann lediglich die zulässige Parodie, welche sich erkennbar in kritischer, humorvoller oder künstlerischer Weise auf das Design selbst bezieht, einen anderen Gesamteindruck in Form des inneren Abstands erwecken. Ein Eingriff in den Schutzumfang und damit verbundene Ansprüche des Rechtsinhabers sind daher abzulehnen. Andernfalls ist ein anderer Gesamteindruck abzulehnen, sodass eine Rechtsverletzung zu bejahen ist. Die Beschränkungen der Rechte aus dem Design – insbesondere die Beschränkungen in Bezug auf Handlungen im privaten Bereich gemäß § 40 Nr. 1 DesignG/Art. 20 Abs. 1 lit. a GGV und die Wiedergabe zum Zwecke der Zitierung gemäß § 40 Nr. 3 DesignG/Art. 20 Abs. 1 lit. c GGV – lassen jedoch ausreichend Spielraum, um die sich gegenüberstehenden Interessen des Parodisten und des Parodierten in ein angemessenes Gleichgewicht zu bringen. Anhand der Auslegung des bestehenden Rechts ist es mithin möglich, die widerstreitenden Interessen zu berücksichtigen. Die Einführung einer eigenständigen Parodieschranke ist daher nicht erforderlich.

D. Zusammenfassung

Während die Verwendung des Schutzgegenstands zum Zwecke der Parodie im Urheberrecht *de lege lata* keine Berücksichtigung findet und damit die Interessen des Parodierten einseitig begünstigt werden, kann die Zulässigkeit der Verwendung des Schutzgegenstands zum Zwecke der Parodie sowohl im nationalen als auch im europäischen Marken- und Designrecht anhand einer Gesamtschau der einschlägigen Normen beurteilt werden. Durch wertungsoffene Begriffe können die Interessen des Parodierten und die des Parodisten im Rahmen der Auslegung der entsprechenden Normen berücksichtigt werden, sodass ein gerechter Interessenausgleich möglich ist. Eine solche Möglichkeit muss auch im Urheberrecht geschaffen werden. Nach aktueller Rechtslage kann der Parodierte stets gegen eine Parodie vorgehen. Die Parodiefreiheit bleibt unberücksichtigt. Daher ist es erforderlich, eine eigenständige Parodieschranke einzuführen, wie es Art. 5 Abs. 3 lit. k Info-RL und Art. 17 Abs. 7 DSM-RL vorsehen.

Kapitel 4: Gesetzliche Anknüpfungspunkte für die Interessenabwägung im Hinblick auf die Schutzerlangung der Parodie

Während sich die vorangegangenen Ausführungen auf die Verwendung des Schutzgegenstands zum Zwecke der Parodie bezüglich aller in Betracht zu ziehenden Immaterialgüterrechte beziehen, muss im Hinblick auf die gewerblichen Schutzrechte auf eine weitere Fragestellung eingegangen werden. Hier kommt es nicht nur auf die Verletzung des ausschließlichen Rechts des Schutzrechtsinhabers an, sondern darüber hinaus auch auf die Frage, ob die Parodie ihrerseits schutzfähig ist. Da sowohl die Marken- als auch die Designparodie durch Eintragung in das entsprechende Register geschützt werden können,[1225] ist zu prüfen, ob der Inhaber des parodierten Schutzgenstandes gegen die Schutzerlangung der Parodie vorgehen kann. Schließlich diente sein Schutzgegenstand als Vorlage der Parodie. Darüber hinaus ist zu untersuchen inwieweit in diesem Zusammenhang die Interessen des Parodisten Berücksichtigung finden können. Dabei sind im Hinblick auf das europäische Designrecht die Besonderheiten des nicht eingetragenen Gemeinschaftsgeschmacksmusters zu berücksichtigen. Mangels Eintragungserfordernis stellt sich diese Frage im Urheberrecht nicht. Gegen die Schutzerlangung kann sich der parodierte Urheber nicht zur Wehr setzen.

Sofern die einschlägigen Normen eine Interessenabwägung zulassen, ist darüber hinaus zu untersuchen, ob sich hinsichtlich der erforderlichen Interessenabwägung im Rahmen der für die Eintragung relevanten Normen eine andere Beurteilung ergibt oder ob die festgelegten Kriterien auch beim Eintragungsverfahren herangezogen werden können.

1225 Vgl. § 4 Nr. 1 MarkenG/Art. 6 UMV und § 27 Abs. 1 DesignG/Art. 1 Abs. 2 lit. b, Art. 12 GGV.

A. Markenrecht

Neben dem Hauptanwendungsfall der Markenparodie im Markenverletzungsverfahren im Rahmen des § 14 MarkenG/Art. 9 UMV kann sie auch in Bezug auf das Eintragungs- und Nichtigkeitsverfahren eine Rolle spielen. Zwar ist bezüglich der Mehrheit der Fälle davon auszugehen, dass der Parodist aufgrund der Kenntnis der Originalmarke und des mit der Eintragung potentiell verbundenen Konflikts zwischen ihm und dem parodierten Markeninhaber von der Eintragung der Markenparodie in das Markenregister absehen wird.[1226] Der vom BGH entschiedene Fall »Springender Pudel«[1227] beweist jedoch, dass die Markenparodie auch im Rahmen des Eintragungs- bzw. Nichtigkeitsverfahrens eine Rolle spielen kann. Im konkreten Fall hatte ein Unternehmen, das unter anderem Scherzartikel vertreibt, eine Marke mit erkennbarem Bezug zur Marke Puma in das Markenregister eintragen lassen.[1228] Gegen die Eintragung setzte sich der Inhaber der Originalmarke zur Wehr. In Bezug auf diesen Fall eröffnen sich damit zwei Problemkreise. Fraglich ist erstens, inwiefern eine Markenparodie überhaupt eintragungsfähig ist. Zweitens stellt sich die Frage, ob sich der Inhaber der parodierten Marke gegen die Eintragung zur Wehr setzen kann, indem die eingetragene Markenparodie für nichtig erklärt wird.

I. Absolute Schutzhindernisse

Hat der Parodist seine Markenparodie zur Eintragung in das Register gemäß § 32 MarkenG/Art. 30f. UMV angemeldet, prüft das DPMA/EUIPO sowohl die formellen Anmeldeerfordernisse nach § 36 MarkenG/Art. 41 UMV als auch das Vorliegen absoluter Schutzhindernisse nach § 37 MarkenG/Art. 42 UMV.

Da die formellen Erfordernisse in der Hand des Anmelders liegen, soll lediglich auf das Vorliegen der absoluten Schutzhindernisse eingegangen werden. In Betracht kommen dabei allenfalls der Verstoß gegen die öffentliche Ordnung oder gegen die guten Sitten nach § 8 Abs. 2 Nr. 5 MarkenG/Art. 7 Abs. 1 lit. f UMV oder die Bösgläubigkeit des Anmelders nach § 8 Abs. 2 Nr. 14 MarkenG. Die Bösgläubigkeit des Anmelders ist im Katalog der absoluten Eintragungshindernisse des Art. 7 UMV nicht aufgezählt, sondern wird lediglich im Rahmen des Art. 59 Abs. 1 lit. b UMV als absoluter Nichtigkeitsgrund erwähnt. Die Bösgläubigkeit kann im europäischen Markenrecht damit nicht der Eintragung einer

1226 So auch *Gietzelt/Grabrucker*, MarkenR 2015, 333 (334).
1227 BGH, GRUR 2015, 1114ff. – Springender Pudel.
1228 Siehe bereits das Eingangsbeispiel unter Kapitel 1 A. V. 2.

Marke entgegenstehen, sondern ausschließlich auf Antrag oder auf Widerklage zur Nichtigkeit der Unionsmarke führen.

1. Verstoß gegen die öffentliche Ordnung oder gegen die guten Sitten, § 8 Abs. 2 Nr. 5 MarkenG/Art. 7 Abs. 1 lit. f UMV

Fraglich ist, wann eine Markenparodie die Schwelle des § 8 Abs. 2 Nr. 5 MarkenG/Art. 7 Abs. 1 lit. f UMV überschreitet und somit vom absoluten Schutzhindernis erfasst wird.

Im Hinblick auf den Verstoß gegen die öffentliche Ordnung ist festzuhalten, dass es nicht genügt, wenn die Marke gegen irgendein Gesetz verstößt.[1229] Vielmehr ist ein Verstoß gegen wesentliche Grundsätze des Rechts, wie etwa der Staat, die Gesellschaft konstituierende Institutionen und Prinzipen[1230] erforderlich.[1231] Der Verstoß gegen die öffentliche Ordnung stellt daher einen Tatbestand dar, der lediglich in Ausnahmefällen zu bejahen ist.[1232] So wird es sich auch in Bezug auf die Markenparodien verhalten, weshalb allenfalls ein Verstoß gegen die guten Sitten in Betracht zu ziehen ist.

Eine zur Eintragung angemeldete Markenparodie verstößt gegen die guten Sitten, wenn sie geeignet ist, das Empfinden der beteiligten Verkehrskreise erheblich zu verletzen. Das ist insbesondere dann der Fall, wenn sie in sittlicher, politischer oder religiöser Hinsicht anstößig oder herabwürdigend wirkt oder eine grobe Geschmacksverletzung darstellt.[1233] Entscheidend ist dabei, dass sich solche Verstöße aus der Eigenschaft der Marke selbst ergeben müssen.[1234] Zudem ist der Verstoß gegen die guten Sitten auch im Hinblick auf die Waren oder

---

1229 *Albrecht,* in: BeckOK, MarkenR, § 8 MarkenG Rn. 659; *Fezer,* MarkenG, § 8 Rn. 584; *Jankowski,* Markenschutz für Kunstwerke, S. 231 f.; *Sosnitza,* Markenrecht, § 5 Rn. 33; *Steinbeck,* JZ 2005, 552 (555); *Ströbele,* in: Ströbele/Hacker/Thiering, MarkenG, § 8 Rn. 828. A.A *Ingerl/Rohnke,* MarkenG, § 8 Rn. 274.

1230 Vgl. *Fezer,* MarkenG, § 8 Rn. 585; *Jankowski,* Markenschutz für Kunstwerke, S. 232; *Steinbeck,* JZ 2005, 552 (555).

1231 Vgl. Art. 6^{quinquies} B Nr. 3 S. 2 PVÜ. So auch *Sosnitza,* Markenrecht, § 5 Rn. 33; *Ströbele,* in: Ströbele/Hacker/Thiering, MarkenG, § 8 Rn. 828.

1232 *Ingerl/Rohnke,* MarkenG, § 8 Rn. 274; *Jankowski,* Markenschutz für Kunstwerke, S. 232; *Ströbele,* in: Ströbele/Hacker/Thiering, MarkenG, § 8 Rn. 828.

1233 HABM GrBK, Entsch. v. 6. 7. 2006 – R 495/2005-G Rn. 19 – SCREW YOU; BGH, GRUR 2013, 729 Rn. 9 – READY TO FUCK; BPatG, GRUR-RR 2013, 253 f. – Headfuck; BPatG, GRUR-RR 2012, 8 (9) – DAKINI; BPatG, BeckRS 2011, 5951 – ARSCHLECKEN24. Ähnlich auch EuG, Urt. v. 5. 10. 2011 – Rs. T-526/09, Slg. 2011, II-346 Rn. 14 ff. – PAKI zu Art. 7 Abs. 1 lit. f UMV. Siehe auch *Albrecht,* in: BeckOK, MarkenR, § 8 MarkenG Rn. 667; *Fezer,* MarkenG, § 8 Rn. 592 f.; *Ströbele,* in: Ströbele/Hacker/Thiering, MarkenG, § 8 Rn. 830.

1234 EuG, Urt. v. 9. 4. 2003 – Rs. T-224/01, Slg. 2003. II-1589 Rn. 76 – NU-TRIDE; *Gamm,* in: Büscher/Dittmer/Schiwy, § 8 MarkenG Rn. 79; *Lange,* Marken- und Kennzeichenrecht, Rn. 1106; *Sosnitza,* Markenrecht, § 5 Rn. 33; *Ströbele,* in: Ströbele/Hacker/Thiering, MarkenG, § 8 Rn. 827.

Dienstleistungen, für welche die Marke angemeldet ist, zu beurteilen.[1235] Ein Verstoß gegen die guten Sitten kann lediglich in eindeutigen Fällen festgestellt werden.[1236] Es darf jedoch keine bloße Geschmackszensur stattfinden. Es kommt weder auf eine übertrieben nachlässige noch auf eine besonders feinfühlige Sichtweise an.[1237] Sofern eine Liberalisierung der Anschauungen bezüglich der Verwendung vulgärer, obszöner oder beleidigender Ausdrücke stattgefunden hat, muss eine solche Entwicklung im Hinblick auf das Vorliegen der Sittenwidrigkeit berücksichtigt werden.[1238] Sie betrifft jedoch nicht diffamierende, rassistische oder sonst die Menschenwürde beeinträchtigende Aussagen.[1239] Die Marke muss demnach gegen die Grundwerte der zivilisierten Gesellschaft verstoßen und aufgrund ihres zutiefst beleidigenden Inhalts als unsittlich zu qualifizieren sein.[1240]

Solange im Rahmen der Markenparodie eine sachliche Auseinandersetzung stattfindet, ist ein Verstoß gegen das absolute Schutzhindernis aus § 8 Abs. 2 Nr. 5 MarkenG/Art. 7 Abs. 1 lit. f UMV abzulehnen. Hat die Parodie jedoch die Diskriminierung von Personen wegen des Geschlechts, der Abstammung, der Rasse, der Herkunft, ihrer religiösen Anschauungen o.Ä. zum Inhalt, ist die Sittenwidrigkeit zu bejahen.[1241] Das muss auch für massiv diskriminierende und die Menschenwürde betreffende sexuelle Begriffe gelten.[1242] Allerdings ist dabei der Bezug zu den Waren, auf welchen die Parodie angebracht wird, zu beachten. Sexuelle Begriffe können weniger verwerflich sein, sofern sie auf Unterwäsche, Kondomen oder anderen Artikeln angebracht sind, die mit diesem Thema leichter in Verbindung gebracht werden.[1243] Sofern eine Markenparodie die

1235 *Fezer*, MarkenG, § 8 Rn. 593; *Ingerl/Rohnke*, MarkenG, § 8 Rn. 277.

1236 *Ingerl/Rohnke*, MarkenG, § 8 Rn. 272; *Ströbele*, in Ströbele/Hacker/Thiering, MarkenG, § 8 Rn. 827.

1237 BGH, GRUR 2013, 729 Rn. 9 – READY TO FUCK; BPatG, GRUR 2013, 76 (77) – Massaker; BPatG, GRUR-RR 2011, 311 (312) – RCQT; BPatG, GRUR 2009, 68 (69) – DDR-Symbol der Sicherheitskräfte.

1238 EuG, Urt. v. 5.10.2011 – Rs. T-526/09, Slg. 2011, II-346 Rn. 28, 34 – PAKI; BGH, GRUR 2013, 729 Rn. 9 – READY TO FUCK; BPatG, BeckRS 2011, 5951 – ARSCHLECKEN24; BPatG, Beschl. v. 1.4.2010 – Az. 27 W (pat) 41/10 Rn. 9 (juris) – FickShui; *Ströbele*, in: Ströbele/Hacker/Thiering, MarkenG, § 8 Rn. 833.

1239 BPatG, GRUR-RR 2011, 311 (312) – RCQT; BPatG, BeckRS 2011, 13266 Rn. 15ff. – Schenkelspreizer.

1240 *Hanf*, in: BeckOK, MarkenR, Art. 7 UMV Rn. 132.

1241 Vgl. etwa EuG, Urt. v. 5.10.2011 – Rs. T-526/09, Slg. 2011, II-346 Rn. 15ff. – PAKI; BPatG, GRUR-RR 2011, 311 (312) – RCQT. Siehe auch *Albrecht*, in: BeckOK, MarkenR, § 8 MarkenG Rn. 674.

1242 Vgl. etwa BGH, GRUR 1995, 592 (595) – Busengrapscher; BPatG, Urt. v. 28.9.20 – Az. 27 W (pat) 96/10 Rn. 15ff. (juris) – Darstellung einer gefesselten und geknebelten Frau.

1243 HABM GrBK, Entsch. v. 6.7.2006 – R 495/2005-G Rn. 21, 29 – SCREW YOU. In diesem Sinne auch *Albrecht*, in: BeckOK, MarkenR, § 8 MarkenG Rn. 694; *Ingerl/Rohnke*, MarkenG, § 8 Rn. 279 m.w.N.

Originalmarke dahingehend abwandelt, dass Begriffe verwendet werden, die ausschließlich im religiösen Bereich vorkommen, muss die Sittenwidrigkeit auch bejaht werden, weil die kommerzielle Benutzung das religiöse Empfinden eines erheblichen Teils des angesprochenen Publikums verletzt.[1244] Schließlich muss aber beachtet werden, dass die Parodie häufig erkennbar nicht ernst gemeinte, witzige Aussagen enthält. Ist das der Fall, muss eine Sittenwidrigkeit verneint werden.[1245] Dies gilt jedoch nur, sofern keine Menschen zu Opfern werden.[1246] Insgesamt ist festzuhalten, dass eine Markenparodie nur dann gegen die guten Sitten gemäß § 8 Abs. 2 Nr. 5 MarkenG/Art. 7 Abs. 1 lit. f UMV verstößt, wenn es sich um eine Ärgernis erregende Darstellung handelt, die nicht hinnehmbar erscheint. Solange sich die Markenparodie allerdings sachlich mit einem bestimmten Themenfeld auseinandersetzt, steht das absolute Schutzhindernis der Eintragung in das Markenregister nicht entgegen.

2. Bösgläubigkeit des Anmelders, § 8 Abs. 2 Nr. 14 MarkenG/Art. 59 Abs. 1 lit. b UMV

Zudem ist zu untersuchen, ob die Anmeldung einer Markenparodie zur Eintragung ins Markenregister mit der Bösgläubigkeit des Anmelders einhergeht, sodass das absolute Schutzhindernis des § 8 Abs. 2 Nr. 14 MarkenG/der absolute Nichtigkeitsgrund nach Art. 59 Abs. 1 lit. b UMV vorliegt. Anders als bei § 8 Abs. 2 Nr. 5 MarkenG/Art. 7 Abs. 1 lit. f UMV bezieht sich das absolute Schutzhindernis/der absolute Nichtigkeitsgrund nicht auf die Marke selbst, sondern auf die Person des Anmelders und dessen Beweggründe.

Die Bösgläubigkeit gemäß § 8 Abs. 2 Nr. 14 MarkenG/Art. 59 Abs. 1 lit. b UMV ist nicht im Sinne des Kennens oder Kennenmüssens rechtserheblicher Tatsachen zu verstehen, wie es im nationalen Zivilrecht der Fall ist. Es handelt sich vielmehr um ein subjektives Tatbestandsmerkmal, das anhand objektiver Kriterien festgestellt werden kann.[1247] Es ist einzelfallabhängig zu bestimmen. Der EuGH gibt jedoch Umstände vor, bei deren Vorliegen auf eine böswillige Markenanmeldung geschlossen werden kann. Dabei handelt es sich lediglich um

---

1244 BPatG, GRUR-RR 2012, 467 (468f.) – Hl. Hildegard; BPatG, GRUR-RR 2012, 8 (9) – DAKINI; BPatG, BeckRS 2009, 14629 – Dalailama; BPatG, GRUR 1994, 377 – MESSIAS. Siehe auch *Albrecht*, in: BeckOK, MarkenR, § 8 MarkenG Rn. 683ff.; *Ingerl/Rohnke*, MarkenG, § 8 Rn. 280; *Ströbele*, in: Ströbele/Hacker/Thiering, MarkenG, § 8 Rn. 840.

1245 BPatG, BeckRS 2009, 19569 – SCHWARZ gebrannt; BPatG, GRUR 2004, 875 (876f.) – KOKAIN BALL; *Albrecht*, in: BeckOK, MarkenR, § 8 MarkenG Rn. 708; *Ströbele*, in: Ströbele/Hacker/Thiering, MarkenG, § 8 Rn. 843.

1246 BPatG, GRUR 1996, 408 (409) – COSA NOSTRA; *Albrecht*, in: BeckOK, MarkenR, § 8 MarkenG Rn. 710.

1247 EuGH, Urt. v. 11.6.2009 – Rs. C-529/07, Slg. 2009, I-4893 Rn. 42 – Lindt & Sprüngli/Franz Hauswirth. So auch *Loschelder*, in: FS Bornkamm, S. 638.

Beispiele.[1248] Zum einen ist zu berücksichtigen, ob der Anmelder weiß oder wissen muss, dass ein Dritter ein gleiches oder ähnliches Kennzeichen nutzt. Zum anderen muss beachtet werden, ob der Anmelder das Zeichen in der Absicht anmeldet, einen Dritten an der weiteren Verwendung desselben zu hindern. Schließlich soll der Grad des rechtlichen Schutzes, den das Zeichen des Dritten und das angemeldete Zeichen genießen, Berücksichtigung finden.[1249] In Anlehnung daran ist auch nach nationaler Rechtsprechung anerkannt, dass die Bösgläubigkeit des Anmelders dann vorliegt, wenn die Anmeldung rechtsmissbräuchlich oder sittenwidrig erfolgt, was zumindest dann anzunehmen ist, wenn der Anmelder die Marke nicht als Herkunftshinweis benutzen will. Es muss dem Anmelder darum gehen, Dritte zu behindern und daraus Profit zu ziehen.[1250] Das soll jedenfalls dann der Fall sein, wenn der Anmelder eines Zeichens weiß, dass ein anderer dasselbe oder ein verwechslungsfähiges Zeichen für gleiche oder ähnliche Waren oder Dienstleistungen nutzt, ohne dafür einen formalen Kennzeichenschutz erworben zu haben.[1251] Jedoch müssen diesbezüglich noch weitere Umstände hinzutreten, die das Verhalten des Anmelders als sittenwidrig erscheinen ließen. Davon kann zum einen dann ausgegangen werden, wenn mit der Anmeldung die Störung des Besitzstandes des Vorbenutzers bezweckt wird oder die Anmeldung in der Absicht erfolgt, den Gebrauch der Bezeichnung für diesen zu sperren.[1252] Zum anderen können derartige besondere Umstände auch darin liegen, dass mit der Eintragung das Ziel verfolgt wird, die mit der Eintragung des Zeichens entstehende an sich unbedenkliche Sperrwirkung zweckfremd als Mittel des Wettbewerbskampfes einzusetzen.[1253]

In Bezug auf die Markenparodie kommt es dem Anmelder in erster Linie nicht darauf an, den Parodierten zu behindern. Er will sich schließlich vom Originalmarkeninhaber abgrenzen. Ihm geht es vorrangig um die Aussage, die sich hinter der Parodie verbirgt. Zudem muss beachtet werden, dass der Parodist das Zeichen in den seltensten Fällen für die gleichen Produkte wie der Parodierte benutzt, weshalb die Problematik um die aus der Eintragung resultierende Sperr-

---

1248 EuG, Urt. v. 21.3.2012 – Rs. T-227/09, Rn. 36 – FS.

1249 EuGH, Urt. v. 27.6.2013 – Rs. C-320/12, Rn. 36 – Malaysia Dairy; EuGH, Urt. v. 11.6.2009 – Rs. C-529/07, Slg. 2009, I-4893 Rn. 53 – Lindt & Sprüngli/Franz Hauswirth.

1250 BGH, GRUR 2015, 1214 Rn. 58 – Goldbären; BGH, GRUR 2009, 780 Rn. 11 – Ivadal; BGH, GRUR 2006, 850 Rn. 41 – FUSSBALL WM 2006; BGH, GRUR 2004, 510 (511) – S 100; BGH, GRUR 2000, 1032 (1033) – EQUI 2000. Siehe auch *Hanne*, in: BeckOK, MarkenR, Art. 59 UMV Rn. 20; *Jankowski*, Markenschutz für Kunstwerke; *Steinbeck*, in: FS 50 Jahre BPatG, S. 779.

1251 BGH, GRUR 2009, 992 Rn. 16 – Schuhverzierung.

1252 BGH, GRUR 2009, 992 Rn. 16 – Schuhverzierung; BGH, GRUR 2009, 780 Rn. 13 – Ivadal; BGH, GRUR 2008, 917 Rn. 20 – EROS; BGH, GRUR 2008, 621 Rn. 21 – AKADEMIKS.

1253 BGH, GRUR 2008, 917 Rn. 20 – EROS; BGH, GRUR 2008, 621 Rn. 21 – AKADEMIKS; BGH, GRUR 2008, 160 – CORDARONE; BGH, GRUR 2005, 581 (582) – The Colour of Elégance; BGH, GRUR 2005, 414 (417) – Russisches Schaumgebäck.

wirkung kaum relevant sein wird. Schließlich unterscheidet sich die Markenparodie meist deutlich von der parodierten Marke. Es wird sich daher nicht um gleiche oder zur Verwechslung ähnliche Zeichen handeln. Deshalb muss eine bösgläubige Markenanmeldung unter dem Gesichtspunkt der Störung des Besitzstandes ausscheiden.[1254] Eine bösgläubige Markenanmeldung im Falle einer Markenparodie ist daher nur schwer denkbar. Hierfür spricht auch, dass hinsichtlich des Vorliegens des absoluten Schutzhindernisses nach § 8 Abs. 2 Nr. 14 MarkenG/Art. 59 Abs. 1 lit. b UMV die widerlegbare Vermutung besteht, dass der Anmelder redlich handelt.[1255]

Schließlich ist eine Rückweisung der Anmeldung nach § 37 Abs. 1 MarkenG im Fall der Bösgläubigkeit des Anmelders nur dann möglich, wenn die Bösgläubigkeit gemäß § 37 Abs. 3 MarkenG ersichtlich ist. Das gilt nach § 50 Abs. 3 Nr. 3 MarkenG auch, wenn die Marke von Amts wegen gelöscht wird. Auf europäischer Ebene existiert diese Einschränkung jedoch nicht. Die Ersichtlichkeit ist allerdings nur dann gegeben, wenn sie sich aus den Anmeldeunterlagen, dem Fachwissen der Markenabteilung oder aus anderen allgemein zugänglichen Informationsquellen unmittelbar ergibt, sodass keine gesonderte aufwendige Recherche erforderlich ist.[1256] In Bezug auf eine parodistische Verfremdung einer älteren Marke lässt sich eine solche Absicht aber nur schwer feststellen. Sofern das Zeichen angemeldet wird, ist zunächst ausschließlich die kritische, scherzhafte oder obszöne Verfremdung erkennbar, sodass davon ausgegangen werden kann, dass die hinter der Parodie stehende Aussage und nicht die Behinderung eines Dritten im Vordergrund steht.

Fehlt es an den besonderen Fallumständen, wie es bei der Markenparodie i. d. R. der Fall sein wird, ist von einer redlichen Benutzungsabsicht des Anmelders auszugehen. Das Vorliegen der Bösgläubigkeit des Parodisten im Rahmen des § 8 Abs. 2 Nr. 14 MarkenG/Art. 59 Abs. 1 lit. b UMV kann daher nur die Ausnahme sein.

1254 Zu diesem Erfordernis EuGH, Urt. v. 27.6.2013 – Rs. C-320/12, Rn. 36 – Malaysia Dairy; BGH, GRUR 2009, 992 Rn. 17f. – Schuhverzierung; BPatG, GRUR 2010, 435 (436) – Käse in Blütenform III. Siehe auch *Lange*, Marken- und Kennzeichenrecht, Rn. 1133; *Ströbele*, in: Ströbele/Hacker/Thiering, MarkenG, § 8 Rn. 939.

1255 EuG, BeckRS 2019, 1388 Rn. 84 – Mouldpro; BGH, GRUR 2009, 780 Rn. 19 – Ivadal; BGH, GRUR 2001, 242 (244) – Classe E; BPatG, Beschl. v. 16.12.2008 – Az. 28 W (pat) 219/07 Rn. 17 (juris) – 601 deluxe; *Steinbeck*, in: FS 50 Jahre BPatG, S. 780; *Ströbele*, in: Ströbele/Hacker/Thiering, MarkenG, § 8 Rn. 903.

1256 BPatG, GRUR 2012, 840 (841) – soulhelp; BPatG, GRUR 2009, 68 (70) – DDR-Symbol der Sicherheitskräfte (zur Ersichtlichkeit bezüglich § 8 Abs. 2 Nr. 5 MarkenG); *Schoene*, in: BeckOK, MarkenR, § 8 MarkenG Rn. 885; *Gamm*, in: Büscher/Dittmer/Schiwy, § 8 MarkenG Rn. 89; *Ströbele*, in: Ströbele/Hacker/Thiering, MarkenG, § 8 Rn. 914.

3. Zusammenfassung

Da eine Markenparodie die erforderliche Schwelle der absoluten Eintragungshindernisse/Nichtigkeitsgründe regelmäßig nicht überschreitet,[1257] werden sie in der Praxis kaum Relevanz aufweisen.[1258] Vielmehr kann sich der Inhaber der Originalmarke gegen die Eintragung der Markenparodie im Wege der relativen Schutzhindernisse nach § 9 Abs. 1 Nr. 1 bis 3 MarkenG/Art. 8 Abs. 1 lit. a, b, Abs. 5 UMV aufgrund des älteren Zeitrangs seiner eingetragenen Marke zur Wehr setzen.[1259]

II. Relative Schutzhindernisse

Wurde eine Markenparodie mangels Vorliegens absoluter Schutzhindernisse in das Markenregister eingetragen, stehen dem Inhaber der Originalmarke[1260] jedoch weiterhin Möglichkeiten offen, sich gegen die Eintragung zu wehren.[1261] Das ist jedenfalls dann der Fall, wenn ein relatives Schutzhindernis nach § 9 MarkenG/Art. 8 UMV vorliegt.

Die Markenparodie kann gelöscht werden, wenn ihr eine Marke mit älterem Zeitrang entgegensteht und die in § 9 Abs. 1 Nr. 1 bis 3 MarkenG/Art. 8 Abs. 1 lit. a, b, Abs. 5 UMV beschriebenen Voraussetzungen erfüllt sind. Die in den § 9 Abs. 1 Nr. 1 bis 3 MarkenG/Art. 8 Abs. 1 lit. a, b, Abs. 5 UMV geregelten relativen Schutzhindernisse stimmen mit den Formulierungen der Verletzungstatbestände des § 14 Abs. 2 Nr. 1 bis 3 MarkenG/Art. 9 Abs. 2 lit. a bis c UMV überein, weshalb die Tatbestände in ihrer Rechtsanwendung deckungsgleich sind.[1262] Zu beachten ist aber, dass § 9 Abs. 1 MarkenG/Art. 8 Abs. 1, 5 UMV im Gegensatz zu § 14 Abs. 2 MarkenG/Art. 9 Abs. 2 UMV keine Benutzung als Marke im ge-

1257 In diesem Sinne auch *Gietzelt/Grabrucker*, MarkenR 2015, 333 (334).

1258 Es sind keine Fälle in der Rechtsprechung ersichtlich, die sich mit den absoluten Schutzhindernissen in Bezug auf die Eintragung einer Markenparodie in das Markenregister auseinandersetzen.

1259 In diesem Sinne auch *Albrecht*, in: BeckOK, MarkenR, § 8 MarkenG Rn. 656; *Gietzelt/Grabrucker*, MarkenR 2015, 333 (334).

1260 Dabei ist jeweils nur der Inhaber des älteren Rechts, der Parodierte, befugt, die Rechte geltend zu machen – vgl. §§ 42 Abs. 1, 53 Abs. 3, 55 Abs. 2 Nr. 2 MarkenG/Art. 46 Abs. 1 lit. a UMV, Art. 63 Abs. 1 lit. b UMV i. V. m. Art. 46 Abs. 1 lit. a UMV.

1261 Es besteht die Möglichkeit gegen die Eintragung Widerspruch gemäß § 42 MarkenG/Art. 46 Abs. 1 UMV zu erheben. Zum anderen kann die Eintragung der nationalen Marke wegen des Bestehens älterer Rechte gemäß § 51 Abs. 1 S. 1 MarkenG auf Klage gemäß § 55 MarkenG oder schriftlich auf Antrag beim DPMA gemäß § 53 Abs. 1 S. 1 MarkenG für nichtig erklärt und gelöscht werden. Auch auf europäischer Ebene kann eine Unionsmarke auf Antrag beim EUIPO oder auf Widerklage im Verletzungsverfahren gemäß Art. 60 Abs. 1 lit. a UMV für nichtig erklärt werden.

1262 So auch *Hildebrandt*, Marken und andere Kennzeichen, § 10 Rn. 8.

schäftlichen Verkehr voraussetzt. Es ist allein die Registerlage ausschlaggebend, sodass die sich gegenüberstehenden Marken verglichen werden müssen, ohne dass die tatsächliche Benutzung – wie im Verletzungsverfahren – ausschlaggebend ist.[1263]

Für die Behandlung der Markenparodie im Markennichtigkeitsverfahren bedeutet das, dass weitgehend auf die Ausführungen zum Markenverletzungstatbestand verwiesen werden kann. § 9 Abs. 1 Nr. 1 MarkenG/Art. 8 Abs. 1 lit. a UMV wird aufgrund der – der Parodie immanenten – Verfremdung selten einschlägig sein, da keine identischen Zeichen vorliegen. Ausgeschlossen ist dies jedoch nicht, wie die Beispiele für die Parodie unter Verwendung der Marke zeigen.[1264] Jedoch treten derartige Fallgestaltungen im Rahmen des Nichtigkeitsverfahrens kaum auf, da sie i.d.R. zur Bezeichnung der Waren oder Dienstleistungen des Markeninhabers benutzt werden. Sie spielen vielmehr im Verletzungsverfahren eine relevante Rolle.[1265] Die Verwendung der identischen Marke für identischen Waren oder Dienstleistungen anlässlich einer Parodie beispielsweise im Zusammenhang mit Werbespots wird wohl kaum als Marke angemeldet werden. Darüber hinaus ist eine Erweiterung des Identitätsbegriffes im Rahmen des Eintragungs- und Nichtigkeitsverfahrens, wie es hinsichtlich des Verletzungsverfahrens angebracht ist,[1266] aufgrund der fehlenden Besonderheiten im Zusammenhang mit der Benutzung nicht erforderlich. Von dem grundsätzlich engen Benutzungsbegriff sollte daher im Rahmen der § 9 Abs. 1 Nr. 1 MarkenG/Art. 8 Abs. 1 lit. a UMV nicht abgerückt werden.[1267] Auch § 9 Abs. 1 Nr. 2 MarkenG/Art. 8 Abs. 1 lit. b UMV wird in den seltensten Fällen[1268] vorliegen, weil die verfremdende Darstellung i.d.R. eine Verwechslungsgefahr ausscheiden lässt. Deshalb kommt § 9 Abs. 1 Nr. 3 MarkenG/Art. 8 Abs. 5 UMV die entscheidende Bedeutung zu, da der Parodist grundsätzlich immer an bekannte Marken anknüpft, um seiner Parodie größtmögliche Aufmerksamkeit zu verschaffen. Die Markenparodie wird daher den Tatbestand des § 9 Abs. 1 Nr. 3 MarkenG/Art. 8 Abs. 5 UMV erfüllen, der wie § 14 Abs. 2 Nr. 3 MarkenG/Art. 9 Abs. 2 lit. c UMV einen geeigneten Anknüpfungspunkt für die erforderliche Abwägung der Interessen des Parodisten und des Parodierten bietet. Voraus-

---

1263 *Büscher/Kochendörfer*, in: BeckOK, UMV, Art. 8 Rn. 11.

1264 Siehe hierzu unter Kapitel 3 B. IV. 1. a) aa) (2).

1265 *Hacker*, in: Ströbele/Hacker/Thiering, MarkenG, § 9 Rn. 14. Ähnlich auch *Büscher/Kochendörfer*, in: BeckOK, UMV, Art. 8 Rn. 13, die davon ausgehen, dass die Doppelidentität den seltensten Kollisionsfall im Rahmen des Widerspruchs- und Nichtigkeitsverfahren darstellen, sondern vielmehr bei Verletzungsstreitigkeiten eine entscheidende Rolle spielt.

1266 Vgl. unter Kapitel 3 B. IV. 1. a) aa) (3).

1267 So *Hennigs*, in: BeckOK, MarkenR, § 8 UMV Rn. 10.2. Vgl. auch *Kur*, in: BeckOK, MarkenR, § 9 MarkenG Rn. 9.2., wonach unklar ist, inwiefern die Ausdehnung des Identitätsbegriffes auch an dieser Stelle relevant wird.

1268 Zu den Ausnahmen siehe unter Kapitel 3 B. IV. 2. d).

setzung dabei ist wiederum, dass die Abwägung zugunsten des parodierten Inhabers der Marke mit älterem Zeitrang ausfallen muss.[1269] Eine Möglichkeit der Berücksichtigung beiderseitiger Interessen besteht hinsichtlich der Parodie, welche in Ausnahmefällen den Tatbestand der Doppelidentität und der Verwechslungsgefahr erfüllt, nicht. Die Interessen des Parodisten sind in diesem Zusammenhang jedoch nicht schützenswert, da im Hinblick auf die Doppelidentität kein Interesse besteht, ein identisches Zeichen für identische Waren oder Dienstleistungen zu schützen. Hinsichtlich der Verwechslungsgefahr besteht kein schützenswertes Interesse daran, Zuordnungsverwirrungen hervorzubringen.[1270]

III. Zusammenfassung

Um gegen die Eintragung der Markenparodie in das Markenregister vorzugehen, kann sich der Inhaber der parodierten Marke sowohl auf das Vorliegen absoluter als auch relativer Schutzhindernisse berufen. Die im Hinblick auf die Markenparodie in Betracht kommenden absoluten Schutzhindernisse erfassen allerdings nur Härtefälle, die kaum auftreten oder schwer nachzuweisen sind. Zudem betreffen die absoluten Schutzhindernisse nicht das Verhältnis zwischen der Originalmarke und der Markenparodie, weshalb der Inhaber der Originalmarke letztlich nicht gegen die Nachahmung an sich vorgehen kann. Hierfür stehen ihm die relativen Schutzhindernisse und deren Geltendmachung im Rahmen eines Widerspruchsverfahrens oder einer Nichtigkeitsklage zur Verfügung. Dabei spielt – wie im Markenverletzungsverfahren – die bekannte Marke eine entscheidende Rolle. Aufgrund der offenen Formulierung des Tatbestandes besteht auch hier die Möglichkeit, die beiderseitigen Interessen gegeneinander abzuwägen. Sofern die im Rahmen des § 9 Abs. 1 Nr. 3 MarkenG/Art. 8 Abs. 5 UMV erforderliche Interessenabwägung zugunsten des Parodierten ausfällt, wird die Markenparodie für nichtig erklärt.

B. Designrecht

Wie der Fall »Springender Pudel« im Markenrecht verdeutlicht, ist es nicht abwegig, dass der Parodist gewillt ist, für seine Parodie eigenständigen Schutz zu erlangen. Deshalb muss auch im Zusammenhang mit der Designparodie un-

1269 Ob dieselben Kriterien wie im Rahmen des Kapitel 2 C. anzuwenden sind, wird unter Kapitel 4 C. näher betrachtet.
1270 So bereits unter Kapitel 3 B. V. 3. d).

tersucht werden, ob sie überhaupt eintragungsfähig ist und ob dem Inhaber des parodierten Designs Möglichkeiten zustehen, gegen eine solche Eintragung vorzugehen. Darüber hinaus muss beachtet werden, dass eine Designparodie auch Schutz als nicht eingetragenes Gemeinschaftsgeschmacksmuster erlangen kann. Dabei muss untersucht werden, ob die als nicht eingetragenes Geschmacksmuster geschützte Parodie für nichtig erklärt werden kann.

I. Eintragungsverfahren

Hat der Parodist seine Designparodie zur Eintragung in das Register gemäß § 11 DesignG/Art. 35, 36 GGV angemeldet, prüft das DPMA/EUIPO ähnlich wie im Markenrecht gemäß § 16 DesignG/Art. 45 GGV, ob die formellen Voraussetzungen der Anmeldung eingehalten wurden. Eine darüber hinausgehende Prüfung der materiellen Schutzfähigkeit – wie Neuheit und Eigenart (vgl. § 2 DesignG/Art. 5, 6 GGV) – bleibt außer Betracht. Es sind lediglich die Eintragungshindernisse des § 18 DesignG/Art. 47 GGV zu beachten.

Da die formellen Anmeldeerfordernisse in der Hand des Anmelders liegen, können bezüglich der Designparodie nur die Eintragungshindernisse zu einer Zurückweisung der Eintragung führen. Fraglich ist in diesem Zusammenhang vor allem, ob die Designparodie gegen die öffentliche Ordnung oder die guten Sitten gemäß § 18 Var. 2 DesignG i. V. m. § 3 Abs. 1 Nr. 3 DesignG/Art. 47 Abs. 1 lit. b GGV verstößt. Das muss insbesondere deshalb hinterfragt werden, weil die Parodie häufig scherzhafte, kritische, geschmacklose oder obszöne Inhalte vermittelt. Fraglich ist aber, ob die Designparodie die Schwelle des § 18 Var. 2 DesignG i. V. m. § 3 Abs. 1 Nr. 3 DesignG/Art. 47 Abs. 1 lit. b GGV überschreitet und damit als Eintragungshindernis anzusehen ist.[1271]

Im Hinblick auf den Verstoß gegen die öffentliche Ordnung ist festzuhalten, dass es nicht ausreicht, wenn das Design gegen irgendein Gesetz verstößt.[1272] Vielmehr ist ein Verstoß gegen wesentliche Grundsätze des Rechts erforderlich.[1273] Um gegen die guten Sitten zu verstoßen, muss die Parodie geeignet sein, das Empfinden der angesprochenen Verkehrskreise zu verletzen, indem sie eine sittlich grob verunglimpfende, politisch oder religiös diskriminierende Wirkung

---

1271 Zum Schutzausschließungsgrund der Ordnungs- und Sittenwidrigkeit im Designrecht siehe ausführlich *Thiele*, MR-Int 2016, 173ff.

1272 *Kühne/Meisner*, in: Eichmann/Jestaedt/Fink/Meiser, DesignG/GGV, § 3 DesignG Rn. 32; *Ruhl*, in: Ruhl/Tolkmitt, GGV, Art. 9 Rn. 5; *Thiele*, MR-Int 2016, 173 (175); *Wandtke/Ohst*, GRUR Int 2005, 91 (98).

1273 Prüfungsrichtlinien des EUPIO, Nr. 4.2.2.; *Kühne/Meisner*, in: Eichmann/Jestaedt/Fink/Meiser, DesignG/GGV, § 3 DesignG Rn. 32; *Ruhl*, in: Ruhl/Tolkmitt, GGV, Art. 9 Rn. 5; *Thiele*, MR-Int 2016, 173 (175).

entfaltet.[1274] Dabei ist zunächst zu beachten, dass bezüglich der Annahme eines Verstoßes Zurückhaltung geboten ist[1275] – insbesondere aufgrund der fortschreitenden Liberalisierung.[1276] Ein Verstoß ist nur dann anzunehmen, wenn das Design »aus der Perspektive eines Durchschnittsverbrauchers mit einer normalen Schwelle der Sensibilität und Toleranz als hinreichend obszön und anstößig wahrgenommen wird«.[1277] Ein schlechter Geschmack allein kann nicht zur Sittenwidrigkeit führen.[1278]

Die Kriterien im Hinblick auf das Vorliegen des Eintragungshindernisses sind insgesamt mit denen des Markenrechts vergleichbar, weshalb auf die obigen Ausführungen verwiesen werden kann.[1279] Eine Designparodie verstößt daher nur dann gegen die guten Sitten, wenn es sich um eine Ärgernis erregende Darstellung handelt, die nicht mehr hinnehmbar erscheint. Solange sich die Designparodie allerdings mit einem Themenfeld sachlich auseinandersetzt, steht das absolute Schutzhindernis der Eintragung in das entsprechende Register nicht entgegen. Ob eine Parodie von der Eintragung ausgeschlossen ist, ist daher stark einzelfallabhängig. Im Regelfall setzt sich der Parodist zwar in kritischer, humorvoller oder verspottender Weise mit dem älteren Design auseinander. Allerdings wird er dabei nur in Härtefällen gegen die öffentliche Ordnung oder die guten Sitten verstoßen. Sofern die Designparodie daher ein Design i. S. d. § 1 Nr. 1 DesignG/Art. 3 lit. a GGV darstellt, ist sie i. d. R. eintragungsfähig.

II. Entstehungstatbestand des nicht eingetragenen Gemeinschaftsgeschmacksmusters

Gemäß Art. 1 Abs. 2 lit. a GGV wird ein nicht eingetragenes Gemeinschaftsgeschmacksmuster geschützt, wenn es in der von der Verordnung vorgesehenen Weise der Öffentlichkeit zugänglich gemacht wird. Wann eine Designparodie als nicht eingetragenes Gemeinschaftsgeschmacksmuster Schutz erlangt, regelt Art. 11 GGV. Nach Art. 11 Abs. 1 S. 1 GGV muss das Geschmacksmuster der Öffentlichkeit innerhalb der Gemeinschaft erstmals zugänglich gemacht werden. Das ist nach Art. 11 Abs. 2 GGV der Fall, wenn es in solcher Weise bekannt

1274 *Günther*, in: Günther/Beyerlein, DesignG, § 3 Rn. 17; *Kühne/Meisner*, in: Eichmann/Jestaedt/Fink/Meiser, DesignG/GGV, § 3 DesignG Rn. 33; *Thiele*, MR-Int 2016, 173 (175). Zu den Fallgruppen siehe auch *Ruhl*, in: Ruhl/Tolkmitt, GGV, Art. 9 Rn. 9 ff.

1275 *Günther*, in: Günther/Beyerlein, DesignG, § 3 Rn. 17. Siehe auch *Thiele*, MR-Int 2016, 173 (178) unter Verweis auf die Praxis des EUPIO.

1276 So BPatG, Beschl. v. 3.3.2005 – Az. 10 W (pat) 713/02 – Flasche in Form eines Sperma; BPatG, GRUR 2004, 160 (161) – Vibratoren.

1277 Prüfungsrichtlinien des EUPIO, Nr. 4.2.3.

1278 Prüfungsrichtlinien des EUPIO, Nr. 4.2.3.; *Ruhl*, in: Ruhl/Tolkmitt, GGV, Art. 9 Rn. 7.

1279 Siehe hierzu ausführlich unter Kapitel 4 A. I. 1.

gemacht, ausgestellt, im Verkehr verwendet oder auf sonstige Weise offenbart wurde, dass dies den in der Gemeinschaft tätigen Fachkreisen des betreffenden Wirtschaftszweigs im normalen Geschäftsverlauf bekannt sein konnte. Es gilt gemäß Art. 11 Abs. 1 S. 2 GGV aber dann nicht als der Öffentlichkeit zugänglich gemacht, wenn es lediglich einem Dritten unter der ausdrücklichen oder stillschweigenden Bedingung der Vertraulichkeit offenbart wurde. Wie sich aus dem Zusammenhang mit Art. 110a Abs. 5 S. 2 GGV ergibt, muss die schutzbegründende Offenbarungshandlung innerhalb der Union erfolgen.[1280] Als Offenbarungshandlung kommt jede Handlung gegenüber Dritten in Betracht – unabhängig davon, ob es sich um Handlungen gegenüber Fachkreisen, Gewerbetreibenden oder Laien handelt.[1281] Jedoch muss es den Fachkreisen möglich gewesen sein, von dem Gemeinschaftsgeschmacksmuster Kenntnis zu nehmen.[1282] Es darf sich beispielsweise nicht um eine lediglich lokale Offenbarung gehandelt haben.[1283] Dann könnte es zwar den lokal tätigen Fachkreisen bekannt sein. Art. 11 Abs. 2 S. 1 GGV stellt jedoch auf die in der Gemeinschaft tätigen Fachkreise ab. Eine tatsächliche Kenntnisnahme ist dabei aber nicht erforderlich. Es genügt, dass die Wahrscheinlichkeit einer positiven Kenntnisnahme besteht.[1284] Zu den Fachkreisen zählen nicht nur Designer, sondern auch Händler, die keinen Einfluss auf das Design eines Produkts haben.[1285]

Da der Parodist eine breite Masse mit der hinter der Parodie stehenden Aussage erreichen will, ist es erforderlich, dass er sie der Öffentlichkeit zugänglich macht. Das muss jedoch in der Weise geschehen, dass die in der Union tätigen Fachkreise im normalen Geschäftsverlauf hiervon Kenntnis nehmen konnten. Eine Designparodie darf daher nicht lediglich regional der Öffentlichkeit zugänglich gemacht werden. Sofern diese Voraussetzungen erfüllt sind, entsteht der Schutz einer Designparodie als nicht eingetragenes Gemeinschaftsgeschmacksmuster automatisch mit der öffentlichen Zugänglichmachung. Zwar erfordert Art. 11 Abs. 1 GGV für die Schutzentstehung neben der öffentlichen Zugänglichmachung auch, dass das Geschmacksmuster die im

---

1280 In diesem Sinne auch BGH, GRUR 2009, 79 Rn. 18 – Gebäckpresse; *Eckert*, Das »öffentliche Zugänglichmachen«, S. 96; *Gottschalk/Gottschalk*, GRUR Int 2006, 461 (464); *Reinisch*, Das nicht eingetragene Gemeinschaftsgeschmacksmuster, S. 34; *Ruhl*, in: Ruhl/Tolkmitt, GGV, Art. 11 Rn. 17. So i.E. auch *Eichmann*, in: Eichmann/Kur, Designrecht, § 1 Rn. 9.

1281 *Ruhl*, in: Ruhl/Tolkmitt, GGV, Art. 11 Rn. 16 i. V. m. Art. 7 Rn. 7; *Simon*, in: Liber amicorum Hecker, S. 314.

1282 *Eckert*, Das »öffentliche Zugänglichmachen«, S. 65; *Simon*, in: Liber amicorum Hecker, S. 315.

1283 *Buchmüller*, Das nicht eingetragene Gemeinschaftsgeschmacksmuster, S. 91; *Eichmann*, in: Eichmann/Kur, Designrecht, § 2 Rn. 171; *Schennen*, in: FS Eisenführ, S. 107.

1284 *Buchmüller*, Das nicht eingetragene Gemeinschaftsgeschmacksmuster, S. 94; *Eckert*, Das »öffentliche Zugänglichmachen«, S. 67, 73; *Eichmann*, in: Eichmann/Kur, Designrecht, § 2 Rn. 173; *Simon*, in: Liber amicorum Hecker, S. 315.

1285 EuGH, Urt. v. 13.2.2014 – Rs. C-479/12, Rn. 24ff. – Gartenpavillon.

ersten Abschnitt der GGV genannten Voraussetzungen erfüllt.[1286] Eine Überprüfung der materiellen Voraussetzungen findet aufgrund der automatischen Entstehung des Schutzes jedoch nicht statt. Vielmehr trägt der Inhaber des nicht eingetragenen Gemeinschaftsgeschmacksmusters in vollem Umfang die Darlegungs- und Beweislast für die an die Offenbarung i. S. d. Art. 11 GGV gestellten Anforderungen.[1287]

III. Nichtigkeitsverfahren

Ob die Designparodie überhaupt schützenswert ist, wird im Eintragungsverfahren bzw. im Entstehungstatbestand des nicht eingetragenen Gemeinschaftsgeschmacksmusters nicht überprüft. Die Designparodie wird deshalb trotz der Tatsache, dass sie auf fremdes Schaffen zurückgreift, geschützt. Aus diesem Grund sehen sowohl das DesignG als auch die GGV ein Nichtigkeitsverfahren vor, in dem zum einen die Schutzfähigkeit des Designs und zum anderen das Bestehen älterer Rechte überprüft werden können.[1288] Jedenfalls ist das Vorliegen einer der in § 33 Abs. 1, 2 DesignG[1289]/Art. 25 Abs. 1 GGV genannten Nichtigkeitsgründe erforderlich, damit die Designparodie für nichtig erklärt werden kann und deren Wirkungen als von Anfang an nicht eingetreten gelten.[1290]

1286 Hiervon umfasst sind insbesondere die Anforderungen der Musterfähigkeit (Art. 3 GGV), die Neuheit (Art. 5 GGV), die Eigenart (Art. 6 GGV) und die Frage, ob Schutzausschließungsgründe (Art. 8, 9 GGV) vorliegen.

1287 *Eichmann/Jesteadt,* in: Eichmann/Jestaedt/Fink/Meiser, DesignG/GGV, Art. 11 GGV Rn. 20.

1288 Das eingetragene Design kann durch Erhebung der Widerklage im Verletzungsverfahren (vgl. §§ 52a, 52b DesignG/Art. 24 Abs. 1, 84 GGV) oder durch Stellung eines Antrags beim DPMA/EUIPO (vgl. §§ 52a, 34f. DesignG/Art.24 Abs. 1, 52f. GGV) für nichtig erklärt werden. Das nicht eingetragene Gemeinschaftsgeschmacksmuster wird gemäß Art. 24 Abs. 3 GGV, 84 GGV von einem Gemeinschaftsgeschmacksmustergericht auf Antrag bei diesem oder auf Widerklage im Verletzungsverfahren für nichtig erklärt.

1289 Im nationalen Recht wird zwischen absoluten Nichtigkeitsgründen (§ 33 Abs. 1 DesignG), bei welchen die Nichtigkeit festgestellt wird, und zwischen den relativen Nichtigkeitsgründen (§ 33 Abs. 2 DesignG), wodurch ein eingetragenes Design für nichtig erklärt wird, unterschieden. Eine solche Unterscheidung findet sich im europäischen Geschmacksmusterrecht nicht. Sie hat jedoch keine Auswirkungen auf die rechtliche Behandlung.

1290 Vgl. § 33 Abs. 4 DesignG/Art. 26 Abs. 1 GGV.

1. Nichtigkeitsgründe bezüglich der Schutzfähigkeit, § 33 Abs. 1 DesignG/Art. 25 Abs. 1 lit. a, b GGV

Gemäß § 33 Abs. 1 Nr. 1 DesignG/Art. 25 Abs. 1 lit. a GGV ist ein eingetragenes Design nichtig, wenn die Erscheinungsform des Erzeugnisses kein Design i. S. d. § 1 Nr. 1 DesignG/Art. 3 lit. a GGV ist. Weiterhin kann es gemäß § 33 Abs. 1 Nr. 2 DesignG/Art. 25 Abs. 1 lit. b GGV i. V. m. Art. 5, 6 GGV für nichtig erklärt werden, wenn das Design nicht neu ist oder keine Eigenart aufweist oder gemäß § 33 Abs. 1 Nr. 3 DesignG i. V. m. § 3 DesignG/Art. 25 Abs. 1 lit. b GGV i. V. m. Art. 8, 9 GGV, Art. 25 Abs. 1 lit. g GGV das Design vom Designschutz ausgeschlossen ist.

Die Eigenschaft einer Designparodie als Design i. S. d. § 1 Nr. 1 DesignG/Art. 3 lit. a GGV soll nicht in Frage gestellt werden. Als Ausschlussgrund kommt jedoch der Verstoß gegen die öffentliche Ordnung oder die guten Sitten gemäß § 3 Abs. 1 Nr. 3 DesignG/Art. 9 GGV in Bezug auf die Designparodie in Betracht. Da eine Designparodie nur in Ausnahmefällen gegen die guten Sitten verstößt,[1291] liegt der Schwerpunkt der Beurteilung auf der Frage, ob die Designparodie neu ist und Eigenart besitzt. Beurteilungszeitpunkt für die Frage des Vorliegens der Neuheit und der Eigenart bezüglich des eingetragenen Designs ist der Anmelde- oder Prioritätstag.[1292] Für das nicht eingetragene Gemeinschaftsgeschmacksmuster ist der Tag der öffentlichen Zugänglichmachung des Geschmacksmusters entscheidend.[1293]

a) Neuheit

Gemäß § 2 Abs. 2 S. 1 DesignG/Art. 5 Abs. 1 GGV gilt ein Design als neu, wenn kein identisches Design offenbart worden ist. Designs gelten dabei gemäß § 2 Abs. 2 S. 2 DesignG/Art. 5 Abs. 2 GGV als identisch, wenn sich ihre Merkmale nur in unwesentlichen Einzelheiten unterscheiden.

aa) Bestimmung der Neuheit

Zentrales Kriterium der Bestimmung der Neuheit ist, dass vor dem Anmelde-, Prioritätstag oder dem Tag der öffentlichen Zugänglichmachung kein identisches Design offenbart worden ist. Unter der Offenbarung versteht man dabei nach § 5 S. 1 DesignG/Art. 7 Abs. 1 S. 1 GGV, dass das Design der Öffentlichkeit zugänglich gemacht worden sein muss, es sei denn, dass es den in der Gemeinschaft tätigen Fachkreisen des betreffenden Sektors im normalen Geschäftsverlauf nicht bekannt sein konnte. Die Bezugnahme des § 2 Abs. 2 DesignG/Art. 5 Abs. 1 GGV auf

---

1291 Siehe näher unter Kapitel 4 B. I.

1292 *Eichmann/Jestaedt*, in: Eichmann/Jestaedt/Fink/Meiser, DesignG/UMV, § 2 DesignG Rn. 3; *Veit*, Die Durchsetzung des Gemeinschaftsgeschmacksmusters, S. 160. Vgl. dazu § 13 DesignG/Art. 5 Abs. 1 lit. b GGV, Art 6 Abs. 1 lit. b GGV.

1293 Art. 5 Abs. 1 lit. a GGV, Art. 6 Abs. 1 lit. a GGV.

die Offenbarung verdeutlicht, dass hinsichtlich der Bestimmung der Neuheit auf den gesamten vorbekannten Formenschatz zurückzugreifen ist.[1294] Das Design muss mit den nächstliegenden Designs aus dem vorbekannten Formenschatz einzeln verglichen werden.[1295] Es darf dabei nicht mit einem vorbekannten Design identisch sein. Bezugspunkt für die Bestimmung der Identität ist lediglich die Erscheinungsform und nicht ein Erzeugnis als solches.[1296] Deshalb können Übertragungen der gleichen Erscheinungsform in ein neues Erzeugnis keine Neuheit i.S.d. § 2 Abs. 2 DesignG/Art. 5 GGV begründen.[1297]

Unter dem Begriff der Identität ist nicht nur die vollständige Übereinstimmung der Designs zu verstehen. Wie sich aus § 2 Abs. 2 S. 2 DesignG/Art. 5 Abs. 2 GGV ergibt, liegt eine Identität auch dann vor, wenn sie sich in nur unwesentlichen Einzelheiten unterscheiden. Das ist anhand eines fotografischen Vergleichs zu ermitteln.[1298] Dabei ist zu beachten, dass alle Merkmale des eingetragenen Designs mit dem vorbekannten Design übereinstimmen müssen. Eine mosaikartige Heranziehung mehrerer Muster kommt für die Bestimmung der Identität nicht in Betracht.[1299] Sofern ein Design daher aus einer Kombination mehrerer Merkmale besteht, müssen alle Kombinationsmerkmale in einem bereits offenbarten Design zusammentreffen, um die Identität zu begründen.[1300] Liegt keine vollkommen identische Übernahme eines vor dem Zeitrang offenbarten Designs vor, so stellt sich die Frage, was unter dem Unterschied in nur unwesentlichen Einzelheiten zu verstehen ist. Unwesentlich sind die Einzelheiten dann, wenn sie nicht unmittelbar erkennbar sind und damit nicht einmal geringe Unterschiede zwischen den sich gegenüberstehenden Designs hervorrufen.[1301] Deshalb können bereits geringe Abweichungen dazu führen, dass es sich um ein

1294 *Eichmann/Jestaedt*, in: Eichmann/Jestaedt/Fink/Meiser, DesignG/UMV, § 2 DesignG Rn. 8.

1295 *Beyerlein*, in: Günther/Beyerlein, DesignG, § 2 Rn. 11; *Gerlach*, in: Hasselblatt, MAH Gewerblicher Rechtsschutz, § 45 Rn. 31; *Götting*, Gewerblicher Rechtsschutz, § 40 Rn. 4; *Kur*, GRUR 2002, 661 (665); *Oldekop*, WRP 2006, 801 (804); *Schabenberger*, WRP 2010, 992 (994); *Wandtke/Ohst*, GRUR Int 2005, 91 (95).

1296 EuGH, Urt. v. 21.9.2017 – verb. Rs. C-361/15 P und C-405/15 P, Rn. 88ff. – Duschabflussrinne; *Eichmann*, in: Eichmann/Kur, Designrecht, § 2 Rn. 65f.; *Eichmann/Jestaedt*, in: Eichmann/Jestaedt/Fink/Meiser, DesignG/UMV, § 2 DesignG Rn. 4.

1297 *Becker*, GRUR Int 2012, 312 (314f.); *Eichmann*, in: Eichmann/Kur, Designrecht, § 2 Rn. 65f.; *Eichmann/Jestaedt*, in: Eichmann/Jestaedt/Fink/Meiser, DesignG/UMV, § 2 DesignG Rn. 12.

1298 *Eichmann/Jestaedt*, in: Eichmann/Jestaedt/Fink/Meiser, DesignG/UMV, § 2 DesignG Rn. 11; *Schabenberger*, WRP 2010, 992 (994). Ähnlich auch *Kur*, GRUR 2002, 661 (665); *Oldekop*, WRP 2006, 801 (804).

1299 *Oldekop*, WRP 2006, 801 (804); *Schabenberger*, WRP 2010, 992 (994).

1300 *Eichmann*, in: Eichmann/Kur, Designrecht, § 2 Rn. 64; *Eichmann/Jestaedt*, in: Eichmann/Jestaedt/Fink/Meiser, DesignG/UMV, § 2 DesignG Rn. 10.

1301 EuG, Urt. v. 6.6.2013 – Rs. T-68/11, Rn. 37 – Uhrenzifferblätter. Siehe auch *Beyerlein*, in: Günther/Beyerlein, DesignG, § 2 Rn. 12; *Ruhl*, in: Ruhl/Tolkmitt, GGV, Art. 5 Rn. 12; *Schabenberger*, WRP 2010, 992 (994).

neues Design gemäß § 2 Abs. 2 DesignG/Art. 5 GGV handelt.[1302] Zur Bestimmung der Neuheit kann es daher insgesamt nicht nur auf die Gemeinsamkeiten ankommen. Vielmehr stehen die Unterschiede der sich gegenüberstehenden Designs im Vordergrund.[1303] Sind die Merkmale nur ähnlich, kann die Neuheit des eingetragenen Designs nicht verneint werden.[1304]

bb) Bedeutung für die Designparodie

Fraglich ist, inwiefern eine Designparodie neu im Sinne der oben aufgezeigten Grundsätze sein kann. Eine Parodie ist schließlich dadurch gekennzeichnet, dass das parodierte Design erkennbar bleibt, damit der Anknüpfungspunkt kenntlich gemacht wird. Um die kritische, humorvolle oder verspottende Aussage zu verdeutlichen, werden zum Originaldesign Elemente hinzugefügt, weggelassen oder abgeändert. Der Parodist möchte sich daher durch die hinter seiner Parodie stehende Aussage von dem Originaldesign abgrenzen. Damit dies gelingt und vor allem damit die hinter der Parodie stehende Aussage für das angesprochene Publikum erkennbar ist, müssen die am Original vorgenommenen Änderungen derart ausgestaltet sein, dass sie unmittelbar deutlich werden. Ansonsten geht der parodistische Effekt verloren und der Parodist verfehlt sein Ziel. Im Regelfall ist bezüglich einer Designparodie daher die Neuheit i. S. d. § 2 Abs. 2 DesignG/ Art. 5 GGV zu bejahen. Es sei denn, die Parodie ist nicht erkennbar, sodass den Adressaten die Unterschiede nicht ersichtlich sind. Will der Parodist allerdings den parodistischen Effekt durch die Benutzung des identischen Designs auf einem zum Originaldesign verschiedenen Erzeugnis herstellen, ist die Neuheit abzulehnen, da eine Gestaltungsübertragung allein keine Neuheit begründen kann. Gleiches gilt für die Parodie unter Verwendung des Designs. Die Erscheinungsform wird in diesen Fällen identisch übernommen, um zu verdeutlichen, worauf die hinter der Parodie stehende Aussage bezogen ist. Es werden keine Änderungen am Original vorgenommen, sodass die Neuheit abgelehnt werden muss.

Daher ist eine Designparodie unter das Tatbestandsmerkmal der Neuheit nur dann zu subsumieren, wenn der parodistische Effekt durch Änderungen am Originaldesign erreicht wird. Andernfalls stellt die Parodie gemäß § 33 Abs. 1

1302 EuG, Urt. v. 6.6.2013 – Rs. T-68/11, Rn. 37 – Uhrenzifferblätter; HABM, Entsch. v. 20.12. 2006 – ICD 000002244; HABM, Entsch. v. 12.12.2006 – ICD 000002863; HABM, Entsch. v. 30.11.2006 – ICD 000001212; OLG Hamburg, Urt. v. 28.7.2016 – Az. 5 U 142/13, Rn. 115 (juris); *Beyerlein,* in: Günther/Beyerlein, DesignG, § 2 Rn. 12; *Bulling/Langöhrig/Hellwig/ Müller,* Designschutz, Rn. 44; *Eichmann/Jestaedt,* in: Eichmann/Jestaedt/Fink/Meiser, DesignG/UMV, § 2 DesignG Rn. 11; *Klawitter,* GRUR-Prax 2011, 337; *Ruhl,* in: Ruhl// Tolkmitt, GGV, Art. 5 Rn. 12.

1303 OLG Hamburg, Urt. v. 28.7.2016 – Az. 5 U 142/13, Rn. 112 (juris); *Bulling/Langöhrig/ Hellwig/Müller,* Designschutz, Rn. 44.

1304 LG Braunschweig, Urt. v. 1.8.2014 – Az. 9 O 2249/13 Rn. 38 (juris).

Nr. 2 Alt. 1 DesignG/Art. 25 Abs. 1 lit. b GGV i.V.m. Art. 5 GGV einen Nichtigkeitsgrund dar.

b) Eigenart

Gemäß § 2 Abs. 3 S. 1 DesignG/Art. 6 Abs. 1 GGV hat ein Design Eigenart, wenn sich der Gesamteindruck, den es beim informierten Benutzer hervorruft, von dem Gesamteindruck unterscheidet, den ein anderes Design bei dem Benutzer hervorruft. Bei der Beurteilung der Eigenart wird der Grad der Gestaltungsfreiheit des Entwerfers bei der Entwicklung des Designs gemäß § 2 Abs. 3 S. 2 DesignG/Art. 6 Abs. 2 GGV berücksichtigt.

aa) Bestimmung der Eigenart

Wie bei der Bestimmung des Schutzumfangs im Rahmen des Verletzungsverfahrens ist auch für die Bestimmung der Eigenart Ausgangspunkt der informierte Benutzer.[1305]

Vergleicht man den Wortlaut des § 2 Abs. 3 DesignG/Art. 6 GGV mit dem des § 38 Abs. 2 DesignG/Art. 10 GGV, wird deutlich, dass es wie bei der Bestimmung des Schutzumfangs auf den Gesamteindruck ankommt. Darüber hinaus muss die Gestaltungsfreiheit des Entwerfers bei der Entwicklung seines Designs berücksichtigt werden. Hinsichtlich der Bestimmung des Gesamteindrucks im Rahmen der Eigenartsprüfung kommt es darauf an, inwieweit sich dieser deutlich von dem unterscheidet, den der vorbestehende Formschatz bei ihm hervorruft, und zwar unter Berücksichtigung der Art des Erzeugnisses, bei dem das Geschmacksmuster benutzt wird oder in das es aufgenommen wird, und insbesondere des jeweiligen Industriezweigs und des Grades der Gestaltungsfreiheit des Entwerfers bei der Entwicklung des Geschmacksmusters.[1306] Für die Bestimmung des Gesamteindrucks des eingetragenen Designs kommt es demnach – verglichen mit § 38 Abs. 2 DesignG/Art. 10 GGV – auch auf die Gestaltungsfreiheit des Entwerfers und den Abstand zum vorbekannten Formenschatz an. Der fast übereinstimmende Wortlaut der Normen des § 2 Abs. 3 DesignG/Art. 6 GGV und des § 38 Abs. 2 DesignG/Art. 10 GGV lässt daher den Schluss zu, dass sie gleich auszulegen sind.[1307] Deshalb kann bezüglich der Bestimmung der Eigenart auf die Ausführungen zur Bestimmung des Schutzumfangs im Rahmen des § 38

1305 Siehe zum Begriff des informierten Benutzers unter Kapitel 3 C. III. 2. a).

1306 Siehe ErwG 13 GMR. So auch ErwG 14 GGV.

1307 *Christof,* Schutzumfang, S. 33; *Ruhl,* in: Ruhl/Tolkmitt, GGV, Art. 6 Rn. 4, Art. 10 Rn. 4; *Schaap/van den Berg/George,* in: Hasselblatt, Community Design Regulation, Art. 10 Rn. 1. Siehe auch *Hartwig,* GRUR 2016, 882 (883); *ders.,* GRUR-RR 2009, 201 (202f.); *Schramm,* Der europaweite Schutz des Produktdesigns, S. 158.

Abs. 2 DesignG/Art. 10 GGV verwiesen werden.[1308] Anhand eines Einzelvergleichs mit jedem vorbekannten Design werden Gemeinsamkeiten und Unterschiede festgestellt.[1309] Ein Mosaikvergleich ist auch hier nicht angebracht.[1310] Bei einem Kombinationsdesign kann die Eigenart daher nur dann verneint werden, wenn ein anderes vorbekanntes Design dieselbe Kombination aufweist.[1311] Für einen übereinstimmenden Gesamteindruck ist es im Hinblick auf § 2 Abs. 2 DesignG/Art. 6 GGV gerade nicht erforderlich, dass die sich gegenüberstehenden Designs identisch sind. Da § 2 Abs. 2 DesignG/Art. 5 GGV bezüglich der Bestimmung der Neuheit eine Identität voraussetzt aber es bezüglich Bestimmung der Eigenart nach § 2 Abs. 3 DesignG/Art. 6 GGV lediglich auf einen unterschiedlichen Gesamteindruck ankommt, kann eine solche enge Sichtweise nicht gefordert werden.[1312]

Zudem ist die Bestimmung der Eigenart nicht wie die Bestimmung des Schutzumfangs durch § 11 Abs. 6 DesignG/Art. 36 Abs. 6 GGV eingeschränkt. Die Erzeugnisart kann deshalb zur Bestimmung der Eigenart herangezogen werden. Insbesondere wird der Grad der Gestaltungsfreiheit von der Art des Erzeugnisses beeinflusst. Es kommt vor allem auf die Frage an, welche Gestaltungsmöglichkeit der Verwendungszweck des Erzeugnisses eröffnet.[1313]

bb) Bedeutung für die Designparodie

Wie im Rahmen des Verletzungsverfahrens kommt es im Nichtigkeitsverfahren entscheidend auf die Frage an, ob die Designparodie einen anderen Gesamteindruck hervorrufen kann. Anknüpfungspunkt für die Beurteilung der Eigenart der Designparodie ist das i. S.d § 5 DesignG/Art. 7 GGV offenbarte Design, das der Parodie als Vorlage diente. Die Designparodie muss daher einen anderen Gesamteindruck hervorrufen als das vorbekannte, als Anknüpfungspunkt für die Parodie dienende Design.

1308 Siehe hierzu unter B. II. 2. b) bb) (2). Auch *Hartwig*, GRUR 2016, 882 (883) geht davon aus, dass die Bestimmung des Schutzumfangs im Rahmen des § 38 Abs. 2 DesignG mit der Bestimmung der Eigenart nach § 2 Abs. 3 DesignG vergleichbar ist.

1309 EuGH, Urt. v. 19.6.2014 – Rs. C-345/13, Rn. 35 – KMF/Dunnes; BGH, GRUR 2011, 1112 Rn. 32 – Schreibgeräte; BGH, GRUR 2010, 718 Rn. 33 – Verlängerte Limousinen; *Eichmann*, in: Eichmann/Kur, Designrecht, § 2 Rn. 68; *Eichmann/Jestaedt*, in: Eichmann/Jestaedt/Fink/Meiser, DesignG/UMV, § 2 DesignG Rn. 37; *Velz*, Die Prüfung von Eigenart und Verletzung sowie die Bestimmung des Schutzumfangs im deutschen und europäischen Designrecht, S. 70.

1310 EuGH, Urt. v. 19.6.2014 – Rs. C-345/13, Rn. 35 – KMF/Dunnes; *Buchmüller*, Das nicht eingetragene Gemeinschaftsgeschmacksmuster, S. 69, 78; *ders.*, GRUR 2015, 629 (630); *Schennen*, in: FS Eisenführ, S. 105.

1311 *Eichmann*, in: Eichmann/Kur, Designrecht, § 2 Rn. 68 (Fn. 201).

1312 *Gottschalk*, Der Schutz des Designs, S. 72; *Ruhl*, in: Ruhl/Tolkmitt, GGV, Art. 5 Rn. 5.

1313 BTDrs. 15/1075, S. 34; OLG Frankfurt, Urt. v. 26.6.2014 – Az. 6 U 17/13 Rn. 41 (juris) – Möbelgriff.

Wie im Zusammenhang mit dem Eingriff in den Schutzumfang im Rahmen des § 38 DesignG/Art. 19 GGV i. V. m. Art. 10 GGV dargestellt,[1314] erweckt die Parodie eines Designs dann einen anderen Gesamteindruck, wenn sie in Anlehnung an § 24 Abs. 1 UrhG einen inneren Abstand zum Original anhand einer antithematischen Auseinandersetzung mit diesem schafft. Die Verwendung des wertungsoffenen Begriffs des Gesamteindrucks ermöglicht auch im Rahmen der Prüfung der Eigenart, die sich gegenüberstehenden Grundrechte zu berücksichtigen. Demnach ist eine grundrechtskonforme Auslegung dahingehend vorzunehmen, dass es nicht lediglich auf einen Unterschied bezüglich des äußeren Erscheinungsbildes ankommen kann. Vielmehr wird durch die parodistische Aussage ein innerer Abstand in Form der antithematischen Auseinandersetzung mit dem Originaldesign geschaffen, der für die Änderung des Gesamteindrucks ausreichend ist. Eine derartige Auslegung setzt jedoch voraus, dass die mit der Designparodie zusammenhängende Meinungs- und Kunstfreiheit gegenüber den schützenswerten Interessen des Parodierten überwiegen.[1315] Ist das nicht der Fall, wird kein innerer Abstand geschaffen, sodass sich kein anderer Gesamteindruck ergeben kann. Der Designparodie fehlt es dann an der Eigenart, sodass der Nichtigkeitsgrund des § 33 Abs. 1 Nr. 2 Alt. 2 DesignG/Art. 25 Abs. 1 lit. b GGV i. V. m. Art. 6 GGV gegeben wäre. Die Verwendung des wertungsoffenen Begriffs des Gesamteindrucks ermöglicht es mithin, die Interessen des Parodisten zu berücksichtigen. Dies gilt jedoch nicht in Bezug auf die Parodie unter Verwendung eines Designs. Da die Fallgestaltung aber regelmäßig dadurch gekennzeichnet ist, das Originaldesign unverändert zu übernehmen, wird kein anderer Gesamteindruck erweckt. Auch in diesem Zusammenhang ist jedoch festzuhalten, dass es sich um ein interessengerechtes Ergebnis handelt. Es besteht – ähnlich wie im Hinblick auf die Parodie unter Verwendung einer Marke im Markenrecht[1316] – kein schützenswertes Interesse, ein identisches Design zu schützen.

c) *Zwischenfazit*

Bezüglich der Nichtigkeitsgründe aus § 33 Abs. 1 DesignG/Art. 25 Abs. 1 lit. b GGV ist jedermann antrags- bzw. klagebefugt.[1317] Der Parodierte kann sich demnach gegen die Eintragung der Designparodie grundsätzlich zur Wehr setzen unter Berufung auf die dort genannten Nichtigkeitsgründe. Da es der Parodie an der Neuheit im Regelfall nicht fehlen wird, ist die Designparodie nur dann nichtig, wenn sie gegenüber dem parodierten Design keine Eigenart aufweist. Ob

1314 Siehe unter Kapitel 3 C. III. 2. c) cc).

1315 Ob dieselben Kriterien wie im Rahmen des Kapitel 2 C. anzuwenden sind, wird unter Kapitel 4 C. näher betrachtet.

1316 Vgl. Kapitel 4 A. II.

1317 Vgl. § 34 S. 1 DesignG/Art. 52 Abs. 1 GGV.

das der Fall ist, muss anhand einer Abwägung beiderseitiger Interessen herausgestellt werden. Einen Anknüpfungspunkt für die Berücksichtigung der Interessenabwägung bietet der wertungsoffene Begriff des Gesamteindrucks. Die Parodie unter Verwendung eines Designs entspricht allerdings nicht den Voraussetzungen der materiellen Schutzfähigkeit, da sie regelmäßig durch eine identische Übernahme des Designs gekennzeichnet ist. Eine solche Parodie ist daher für nichtig zu erklären, ohne dass die Interessen des Parodisten berücksichtigt werden können. Das ist allerdings auch nicht notwendig, da kein Bedürfnis am Schutz eines identischen Designs besteht.

2. Nichtigkeitsgründe bezüglich des Bestehens älterer Rechte, § 33 Abs. 2 DesignG/Art. 25 Abs. 1 lit. c, d, e, f GGV

Da der Anknüpfungspunkt für die rechtliche Bewertung der Designparodie allein ein Design ist, kommt als Nichtigkeitsgrund bezüglich des Bestehens älterer Rechte lediglich § 33 Abs. 2 Nr. 2 DesignG/Art. 25 Abs. 1 lit. d GGV in Betracht. Da jeder Parodist das Ziel verfolgt, ein möglichst breites Publikum mit seiner hinter der Parodie stehenden Aussage zu erreichen, ist es von Vorteil, wenn das Design einer breiten Masse bekannt ist. Dafür ist es jedoch erforderlich, dass es vor Herstellung der Designparodie offenbart wurde. Andernfalls hätte auch der Parodist keine Kenntnis von seiner Vorlage gehabt, sodass es sich nicht um eine Parodie handeln würde. Der Nichtigkeitsgrund ist in Bezug auf die Designparodie daher nur anwendbar, wenn auch vorveröffentlichte ältere Designs von § 33 Abs. 2 Nr. 2 DesignG/Art. 25 Abs. 1 lit. d GGV erfasst werden.

Vergleicht man den Wortlaut des § 33 Abs. 2 Nr. 2 DesignG mit dem des ihm zugrundeliegenden Art. 11 Abs. 1 lit. d GMR, der mit Art. 25 Abs. 1 lit. d GGV identisch ist, fällt auf, dass aus der Richtlinie und der Verordnung eindeutig hervorgeht, dass nur nachveröffentlichte Designs als älteres Design in Betracht kommen. Demgegenüber lässt das nationale Recht einen anderen Schluss zu. Die Trennung des ersten vom zweiten Halbsatz durch das Adverb »auch« erweckt den Anschein, als habe der erste Halbsatz einen eigenständigen Regelungsgehalt.[1318] Man kann den im nationalen Recht geregelten relativen Nichtigkeitsgrund demnach dahingehend verstehen, dass ein Design stets für nichtig erklärt wird, wenn es in den Schutzumfang eines älteren eingetragenen Designs fällt. Dies gelte auch dann, wenn das ältere Design erst nach dem Anmeldetag des jüngeren Designs offenbart wurde. Für die Beschränkung auf lediglich nachveröffentlichte ältere Designs spricht zunächst der eindeutige Wortlaut des Art. 11 lit. d GMR/ Art. 25 Abs. 1 lit. d GGV. Allerdings kann man Art. 11 lit. d GMR/Art. 25 Abs. 1 lit. d GGV auch dahingehend verstehen, dass, wenn sogar nachveröffentlichte ältere

1318 So auch *Eichmann*, in: Eichmann/v. Falckenstein/Kühne, DesignG, § 33 Rn. 11.

Designs geschützt werden, dies erst recht für vorveröffentlichte ältere Designs gelten müsse.[1319] Würde man lediglich nachveröffentlichte ältere Designs von der Vorschrift erfassen, könne man annehmen, dass vorveröffentlichte ältere Designs benachteiligt werden würden.[1320] Allerdings muss dabei beachtet werden, dass die ausdrückliche Begünstigung nachveröffentlichter Designs einen bestimmten Grund hat. Ein vorveröffentlichtes älteres Design gehört zum vorbekannten Formenschatz und hat daher Einfluss auf die Bestimmung der Neuheit und Eigenart, die bereits im Rahmen des Nichtigkeitsgrunds aus § 33 Abs. 1 Nr. 2 DesignG/Art. 25 Abs. 1 lit. b GGV berücksichtigt werden.[1321] Das vorveröffentlichte Design wird demnach gesondert geschützt, weshalb ein Rückgriff auf § 33 Abs. 2 Nr. 2 DesignG/Art. 25 Abs. 1 lit. d GGV nicht notwendig ist. Damit ist festzuhalten, dass § 33 Abs. 2 Nr. 2 DesignG/Art. 25 Abs. 1 lit. d GGV dahingehend zu verstehen ist, dass lediglich nachveröffentlichte ältere Designs von diesem Nichtigkeitsgrund erfasst werden.[1322] Der Nichtigkeitsgrund hat daher keinen Einfluss auf die rechtliche Bewertung der Designparodie.

IV. Zusammenfassung

Da im Rahmen des Eintragungsverfahrens bzw. des Entstehungstatbestandes keine materiellen Voraussetzungen des Designschutzes überprüft werden, kann eine Designparodie als eingetragenes oder nicht eingetragenes Design Schutz erlangen. Im Rahmen des Eintragungsverfahrens kann der Eintragungsfähigkeit der Parodie lediglich das Eintragungshindernis des Verstoßes gegen die öffentliche Ordnung oder die guten Sitten entgegenstehen. Ein Verstoß hiergegen liegt allerdings nur in besonderen Härtefällen vor. Demgegenüber entsteht der Schutz der Parodie als nicht eingetragenes Design automatisch mit der öffentlichen Zugänglichmachung, ohne dass weitere Voraussetzungen gesondert geprüft werden. Im Rahmen des Nichtigkeitsverfahrens besteht aber die Möglichkeit des Parodierten, die Designparodie auf das Vorliegen der materiellen Voraussetzungen überprüfen zu lassen. Voraussetzung ist jedoch stets das Vorliegen eines Nichtigkeitsgrundes. Die Parodie unter Verwendung eines Designs scheitert

1319 HABM BK, Entsch. v. 12.7.2011 – R 1702/2010-3 Rn. 14; HABM BK, Entsch. v. 12.7.2011 – R 1703/2010-3 Rn. 14; HABM BK, Entsch. v. 12.7.2011 – R 1704/2010-3 Rn. 37; *Christof*, Schutzumfang, S. 6; *Ruhl*, in: Ruhl/Tolkmitt, GGV, Art. 25 Rn. 17.

1320 HABM BK, Entsch. v. 12.7.2011 – R 1702/2010-3 Rn. 13; HABM BK, Entsch. v. 12.7.2011 – R 1703/2010-3 Rn. 13; HABM BK, Entsch. v. 12.7.2011 – R 1704/2010-3 Rn. 36; *Ruhl*, in: Ruhl/Tolkmitt, GGV, Art. 25 Rn. 18.

1321 *Eichmann/Jestaedt*, in: Eichmann/Jestaedt/Fink/Meiser, DesignG/UMV, § 33 DesignG Rn. 17.

1322 *Eichmann*, in: Eichmann/Kur, Designrecht, § 2 Rn. 114. A. A. *Christof*, Schutzumfang, S. 6; *Ruhl*, in: Ruhl/Tolkmitt, GGV, Art. 25 Rn. 17.

dabei stets an der fehlenden Neuheit und Eigenart, da das Design regelmäßig identisch übernommen wird. In Bezug auf die Parodie des Designs selbst kann sich der Parodierte allenfalls auf den Nichtigkeitsgrund der fehlenden Eigenart der Parodie berufen. Hinsichtlich der Bestimmung der Eigenart kommt es jedoch entscheidend darauf an, ob sich die Parodie vom parodierten Design in ihrem Gesamteindruck unterscheidet. Da es sich bei dem Begriff »Gesamteindruck« um einen wertungsoffenen Begriff handelt, ist dieser – wie auch im Hinblick auf das Verletzungsverfahren dargestellt – im Wege der grundrechtskonformen Auslegung dahingehend zu verstehen, dass es nicht nur auf das äußere Erscheinungsbild ankommt. Vielmehr kann in Anlehnung an § 24 Abs. 1 UrhG auch ein innerer Abstand in Gestalt der antithematischen Auseinandersetzung mit dem Original zu einem anderen Gesamteindruck führen. Das ist nur dann der Fall, wenn die Meinungs- und Kunstfreiheit des Parodisten gegenüber den Interessen des Parodierten tatsächlich überwiegen. Anderenfalls muss die Eigenart verneint werden. Jedenfalls bieten die einschlägigen Normen im Rahmen des Nichtigkeitsverfahrens eine Möglichkeit, die Interessen des Parodierten und des Parodisten zu berücksichtigen, sodass ein gerechter Interessenausgleich geschaffen werden kann.

C. Änderungen im Hinblick auf die Interessenabwägung?

Fraglich ist in diesem Zusammenhang, ob im Rahmen der erforderlichen Interessenabwägung auf die bereits festgelegten Kriterien[1323] zurückgegriffen werden kann oder ob sich bezüglich der für die Eintragung und Nichtigkeit relevanten Normen eine andere Beurteilung ergibt.

I. Markenrecht

Einen Anlass zur Annahme, dass eine andere Bewertung in Bezug auf die Eintragung einer Parodie erforderlich ist, könnte die »Springender Pudel«-Entscheidung des BGH liefern, in der es um die Frage der Eintragungsfähigkeit einer Parodie ging. Im Rahmen seiner Urteilsbegründung macht es den Anschein, als würde der BGH im Vergleich zum »Lila-Postkarte«-Urteil lediglich zu einem anderen Ergebnis gelangen, da es nicht um die Untersagung der Benutzung der Originalmarke geht, sondern um die Begründung von Registerschutz.[1324] So wird aufgrund dieser Ausführungen darauf geschlossen, dass es nicht gerechtfertigt

1323 Siehe hierzu ausführlich unter Kapitel 2 C.
1324 BGH, GRUR 2015, 1114 Rn. 48 – Springender Pudel.

sei, die Parodie als Marke eintragen zu lassen, nur weil die Verwendung der Parodie durch die Grundrechte gerechtfertigt sei. Vielmehr seien die Eintragung und die Verwendung strikt voneinander zu trennen, wobei die Eintragung nie gerechtfertigt sein könne.[1325]

Jedoch lassen die Ausführungen des BGH nicht darauf schließen, dass er bezüglich der Eintragung einer Markenparodie in das Register eine absolute Eintragungssperre vorsehen wollte.[1326] Es muss berücksichtigt werden, dass nicht nur durch die Eintragung Markenschutz erlangt werden kann, sondern auch – zumindest im nationalen Markenrecht – andere Fälle denkbar sind, vgl. § 4 MarkenG. Würde der Schutz der Parodie lediglich im Eintragungsverfahren verwehrt bleiben, so führt dies zu einer unsachgemäßen Behandlung.[1327] Da sich der BGH im Rahmen der Entscheidung »Springender Pudel« nicht mit der Benutzung einer Marke auseinanderzusetzen hatte, kann aus seinen Ausführungen insgesamt keine allgemeingültige Aussage zur Interessenabwägung im Verhältnis von Eintragung und Benutzung getroffen werden.[1328] Darüber hinaus ist eine Unterscheidung zwischen Benutzung und Eintragung im Rahmen der Interessenabwägung nicht geboten. Das lässt sich vor allem damit begründen, dass auch im Rahmen der relativen Schutzhindernisse gewissermaßen auf die Benutzung abgestellt werden muss, denn die relativen Eintragungshindernisse sollen die durch eine fiktive Benutzung herbeigeführte Störung des älteren Rechts verhindern.[1329] Hinsichtlich der Interessenabwägung kann es daher keinen Unterschied machen, ob eine tatsächliche oder fiktive Benutzung vorangegangen ist.[1330] Vielmehr muss auch in diesem Fall eine einzelfallabhängige Abwägung der widerstreitenden Interessen stattfinden, die sich an den herausgearbeiteten Kriterien zu orientieren hat.

Eine Eintragungssperre ist also dann anzunehmen, wenn die Parodie lediglich kommerzielle Ziele verfolgt. Sofern sie überwiegend ideelle Motive beinhaltet, findet sie ihre Grenzen in der Diffamierung des Originals. Hinsichtlich der Interessenabwägung im Rahmen der Frage der Eintragungsfähigkeit sollte jedoch das Vorliegen kommerzieller Motive verstärkt berücksichtigt werden. Zum einen besteht der Zweck der Eintragung darin, die eigenen Aufwendungen zu schützen, sodass hierin bereits ein kommerzielles Interesse gesehen werden kann. Zum anderen ergibt sich die besondere Berücksichtigung der kommerziellen Motive daraus, dass Ansprüche aus der Marke nur dann geltend gemacht werden können, wenn das Zeichen innerhalb der letzten fünf Jahre ernsthaft benutzt wurde,

1325 In diesem Sinne *Lerach,* jurisPR-WettbR 11/2015 Anm. 1 D.
1326 *Apel/Fuchs,* WRP 2015, 1349 (1351).
1327 In diesem Sinne auch *Apel/Fuchs,* WRP 2015, 1349 (1351).
1328 *Kefferpütz/Wrage,* GRUR-Prax 2015, 451 (453).
1329 *Hacker,* in Ströbele/Hacker/Thiering, § 9 Rn. 6; *Ingerl/Rohnke,* MarkenG, § 9 Rn. 7.
1330 In diesem Sinne auch *Thiesen,* WRP 2016, 162 (168); *ders.,* GRUR 2015, 1119 (1120).

vgl. §§ 25 Abs. 1, 26 Abs. 1 MarkenG/Art. 18 UMV. Wie sich aus dem Umkehrschluss aus § 49 Abs. 1 MarkenG/Art. 58 Nr. 1a UMV ergibt, muss das Zeichen zumindest vorübergehend als Hinweis auf die betriebliche Herkunft der gekennzeichneten Waren oder Dienstleistungen[1331] genutzt worden sein. Dabei kommt es zwar nicht auf eine Gewinnerzielungsabsicht an.[1332] Allerdings muss das Zeichen benutzt worden sein, um einen Absatzmarkt für die eingetragenen Waren oder Dienstleistungen zu erschließen oder zu sichern, das der Wahrung der Rechte dient, die durch die Marke verliehen werden.[1333] Demnach muss der Parodist, der seine Marke anmeldet, zumindest vorübergehend derartige wirtschaftliche Interessen verfolgt haben. Ansonsten kann seine Parodie wegen Verfalls gelöscht (§ 49 Abs. 1 MarkenG) werden oder die Wirkungen der Parodie als Unionsmarke gelten von dem Zeitpunkt der Antragstellung oder der Erhebung der Widerklage an als nicht eingetreten (Art. 62 UMV). Hätte der Parodist gewollt, dass diese Rechtsfolge eintritt, hätte er die Kosten und Mühen, die mit der Anmeldung der Marke einhergehen, nicht auf sich genommen. Deshalb ist bezüglich der Grundrechtsabwägung stets von einer kommerziellen Motivation auszugehen.[1334] Ob diese gegenüber den ideellen Interessen überwiegt, ist im Einzelfall festzustellen. Aufgrund des Benutzungszwangs lässt sich die Vermutung der hinter der Parodie stehenden kommerziellen Motivation aber nur schwer widerlegen.

Schließlich sollte im Rahmen der Interessenabwägung hinsichtlich der Eintragung der Parodie als Marke beachtet werden, ob der Parodist den Schutz durch das Register überhaupt benötigt oder ob ihm andere Möglichkeiten zur Seite stehen, um die mit der Parodie getätigten Aufwendungen zu schützen.[1335] Ist das der Fall, so könnte sich das Interesse des parodierten Schutzrechtsinhabers sogar gegen die Kommunikationsgrundrechte durchsetzen.[1336]

1331 Siehe zur erforderlichen Handlung hinsichtlich der rechtserhaltenden Benutzung EuGH, Urt. v. 8. 6. 2017 – Rs. C-689/15, Rn. 37 – Gözze/VBB; EuGH, Urt. v. 19. 12. 2012 – Rs. C-149/11, Rn. 29 – ONEL/OMEL; BGH, GRUR 2013, 925 Rn. 36 – VOODOO; BGH, GRUR 2012, 832 Rn. 18 – ZAPPA.

1332 *Ströbele*, in: Hacker/Ströbele/Thiering, § 26 Rn. 14.

1333 EuGH, Urt. v. 8. 6. 2017 – Rs. C-689/15, Rn. 37 – Gözze/VBB; EuGH, Urt. v. 19. 12. 2012 – Rs. C-149/11, Rn. 29 – ONEL/OMEL.

1334 In diesem Sinne auch *Thiesen*, WRP 2016, 162 (168).

1335 In diesem Sinne wohl BGH, GRUR 2016, 1114 Rn. 48 – Springender Pudel, der davon spricht, dass die Begründung eines Markenrechts zum Schutz der eigenen Leistung nicht erforderlich sei, da hierfür das Urheberrecht zur Verfügung stehe.

1336 So auch *Thiesen*, GRUR 2015, 1119 (1121).

II. Designrecht

Aufgrund der nahezu identischen Formulierungen des Schutzumfangs im Rahmen des Verletzungsverfahrens und der Eigenart im Rahmen des Eintragungsverfahrens muss auch im Designrecht von einer einheitlichen Interessenabwägung ausgegangen werden. Hier kommt es deshalb auch auf eine einzelfallabhängige Abwägung anhand der herausgearbeiteten Bewertungskriterien an.

Im Gegensatz zum Markenrecht kann die kommerzielle Motivation im Rahmen der Eintragung einer Designparodie jedoch nicht eine solche prägnante Rolle bezüglich der Interessenabwägung spielen. Zwar muss aufgrund der Eintragung ebenfalls ein kommerzielles Ziel vermutet werden, da mit ihr das Ausschließlichkeitsrecht entsteht, wodurch die mit der Designparodie zusammenhängenden Aufwendungen geschützt werden sollen. Auch besteht mit der Schutzbegründung die Möglichkeit der Lizensierung, vgl. § 31 DesignG/ Art. 32 GGV. Dies ermöglicht eine gewinnbringende Nutzung. Allerdings lässt sich im Designrecht die Vermutung der kommerziellen Motivation leichter entkräften als im Markenrecht. Anders als im Markenrecht besteht im Designrecht nämlich kein Benutzungszwang.[1337] Die Eintragung der Designparodie muss daher nicht in dem Maße von einer kommerziellen Motivation geprägt sein, wie es bei einer Markenparodie der Fall ist. Doch ist auch hier im Einzelfall die Motivation des Parodisten im Rahmen der Interessenabwägung gesondert herauszuarbeiten und zu gewichten.

III. Zusammenfassung

Die bereits herausgearbeiteten Kriterien zur Zulässigkeit einer Parodie sind auch hinsichtlich der Frage der Schutzfähigkeit einer Parodie zu berücksichtigen. Eine unterschiedliche Bewertung zwischen Benutzung und Eintragung ist nicht geboten. Allerdings spielt in diesen Fällen die kommerzielle Motivation im Rahmen der Abwägung eine entscheidende Rolle. Während der Parodist eines Designs die Vermutung des hinter der Eintragung stehenden kommerziellen Ziels leichter entkräften kann, muss bezüglich der Markenparodie aufgrund des Benutzungszwangs die kommerzielle Motivation stets vermutet werden. Es kommt aber auch hier entscheidend auf den Einzelfall und damit zusammenhängend auf die Frage an, in welchem Verhältnis die kommerziellen und die ideellen Motive zueinander stehen. Daneben ist die Frage zu berücksichtigen, ob der Registerschutz überhaupt benötigt wird.

1337 Vgl. Art. 5 B PVÜ. Siehe hierzu eingehend *Eichmann/Jestaedt*, in: Eichmann/Jestaedt/Fink/Meiser, DesignG/UMV, § 38 DesignG Rn. 6.

D. Zusammenfassung

Während die Schutzerlangung durch Eintragung der Marken- und Designparodie in das entsprechende Register nur in Härtefällen verneint werden kann und auch dem Entstehungstatbestand des nicht eingetragenen Designs keine zu hohen Hürden gesetzt werden, werden dem Inhaber des parodierten Schutzgegenstandes jedoch Möglichkeiten an die Hand zu geben, sich gegen die Schutzerlangung zur Wehr zu setzen. Im Hinblick auf das Markenrecht stellt sich regelmäßig die Frage, ob das relative Schutzhindernis bekannter Marken gemäß § 9 Abs. 1 Nr. 3 MarkenG/Art. 8 Abs. 5 UMV vorliegt. Aus designrechtlicher Perspektive wird die Frage der Schutzerlangung der Designparodie aufgrund fehlender Neuheit i. S. d. § 2 Abs. 2 S. 1 DesignG/Art. 5 Abs. 1 GGV oder fehlender Eigenart i. S. d. § 2 Abs. 3 S. 1 DesignG/Art. 6 Abs. 1 GGV eine Rolle spielen. Jedenfalls lassen die einschlägigen Normen im Hinblick auf die Schutzfähigkeit der Parodie ausreichend Anknüpfungspunkte, um die sich gegenüberstehenden Interessen des Parodisten und des Parodierten gegeneinander abzuwägen. Abweichungen hinsichtlich der eingangs dargestellten Kriterien zur Zulässigkeit einer Parodie ergeben sich dabei im Rahmen des Eintragungsverfahrens nicht. Lediglich die kommerziellen Ziele des Parodisten sind stärker zu gewichten.

Kapitel 5: Gesamtergebnis

Ziel der Arbeit war es, den Interessenkonflikt zwischen dem Parodisten und dem Parodierten aufzulösen, indem die sich gegenüberstehenden Grundrechte in Einklang gebracht werden. Darüber hinaus galt es zu untersuchen, ob das jeweilige Immaterialgüterrecht gesetzliche Anknüpfungspunkte für den erforderlichen Interessenausgleich bereithält.

Um dieses Ziel zu erreichen, war zunächst auf die grundrechtliche Wertordnung einzugehen. Dabei haben die Untersuchungen gezeigt, dass der Interessenausgleich durchweg anhand der europäischen Grundrechte zu messen ist, sodass die Eigentumsfreiheit nach Art. 17 GRC und das Recht auf Achtung des guten Rufes nach Art. 8 GRC zugunsten des Parodierten streiten. Dem Parodisten kommen die Kunstfreiheit nach Art. 13 GRC und die Meinungsfreiheit nach Art. 11 GRC zugute. Sie müssen im Wege der praktischen Konkordanz in ein angemessenes Verhältnis gebracht werden. Zulässig ist eine Parodie unter Zugrundelegung des gerechten Interessenausgleichs nur, wenn sie folgende Kriterien erfüllt:

1. Die mit der Parodie bezweckten ideellen Ziele müssen gegenüber den kommerziellen Belangen des Parodisten überwiegen.
2. Die Parodie ist umso eher als zulässig zu betrachten, je größer der Zusammenhang zwischen der parodistischen Gestaltung und dem erörterten Thema ist.
3. Die Parodie muss insbesondere als Mittel des Meinungskampfes bezüglich einer die Öffentlichkeit wesentlich berührenden Frage dienen.
4. Der Parodist muss aufgrund seines Vorverhaltens Anlass für die Auseinandersetzung mit einem aktuellen Thema gegeben haben.
5. Der Parodist darf nicht im Kerngeschäft des parodierten Inhabers des Schutzgegenstands tätig sein, sondern beispielsweise einer unabhängigen Organisation angehören.
6. Die Parodie muss in einem Umfeld veröffentlicht werden, in dem mit einer parodistischen Auseinandersetzung zu rechnen ist.

7. Die Parodie darf keine Schmähung oder Diffamierung des Inhabers des parodierten Schutzgegenstands bezwecken.

Da die Unionsgrundrechte eine objektive Wertordnung bilden, sind die Vorschriften des Privatrechts im Lichte der Grundrechte auszulegen, sodass es grundsätzlich möglich ist, einen einheitlichen Bewertungsmaßstab im Hinblick auf die Zulässigkeit der Parodie im Urheber-, Marken- und Designrecht zu finden.

Den Unionsgrundrechten kommt jedoch nur eine mittelbare Drittwirkung zu, weshalb sie lediglich im Hinblick auf die Auslegung unbestimmter Rechtsbegriffe und Generalklauseln zu beachten sind. Deshalb war ein vertiefter Blick auf die gesetzlichen Anknüpfungspunkte für eine derartige Interessenabwägung zu werfen. Neben der Frage, inwieweit der Inhaber eines Urheber-, Marken- oder Designrechts gegenüber der parodistischen Verwendung des geschützten Gegenstands ein Verbotsrecht geltend machen kann, wurde auch geprüft, ob er gegen die Schutzerlangung der Parodie ihrerseits vorgehen kann, wobei der letztere Aspekt nur im Hinblick auf die gewerblichen Schutzrechte eine besondere Rolle spielt.

Die Untersuchungen haben gezeigt, dass *de lege lata* im Urheberrecht keine ausreichende Möglichkeit besteht, die Interessen des Parodisten und die des Parodierten in ein angemessenes Gleichgewicht zu bringen. Zwar wurde die Parodie stets von der freien Benutzung nach § 24 Abs. 1 UrhG erfasst, die als Schrankenbestimmung im Hinblick auf die Parodie sowohl Auswirkungen auf das Vorliegen eines Eingriffs in die Verwertungsrechte als auch auf das Verbotsrecht aus § 14 UrhG hatte. Aufgrund der verfassungskonformen Auslegung der Norm ging man davon aus, dass ein innerer Abstand ausreiche, um eine freie Benutzung zu bejahen. Hierdurch war es bisher möglich, die sich gegenüberstehenden Interessen hinreichend zu berücksichtigen. Konnte ein innerer Abstand aufgrund des Vorliegens einer antithematischen Auseinandersetzung mit dem Werk angenommen werden, war der Eingriff in das betroffene Verwertungsrecht zu verneinen. Gleiches galt im Rahmen des § 14 UrhG. Sofern eine freie Benutzung zu bejahen war, musste ein Eingriff in das Entstellungsverbot abgelehnt werden. Der Behandlung der Parodie im Urheberrecht lag demnach ein geeignetes System zugrunde, das es ermöglichte, die relevanten Interessenlagen zu berücksichtigen.

An dieser Beurteilung kann allerdings nicht mehr festgehalten werden. Der EuGH hat sich dafür ausgesprochen, den Parodiebegriff als autonomen, unionsrechtlichen Begriff einheitlich auszulegen. Eine richtlinienkonforme Auslegung des § 24 Abs. 1 UrhG, wie vom BGH vorgenommen, ist unter Berücksichtigung der Wertungen des EuGH jedoch nicht möglich. Zum einen wird die Wortlautgrenze des § 24 Abs. 1 UrhG überschritten, die eindeutig die Werkqualität des neuen Schaffens voraussetzt. Zum anderen wird durch eine richtlinienkonforme Rechtsfortbildung des § 24 Abs. 1 UrhG dahingehend, dass kein Werk und keine antithematische Auseinandersetzung mit dem Ausgangswerk mehr erforderlich sind, die Grenze zwischen der vom nationalen Urheberrecht bezweckten Abgrenzung der abhängigen Bearbeitung gemäß § 23 UrhG von der freien Benutzung nach § 24 UrhG aufgeweicht. § 24 Abs. 1 UrhG kann unter den Vorgaben des EuGH zur Parodieschranke daher nicht mehr angewendet werden. Ohnehin ist fraglich, ob § 24 UrhG noch als richtlinienkonform angesehen werden kann.[1338]

Darüber hinaus hält das UrhG keine anderen Möglichkeiten bereit, die Interessen des Parodisten und die des Parodierten in Bezug auf den Eingriff in die Verwertungsrechte des Parodierten ausreichend zu berücksichtigen. Die teleologische Reduktion des § 23 UrhG in Form der »freien Bearbeitung« scheitert – wie die Rechtsfortbildung des § 24 UrhG – daran, dass die Grenze zwischen der abhängigen Bearbeitung gemäß § 23 UrhG und der freien Benutzung nach § 24 UrhG verschwimmt. Die Anwendung der Zitatschranke des § 51 UrhG auf die Parodie findet ihre Grenze im unionsrechtlich einheitlich auszulegenden Parodiebegriff. Insbesondere bereitet die Parodie im Hinblick auf den Zitatzweck Schwierigkeiten, da sie sich nicht mit dem parodierten Werk selbst auseinandersetzen muss, weshalb die erforderliche innere Verbindung fehlt. Auch die grundrechtskonforme Auslegung der Verwertungsrechte ist abzulehnen, da der Gesetzgeber durch die Einführung der Schrankenbestimmungen bereits einen gerechten Interessenausgleich geschaffen hat. Findet sich eine Begünstigung der Parodie nicht im Schrankenkatalog, wie es nationalrechtlich der Fall ist, kann diese Entscheidung nicht durch eine teleologische Reduktion der Verwertungsrechte unter Heranziehung der Grundrechte umgangen werden. Deshalb ist die Einführung einer Parodieschranke im nationalen UrhG unabdingbar. Die vorgeschlagene Parodieschranke im Rahmen des § 51a UrhG wird dabei den Vorgaben des EuGH gerecht und ermöglicht es aufgrund ihrer offenen Formulierung, die sich gegenüberstehenden Interessen in einen gerechten Ausgleich zu bringen.

Dass § 24 Abs. 1 UrhG auf Parodien nicht mehr anwendbar ist, hat auch Auswirkungen auf die rechtliche Bewertung hinsichtlich des Verbotsrechts aus § 14 UrhG. Während die im Rahmen des § 24 Abs. 1 UrhG erforderliche antithematische Auseinandersetzung dazu führte, dass die Parodie nicht dem Ori-

1338 Siehe hierzu *Homar*, ZUM 2019, 731 (736). § 24 UrhG sei nicht mit den Vorgaben der Info-RL vereinbar und damit europarechtswidrig, vgl. *Leistner*, ZUM 2019, 1008 (1011, 1015); *Solmecke*, Stellungnahme zur DSM-RL, S. 10. Bedenken dahingehend äußern auch *Deutscher Kulturrat*, Stellungnahme zur DSM-RL, S. 10; *GEMA*, Stellungnahme zur DSM-RL, S. 60; *GRUR*, Stellungnahme zur DSM-RL, S. 67; *iRights*, Stellungnahme zur DSM-RL, S. 29; *Verband unabhängiger Musikunternehmen*, Stellungnahme zur DSM-RL, S. 17.

ginalurheber zugeschrieben wird, ist aufgrund der Vorgaben des EuGH eine andere Beurteilung möglich. Da die Parodie nicht einem anderen Urheber als dem des parodierten Werkes zugeschrieben werden muss, kann ein falscher Eindruck vom Schaffen des Originalurhebers entstehen, sodass die Bejahung des Entstellungsverbotes nach § 14 UrhG nicht – wie zuvor – von vornherein ausgeschlossen werden kann. Jedoch ist zu berücksichtigen, dass die vorgeschlagene Parodieschranke auch Einfluss auf die Bewertung der Parodie im Rahmen des § 14 UrhG hat. Da im Rahmen des § 51a UrhG eine Interessenabwägung erforderlich ist, welche auch urheberpersönlichkeitsrechtliche Interessen erfasst, muss das dort gefundene Ergebnis bezüglich der Interessenabwägung im Rahmen des § 14 UrhG gelten, um Wertungswidersprüche zu vermeiden. Sofern eine Parodie nach § 51a UrhG zulässig ist, muss ein Eingriff in das Entstellungsverbot nach § 14 UrhG verneint werden.

Einfacher erweist sich die Beurteilung in Bezug auf das Marken- und Designrecht, da hinsichtlich beider Immaterialgüterrechte wertungsoffene Normen existieren, die es ermöglichen, die Interessen des Parodierten und die des Parodisten in einen angemessenen Ausgleich zu bringen.

Betrachtet man die rechtliche Bewertung der Parodie im Markenrecht, fällt auf, dass sowohl im Verletzungs- als auch im Nichtigkeitsverfahren entscheidend auf den Bekanntheitsschutz nach § 14 Abs. 2 Nr. 3 MarkenG/Art. 9 Abs. 2 lit. c UMV bzw. § 9 Abs. 1 Nr. 3 MarkenG/Art. 8 Abs. 5 UMV abzustellen ist. Der Parodist ist schließlich stets bestrebt, auf eine bekannte Marke zurückzugreifen, um den erwünschten Wiedererkennungseffekt zu erreichen. Eine gedankliche Verknüpfung zur parodierten Marke ist gegeben, da die Parodie nur gelungen ist, wenn das Publikum einen Bezug zur Originalmarke herstellen kann. Handelt es sich um eine obszöne oder geschmacklose Parodie, ist das Merkmal der Beeinträchtigung der Wertschätzung erfüllt. Da die Parodie zudem vom erkennbaren Bezug zur Originalmarke lebt, liegt auch eine Ausnutzung der Unterscheidungskraft vor. Jedoch ist diese Verletzungshandlung nur relevant, sofern eine Beeinträchtigung oder Ausnutzung in unlauterer Weise ohne rechtfertigenden Grund erfolgt. Hierbei handelt es sich um wertungsoffene Begriffe, weshalb die Interessen des Parodisten und des Parodierten im Rahmen des Verletzungs- und Nichtigkeitsverfahrens berücksichtigt werden können. In Ausnahmefällen können jedoch auch der Tatbestand der Doppelidentität gemäß § 14 Abs. 2 Nr. 1 MarkenG/Art. 9 Abs. 2 lit. a UMV bzw. § 9 Abs. 1 Nr. 1 MarkenG/Art. 8 Abs. Abs. 1 lit. a UMV oder der Tatbestand der Verwechslungsgefahr nach § 14 Abs. 2 Nr. 2 MarkenG/Art. 9 Abs. 2 lit. b UMV bzw. § 9 Abs. 1 Nr. 2 MarkenG/Art. 8 Abs. Abs. 1 lit. b UMV einschlägig sein. Auch wenn die Tatbestände – anders als der Bekanntheitsschutz – keine eigene, tatbestandsimmanente Schrankenregelung enthalten, können die sich gegenüberstehenden Interessen im Rahmen der Beschränkung der Rechte aus der Marke gemäß § 23 Abs. 1 Nr. 3, Abs. 2 MarkenG/

Art. 14 Abs. 1 lit. c, Abs. 2 UMV ausreichend berücksichtigt werden. Eine solche Möglichkeit besteht hinsichtlich des Nichtigkeitsverfahrens nicht. Die Interessen des Parodisten sind in diesem Zusammenhang jedoch nicht schützenswert, da im Hinblick auf die Doppelidentität kein Interesse besteht, ein identisches Zeichen für identische Waren oder Dienstleistungen zu schützen. Daneben besteht hinsichtlich der Verwechslungsgefahr kein schützenswertes Interesse daran, Zuordnungsverwirrungen hervorzubringen.

Im Designrecht ist bezüglich der Frage der Zulässigkeit einer Designparodie im Rahmen des Verletzungsverfahrens stets auf den Schutzumfang gemäß § 38 Abs. 2 DesignG/Art. 10 GGV näher einzugehen. Hierbei kommt es entscheidend darauf an, dass die Designparodie gegenüber dem parodierten Design einen anderen Gesamteindruck hervorruft. Da es sich bei dem Begriff »Gesamteindruck« um einen unbestimmten Rechtsbegriff handelt, eröffnet sich für den Rechtsanwender die Möglichkeit, die sich gegenüberstehenden Grundrechte des Parodierten und des Parodisten zu berücksichtigen. In Anlehnung an das Rechtsinstitut der freien Benutzung gemäß § 24 Abs. 1 UrhG reicht es für die Erweckung eines anderen Gesamteindrucks aus, dass ein innerer Abstand in Form der antithematischen Auseinandersetzung mit dem als Vorlage dienenden Design geschaffen wird. Nur eine zulässige Parodie, die sich erkennbar mit dem Design selbst auseinandersetzt, kann daher einen anderen Gesamteindruck erwecken. Andernfalls – bei einer unzulässigen, nicht erkennbaren Parodie des Designs oder der Parodie unter Verwendung eines Designs – lassen jedoch die Beschränkungen der Rechte aus dem Design – insbesondere die Beschränkungen in Bezug auf Handlungen im privaten Bereich gemäß § 40 Nr. 1 DesignG/Art. 20 Abs. 1 lit. a GGV und die Wiedergabe zum Zwecke der Zitierung gemäß § 40 Nr. 3 DesignG/Art. 20 Abs. 1 lit. c GGV – ausreichend Spielraum, um die sich gegenüberstehenden Interessen des Parodisten und des Parodierten in ein angemessenes Gleichgewicht zu bringen. Auch im Hinblick auf das Nichtigkeitsverfahren schaffen die Tatbestände der fehlenden Neuheit i. S. d. § 2 Abs. 2 S. 1 DesignG/Art. 5 Abs. 1 GGV und der fehlenden Eigenart gemäß § 2 Abs. 3 S. 1 DesignG/Art. 6 Abs. 1 GGV die Möglichkeit, nicht schutzbedürftige Parodien vom Designschutz auszunehmen und somit einen gerechten Interessenausgleich zu schaffen.

De lege lata bieten daher lediglich das Design- und Markenrecht einen geeigneten Anknüpfungspunkt für die Interessenabwägung. Bezüglich des Urheberrechts ist derzeit keine Berücksichtigung der Interessen des Parodisten möglich, weshalb eine neue Schrankenregelung – wie die vorgeschlagene – eingeführt werden muss, die einen gerechten Interessenausgleich ermöglicht.

Literaturverzeichnis

Abegg, Barbara, Der Gebrauch fremder Marken im Geschäftsverkehr: eine marken- und lauterkeitsrechtliche Untersuchung nach schweizerischem und europäischem Recht, Bern 2013

Ahlberg, Hartwig/Götting, Horst-Peter (Hrsg.), Beck'scher Online-Kommentar Urheberrecht, 26. Edition (Stand: 15.10.2019), München 2019 (zitiert: *Bearbeiter,* in: BeckOK, UrhG)

Angelopoulos, Christina J., European intermediary liability in copyright: A tort-based analysis, Amsterdam 2016, abrufbar im Internet: https://pure.uva.nl/ws/files/2738365/172299_Angelopoulos_thesis_complete.pdf (Stand: 09.04.2020)

Apel, Simon/Fuchs, Anke, Anmerkung zu BGH, Urt. v. 2.4.2015 – Az. I ZR 59/13, S. 1349–1351

Arz, Matthias, Die Unterscheidung von Parodie und Satire, UFITA 2013/II, S. 353–369

Assaf, Katya, Der Markenschutz und seine kulturelle Bedeutung – Ein Vergleich des deutschen mit dem U.S.-amerikanischen Recht, GRUR Int 2009, S. 1–14

Auer, Marietta, Neues zu Umfang und Grenzen der richtlinienkonformen Auslegung, NJW 2007, S. 1106–1109

Babusiaux, Ulrike, Die richtlinienkonforme Auslegung im deutschen und französischen Zivilrecht – Ein rechtsvergleichender Beitrag zur europäischen Methodendiskussion, Baden-Baden 2007

Bäcker, Matthias, Das Grundgesetz als Implementationsgarant der Unionsgrundrechte, EuR 2015, S. 389–415

Baldauf, Nicole, Richtlinienverstoß und Verschiebung der Contra-legem-Grenze im Privatrechtsverhältnis: Der Konflikt zwischen Richtlinie und nationalem Recht bei der Rechtsanwendung, Tübingen 2013

Baldus, Christian/Becker, Rainer, Anmerkung zu BGH, Vorlagebeschluss v. 11.1.1996 – Az. IX ZR 56/95, ZEuP 1997, S. 875–889

Bamert, Thomas, Markenwert: Der Einfluss des Marketing auf den Markenwert bei ausgewählten Schweizer Dienstleistungsunternehmen, Wiesbaden 2005

Bartel, Olivia, Eigenart eines Geschmacksmusters in der jüngsten Rechtsprechung des Europäischen Gerichtshofs, GB 2014, S. 57–62

Bayreuther, Frank, Beschränkungen des Urheberrechts nach der neuen EU-Urheberrechtsrichtlinie, ZUM 2001, S. 828–839

Beater, Axel, Generalklauseln und Fallgruppen (Erwiderung auf Ralph Weber, AcP 1992, S. 516ff.), AcP 194 (1994), S. 82–89

Becker, Bernhard von, Die entstellende Parodie – Das EuGH-Urteil »Vrijheidsfonds/Vandersteen« und die Folgen für das deutsche Recht, GRUR 2015, S. 336–339

ders., Neues zur Parodie, in: Festschrift für Ulrich Loewenheim zum 75. Geburtstag, Hilty, Reto M./Drexl, Josef/Nordemann, Wilhelm (Hrsg.), München 2009, S. 1–18 (zitiert: *Bearbeiter,* in: FS Loewenheim)

ders., Parodiefreiheit und Güterabwägung: Das »Gies-Adler«-Urteil des BGH, GRUR 2004, S. 104–109

ders., Rechtsfragen der Satire, GRUR 2004, S. 908–913

Becker, Guido M., Zur Konkurrenz von Marken- und Geschmacksmusterschutz, Tübingen 2013

ders., PepsiCo und die Folgewirkungen des market approach im europäischen Geschmacksmusterrecht, GRUR Int 2012, S. 610–618

ders., Gestaltübertragungen im Geschmacksmusterrecht – zur Bedeutung der Produktart beim geschmacksmusterrechtlichen Schutz von Design, GRUR Int 2012, S. 312–328

Becker, Sönke, Parodie und Kommerz – Eine rechtsvergleichende Untersuchung des amerikanischen und deutschen Urheber- und Markenrechts, Heidelberg 2004

Becker, Ulrich/Hatje, Armin/Schoo, Johann/Schwarze, Jürgen (Hrsg.), EU-Kommentar, 4. Auflage, Baden-Baden 2019 (zitiert: *Bearbeiter,* in: Schwarze, EU-Kommentar)

Bengeser, Nicole, Der Dreistufentest im internationalen, europäischen und deutschen Urheberrecht, Aachen 2015

Berlit, Wolfgang, Markenrecht, 11. Auflage, München 2019

Bernsdorff, Norbert/Borowsky, Martin, Die Charta der Grundrechte der Europäischen Union – Handreichungen und Sitzungsprotokolle, Baden-Baden 2002

ders., Grenzen des Zitatrechts im Internet, GRUR 2009, S. 730–733

Blankenburg, Daniel, Die Markennennung, Frankfurt a.M. 2009

Bleckmann, Moritz, Nationale Grundrechte im Anwendungsbereich des Rechts der Europäischen Union –Die Kooperation des Grundrechtsschutzes in der Europäischen Union unter Berücksichtigung der besonderen Ausprägung des nationalen Grundrechtsschutzes, Tübingen 2011

Böckenförde, Ernst-Wolfgang, Zur Lage der Grundrechtsdogmatik nach 40 Jahren Grundgesetz, München 1990

Bogdandy, Armin von/Bast, Jürgen (Hrsg.), Europäisches Verfassungsrecht – Theoretische und dogmatische Grundzüge, 2. Auflage, Berlin, Heidelberg 2009 (zitiert: *Bearbeiter,* in: Bogdandy/Bast, Europäisches Verfassungsrecht)

Bonneß, André, Der Schutz von Figuren durch das Urheberrechtsgesetz – Unter Berücksichtigung persönlichkeitsrechtlicher Aspekte, Hamburg 1999

Born, Christian, Zur Zulässigkeit einer humorvollen Markenparodie – Anmerkung zum Urteil des BGH »Lila-Postkarte«, GRUR 2006, S. 192–194

Bornkamm, Joachim, Der Dreistufentest als urheberrechtliche Schrankenbestimmung – Karriere eines Begriffs, in: Festschrift für Willi Erdmann zum 65. Geburtstag, Ahrens, Hans-Jürgen/Bornkamm, Joachim/Gloy, Wolfgang/Starck, Joachim/ Ungern-Sternberg, Joachim von (Hrsg.), Köln u. a. 2002, S. 29–48 (zitiert: *Bearbeiter,* in: FS Erdmann)

ders., Ungeschriebene Schranken des Urheberrechts? – Anmerkung zum Rechtsstreit Botho Strauß/Theater Heute, in: Festschrift für Henning Piper, Erdmann, Willi/Gloy,

Wolfgang/Herber, Rolf (Hrsg.), München 1996, S. 641–653 (zitiert: *Bearbeiter,* in: FS Piper)

Brauneck, Anja, Kritische Anmerkungen zur konventionellen gerichtlichen Prüfungsmethodik bei satirischen Darstellungen, ZUM 2004, S. 887–896

Brauns, Christian, Die Entlehnungsfreiheit im Urheberrechtsgesetz, Baden-Baden 2001

Brechmann, Winfried, Die richtlinienkonforme Auslegung – Zugleich ein Beitrag zur Dogmatik der EG-Richtlinie, München 1994

Brennecke, Martin, Entwicklung der Methodischen Grenzen richtlinienkonformer Rechtsfindung, in: Jahrbuch Junger Zivilrechtswissenschaftler 2014 – Richterliche Rechtsfortbildung und kodifiziertes Richterrecht: Kölner Tagung, 10.–13. September 2014, Effer-Uhe, Daniel/Sagan, Adam/Deckenbrock, Christian/Höpfner, Clemens/Kilian, Matthias/Morell, Alexander/Schneider, Angie/Scholl, Bernd/Ulber, Daniel (Hrsg.), Stuttgart u. a. 2016, S. 11–36 (zitiert: *Bearbeiter,* in: Jahrbuch Junger Zivilrechtswissenschaftler 2014)

Britz, Gabriele, Grundrechtsschutz durch das Bundesverfassungsgericht und den Europäischen Gerichtshof, EuGRZ 2015, S. 275–281

Brummund, Fabian, Kohärenter Grundrechtsschutz im Raum der Freiheit, der Sicherheit und des Rechts – Einordnung von Titel V AEUV in das grundrechtliche Mehrebenensystem des Europäischen Verfassungsbundes, Baden-Baden 2011

Buchmüller, Christoph, Das nicht eingetragene Gemeinschaftsgeschmacksmuster, Hamburg 2015

ders., Das nicht eingetragene Gemeinschaftsgeschmacksmuster – Aktuelle Entwicklungen in Rechtsprechung und Literatur, GRUR 2015, S. 629–633

Bulling, Alexander/Langöhrig, Angelika/Hellwig, Tillmann/Müller, Roland, Designschutz in Deutschland und Europa mit USA, Japan, China und Korea, 4. Auflage, Köln 2018

Bullinger, Winfried, Erweiterter Anwendungsbereich des urheberrechtlichen Zitatrechts nur bei Aufnahme in künstlerisches Werk – »Blühende Landschaften«, GRUR-Prax 2012, S. 287–288

Büscher, Wolfgang/Kochendörfer, Mathias (Hrsg.), BeckOK UMV, 16. Edition (Stand: 15. 02. 2020), München 2010 (zitiert: *Bearbeiter,* in: BeckOK, UMV)

ders./Dittmer, Stefan/Schiwy, Peter (Hrsg.), Gewerblicher Rechtsschutz, Urheberrecht, Medienrecht – Kommentar, 3. Auflage, Köln 2015 (zitiert: *Bearbeiter,* in: Büscher/Dittmer/Schiwy)

Büttner, Hermann, Über allen Wipfeln ist Ruh … – Satire und Parodie im Markenrecht –, in: Festschrift für Eike Ullmann, Ahrens, Hans J./Bornkamm, Joachim/Kunz-Hallenstein, Hans P. (Hrsg.), Saarbrücken 2006, S. 157–169 (zitiert: *Bearbeiter,* in: FS Ullmann)

Calliess, Christian, Determinanten des Eigentumseingriffs in der Europäischen Union: Zur Abgrenzung von Inhaltsbestimmung, Beschränkung und Enteignung, in: Das Zusammenwirken von deutschem und europäischem Öffentlichen Recht: Festschrift für Hans D. Jarass zum 70. Geburtstag, Kment, Martin (Hrsg.), München 2015, S. 3–16 (zitiert: *Bearbeiter,* in: FS Jarass)

ders./Ruffert, Matthias (Hrsg.), EUV/AEUV – Das Verfassungsrecht der Europäischen Union mit Europäischer Grundrechtecharta: Kommentar, 5. Auflage, München 2016 (zitiert: *Bearbeiter,* in: Calliess/Ruffert, EUV/AEUV)

Canaris, Claus-Wilhelm, Die richtlinienkonforme Auslegung und Rechtsfortbildung im System der juristischen Methodenlehre, in: Festschrift für Franz Bydlinski, Koziol,

Helmut/Rummel, Peter (Hrsg.), Wien, New York 2002, S. 47–103 (zitiert: *Bearbeiter,* in: FS Bydlinski)

Chakraborty, Martin, Das Rechtsinstitut der freien Benutzung im Urheberrecht, Baden-Baden 1997 (zitiert: Freie Benutzung)

Christof, Teresa, Der Schutzumfang von eingetragenem Design und Gemeinschaftsgeschmacksmuster, Tübingen 2017

Cornelius-Schwartz, Saskia, Rufschädigung und Kritik im Wettbewerb – Eine Gegenüberstellung des marken- und des lauterkeitsrechtlichen Rufschutzes, Hamburg 2013

Cornels, Jann Hendrik, Die Schranken des Designrechts, Göttingen 2015

Cornils, Matthias, Rationalitätsanforderungen an die parlamentarische Rechtsetzung im demokratischen Rechtsstaat, DVBl. 2011, S. 1053–1061

Cronemeyer, Patricia, Das Unternehmenspersönlichkeitsrecht in der gerichtlichen Praxis, AfP 2014, S. 111–116

Danwitz, Thomas von, Rechtswirkungen von Richtlinien in der neueren Rechtsprechung des EuGH, JZ 2007, S. 697–706

Delp, Ludwig, Das Recht des geistigen Schaffens in der Informationsgesellschaft: Medienrecht, Urheberrecht, Urhebervertragsrecht, 2. Auflage, München 2003

Detten, Urban von, Kunstausstellung und das Urheberpersönlichkeitsrecht des bildenden Künstlers, Frankfurt a.M. 2010

Deutscher Kulturrat, Stellungnahme des Deutschen Kulturrates zur Umsetzung der DSM-Richtlinie und der Online-SatCab-Richtlinie, Berlin 2019, abrufbar im Internet: https://www.bmjv.de/SharedDocs/Gesetzgebungsverfahren/Stellungnahmen/2019/Downloads/091119_Stellungnahme_Kulturrat_EU-Richtlinien_Urheberrecht.pdf?__blob=publicationFile&v=2 (Stand: 09.04.2020)

Dissmann, Richard, Der Schutz bekannter Marken – Eine Untersuchung des § 14 Abs. 2 Nr. 3 Markengesetz, Baden-Baden 2009

Dorndorf, Maximilian, Schutz vor Herkunftstäuschung und Rufausbeutung – Zugleich zum Anwendungsbereich des ergänzenden wettbewerbsrechtlichen Leistungsschutzes in Anbetracht des markenrechtlichen Schutzes, Köln 2005

Dörr, Oliver/Grote, Rainer/Marauhn, Thilo (Hrsg.), EMRK/GG: Konkordanzkommentar zum europäischen und deutschen Grundrechtsschutz, Band I: Kapitel 1–19, 2. Auflage, Tübingen 2013 (zitiert: *Bearbeiter,* in: Dörr/Grote/Marauhn, EMRK/GG, Band I)

Dreier, Horst (Hrsg.), Grundgesetz: Kommentar, Band I (Präambel, Artikel 1–19), 3. Auflage, Tübingen 2013 (zitiert: *Bearbeiter,* in: Dreier, GG, Band I)

Dreier, Thomas, Grundrechte und die Schranken des Urheberrechts – Anmerkung zu EuGH »Funke Medien NRW« und »Spiegel Online«, GRUR 2019, S. 1003–1008

ders., Die Schlacht ist geschlagen – ein Überblick, GRUR 2019, S. 771–779

ders./Schulze, Gernot (Hrsg.), Urheberrechtsgesetz, Urheberwahrnehmungsgesetz, Kunsturhebergesetz, Kommentar, 6. Auflage, München 2018 (zitiert: *Bearbeiter,* in: Dreier/Schulze, UrhG)

ders., Thumbnails als Zitate? – Zur Reichweite von § 51 UrhG in der Informationsgesellschaft, in: Festschrift für Achim Krämer zum 70. Geburtstag am 19. September 2009, Blaurock, Uwe/Bornkamm, Joachim/Kirchberg, Christian (Hrsg.), Berlin 2009, S. 225–240 (zitiert: *Bearbeiter,* in: FS Krämer)

ders., Die Umsetzung der Urheberrechtsrichtlinie 2001/29/EG in deutsches Recht, ZUM 2002, S. 28–43

Dreyer, Gunda/Kotthoff, Jost/Meckel, Astrid/Hentsch, Christian-Henner (Hrsg.), Urheberrecht: Urheberrechtsgesetz, Verwertungsgesellschaftengesetz, Kunsturhebergesetz, 4. Auflage, Heidelberg 2018 (zitiert: *Bearbeiter,* in: Dreyer/Kotthoff/Meckel/Hentsch, UrhG[4])

Dreyer, Gunda/Kotthoff, Jost/Meckel, Astrid (Hrsg.), Urheberrecht: Urheberrechtsgesetz, Urheberrechtswahrnehmungsgesetz, Kunsturhebergesetz, 3. Auflage, Heidelberg 2013 (zitiert: *Bearbeiter,* in: Dreyer/Kotthoff/Meckel, UrhG[3])

Eckert, Iris Melanie, Das »öffentliche Zugänglichmachen« im Sinne des Art. 11 Gemeinschaftsgeschmacksmusterverordnung, Tübingen 2008

Ehlers, Dirk (Hrsg.), Europäische Grundrechte und Grundfreiheiten, 4. Auflage, Berlin/Boston 2014 (zitiert: *Bearbeiter,* in: Ehlers, Europäische Grundrechte und Grundfreiheiten)

Ehricke, Ulrich, Die Einbeziehung des Immobilienkaufs in die Folgen eines Widerrufs des Darlehensgeschäfts nach der Richtlinie 85/577/EWG – Klarstellungen aus europarechtlicher Sicht zur Vorlage des LG Bochum an den EuGH v. 29.7.2003, ZIP 2003, 1437, ZIP 2004, S. 1025–1034

Eichelberger, Jan, Rechtsprechungsreport Urheberrecht 2014 (Teil 1), WRP 2015, S. 804–810

Eichhammer, Stefan, Die markenmäßige Benutzung, Tübingen 2008

Eichmann, Helmut (Begr.)/Jestaedt, Dirk/Fink, Elisabeth/Meiser, Christian (Bearb.), Beck'sche Kurzkommentare, Designgesetz: Gesetz über den rechtlichen Schutz von Design, Gemeinschaftsgeschmacksmusterverordnung: Verordnung (EG) Nr. 6/2002 über das Gemeinschaftsgeschmacksmuster, 6. Auflage, München 2019 (zitiert: *Bearbeiter,* in: Eichmann/Jestaedt/Fink/Meiser, DesignG/GGV)

ders./Kur, Annette (Hrsg.), Designrecht: Praxishandbuch, 2. Auflage, Baden-Baden 2016 (zitiert: *Bearbeiter,* in: Eichmann/Kur, Designrecht)

ders./Kühne, Marcus (Bearb.), Beck'sche Kurzkommentare, Designgesetz: Gesetz über den rechtlichen Schutz von Design, 5. Auflage, München 2015 (zitiert: *Bearbeiter,* in: Eichmann/von Falckenstein/Kühne, DesignG)

ders., Der Schutz von bekannten Kennzeichen, GRUR 1998, S. 201–214

Eisenführ, Günther/Schennen, Detlef (Hrsg.), Unionsmarkenverordnung: Kommentar, 5. Auflage, Köln 2017 (zitiert: *Bearbeiter,* in: Eisenführ/Schennen, UMV)

Ellenberg, Stefan, Ein »auf fett getrimmter Promi« ist eine Parodie, GRUR-Prax 2015, S. 469

Enke, Magrit/Enke, Nicole, Springende Pudel und Lustflieger, Markenartikel 2017, S. 66–68

Ermann, Willi/Bornkamm, Joachim, Schutz von Computerprogrammen – Rechtslage nach der EG-Richtlinie, GRUR 1991, S. 877–880

ders., Schutz der Kunst im Urheberrecht, in: Festschrift für Otto-Friedrich Frhr. v. Gamm, Erdmann, Willi/Mees, Hans-Kurt/Piper, Henning/Teplitzky, Otto/Hefermehl Wolfgang/Ulmer, Peter (Hrsg.), Köln 1990, S. 389–404 (zitiert: *Bearbeiter,* in: FS Gamm)

Fassbender, Bardo, Der einheitliche Gesetzesvorbehalt der EU-Grundrechtecharta und seine Bedeutung für die deutsche Rechtsordnung, NVwZ 2010, S. 1049–1054

Federle, Markus Alexander, Der Schutz der Werkintegrität gegenüber dem vertraglich Nutzungsberechtigten im deutschen und US-amerikanischen Recht, Baden-Baden 1998

Ferda, Bonnie/Miera, Olivia/Rat, Olga/Rohlender, Marie-Ines, Parodie und Urheberrecht: Die aktuelle Bewertung der Parodie im deutschen Urheberrecht unter Bezugnahme des EuGH-Urteils Deckmyn/Vandersteen, BRJ 2017, S. 28–33

Fezer, Karl-Heinz, Rechtsänderungen der Wirkungsbeschränkungen des Markenrechts – Die neuen Schrankentatbestände der europäischen Markenrechtsreform und der Markenrechtsmodernisierung (MRL, UMV und MaMoG-RefE), MarkenR 2017, S. 141–152

ders., Markenschutzfähigkeit der Kommunikationszeichen (§§ 3 und 8 MarkenG) und Kommunikationsschutz der Marken (§§ 14 und 23 MarkenG), WRP 2010, S. 165–181

ders., Kumulative Normenkonkurrenz zwischen Markenrecht und Lauterkeitsrecht – Schutzzweckkompatibilität zwischen Immaterialgüterrecht als Funktionseigentum und Wettbewerbsrecht, GRUR 2010, S. 953–962

ders., Beck'sche Kurzkommentare, Markenrecht: Kommentar zum Markengesetz, zur Pariser Verbandsübereinkunft und zum Madrider Markenabkommen, 4. Auflage, München 2009 (zitiert: Markenrecht)

Findeisen, Frank, Die Auslegung urheberrechtlicher Schrankenbestimmungen, Baden-Baden 2005

Flechsig, Norbert, Der Zweite Korb zur Verbesserung der Urheber- und Leistungsschutzrechte, ZRP 2006, S. 145–149

Franzen, Martin, »Heininger« und die Folgen: ein Lehrstück zum Gemeinschaftsprivatrecht, JZ 2003, S. 321–332

ders., Privatrechtsangleichung durch die Europäische Gemeinschaft, Berlin, New York 1999

Franzius, Claudio, Grundrechtsschutz in Europa – Zwischen Selbstbehauptungen und Selbstbeschränkungen der Rechtsordnungen und ihrer Gerichte, ZaöRV 75 (2015), S. 383–412

Frenz, Walter, Handbuch Europarecht, Band 4: Europäische Grundrechte, Berlin u. a. 2009

Freund, Winfried, Die literarische Parodie, Stuttgart 1981

Frowein, Jochen Abr./Peukert, Wolfgang, Europäische Menschenrechtskonvention, EMRK-Kommentar, 3. Auflage, Kehl 2009 (zitiert: *Bearbeiter,* in: Frowein/Peukert, EMRK)

Fuchs, Ulrich, Unternehmen und Marken im Film – Unternehmenspersönlichkeitsrecht und Markenrecht versus Kunstfreiheit, in: Zwischen Gestern und Morgen – Medien im Wandel: Festschrift für Mathias Schwarz zum 65. Geburtstag, Haesner, Christoph/Kreile, Johannes/Schulze, Gernot (Hrsg.), München 2017, S. 397–408 (zitiert: *Bearbeiter,* in: FS Schwarz)

Gabler, Mariella, Die urheberrechtliche Drittnutzung zwischen Vervielfältigung, Bearbeitung und freier Benutzung, Baden-Baden 2018

Gärtner, Sebastian, Was die Satire darf: eine Gesamtbetrachtung zu den rechtlichen Grenzen einer Kunstform, Berlin 2009

Gebauer, Martin/Wiedmann, Thomas (Hrsg.), Zivilrecht unter europäischem Einfluss: Die richtlinienkonforme Auslegung des BGB und anderer Gesetze – Kommentierung der wichtigsten EU-Verordnungen, 2. Auflage, Stuttgart u. a. 2010 (zitiert: *Bearbeiter,* in: Gebauer/Wiedmann, Zivilrecht unter europäischem Einfluss)

Geiger, Rudolf/Khan, Daniel-Erasmus/Kotzur, Markus (Hrsg.), EUV/AEUV, Vertrag über die Europäische Union, Vertrag über die Arbeitsweise der Europäischen Union: Kommentar, 6. Auflage, München 2017 (zitiert: *Bearbeiter,* in: Geiger/Khan/Kotzur, EUV/AEUV)

Geiger, Christophe, The Three-Step Test, a Threat to a Balanced Copyright Law?, IIC 2006, S. 683–699 *ders.*, Der urheberrechtliche Interessenausgleich in der Informationsgesellschaft – Zur Rechtsnatur der Beschränkung im Urheberrecht, GRUR Int 2004, S. 815–821

GEMA, Stellungnahme der GEMA vom 6.9.2019 zur Umsetzung der DSM-RL und der SatCab-RL in deutsches Recht, Berlin 2019, abrufbar im Internet: https://www.bmjv.de/SharedDocs/Gesetzgebungsverfahren/Stellungnahmen/2019/Downloads/090619_Stellungnahme_GEMA_EU-Richtlinien_Urheberrecht.pdf?__blob=publicationFile&v=3 (Stand: 09.04.2020)

Gietzelt, Manuel/Grabrucker, Marianne, Die Markenparodie – Im Spannungsverhältnis zwischen Grundgesetz und europäischer Grundrechtecharta, MarkenR 2015, S. 333–341

Gostomzyk, Tobias, Äußerungsrechtliche Grenzen des Unternehmenspersönlichkeitsrechts – Die Gen-Milch-Entscheidung des BGH, GRUR 2008, S. 2082–2085

Götting, Horst-Peter, Gewerblicher Rechtsschutz, 10. Auflage, München 2014

ders., Anmerkung zu BGH, Urt. v. 10.2.1994 – Az. I ZR 79/92, JZ 1995, S. 206–209

Gottschalk, Eckert/Gottschalk, Sylvia, Das nicht eingetragene Gemeinschaftsgeschmacksmuster: eine Wunderwaffe des Designschutzes?, GRUR Int 2006, S. 461–468

Gottschalk, Sylvia, Der Schutz des Designs nach deutschem und europäischem Recht, Baden-Baden 2005

Gounalakis, Georgios, Anmerkung zu BGH, Urt. v. 28.7.2016 – Az. I ZR 9/15, NJW 2017, S. 813

Grabenwarter, Christoph/Pabel, Katharina, Europäische Menschenrechtskonvention: Ein Studienbuch, 6. Auflage, München 2016

Grabitz, Eberhard (Begr.)/Hilf, Meinhard (Fortgef.)/Nettesheim, Martin (Hrsg.), Das Recht der Europäischen Union, Band I: EUV/AEUV, München (Loseblatt, Stand: 67. Lieferung 2019) (zitiert: *Bearbeiter*, in: Grabitz/Hilf/Nettesheim, Das Recht der Europäischen Union)

Groeben, Hans von der/Schwarze, Jürgen/Hatje, Armin (Hrsg.), Europäisches Unionsrecht – Vertrag über die Europäische Union, Vertrag über die Arbeitsweise der Europäischen Union, Charta der Grundrecht der Europäischen Union: Band 4 (Art. 174 bis 358 AEUV), 7. Auflage, Baden-Baden 2015 (zitiert: *Bearbeiter*, in: von der Groeben/Schwarze/Hatje, Europäisches Unionsrecht)

Grohmann, Hans, Das Recht des Urhebers, Entstellungen und Änderungen seines Werkes zu verhindern, Erlangen 1971

Grünberger, Johannes, Schutz geschäftlicher Kennzeichen gegen Parodie im deutschen und im amerikanischen Recht, Frankfurt a.M. 1991

GRUR Fachausschuss für Urheber- und Verlagsrecht, Stellungnahme des GRUR Fachausschusses für Urheber- und Verlagsrecht zur Umsetzung der EU-RLn im Urheberrecht (DSM-RL (EU) 2019/790 und Online-SatCab-RL (EU) 2019/789), Köln 2019, abrufbar im Internet: https://www.bmjv.de/SharedDocs/Gesetzgebungsverfahren/Stellungnahmen/2019/Downloads/090519_Stellungnahme_GRUR_EU-Richtlinien_Urheberrecht.pdf?__blob=publicationFile&v=2 (Stand: 09.04.2020)

Gsell, Beate, Anmerkung zu BGH, Urt. v. 26.11.2008 – Az. VIII ZR 200/05, JZ 2009, S. 522–526

Günther, Philipp Helmut/Beyerlein, Thorsten, Kommentar Designgesetz, 3. Auflage, Frankfurt a.M. 2015 (zitiert: *Bearbeiter*, in: Günther/Beyerlein, DesignG)

Haberstumpf, Helmut, Freie Benutzung im harmonisierten Urheberrecht, ZGE 2015, S. 425–459

ders., Handbuch des Urheberrechts, 2. Auflage, Neuwied, Kriftel 2000

Hackbarth, Ralf, Schutz neuer Markenfunktionen bei Doppelidentität, GRUR-Prax 2012, S. 499–502

Hacker, Franz (Hrsg.), Markengesetz: Kommentar, 12. Auflage, Köln 2018 (zitiert: *Bearbeiter*, in: Ströbele/Hacker/Thiering, MarkenG)

Haedicke, Maximilian, Beschränkung der Parodiefreiheit durch europäisches Urheberrecht?, GRUR Int. 2015, S. 664–670

Haesemann, Johanna, Die Auslegung des § 51 S. 1 UrhG n.F. in der Informationsgesellschaft am Beispiel der »Google-Bildersuche«, Köln 2012

Handig, Christian, Anm. zu EuGH, Urt. v. 3.9.2014 – Rs. C-201/13, ÖBl 2014, S. 285–286

ders., Parodien – »mag man eben«: Von einem widerspenstigem Element im Urheberrechtssystem, in: Festschrift für Irmgard Griss, Schenk, Brigitte/Lovrek, Elisabeth/Musger, Gottfried/Neumayr, Matthias (Hrsg.), Wien 2011, S. 283–296 (zitiert: *Bearbeiter*, in: FS Griss)

Hartwig, Henning, Schutzgegenstand und Schutzumfang eines Designs im Lichte von »Duschabflussrinne« – Zugleich Besprechung von OLG Frankfurt a.M. »Küchenmesser«, GRUR-RR 2018, S. 321–324

ders., »What you see is what you get« – Erzeugnisangabe und Schutzumfang im Geschmacksmusterrecht, GRUR 2016, S. 882–891

ders., Musterdichte und Mustervielfalt im Geschmacksmusterrecht, GRUR 2015, S. 845–851

ders., Bestimmung des Schutzumfangs eines Geschmacksmusters – Zugleich Besprechung von OLG Frankfurt a. M., Urt. v. 31.1.2013 – 6 U 29/12 – Henkellose Tasse, GRUR-RR 2013, S. 421–423

ders., Formenschatz und Schutzumfang, GRUR 2012, S. 769–773

ders., Das Prinzip der Reziprozität im Geschmacksmusterrecht, GRUR-RR 2009. S. 201–204

Haselmann, Cosima; Delegation und Durchführung gemäß Art. 290 und 291 AEUV, Berlin 2012

Hasselblatt, Gordian N., Münchener Anwalts-Handbuch Gewerblicher Rechtsschutz, 5. Auflage, München 2017 (zitiert: *Bearbeiter*, in: Hasselblatt, MAH Gewerblicher Rechtsschutz)

ders. (Hrsg.), Community Design Regulation (EC) No 6/2002: A Commentary, München 2015

Hefti, Ernst, Die Parodie im Urheberrecht, Berlin 1977

Hegemann, Jan, Der Schutz des bildenden Künstlers vor Entstellung und sonstigen Beeinträchtigungen seines Werkes durch direkte und indirekte Eingriffe, in: Festschrift für Paul W. Hertin zum 60. Geburtstag, Scherz, Christian/Omsels, Hermann-Josef (Hrsg.), München 2000, S. 87–111 (zitiert: *Bearbeiter*, in: FS Hertin)

Henning-Bodewig, Frauke/Kur, Annette, Marke und Verbraucher – Funktionen der Marke in der Marktwirtschaft, Band I: Grundlagen, Weinheim 1988

Herdegen, Matthias, Richtlinienkonforme Auslegung im Bankrecht: Schranken nach Europa- und Verfassungsrecht, WM 2005, S. 1921–1932

Herresthal, Carsten, Grundrechtecharta und Privatrecht: Die Bedeutung der Charta der Grundrechte für das europäische und das nationale Privatrecht, ZEuP 2014, S. 238–280

ders., Voraussetzungen und Grenzen der gemeinschaftsrechtskonformen Rechtsfortbildung, EuZW 2007, S. 396–400

ders., Rechtsfortbildung im europarechtlichen Bezugsrahmen – Methoden, Kompetenzen, Grenzen dargestellt am Beispiel der Privatrechts, München 2006

Hertin, Paul W., Das Musikzitat im deutschen Urheberrecht, GRUR 1989, S. 159–167

Heselhaus, F. Sebastian M./Nowak/Cartsen (Hrsg.), Handbuch der Europäischen Grundrechte, München 2006 (zitiert: *Bearbeiter*, in: Heselhaus/Nowak, Handbuch der Europäischen Grundrechte)

Hess, Gangolf, Urheberrechtsprobleme der Parodie, Baden-Baden 1993

Heuer, Jan, Art. 51 Abs. 1 Satz 1 GRC: die Bindung der Mitgliedstaaten an die Unionsgrundrechte, München 2014

Hildebrandt, Ulrich, Marken und andere Kennzeichen: Handbuch für die Praxis, 5. Auflage, Köln 2019

Hillebrand, Ulrike, Vom geschäftlichen Verkehr über die markenmäßige Benutzung bis zum Warentransit – Eine Erkundung der allgemeinen Voraussetzungen einer Markenverletzung, Baden-Baden 2012

Hoeren, Thomas, Urheberrechtsprobleme der Parodie, GRUR 1994, 751–753

ders./Sieber, Ulrich/Holznagel, Bernd (Hrsg.), Handbuch Multimedia-Recht: Rechtsfragen des elektronischen Geschäftsverkehrs, München (Loseblatt, Stand: 47. Lieferung 2018) (zitiert: *Bearbeiter*, in: Hoeren/Sieber/Holznagel, Multimedia-Recht)

Hofmann, Hans/Henneke, Hans-Günter (Hrsg.), Kommentar zum Grundgesetz, 14. Auflage, Köln 2018 (zitiert: *Bearbeiter*, in: Schmidt-Bleibtreu/Hofmann/Henneke, GG)

Homar, Philipp, Enge Handlungsspielräume für das Sampling – Anmerkung zu EuGH, Urteil vom 29.7.2019 – C-476/17 – Pelham u.a./Hütter u.a., ZUM 2019, S. 731–737

Hömig, Dieter/Wolff, Heinrich Amadeus (Hrsg.), Grundgesetz für die Bundesrepublik Deutschland, Handkommentar, 12. Auflage, Baden-Baden 2018 (zitiert: *Bearbeiter*, in: Hömig/Wolff, GG)

Honscheck, Sebastian, Der Schutz des Urhebers vor Änderungen und Entstellungen durch den Eigentümer, GRUR 2007, S. 944–950

Höpfner, Clemens, Voraussetzungen und Grenzen richtlinienkonformer Auslegung und Rechtsfortbildung, in: Jahrbuch Junger Zivilrechtswissenschaftler 2009 –Europäische Methodik: Konvergenz und Diskrepanz europäischen und nationalen Privatrechts, Osnabrücker Tagung, 2.–5. September 2009, Busch, Christoph/Kopp, Christina/McGuire, Mary-Rose/Zimmermann, Martin (Hrsg.), Stuttgart u.a. 2010 (zitiert: *Bearbeiter*, in: Jahrbuch Junger Zivilrechtswissenschaftler 2009)

ders./Rüthers, Bernd, Grundlagen einer europäischen Methodenlehre, AcP (209) 2009, S. 1–36

Hoppe, Ursula, Die Kunstfreiheit als EU-Grundrecht, Frankfurt a.M. u.a. 2011

Huber, Peter M., Auslegung und Anwendung der Charta der Grundrechte, NJW 2011, S. 2385–2390

Hufen, Friedhelm, Staatsrecht II: Grundrechte, 7. Auflage, München 2018

Husovec, Martin, Intellectual Property Rights and Integration by Conflict: The Past, Present and Future, Cambridge Yearbook of European Legal Studies, 18 (2016), S. 239–269

Huttenlauch, Anna Blume, Appropriation Art – Kunst an den Grenzen des Urheberrechts, Baden-Baden 2010

Ingerl, Reinhard/Rohnke, Christian, Markengesetz: Gesetz über den Schutz von Marken und sonstigen Kennzeichen, 3. Auflage, München 2010

iRights e.V., Stellungnahme zur Umsetzung der Richtlinie (EU) 2019/790 des Europäischen Parlaments und des Rates vom 17. April 2019 über das Urheberrecht und die verwandten Schutzrechte im digitalen Binnenmarkt und zur Änderung der Richtlinien 96/9/EG und 2001/29/EG einschließlich der Stellungnahme Deutschlands zu Art. 17 dieser Richtlinie, Berlin 2019, abrufbar im Internet: https://www.bmjv.de/SharedDocs/Gesetzgebungsverfahren/Stellungnahmen/2019/Downloads/090619_Stellungnahme_irights_EU-Richtlinien_Urheberrecht.pdf?__blob=publicationFile&v=2 (Stand: 09.04.2020)

Isensee, Josef/Kirchhof, Paul (Hrsg.), Handbuch des Staatsrechts der Bundesrepublik Deutschland, Band 2: Verfassungsstaat, 3. Auflage, Heidelberg 2004 (zitiert: *Bearbeiter,* in: HStR II)

dies., Handbuch des Staatsrechts der Bundesrepublik Deutschland, Band 10: Deutschland in der Staatengemeinschaft, 3. Auflage, Heidelberg 2012 (zitiert: *Bearbeiter,* in: HStR X)

Jacobs, Rainer/Elmenhorst, Lucas, Anmerkung zu BGH, Urt. v. 16.5.2013 – Az. I ZR 28/12, GRUR 2014, S. 72–73

ders., Persönlichkeitsrecht bei Kunstfälschungen? – Überlegungen zur Nolde-Entscheidung des Bundesgerichtshofs, in: Festschrift für Henning Piper zum 65. Geburtstag, Erdmann, Willi/Gloy Wolfgang/Herber, Rolf (Hrsg.), München 1998, S. 679–694 (zitiert: *Bearbeiter,* in: FS Piper)

Jacques, Sabine, The Parody Exception in Copyright Law, Oxford 2019

Jaeschke, Lars, Satirische und kritische Verwendung bekannter Marken im deutschen und britischen Recht, in: Immaterialgüterrecht – Das Verhältnis von Geistigem Eigentum und Menschenrechten, Götting, Horst-Peter/Westkamp, Guido (Hrsg.), Stuttgart 2008, S. 117–153 (zitiert: *Bearbeiter,* in: Götting/Westkamp, Immaterialgüterrecht)

Jankowski, Julia, Markenschutz für Kunstwerke – Möglichkeiten und Grenzen des Markenschutzes für urheberrechtlich geschützte und gemeinfreie Gestaltungen, Lausanne 2012

Jarass, Hans D., Charta der Grundrechte der Europäischen Union: unter Einbeziehung der vom EuGH entwickelten Grundrechte, der Grundrechtsregelungen der Verträge und der EMRK: Kommentar, 3. Auflage, München 2016

ders., Zum Verhältnis von Grundrechtecharta und sonstigem Recht, EuR 2013, S. 29–45

ders., Die Bindung der Mitgliedstaaten an die EU-Grundrechte, NVwZ 2012, S. 457–461

Jestaedt, Dirk, Die Beurteilung der Gestaltungsfreiheit zur Bestimmung der Eigenart und des Schutzumfangs eines Designs oder Gemeinschaftsgeschmacksmusters – Zugleich Besprechung von OLG Frankfurt a.M. »Küchenmesser« und Anmerkung zu Hartwig, GRUR 2018, S. 441–443

ders., Der Schutzbereich des eingetragenen Geschmacksmusters nach dem neuen Geschmacksmustergesetz, GRUR 2008, S. 19–24

Jongsma, Daniël, Parody after Deckmyn – A Comparative Overview of the Approach to Parody Under Copyright Law in Berlgium, France, Germany and The Netherlands, IIC 2017, S. 652–682

Kahlenberg, Sienna, Ein europäisches Geschmacksmusterrecht – Baustein im System des europäischen gewerblichen Rechtsschutzes, Berlin 1997

Kaiser, Dagmar, EuGH zum Austausch mangelhaft eingebauter Rechtsgüter, JZ 2011, S. 978–988

Kefferpütz, Martin/Wrage, Anna, Parodie und Marke: Ein ewiger Konflikt, GRUR-Prax 2015, S. 451–453

Keim, Rupert, Der markenrechtliche Tatbestand der Verwechslungsgefahr – Vor dem Hintergrund des europäischen Harmonisierungsprozesses und unter besonderer Berücksichtigung der Entwicklung des Markenrechts in den Benelux-Staaten, Baden-Baden 2009

Kelp, Ulla, Urheberrecht und Parodie im Gemeinschaftsrecht, IPRB 2014, S. 260–264

Kingreen, Thorsten, Die Unionsgrundrechte, Jura 2014, S. 295–304

ders., Die Grundrechte des Grundgesetzes im europäischen Grundrechtsföderalismus, JZ 2013, S. 801–811

Kirchhof, Ferdinand, Grundrechtsschutz durch europäische und nationale Gerichte, NJW 2011, S. 3681–3686

Klass, Nadine, RE-USE: Kompilation, Parodie, Doku-Fiction – Rechtliche Rahmenbedingungen abhängigen Werkschaffens im Film, ZUM 2016, S. 801–804

dies., Werkgenuss und Werknutzung in der digitalen Welt: Bedarf es einer Harmonisierung des Urheberpersönlichkeitsrechts?, ZUM 2015, S. 290–308

Klawitter, Christian, Werbung mit fremden Bildern: Für eine geschmacksmusterspezifische Auslegung des Zitatrechts bei der Abbildung geschützter Erzeugnisse Dritter, GRUR-Prax 2012, S. 1–4

Kleinemenke, Manuel, Fair Use im deutschen und europäischen Urheberrecht? – Eine rechtsvergleichende Untersuchung zur Flexibilisierung des urheberrechtlichen Schrankenkatalogs nach dem Vorbild der US-amerikanischen Fair Use-Doktrin, Baden-Baden 2013

Kober, Martin, Der Grundrechtsschutz in der Europäischen Union – Bestandsaufnahme, Konkretisierung und Ansätze zur Weiterentwicklung der europäischen Grundrechtsdogmatik anhand der Charta der Grundrechte der Europäischen Union, München 2009

Koch, Susanne, Schutz vor kommerzieller Markenverunglimpfung durch das Markengesetz, Frankfurt a.M. 2001

Kollmayer, Daniel, Delegierte Rechtsdurchsetzung in der EU: Eine Analyse der Art. 290 und 291 AEUV, Baden-Baden 2015

Koreng, Ansgar, Das »Unternehmenspersönlichkeitsrecht« als Element des gewerblichen Reputationsschutzes, GRUR 2010, S. 1065–1070

Koschtial, Ulrike, Zur Notwendigkeit der Absenkung der Gestaltungshöhe für Werke der angewandten Kunst im deutschen Urheberrecht, GRUR 2004, S. 555–560

Krause-Ablaß, Günter B., Zitate aus Aufführungen, Tonaufnahmen, Filmen und Sendungen in Film und Rundfunk, GRUR 1962, S. 231–240

Krey, Volker, Rechtsfindung contra legem als Verfassungsproblem (III), JZ 1978, S. 465–468

Krieger, Kai, Die gemeinschaftsrechtskonforme Auslegung des deutschen Rechts, Münster 2005

Kroll-Ludwigs, Kathrin/Ludwigs, Markus, Die richtlinienkonforme Rechtsfortbildung im Gesamtsystem der Richtlinienwirkungen – Zugleich eine Besprechung von BGH, Urt. v. 28.11.2008 – VIII ZR 200/05 (Quelle), ZJS 2009, S. 123–130

Krönke, Christoph, Die Verfahrensautonomie der Mitgliedsstaaten der Europäischen Union, Tübingen 2013

Krusemarck, Philipp, Die abhängige Schöpfung im Recht des geistigen Eigentums – Das abhängige Patent und die Werkbearbeitung im Vergleich, Tübingen 2013

Kühling, Jürgen, Die Kommunikationsfreiheit als europäisches Gemeinschaftsrecht, Berlin 1999

Künzel, Jens, Unterschiedlicher Gesamteindruck wegen technisch bedingter Merkmale, GRUR-Prax 2013, S. 66

Kur, Annette/Bomhard, Verena v./Albrecht, Friedrich (Hrsg.), BeckOK Markenrecht, 20. Edition (Stand: 01.01.2020), München 2020 (zitiert: *Bearbeiter,* in: BeckOK, MarkenR)

Kur, Annette, Die Schrankentatbestände im neuen Markenrecht – ein weiterer Schritt zur impliziten Harmonisierung wettbewerbsrechtlicher Grundsätze, in: Marktkommunikation zwischen Geistigem Eigentum und Verbraucherschutz – Festschrift für Karl-Heinz Fezer zum 70. Geburtstag, Büscher, Wolfgang/Glöckner, Jochen/Nordemann, Axel/Osterrieth, Christian/Rengier, Rudolf (Hrsg.), München 2016, S. 649–661 (zitiert: *Bearbeiter,* in: FS Fezer)

dies., Confusion Over Use? – Die Benutzung »als Marke« im Lichte der EuGH-Rechtsprechung, GRUR Int 2008, S. 1–12

dies., Die Auswirkungen des neuen Geschmacksmusterrechts auf die Praxis, GRUR 2002, S. 661–670

dies., Die notorisch bekannte Marke im Sinne von 6bis PVÜ und die »bekannte Marke« im Sinne der Markenrechtsrichtlinie, GRUR 1994, S. 330–340

Lange, Paul, Marken- und Kennzeichenrecht, 2. Auflage, München 2012

Langenbucher, Katja (Hrsg.), Europäisches Privat- und Wirtschaftsrecht, 4. Auflage, Baden-Baden 2017 (zitiert: *Bearbeiter,* in: Langenbucher, Europäisches Privat- und Wirtschaftsrecht)

Larenz, Karl/Canaris, Claus-Wilhelm, Methodenlehre der Rechtswissenschaft, 3. Auflage, Berlin u.a. 1995

Lauber-Rönsberg, Anne, Parodien urheberrechtlich geschützter Werke – Eine Bestandsaufnahme nach der »Deckmyn«-Entscheidung des EuGH, ZUM 2015, S. 658–666

Lazaridis, Nikolas, Anm. zu BGH, Urt. v. 2.7.2012 – Az. I ZR 102/11 – Kinderwagen II, GB 2013, S. 99–100

ders., Die Auswirkung von Design-Auszeichnungen auf die Schutzfähigkeit und Schutzwirkung von Mustern, GB 2012, S. 1–20

Leenen, Detlef, Die Auslegung von Richtlinien und die richtlinienkonforme Auslegung und Fortbildung des nationalen Rechts, Jura 2012, S. 535–762

Lehofer, Hans Peter, Rechteinhaber an einem parodierten Werk müssen Parodie mit diskriminierenden Inhalt nicht hinnehmen, ÖJZ 2014, S. 890

Leistner, Matthias, »Ende gut, alles gut« … oder »Vorhang zu und alle Fragen offen«? – Das salomonische Urteil des EuGH in Sachen »Pelham [Metall auf Metall]«, ZUM 2019, S. 1008–1015

ders., Urheberrecht an der Schnittstelle zwischen Unionsrecht und nationalem Recht – Werkbegriff und Recht der öffentlichen Wiedergabe, GRUR 2014, S. 1145–1155

ders., Urheberrecht in der digitalen Welt, JZ 2014, S. 846–857

ders., Grundlagen und Perspektiven der Haftung für Urheberrechtsverletzungen im Internet, ZUM 2012, S. 722–740

ders./Roder, Verena, Die Rechtsprechung des EuGH zum Unionsurheberrecht aus methodischer Sicht – zugleich ein Beitrag zur Fortentwicklung des europäischen Privatrechts im Mehrebenensystem, ZfpW 2016, S. 129–172

Lenz, Carl Otto/Borchardt, Klaus-Dieter (Hrsg.), EU-Verträge Kommentar: EUV, AEUV, GRCh, 6. Auflage, Köln 2013 (zitiert: *Bearbeiter,* in: Lenz/Borchardt, EU-Verträge)

Lerach, Mark, Anm. zu BGH, Urt. v. 2.4.2015 – Az. I ZR 59/13, jurisPR WettbR 11/2015 Anm. 1

Lindhorst, Hermann, Der Schutz von und vor technischen Maßnahmen, Osnabrück 2002

Lindner, Josef Franz, Grundrechtsschutz gegen gemeinschaftsrechtliche Öffnungsklauseln – zugleich ein Beitrag zum Anwendungsbereich der EU-Grundrechte, EuZW 2007, S. 71–75

Loewenheim, Ulrich (Hrsg.), Altes und Neues zu Parodie und Plagiat, in: Marktkommunikation zwischen Geistigem Eigentum und Verbraucherschutz – Festschrift für Karl-Heinz Fezer zum 70. Geburtstag, Büschner, Wolfgang/Glöckner, Jochen/Nordemann, Axel/Osterrieth, Christian/Rengier, Rudolf (Hrsg.), München 2016, S. 789–797 (zitiert: *Bearbeiter,* in: FS Fezer)

ders., Handbuch des Urheberrechts, München 2010 (zitiert: *Bearbeiter,* in: Loewenheim, Hdb. UrhR)

ders. (Hrsg.), Urheberrecht: Kommentar, 4. Auflage, München 2010 (zitiert: *Bearbeiter,* in: Schricker/Loewenheim, UrhG[4])

ders./Leistner, Matthias/Ohly, Ansgar (Hrsg.), Urheberrecht: Kommentar, 5. Auflage, München 2017 (zitiert: *Bearbeiter,* in: Schricker/Loewenheim, UrhG[5])

Loschelder, Michael, Der fehlende Benutzungswille als absolutes Schutzhindernis im Markenrecht, in: in: Festschrift für Joachim Bornkamm zum 65. Geburtstag, Büscher, Wolfgang/Erdmann, Willi/Haedicke, Maximilian/Köhler, Helmut/Loschelder, Michael (Hrsg.), München 2014, S. 637–656 (zitiert: *Bearbeiter,* in: FS Bornkamm)

Lötscher, Samuel, Die Markenparodie, Bern 2016

Lotte, Ricarda, Anmerkung zu BGH, Urteil vom 28. Juli 2016 – I ZR 9/15 – auf fett getrimmt, ZUM 2016, S. 991–993

Ludwig, Jan Rasmus, Anmerkung zu BGH, Urt. v. 24.11.2011 – Az. I ZR 175/09, WRP 2010, S. 816–817

Ludwigs, Markus (Hrsg.), Handbuch des EU-Wirtschaftsrechts, Band 1, München (Loseblatt, Stand: 47. Lieferung 2019) (zitiert: *Bearbeiter,* in: EU-Wirtschaftsrecht)

Maier, Benjamin, Grundrechtsschutz bei der Durchführung von Richtlinien: Eine Analyse im Spannungsfeld von Grundrechten der Europäischen Union, nationalen Grundrechten und EMRK-Rechten, Baden-Baden 2014

Maier, Henrike, Remixe auf Hosting-Plattformen: eine urheberrechtliche Untersuchung filmischer Remixe zwischen grundrechtsrelevanten Schranken und Inhaltefiltern, Tübingen 2018

Martens, Sebastian A. E., Methodenlehre des Unionsrechts, Tübingen 2013

Masing, Johannes, Einheit und Vielfalt des europäischen Grundrechtsschutzes, JZ 2015, S. 477–487

Matthes, Jens/Ziegenaus, Fabian, Raubkatze schlägt Schoßhund, Markenartikel 2011, S. 62–63

Matz-Lück, Nele, Europäischer Grundrechtsschutz und nationale Rechtsakte, in: Grundrechte und Grundfreiheiten im Mehrebenensystem – Konkurrenzen und Interferenzen, Matz-Lück, Nele/Hong, Mathias (Hrsg.), Berlin u.a. 2012, S. 161–201 (zitiert: *Bearbeiter,* in: Matz-Lück/Hong, Grundrechte und Grundfreiheiten im Mehrebenensystem)

Mauch, Kerstin, Die rechtliche Beurteilung von Parodien im nationalen Urheberrecht der Mitgliedstaaten der EU, Frankfurt a.M. 2003

Maunz, Theodor/Dürig, Günter (Begr.), Grundgesetz Kommentar: Band III, Art. 16–22, München (Loseblatt, Stand: 87. Lieferung 2019) (zitiert: *Bearbeiter,* in: Maunz/Dürig, GG)

Max Planck Institute for Intellectual Property and Competition Law Munich (MPI), Study on the Overall Functioning of the European Trade Mark System, München, 15.02. 2011, abrufbar im Internet: http://ec.europa.eu/internal_market/indprop/docs/tm/20110308_allensbach-study_en.pdf (Stand: 09.04.2020)

Mehde, Veith, Gespaltener Grundrechtsschutz in der EU? – Zur Bedeutung der Sonderregelung für Polen und das Vereinigte Königreich, EuGRZ 2008, S. 269–274

Meyer, Jürgen/Hölscheidt, Sven (Hrsg.), Charta der Grundrechte der Europäischen Union, 5. Auflage, Baden-Baden 2019 (zitiert: *Bearbeiter,* in: Meyer/Hölscheidt, Charta der Grundrechte)

Meyer-Ladewig, Jens/Nettesheim, Martin/Raumer, Stefan von (Hrsg.), EMRK – Europäische Menschenrechtskonvention: Handkommentar, 4. Auflage, Baden-Baden 2017 (zitiert: *Bearbeiter,* in: Meyer-Ladewig/Nettesheim/von Raumer, EMRK)

Mörsdorf, Oliver, Unmittelbare Anwendung von EG-Richtlinien zwischen Privaten in der Rechtsprechung des EuGH, EuR 2009, S. 219–241

Nägele, Thomas, Schutzumfang des Geschmacksmusters, IPRP 2011, S. 183–186

Nassall, Wendt, Abgrenzung zwischen verbotener Übernahme und freier Benutzung einer literarischen Figur für die Bewerbung von Karnevalskostümen (»Pippi-Langstrumpf-Kostüm«), jurisPR-BGHZivilR 7/2014 Anm. 3

Naumann, Kolja, Art. 52 Abs. 3 GrCh zwischen Kohärenz des europäischen Grundrechtsschutzes und Autonomie des Unionsrechts, EuR 2008, S. 424–435

Neuner, Jörg, Die Rechtsfindung contra legem, 2. Auflage, München 2005

Nordemann, Axel/Nordemann, Jan Bernd/Czychowski, Christian (Hrsg.), Urheberrecht: Kommentar zum Urheberrechtsgesetz, Verlagsgesetz, Einigungsvertrag (Urheberrecht), neu: zur EU-Portabilitätsverordnung, 12. Auflage, Stuttgart 2018 (zitiert: *Bearbeiter,* in: Fromm/Nordemann)

Nordemann, Wilhelm, Anmerkung zu BGH, Urt. v. 26.3.1971 – Az. I ZR 77/69, GRUR 1971, S. 590–591

Nowakowski, Marta, Folgeansprüche bei Verletzung einer Unionsmarke und ihre zwangsweise Durchsetzung: eine rechtsvergleichende Untersuchung zu der Rechtslage in Deutschland, Frankreich, England und Polen, Würzburg 2019

Obergfell, Eva Inés, Zwischen Zitat und Plagiat – Umfang und Grenzen der Zitierfreiheit bei literarischen und wissenschaftlichen Schriftwerken, KUR 2005, S. 46–56

dies./Stieper, Malte, Kompetenzverschiebungen, in: Vom Magnettonband zu Social Media – Festschrift 50 Jahre Urheberrechtsgesetz (UrhG), Dreier, Thomas/Hilty, Reto M. (Hrsg.), München 2015, S. 223–238 (zitiert: *Bearbeiter,* in: FS 50 Jahre UrhG)

Ohlenhusen, Albrecht Götz von/Ling, Peter, Parodie und Urheberrechtsverletzung in der Schweiz und in Deutschland, insbesondere im Bereich der bildenden Künste, UFITA 2003/III, S. 695–724

Ohler, Christoph, Grundrechtliche Bindung der Mitgliedstaaten nach Art. 51 GRCh, NVwZ 2013, S. 1433–1438

Ohly, Ansgar, Hip Hop und die Zukunft der »freien Benutzung« im EU-Urheberrecht – Anmerkungen zum Vorlagebeschluss des BGH »Metall auf Metall III«, GRUR 2017, S. 964–969

ders., Blaue Kürbiskerne aus der Steiermark – Die Interessenabwägung beim Schutz bekannter Marken gegen die unlautere Ausnutzung von Ruf oder Unterscheidungskraft, in: Festschrift für Irmgard Griss, Schenk, Brigitte/Lovrek, Elisabeth/Musger, Gottfried/Neumayr, Matthias (Hrsg.), Wien 2011, S. 521–540 (zitiert: *Bearbeiter,* in: FS Griss)

ders., Keyword Advertising auf dem Weg zurück von Luxemburg nach Paris, Wien, Karlsruhe und Den Haag, GRUR 2010, S. 776–785

ders., Die Markenverletzung bei Doppelidentität nach L'Oréal: eine Kritik, in: Festschrift für Michael Loschelder zum 65. Geburtstag, Erdmann, Willi/Leistner, Matthias/Rüffer, Wilfried/Schulte-Beckhausen, Thomas (Hrsg.), Köln 2010, S. 265–278 (zitiert: *Bearbeiter,* in: FS Loschelder)

Oldekop, Axel, Das nicht eingetragene Gemeinschaftsgeschmacksmuster – Eine Chance für Designer?, WRP 2006, S. 801–810

Ortner, Roderic, Zum gewerblichen Rechtsschutz bei Nachahmungen von Modeerzeugnissen, WRP 2006, S. 189–194

Papier, Hans-Jürgen, Verhältnis des Bundesverfassungsgerichts zu den Fachgerichtsbarkeiten, DVBl 2009, S. 473–481

Paschke, Marian, Strukturprinzipien eines Urhebersachenrechts, GRUR 1984, S. 858–868

Paulus, Maria Elena, Markenfunktionen und referierende Benutzung, Tübingen 2014

Pechstein, Matthias/Nowak, Carsten/Häde, Ulrich (Hrsg.), Frankfurter Kommentar zu EUV, GRC und AEUV, Band I: EUV und GRC, Tübingen 2017 (zitiert: *Bearbeiter,* in: Pechstein/Nowak/Häde, EUV, GRC, AEUV, Band I)

dies., Frankfurter Kommentar zu EUV, GRC und AEUV, Band IV: AEUV, Art. 216–358, Tübingen 2017 (zitiert: *Bearbeiter,* in: Pechstein/Nowak/Häde, EUV, GRC, AEUV, Band IV)

Peifer, Karl-Nikolaus, Parodie, Mashup, Medienkritik: Das urheberrechtlich geschützte Werk als Gegenstand und Beiwerk der filmischen Auseinandersetzung – Möglichkeiten und Grenzen im Lichte des aktuellen Urheberrechtsgesetzes, ZUM 2016, S. 805–811

ders., Appropriation und Fan Art – geknebelte Kreativität oder klare Urheberrechtsverletzung? in: Festschrift für Artur-Axel Wandtke zum 70. Geburtstag am 26. März 2013, Bullinger, Winfried/Grunert, Eike/Ohst, Claudia/Wöhrn, Kirsten-Inger (Hrsg.), Berlin/Boston 2013, S. 99–109 (zitiert: *Bearbeiter,* in: FS Wandtke)

ders., Individualität im Zivilrecht – Der Schutz persönlicher, gegenständlicher und wettbewerblicher Individualität im Persönlichkeitsrecht, Immaterialgüterrecht und Recht der Unternehmen, Tübingen 2001

Perner, Stefan, Grundfreiheiten, Grundrechte-Charta und Privatrecht, Tübingen 2013

Peukert, Alexander, Die Gemeinfreiheit. Begriff, Funktion, Dogmatik, Tübingen 2012

Piekenbrock, Andreas/Schulze, Götz, Die Grenzen richtlinienkonformer Auslegung – autonomes Richterrecht oder horizontale Drittwirkung, WM 2002, S. 521–529

Piper, Henning, Der Schutz der bekannten Marke, GRUR 1996, S. 429–439

Pirker, Benedikt, Grundrechtsschutz im Unionsrecht zwischen Subsidiarität und Integration – Zur Anwendung der Unionsgrundrechte auf die Mitgliedstaaten, Baden-Baden 2018

Plassmann, Clemens, Bearbeitungen und andere Umgestaltungen in § 23 Urheberrechtsgesetz, Berlin 1996

Platho, Rolf, Die Parodie: Eine »freie Bearbeitung« nach § 23 UrhG, GRUR 1992, S. 360–365

Poeppel, Jan, Die Neuordnung der urheberrechtlichen Schranken im digitalen Umfeld, Göttingen 2005

Poll, Günter, »TV-Total« – Alles Mattscheibe, oder was? Zum Verhältnis von freier Benutzung (§ 24 UrhG) und Zitatrecht (§ 51 UrhG) zu Art. 5 GG, ZUM 2004, S. 511–522

Postberg, Rupert, Das Zusammenwirken von EMRK, Grundgesetz und EU-Grundrechtscharta anhand des Art. 52 III und des Art. 53 der Charta – eine vergleichende Untersuchung zum Schutz des Privat- und Familienlebens –, Bonn 2008

Pötzlberger, Florian, Kreatives Remixing: Musik im Spannungsfeld von Urheberrecht und Kunstfreiheit, Baden-Baden 2018

Pravemann, Timm, Art. 17 der Richtlinie zum Urheberrecht im digitalen Binnenmarkt: Eine Analyse der neuen europäischen Haftungsregelung für Diensteanbieter für das Teilen von Online-Inhalten, GRUR 2019, 783–788

Prengel, Timo, Bildzitate von Kunstwerken als Schranke des Urheberrechts und des Eigentums mit Bezügen zum internationalen Privatrecht, Frankfurt a.M. 2011

Prüfer-Kruse, Tihani, Interessenschwerpunkte im Markenrecht, München 2010

Rahlf, Sylvia/Gottschalk, Eckart, Neuland: Das nicht eingetragene Gemeinschaftsgeschmacksmuster, GRUR Int 2004, S. 821–827

Raue, Benjamin, Die Verdrängung deutscher durch europäische Grundrechte im gewerblichen Rechtsschutz und Urheberrecht, GRUR Int 2012, S. 402–410

ders., Markenabbildungen in Kunstwerken (Zugleich Besprechung von Landgericht Düsseldorf, Urteil vom 28. Februar 2007 – 2a O 150/06 – Borussia Mönchengladbach), KUR 2007, S. 135–141

Rehbinder, Manfred/Peukert, Alexander, Urheberrecht, 18. Auflage, München 2018

Rehse, Mario, Zulässigkeit und Grenzen ungeschriebener Schranken des Urheberrechts, Hamburg 2008

Reinhart, Beat, Das Institut der freien Benutzung im Urheberrecht, UFITA 103 (1986), S. 65–83

Reinisch, Birgit, Das nicht eingetragene Gemeinschaftsgeschmacksmuster und sein Verhältnis zum ergänzenden wettbewerblichen Leistungsschutz, München 2008

Rengeling, Hans-Werner/Szczekalla, Peter, Grundrechte in der Europäischen Union: Charta der Grundrechte und Allgemeine Rechtsgrundsätze, Köln u. a. 2004

Reschke, Johannes, Die verfassungs- und dreistufenkonforme Auslegung der Schranken des Urheberrechts – zugleich eine Überprüfung von § 52b UrhG, Göttingen 2010

Riesenhuber, Karl (Hrsg.), Europäische Methodenlehre – Handbuch für Ausbildung und Praxis, 3. Auflage, Berlin/München/Boston 2015 (zitiert: *Bearbeiter*, in: Riesenhuber, Europäische Methodenlehre)

ders., Anmerkung zu EuGH, Urt. v. 3.9.2014 – Rs. C-201/13, LMK 2014, 363019

ders./Domröse, Ronny, Richtlinienkonforme Rechtsfindung und nationale Methodenlehre – Zugleich eine Besprechung von EuGH, Urt. v. 5.10.2004 – verb. Rs. C-397/01 bis 403/01 Pfeiffer u. a., RIW 2005, 54, RIW 2005, S. 47–54

Ritter, Thomas, Neue Werteordnung für die Gesetzesauslegung durch den Lissabon-Vertrag, NJW 2010, S. 1110–1114

Roder, Verena, Die Methodik des EuGH im Urheberrecht – Die autonome Auslegung des Gerichtshofs der Europäischen Union im Spannungsverhältnis zum nationalen Recht, Tübingen 2016

Rohnke, Christian, Marke, Meinung, Kunst, in: Perspektiven des Geistigen Eigentums und Wettbewerbsrechts – Festschrift für Gerhard Schricker zum 70. Geburtstag, Ohly, Ansgar/Bodewig, Theo/Dreier, Thomas/Götting, Hans-Peter/Haedicke, Maximilian/ Lehmann, Michael (Hrsg.), München 2005, S. 869–879 (zitiert: *Bearbeiter,* in: FS Schricker)

ders./Bott, Kristofer/Jonas, Kay-Uwe/Asschenfeldt, Sigrid, Konflikte zwischen Markenrechten und dem Recht auf freie Meinungsäußerung (Q 188), GRUR Int 2005, S. 419–424

Rosati, Eleonora, Just a laughing matter? Why the decision in Deckmyn is broader than parody, Common Market Law Review 52 (2015), S. 511–529

Rößler, Bernd, Die Ausnutzung der Wertschätzung bekannter Marken im neuen Markenrecht, GRUR 1994, S. 559–569

Rotermund, Erwin, Die Parodie in der modernen Lyrik, München 1963

Rother, Gereon, Die prozessuale Durchsetzung des nicht eingetragenen Gemeinschaftsgeschmacksmusters, in: Festschrift für Günther Eisenführ zum 70. Geburtstag, Spintig, Christian/Ehlers, Jochen (Hrsg.), Köln 2003, S. 85–98 (zitiert: *Bearbeiter,* in: FS Eisenführ)

Rubusch, Alexander, Funktionelles Verständnis des Benutzungsbegriffs und mittelbare Markenverletzung, MarkenR 2012, S. 240–247

Ruhl, Oliver/Tolkmitt, Jan, Gemeinschaftsgeschmacksmuster: Kommentar, 3. Auflage, Köln 2019 (zitiert: *Bearbeiter,* in: Ruhl/Tolkmitt, GGV)

ders., Anmerkung zu BGH, Urt. v. 19.5.2010 – Az. I ZR 71/08, GRUR 2011, S. 145–146

Ruijsenaars, Heijo E., Comic-Figuren und Parodien: Ein urheberrechtlicher Streifzug – Teil II: Beurteilungskriterien für die zulässige Parodie, GRUR Int. 1993, S. 918–933

Rüthers, Bernd/Fischer, Christian/Birk, Axel, Rechtstheorie mit Juristischer Methodenlehre, 10. Auflage, München 2018

Rütz, Christian, Die Parodie in der Informationsgesellschaft – Zugleich Anmerkung zu BGH WRP 2003, S. 1235 (Gies-Adler), WRP 2004, S. 323–330

Sachs, Michael (Hrsg.), Grundgesetz: Kommentar, 8. Auflage, München 2018 (zitiert: *Bearbeiter,* in: Sachs, GG)

Sack, Rolf, Vom Erfordernis der markenmäßigen Benutzung zu den Markenfunktionen bei der Haftung für Markenverletzungen, WRP 2010, S. 198–211

ders., Sonderschutz bekannter Marken, GRUR 1995, S. 81–98

Salokannel, Marjut/Strowel, Alain, Study contract concerning moral rights in the context of the exploitation of works through digital technology, Study contract n° ETD/99/B5-3000/e°28, April 2000, abrufbar im Internet: http://ec.europa.eu/internal_market/copyright/docs/studies/etd1999b53000e28_en.pdf (Stand: 09.04.2020)

Sambuc, Thomas, Was soll das Markenrecht? – Ein Beitrag zur Funktionenlehre, WRP 2000, S. 985–991

Sattler, Susen, Der Status quo der urheberrechtlichen Schranken für Bildung und Wissenschaft: Eine Untersuchung anhand der konventions- und europarechtlichen sowie der verfassungsrechtlichen Vorgaben, Baden-Baden 2009

Sauer, Heiko, Grundrechtskollisionsrecht für das europäische Mehrebenensystem: Konkurrenzbestimmung – Kollisionsvermeidung – Kohärenzsicherung, in: Grundrechte und Grundfreiheiten im Mehrebenensystem – Konkurrenzen und Interferenzen, Matz-Lück, Nele/Hong, Mathias (Hrsg.), Berlin u. a. 2012, S. 1–68 (zitiert: *Bearbeiter,* in: Matz-Lück/Hong, Grundrechte und Grundfreiheiten im Mehrebenensystem)

Schabenberger, Andreas, Zur Eigenart und Erschöpfung des Gemeinschaftsgeschmacksmusters – Zugleich Anmerkung zum Urteil BGH, I ZR 89/08 vom 22.04.2010 – Verlängerte Limousinen, WRP 2010, S. 992–999

Schack, Heimo, Urheber- und Urhebervertragsrecht, 9. Auflage, Tübingen 2019

ders., Kunst und Recht: bildende Kunst, Architektur, Design und Fotografie im deutschen und internationalen Recht, 3. Auflage, Tübingen 2017

ders., Persönlichkeitsrechtliche Grenzen der bildenden Kunst, KUR 2014, S. 3–10

ders., Anmerkung zu OLG Jena, Urt. v. 27.2.2008 – Az. 2 U 319/07, MMR 2008, S. 414–416

ders., Urheberrechtliche Schranken, übergesetzlicher Notstand und verfassungskonforme Auslegung, in: Perspektiven des Geistigen Eigentums und Wettbewerbsrechts – Festschrift für Gerhard Schricker zum 70. Geburtstag, Ohly, Ansgar/Bodewig, Theo/Dreier Thomas/Götting, Horst-Peter/Headicke, Maximilian/Lehmann, Michael (Hrsg.), München 2005, S. 511–522 (zitiert: *Bearbeiter,* in: FS Schricker)

ders., Kunst als Marke – Marke als Kunst, in: Recht im Wandel seines sozialen und technologischen Umfeldes – Festschrift für Manfred Rehbinder, Becker, Jürgen/Hilty, Reto M./Stöckli, Jean-Fritz/Würtenberger, Thomas (Hrsg.), München/Bern 2002, S. 345–359 (zitiert: *Bearbeiter,* in: FS Rehbinder)

ders., Das Persönlichkeitsrecht der Urheber und ausübenden Künstler nach dem Tode, GRUR 1985, S. 352–361

Schennen, Detlef, Das Gemeinschaftsgeschmacksmuster – Neuland für Alicante, in: Festschrift für Günther Eisenführ zum 70. Geburtstag, Spintig, Christian/Ehlers, Jochen (Hrsg.), Köln 2003, S. 99–112 (zitiert: *Bearbeiter,* in: FS Eisenführ)

Schiedermair, Stephanie, Der Schutz des Privaten als internationales Grundrecht, Tübingen 2012

Schilcher, Theresia, Der Schutz des Urhebers gegen Werkveränderungen, München 1989

Schillig, Michael, Konkretisierungskompetenz und Konkretisierungsmethoden im Europäischen Privatrecht, Berlin 2009

Schloetter, Lucas, Die Rechtsnatur des Droit Moral, GRUR Int. 2002, S. 809–815

Schmidt, Christopher P., Grund- und Menschenrechte in Europa – Das neue System des Grund- und Menschenrechtsschutzes in der Europäischen Union nach dem Inkrafttreten des Vertrages von Lissabon und dem Beitritt der Union zur EMRK, Baden-Baden 2013

Schmidt, Michael, Markenparodie: Grenzziehung zwischen Eigentumsgarantie und Kunstfreiheit – »Springender Pudel«, GRUR-Prax 2010, S. 51–55

Schmidt, Johannes, Die Grundsätze im Sinne der EU-Grundrechtecharta, Tübingen 2010

Schmieder, Hans-Heinrich, Freiheit der Kunst und freie Benutzung urheberrechtlich geschützter Werke, UFITA Band 93 (1982), S. 63–71

ders., Der Wettbewerbsgedanke im Urheberrecht – Dargestellt an Fragen der Werkfortsetzung, des Selbstplagiats und der Parodie, UFITA 80 (1977), S. 127–141

Scholz, Rupert, Nationale und europäische Grundrechte: Umgekehrte »Solange«-Regel?, DVBl 2014, S. 197–204

Schramm, Peter, Der europaweite Schutz des Produktdesigns: Das Gemeinschaftsgeschmacksmuster und sein Verhältnis zur Gemeinschaftsmarke, Baden-Baden 2005

Schroeder, Werner, Grundkurs Europarecht, 4. Auflage, München 2015

Schultze, Hanno, Zur künftigen Behandlung der Markenparodie, WRP 1997, S. 536–540

Schulz, Birgit, Die relevante Benutzungshandlung im deutschen Markenrecht, Frankfurt a.M. 1997

Schulze, Götz, Kein Nutzungsersatz bei Ersatzlieferung: Anmerkung zu EuGH, Urteil vom 17.4.2008, C-404/06 - Quelle, GPR 2008, S. 128–132

Schurgacz, Gudrun, Die Sloganparodie im Markenrecht, Hamburg 2009

Schürnbrand, Jan, Die Grenzen richtlinienkonformer Rechtsfortbildung im Privatrecht, JZ 2007, S. 910–918

Schweer, Carl-Stephan, Die erste Markenrechts-Richtlinie der Europäischen Gemeinschaft und der Rechtsschutz bekannter Marken, Baden-Baden 1992

Sebastian, Sascha, Geistiges Eigentum als europäisches Menschenrecht - Zur Bedeutung von Art. 1 des 1. Zusatzprotokolls zur EMRK für das Immaterialgüterrecht, GRUR Int 2013, S. 524–533

Senftleben, Martin, Overprotection and Protection Overlaps in Intellectual Property Law - The Need for Horizontal Fair Use Defences, 16.04.2010, abrufbar unter: https://papers.ssrn.com/sol3/papers.cfm?abstract_id=1597123 (Stand: 09.04.2020)

ders., Die Bedeutung der Schranken des Urheberrechts in der Informationsgesellschaft und ihre Begrenzung durch den Dreistufentest, in: Interessenausgleich im Urheberrecht, Hilty, Reto M./Peukert, Alexander (Hrsg.), Baden-Baden 2004, S. 159–186 (zitiert: *Bearbeiter,* in: Interessenausgleich)

ders., Grundprobleme des urheberrechtlichen Dreistufentest, GRUR Int. 2004, S. 200–211

ders., Privates digitales Kopieren im Spiegel des Dreistufentests - Genügt die deutsche Regelung zur Privatkopie den Vorgaben des internationalen Rechts?, CR 2003, S. 914–919

Simon, Gesa, Das nicht eingetragene Gemeinschaftsgeschmacksmuster - Chancen, Prozessrisiken und unentdeckte Ähnlichkeiten mit Dr. Manfred Hecker –, in: Liber amicorum für Manfred Hecker zum 66. Geburtstag am 10.8.2016, Ruttig, Markus/Jung, Ingo (Hrsg.), Köln 2017, S. 313–321 (zitiert: *Bearbeiter,* in: Liber amicorum Hecker)

Slopek, David E. F., Begriff und Grenzen der Parodie, GRUR-Prax 2014, S. 442

ders., Die Parodie im Urheberrecht - Zugleich eine Anmerkung zur TV Total-Entscheidung des BGH (Az. I ZR 42/05), WRP 2009, S. 20–27

Solmecke, Christian, Stellungnahme von Rechtsanwalt Christian Solmecke, LL.M. mit fachlicher Unterstützung von Sebastian Kluge (ContentView GmbH) zur RICHTLINIE (EU) 2019/790 DES EUROPÄISCHEN PARLAMENTS UND DES RATES vom 17. April 2019 über das Urheberrecht und die verwandten Schutzrechte im digitalen Binnenmarkt und zur Änderung der Richtlinien 96/9/EG und 2001/29/EG (DSM- RL) einschließlich der Stellungnahme Deutschlands zu Artikel 17 dieser Richtlinie, Köln 2019, abrufbar im Internet: https://www.bmjv.de/SharedDocs/Gesetzgebungsverfahren/Stellungnahmen/2019/Downloads/090619_Stellungnahme_RA-Solmecke_EU-Richtlinien_Urheberrecht.pdf?__blob=publicationFile&v=2 (Stand: 09.04.2020)

Sosnitza, Olaf, Deutsches und europäisches Markenrecht, 2. Auflage, München 2015

ders., Die weitere Entwicklung des europäischen Markenrechts, MarkenR 2012, S. 436–443

ders., Die Entwicklung des gewerblichen Rechtsschutzes und des Urheberrechts in der europäischen Union in den Jahren 2007 bis 2009, GPR 2010, S. 19–29

Specht, Louisa/Koppermann, Ilona, Vom Verhältnis der §§ 14 und 24 UrhG nach dem »Deckmyn«-Urteil des EuGH, ZUM 2016, S. 19–24

Speitler, Philipp, Rechtsverletzende Benutzung: die dynamische Auslegung des markenrechtlichen Benutzungsbegriffs durch den Gerichtshof der Europäischen Union, Baden-Baden 2012

Spindler, Gerald/Schuster, Fabian (Hrsg.), Recht der elektronischen Medien: Kommentar, 4. Auflage, München 2019 (zitiert: *Bearbeiter,* in: Spindler/Schuster)

ders., Reform des Urheberrechts im »Zweiten Korb«, NJW 2008, S. 9–16

Starcke, Andreas, Das Recht zur Abbildung geschützter Designs, GRUR 2018, S. 1102–1107

Staudinger, Kommentar zum Bürgerlichen Gesetzbuch mit Einführungsgesetz und Nebengesetzten, Einleitung zum BGB, Buch 1: Allgemeiner Teil, §§ 1–14, VerschG (Einleitung zum BGB und Allgemeiner Teil 1), Berlin 2018 (zitiert: *Bearbeiter,* in: Staudinger)

Steinbeck, Anja, Die Funktionenlehre und ihre Auswirkungen auf die Schranken des Markenrechts, WRP 2015, S. 1–6

dies., Die neuen Grenzen der Zitierfreiheit im Internet, in: Festschrift für Joachim Bornkamm zum 65. Geburtstag, Büscher, Wolfgang/Erdmann, Willi/Haedicke, Maximilian/Köhler, Helmut/Loschelder, Michael (Hrsg.), München 2014, S. 977–990 (zitiert: *Bearbeiter,* in: FS Bornkamm)

dies., Die Nummer 10 – bösgläubige Markenanmeldung als bewegliches System, in: 50 Jahre Bundespatentgericht – Festschrift zum 50-jährigen Bestehen des Bundespatentgerichts am 1. Juli 2011, Bender, Achim/Schülke, Klaus/Winterfeldt, Volker (Hrsg.), Köln 2011, S. 777–788 (zitiert: *Bearbeiter,* in: FS 50 Jahre BPatG)

dies., Anmerkung zu BGH, Urt. v. 19.3.2008 – Az. I ZR 166/05, GRUR 2008, S. 988–989

dies., Albertus Magnus als Marke, JZ 2005, S. 552–558

Stern, Klaus, Die Charta der Grundrechte der Europäischen Union vor und nach Lissabon, in: Der Staat im Recht – Festschrift für Eckart Klein zum 70. Geburtstag, Breuer, Marten/Epiney, Astrid/Haratsch, Andreas/Schmahl, Stefanie/Weiß, Norman (Hrsg.), Berlin 2013, S. 669–686 (zitiert: *Bearbeiter,* in: FS Klein)

ders./Sachs, Michael (Hrsg.), Europäische Grundrechte-Charta: GRCh – Kommentar, München 2016 (zitiert: *Bearbeiter,* in: Stern/Sachs, GRCh)

Stieper, Malte, Reformistischer Aufbruch nach Luxemburg – Die Schranken des Urheberrechts im Lichte europäischer Grundrechte, GRUR 2017, S. 1209–1212

ders., Fan Fiction als moderne Form der Pastiche – Zur Abgrenzung von Vervielfältigung, Bearbeitung und freier Benutzung im Lichte des Unionsrechts, AfP 2015, S. 301–305

ders., Harmonisierung der Urheberrechtsschranken durch den EuGH?, ZGE 2012, S. 443–451

ders., Rechtfertigung, Rechtsnatur und Disponibilität der Schranken des Urheberrechts, Tübingen 2009

Stöckel, Maximiliane (Hrsg.), Handbuch Marken- und Designrecht, 3. Auflage, Berlin 2013 (zitiert: *Bearbeiter,* in: Stöckel, Handbuch Marken- und Designrecht)

Streinz, Rudolf, Europarecht, 10. Auflage, Heidelberg 2016

ders. (Hrsg.), Beck'sche Kurzkommentare, Band 57: EUV/AEUV – Vertrag über die Europäische Union und Vertrag über die Arbeitsweise der Europäischen Union, 3. Auflage, München 2018 (zitiert: *Bearbeiter*, in Streinz, EUV/AEUV)

ders./Michl, Walther, Die Drittwirkung des europäischen Datenschutzgrundrechts (Art. 8 GRCh) im deutschen Privatrecht, EuZW 2011, S. 384–388

Stuhlert, Sabine, Die Behandlung der Parodie im Urheberrecht: eine vergleichende Untersuchung der Behandlung von Parodien im Urheberrecht der Bundesrepublik Deutschland und der Vereinigten Staaten von Amerika, München 2002

Summerer, Claudia, »Illegale Fans« – Die urheberrechtliche Zulässigkeit von Fan Fiction, Berlin/Boston 2015

Szalai, Stephan, Markenverunglimpfungen, Markenparodien und das Anspielen auf bekannte Marken beim BGH – Zugleich Anmerkung zu BGH, Urt. v. 2.4.2015 – I ZR 59/13 – Springender Pudel, MarkenR 2015, S. 533–537

Tamblé, Philipp, Der Anwendungsbereich der EU-Grundrechtecharta (GRC) gem. Art. 51 I 1 GRC – Grundlagen und aktuelle Entwicklungen, Halle (Saale) 2014

Thiele, Clemens, Der Schutzausschließungsgrund der Ordnungs- oder Sittenwidrigkeit im Unionsdesignrecht, MR-Int 2016, S. 173–180

Thiesen, Michael, Von lila Postkarten und springenden Pudeln – Die markenrechtliche Behandlung der Parodie, WRP 2016, S. 162–168

ders., Anmerkung zu BGH, Urt. v. 2.4.2015 – Az. I ZR 59/13, GRUR 2015, S. 1119–1121

Topal, Cansu, Die Umsetzung der InfoSoc-Richtlinie in Deutschland und in der Türkei, Göttingen 2014

Triebe, Christian, Parodie als freie Benutzung urheberrechtlich geschützter Werke, juris-PR-WettbR 10/2016 Anm. 2

Ulmer, Eugen, Urheber- und Verlagsrecht, 3. Auflage, Berlin, Heidelberg, New York 1980

Unberath, Hannes, Die richtlinienkonforme Auslegung am Beispiel der Kaufrechtsrichtlinie, ZEuP 2005, S. 5–42

Unseld, Christopher, Anmerkung zu EuGH, Urt. v. 3.9.2014 – Rs. C-201/13, EuZW 2014, S. 914–915

Ungern-Sternberg, Joachim von, Die Rechtsprechung des EuGH und des BGH zum Urheberrecht und den verwandten Schutzrechten im Jahre 2014, GRUR 2015, S. 205–221

ders., Die Bindungswirkung des Unionsrechts und die urheberrechtlichen Verwertungsrechte, in: Festschrift für Joachim Bornkamm zum 65. Geburtstag, Büscher, Wolfgang/ Erdmann, Willi/Haedicke, Maximilian/Köhler, Helmut/Loschelder, Michael (Hrsg.), München 2014, S. 1007–1022 (zitiert: *Bearbeiter,* in: FS Bornkamm)

Vedder, Christoph/Heintschel von Heinegg, Wolff (Hrsg.), Europäisches Unionsrecht: EUV, AEUV, Grundrechte-Charta – Handkommentar, 2. Auflage Baden-Baden 2018 (zitiert: *Bearbeiter,* in: Vedder/Heintschel von Heinegg, Europäisches Unionsrecht)

Veit, Patrick, Die Durchsetzung des Gemeinschaftsgeschmacksmusters im Verletzungsverfahren und im Nichtigkeitsverfahren, Jena 2007

Velz, Jennifer, Die Prüfung von Eigenart und Verletzung sowie die Bestimmung des Schutzumfangs im deutschen und europäischen Designrecht, Köln 2018

Verband unabhängiger Musikunternehmen VUT e.V., Stellungnahme des Verbands unabhängiger Musikunternehmen VUT e. V. zur RICHTLINIE (EU) 2019/790 DES EUROPÄISCHEN PARLAMENTS UND DES RATES vom 17. April 2019 über das Urheberrecht und die verwandten Schutzrechte im digitalen Binnenmarkt und zur Änderung der Richtlinien 96/9/EG und 2001/29/EG (DSM-RL) einschließlich der Stellungnahme Deutschlands zu Artikel 17 dieser RL, Berlin 2019, abrufbar im Internet: https://www.bmjv.de/SharedDocs/Gesetzgebungsverfahren/Stellungnahmen/2019/Downloads/090619_Stellungnahme_VUT_EU-Richtlinien_Urheberrecht.pdf?__blob=publicationFile&v=3 (Stand: 09.04.2020)

Vierhufe, Almut, Parodie und Sprachkritik – Untersuchungen zu Fritz Meuthners »Nach berühmten Mustern«, Tübingen 1999

Vinck, Kai, Parodie und Urheberschutz, GRUR 1973, S. 251–254

Vlah, Tudor, Parodie, Pastiche und Karikatur – Urheberrechte und ihre Grenzen: Eine rechtsvergleichende Untersuchung des deutschen und spanischen Urheberrechts, Frankfurt a.M. 2015

Vogel, Martin, Überlegungen zum Schutzumfang der Leistungsschutzrechte des Filmherstellers – angestoßen durch die TV-Total-Entscheidung des BGH, in: Festschrift für Ulrich Loewenheim zum 75. Geburtstag, Hilty, Reto M./Drexl, Josef/Nordemann, Wilhelm (Hrsg.), München 2009, S. 367–376 (zitiert: *Bearbeiter,* in: FS Loewenheim)

Völker, Stefan/Elskamp, Gregor, Die neuen Markenfunktionen des EuGH, WRP 2010, S. 64–72

Waiblinger, Julian, Zum Plagiat in der Wissenschaft – Umfang und Grenzen des urheberrechtlichen Schutzes wissenschaftlicher Schriftwerke, UFITA 2011/II, S. 323–446

Wallner, Christoph, Der Schutz von Urheberwerken gegen Entstellungen unter besonderer Berücksichtigung der Verfilmung, Frankfurt a.M. 1995

Wallrab, Annette, Die Verpflichteten der Gemeinschaftsgrundrechte – Umfang und Bindung der Europäischen Gemeinschaft und der Mitgliedstaaten an die Grundrechte des Europäische Gemeinschaftsrechts, Baden-Baden 2004

Wandtke, Artur-Axel (Hrsg.), Urheberecht, 5. Auflage, Berlin, Boston 2016 (zitiert: *Bearbeiter,* in: Urheberrecht)

ders./Bullinger, Winfried (Hrsg.), Praxiskommentar zum Urheberrecht, 5. Auflage, München 2019 (zitiert: *Bearbeiter,* in: Wandtke/Bullinger, UrhG[5])

dies., Praxiskommentar zum Urheberrecht, 4. Auflage, München 2014 (zitiert: *Bearbeiter,* in: Wandtke/Bullinger, UrhG[4])

ders./Hauck, Ronny, Urheberrecht versus Pressefreiheit, NJW 2017, S. 3422–3425

ders./König, Robert, Reform der urheberrechtlichen Schrankenbestimmungen zugunsten von Bildung und Wissenschaft, ZUM 2014, S. 921–930

ders.,/Ohst, Claudia, Zur Reform des deutschen Geschmacksmustergesetzes, GRUR Int 2005, S. 91–101

Weber, Albrecht, Die Europäische Grundrechtscharta – auf dem Weg zu einer europäischen Verfassung, NJW 2000, S. 537–544

Wegmann, Katrin, Der Rechtsgedanke der freien Benutzung des § 24 UrhG und die verwandten Schutzrechte, Baden-Baden 2013

Wehler, Philipp, Die freie Benutzung im digitalen Zeitalter – Neue Herausforderungen für § 24 UrhG unter besonderer Berücksichtigung der Problematik des Abklammerns von Vorlagen unter urheberrechtlichem Leistungsschutz, Hamburg 2012

Weiden, Henrike, Aktuelle Berichte – April 2019, GRUR 2019, S. 370–372

Weiß, Wolfgang, Grundrechtsschutz durch den EuGH: Tendenzen seit Lissabon, EuZW 2013, S. 287–292

Westermann, Harm Peter/Grunewald, Barbara/Maier-Reimer, Georg (Hrsg.), Erman Kommentar zum Bürgerlichen Gesetzbuch, Band 1: §§ 1–761, AGG, 15. Auflage, Köln 2017 (zitiert: *Bearbeiter,* in: Erman, BGB, Band 1)

Wieckhorst, Arno, Grundrechtsschutz durch Legislativverfahren – Grundrechtlich induzierte Prozeduralisierung der Gesetzgebung und ihrer Kontrolle im Verfassungs- und Unionsrecht, Tübingen 2017

Winkhaus, Amelie, Der Begriff der Zeichenähnlichkeit beim Sonderschutz bekannter Marken, Frankfurt a.M. 2010

Winkler, Roland, Die Grundrechte der Europäischen Union, Wien 2006

Wünsch, Frank, Die Parodie – Zur Definition und Typologie, Hamburg 1999

Zentek, Sabine, Designspezifische Absenkungen der urheberrechtlichen Gestaltungshöhe – Keine Angst vorm BGH, WRP 2010, S. 73–80

Ziegelmayer, David, Die Reputation als Rechtsgut: Plädoyer für die Stärkung des sozialen Geltungsanspruchs von Unternehmen im Netz, GRUR 2012, S. 761–765

Ziegenhorn, Gero, Kontrolle von mitgliedstaatlichen Gesetzen »im Anwendungsbereich des Unionsrechts« am Maßstab der Unionsgrundrechte, NVwZ 2010, S. 803–808

Zwanzger, Sibylle, Das Gemeinschaftsgeschmacksmuster zwischen Gemeinschaftsrecht und nationalem Recht – Zugleich ein Beitrag zur europäischen Zivilrechtsdogmatik, Tübingen 2010